GAODENG ZHIYE JIAOYU GONGCHENG ZAOJIA ZHUANYE XILIE JIAOCAI

高等职业教育

工程造价专业系列教材

GONGLU GONGCHENG JIANLI GAILUN

公路工程监理概论（第二版）

主　编　范智杰　吕学傅
副主编　王冬根　陈晓明

重庆大学出版社

内容提要

本书是高等职业教育工程造价专业系列教材之一，着重介绍我国公路工程监理的基本概念、发展状况及其现状，内容主要包括：公路工程监理制度的基本框架、工程监理的依据、任务、组织、方法，以及施工监理阶段的监理的工作内容、方式、方法。同时文中穿插大量的典型案例，帮助读者理解。

本书为高等职业教育工程管理类专业教材，也可供公路建设主管部门、建设单位、设计单位、施工单位、监理单位人员学习参考，同时，也可作为交通部公路工程监理工程师执业资格考试的复习教材。

图书在版编目(CIP)数据

公路工程监理概论/范智杰，吕学傅主编．—2版．—重庆：重庆大学出版社，2013.2(2021.7重印)
高等职业教育工程造价专业系列教材
ISBN 978-7-5624-3898-4

Ⅰ.①公… Ⅱ.①范… ②吕… Ⅲ.①道路工程—施工监理—高等职业教育—教材 Ⅳ.①U415.1

中国版本图书馆CIP数据核字(2012)第239771号

高等职业教育工程造价专业系列教材
公路工程监理概论
(第二版)
主编 范智杰 吕学傅
责任编辑：林青山 黄旭晖 版式设计：林青山
责任校对：夏 宇 责任印制：赵 晟
*
重庆大学出版社出版发行
出版人：饶帮华
社址：重庆市沙坪坝区大学城西路21号
邮编：401331
电话：(023) 88617190 88617185(中小学)
传真：(023) 88617186 88617166
网址：http://www.cqup.com.cn
邮箱：fxk@cqup.com.cn (营销中心)
全国新华书店经销
POD：重庆新生代彩印技术有限公司
*
开本：787mm×1092mm 1/16 印张：19.75 字数：493千
2013年2月第2版 2021年7月第4次印刷
ISBN 978-7-5624-3898-4 定价：49.00元

编委会

特别鸣谢(排名不分先后)

天津理工大学经济管理学院
重庆市建设工程造价管理总站
重庆大学
重庆交通大学应用技术学院
重庆工程职业技术学院
平顶山工学院
徐州建筑职业技术学院
番禺职业技术学院
青海建筑职业技术学院
浙江万里学院
济南工程职业技术学院
湖北水利水电职业技术学院
洛阳大学
邢台职业技术学院
鲁东大学
成都大学
四川交通职业技术学院
湖南交通职业技术学院
青海交通职业技术学院
河北交通职业技术学院
江西交通职业技术学院
新疆交通职业技术学院
甘肃交通职业技术学院
山西交通职业技术学院
云南交通职业技术学院
重庆市建筑材料协会
重庆交通大学管理学院
重庆市建设工程造价管理协会
重庆泰莱建设工程造价咨询有限公司
重庆江津市建设委员会

序

《高等职业教育工程造价专业系列教材》于1992年由重庆大学出版社正式出版发行，并分别于2002年和2006年对该系列教材进行修订和扩充，教材品种数也从12种增加至36种。该系列教材自问世以来，受到全国各有关院校师生及工程技术人员的欢迎，产生了一定的社会反响。编委会就广大读者对该系列教材出版的支持、认可与厚爱，在此表示衷心的感谢。

随着我国社会经济的蓬勃发展，建筑业管理体制改革的不断深化，工程技术和管理模式的更新与进步，以及我国工程造价计价模式和高等职业教育人才培养模式的变化等，这些变革必然对该专业系列教材的体系构成和教学内容提出更高的要求。另外，近年来我国对建筑行业的一些规范和标准进行了修订，如《建设工程工程量清单计价规范》(GB 50500—2008)等。为适应我国"高等职业教育工程造价专业"人才培养的需要，并以系列教材建设促进其专业发展，重庆大学出版社通过全面的信息跟踪和调查研究，在广泛征求有关院校师生和同行专家意见的基础上，决定重新改版、扩充以及修订《高等职业教育工程造价专业规划教材》。

本系列教材的编写是根据国家教育部制定颁发的《高职高专教育专业人才培养目标及规格》和《工程造价专业教育标准和培养方案》，以社会对工程造价专业人员的知识、能力及素质需求为目标，以国家注册造价工程师考试的内容为依据，以最新颁布的国家和行业规范、标准、法规为标准而编写的。本系列教材针对高等职业教育的特点，基础理论的讲授以应用为目的，以必需、够用为度，突出技术应用能力的培养，反映国内外工程造价专业发展的最新动态，体现我国当前工程造价管理体制改革的精神和主要内容，完全能够满足培养德、智、体全面发展的，掌握本专业基础理论、基本知识和基本技能，获得造价工程师初步训练，具有良好综合素质和独立工作能力，会编制一般土建、安装、装饰、工程造价，初步具有进行工程造价管理和过程控制能力的高等技术应用型人才。

由于现代教育技术在教学中的应用和教学模式的不断变革，教材作为学生学习功能的唯一性正在淡化，而学习资料的多元性也正在加强。因此，为适应高等职业教育“弹性教学”的需要，满足各院校根据建筑企业需求，灵活调整及设置专业培养方向。我们采用了专业“共用课程模块＋专业课程模块”的教材体系设置，给各院校提供了发挥个性和设置专业方向的空间。

本系列教材的体系结构如下：

共用课程模块	建筑安装模块	道路桥梁模块
建设工程法规	建筑工程材料	道路工程概论
工程造价信息管理	建筑结构基础	道路工程材料
工程成本与控制	建设工程监理	公路工程经济
工程成本会计学	建筑工程技术经济	公路工程监理概论
工程测量	建设工程项目管理	公路工程施工组织设计
工程造价专业英语	建筑识图与房屋构造	道路工程制图与识图
	建筑识图与房屋构造习题集	道路工程制图与识图习题集
	建筑工程施工工艺	公路工程施工与计量
	电气工程识图与施工工艺	桥隧施工工艺与计量
	管道工程识图与施工工艺	公路工程造价编制与案例
	建筑工程造价	公路工程招投标与合同管理
	安装工程造价	公路工程造价管理
	安装工程造价编制指导	公路工程施工放样
	装饰工程造价	
	建设工程招投标与合同管理	
	建筑工程造价管理	
	建筑工程造价实训	

注：①本系列教材赠送电子教案。

②希望各院校和企业教师、专家参与本系列教材的建设，并请毛遂自荐担任后续教材的主编或参编，联系 Email：linqs@ cqup. com. cn。

本次系列教材的重新编写出版，对每门课程的内容都作了较大增加和删改，品种也增至 36 种，拓宽了该专业的适应面和培养方向，给各有关院校的专业设置提供了更多的空间。这说明，该系列教材是完全适应工程造价相关专业教学需要的一套好教材，并在此推荐给有关院校和广大读者。

编委会

2012 年 4 月

前言

（第二版）

本书结合公路工程特点，系统地介绍了工程建设监理的基本概念、监理工程师的资格及职责、工程建设监理的主要内容、工程建设项目监理招投标和工程项目监理系列文件等内容。在第一版教材的基础上，结合“监理企业树品牌、监理人员讲责任”的行业新风建设活动，进行教材的修订。

本版教材主要是对第一章、第二章进行了修订，教材修订由重庆交通大学范智杰、刘玲老师负责。

本教材内容全面、体系完整，提供了大量的案例，有利于增强学生的感性认识；既可以作为公路工程监理专业的教材，也可作为走上监理岗位后的参考书。此外，本教材引用的法律法规和示范文本都是最新版本，因此也适宜于作为交通部公路工程注册监理工程师考试的培训教材。

编　者

2012 年 11 月

前言

在工程建设项目建设中实行监理制度，是我国基本建设管理体制的一项重大改革，是我国社会主义市场经济发展客观的要求和需要。它对于提高工程质量、加快工程进度、降低工程造价、提高经济效益发挥了重要作用。我国自1988年实行建设工程监理制度以来，建设监理制度在全国范围内健康、迅速地发展起来，增强了各行业对建设工程实行建设监理的积极性和自觉性。

随着国家高速公路骨干网的迅速发展，从事公路工程监理的工程技术人员日益增多，培养工程监理人才的高等职业教育院校亦不断增加。为了适应高等职业教育工程监理专业的教学需求，我们编写了本教材。本书结合公路工程特点，系统地介绍了工程建设监理的基本概念、监理工程师的资格及职责、工程建设监理的主要内容、工程建设项目监理招投标和工程项目监理系列文件等内容。

本教材内容全面、体系完整，提供了大量的案例，有利于增强学生的感性认识；既可以作为公路工程监理专业课程的教材，也可作为走上监理岗位后的参考书。此外，本教材引用的法律法规和示范文本都是最新版本，因此也适宜于作为交通部公路工程注册监理工程师考试的培训教材。

一、编写人员

主　编：范智杰（重庆交通大学应用技术学院）
　　　　吕学傅（山西交通职业技术学院）
副主编：王冬根（安徽交通职业技术学院）
　　　　陈晓明（江西交通职业技术学院）
参　编：何少平（湖北交通职业技术学院）
　　　　徐筱婷（湖北交通职业技术学院）

张庆宇（河北交通职业技术学院）
刘　玲（重庆交通大学）

二、编写分工

范智杰	编写第1章第1节、第4节，第2章第1节、第5节，第7章，第12章，第13章
吕学傅	编写第1章第5节，第4章，第10章第2节
王冬根	编写第1章第2节，第5章
陈晓明	编写第2章第2节、第3节，第3章，第10章第1节
何少平	编写第2章第4节、第6节，第8章，第11章第3节
徐筱婷	编写第1章第3节，第11章第1节
张庆宇	编写第9章，第11章第4节
刘　玲	编写第6章，第11章第2节

本教材在编写过程中，参考了大量文献资料，在此谨向其作者表示衷心的感谢。

由于编者水平有限，本书难免存在一定的不足之处，敬请读者指正。

编　者
2007.3

目录

1 绪 论

1.1 我国公路建设概况

·1.1.1 公路建设的主要成就·

①公路里程、密度增大。截止2011年底，全国公路总里程达410.64万km，全国公路密度为42.77 km/百平方千米（见图1.1）。

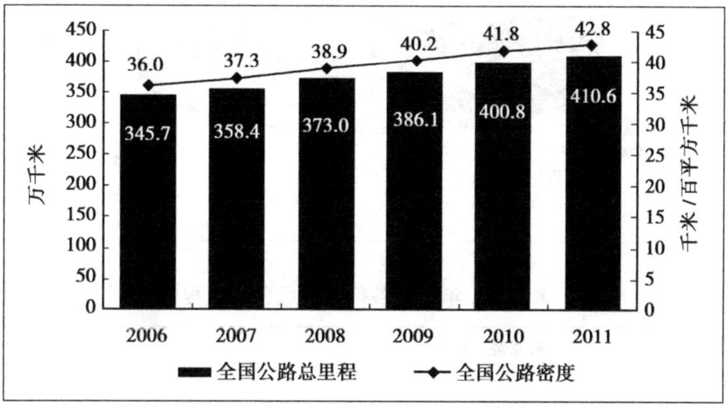

图1.1 2006—2011年全国公路总里程及公路密度

②等级公路占公路总里程比率增大。截止2011年底，全国等级公路里程345.36万km，等级公路占公路总里程的84.1%，其中二级及以上公路里程47.36万km，占公路总里程的11.5%（见图1.2）。

③各行政等级公路里程增多。截止2011年底，各行政等级公路里程分别为：国道16.94万km、省道30.40万km、县道53.36万km、乡道106.60万km、专用公路6.90万km、村道196.44万km（见图1.3）。

④有铺装路面和简易铺装路面公路里程增多。截止2011年底，全国有铺装路面和简易铺装路面公路里程261.57万千米，占公路总里程的63.7%。各类型路面里程分别为：有铺装路面210.34万千米，其中沥青混凝土路面59.13万千米，水泥混凝土路面151.21万千米；简易铺装路面51.23万千米；未铺装路面149.07万千米。

⑤全国高速公路里程增多。截止2011年底，全国高速公路达8.49万千米。其中，国家高

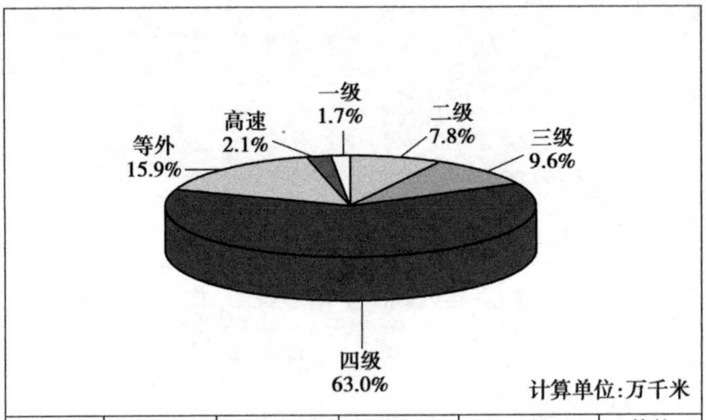

高速	一级	二级	三级	四级	等外
8.49	6.81	32.05	39.36	258.64	65.28

图 1.2　2011 年全国各技术等级公路里程构成

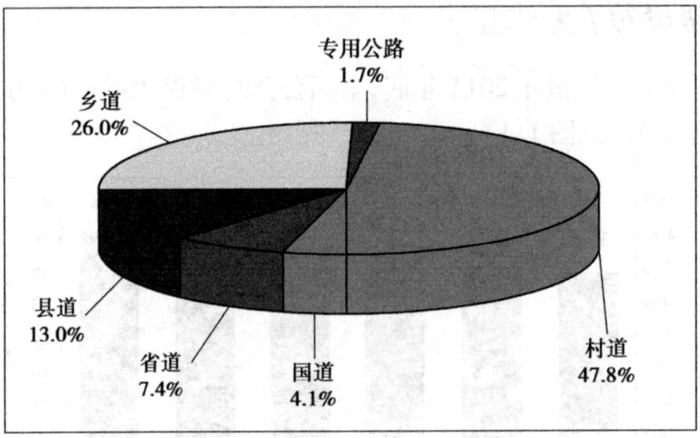

图 1.3　2011 年全国各行政等级公路里程构成

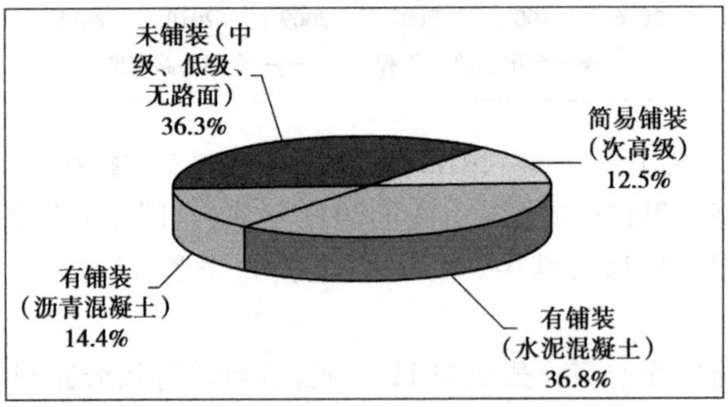

图 1.4　2011 年全国各路面类型公路里程构成

速公路 6.36 万千米，全国高速公路车道里程为 37.59 万千米，高速公路里程超过 3 000 千米的省份增加至 14 个。

⑥全国农村公路（含县道、乡道、村道）里程增多。截止 2011 年底，全国农村公路（含县道、乡道、村道）里程达 356.40 万千米。全国通公路的乡（镇）占全国乡（镇）总数的 99.97%，通公路的建制村占全国建制村总数的 99.38%；其中，通硬化路面的乡（镇）占全国乡（镇）总数的 97.18%，通硬化路面的建制村占全国建制村总数的 84.04%。

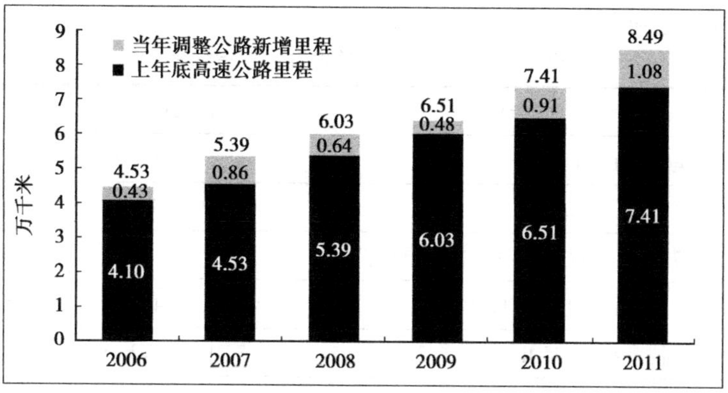

图 1.5　2006—2011 年全国高速公路里程

表 1.1　2011 年高速公路里程超过 3 000 千米的省份（计算单位：千米）

省份	里程	省份	里程
河南	5 196	陕西	3 803
广东	5 049	黑龙江	3 708
河北	4 756	江西	3 603
山东	4 350	浙江	3 500
江苏	4 122	辽宁	3 300
湖北	4 006	安徽	3 009
山西	4 005	四川	3 009

⑦公路桥梁、隧道大幅增加。截止 2011 年底，全国公路桥梁达 68.94 万座、3 349.44 万米。其中，特大桥梁 2 341 座、404.28 万米，大桥 55 229 座、1 330.05 万米。全国公路隧道为 8 522处、625.34 万米。其中，特长隧道 326 处、143.32 万米，长隧道 1 504 处、251.84 万米。

⑧公路养护里程增大。截止 2011 年底，全国公路养护里程 398.04 万千米，占公路总里程的 96.9%。全国公路绿化里程 204.45 万千米，占公路总里程的 49.8%。

·1.1.2　“十二五”公路发展目标·

“十二五”时期是全面建设小康社会的关键时期，是深化改革开放、加快转变经济发展方式的攻坚时期。纵观国际国内形势，世情国情发生深刻变化。世界多极化和经济全球化深入发展，国际金融危机影响深远，不稳定、不确定因素进一步增加，发展格局面临深度调整。我国经济社会发展呈现新的阶段性特征，工业化、信息化、城镇化、市场化、国际化深入发展，经济发展方式转变加快，经济社会发展长期向好的趋势没有改变，我国发展仍处于重要战略机遇期。同时，必须清醒地看到，我国发展中不平衡、不协调、不可持续问题依然突出，深层次矛盾日益凸显。面对新的发展形势，交通运输发展必须科学判断和准确把握趋势，紧紧抓住战略机遇，积极应对各种挑战，加快交通发展方式的转变，大力发展现代交通运输业。

“十二五”公路发展目标：公路网规模进一步扩大，技术质量明显提升。公路总里程达到 450 万 km，国家高速公路网基本建成，高速公路总里程达到 10.8 万 km，覆盖 90% 以上的 20 万以上城镇人口城市，二级及以上公路里程达到 65 万 km，国省道总体技术状况达到良等水平，农村公路总里程达到 390 万 km（见表 1.2）。

表 1.2 “十二五”公路发展主要指标表

指标	2010 年	2015 年
公路网总里程（万 km）	398.4	450
高速公路总里程（万 km）	7.4	10.8
高速公路覆盖 20 万以上城镇人口城市比例（%）	80	≥90
二级及以上公路总里程（万 km）	44.5	65
国省道总体技术状况（MQI，%）	72	>80
农村公路总里程（万 km）	345.5	390

1.2 推行工程监理制度的必要性

·1.2.1 国内工程监理的产生和发展·

我国工程建设的历史已有几千年，但现代意义上的工程建设监理制度的建立是从 1988 年开始的。

在改革开放以前，我国工程建设项目的投资由国家拨付，施工任务由行政部门向施工企业直接下达。当时的建设单位、设计单位和施工单位都是完成国家建设任务的执行者，都对上级行政主管部门负责，相互之间缺少互相监督的职责。政府对工程建设活动采取的是单向的行政监督管理，在工程建设的实施过程中，对工程质量的保证主要依靠施工单位的自我监督。

20 世纪 80 年代以后我国进入了改革开放的新时期，工程建设活动发生了一系列重大的变化，这些变化使得原有的工程建设管理方式和体制模式越来越不适应发展的要求。当时建筑市场混乱，出现了无证设计、无图施工、盲目蛮干的现象。另外，施工企业自评自报的工程质量合格率、优良率严重失准，水分很大。这些都迫切需要建立严格的外部监督机制，形成企业内部保证和外部监督认证的双控体制。为适应这种要求，1983 年我国开始实行工程质量监督制度。1984 年 9 月国务院颁发《关于改革建筑业和基本建设管理体制若干问题的暂行规定》，规定中明确提出了改变工程质量监督制度，建立有权威的工程质量监督机构。交通部也于 1987 年 10 月成立了交通部基本建设工程质量监督总站，并颁布了《交通部基本建设工程质量监督管理暂行办法》，各省、市、自治区的有关部门也相应的建立了工程质量监督站，经过几年的努力，政府对工程质量的监督工作取得了很大的发展，带来了明显的成效。

工程质量监督制度的建立，标志着我国的工程建设监督由原来的单向行政监督向政府专业质量监督转变，由仅仅依靠企业自检自评向第三方认证和企业内部保证相结合转变，这种转变使我国工程建设监督方式向前迈进了一大步。

20 世纪 80 年代中期，随着我国改革的逐步深入和开放的不断扩大，“三资”工程项目在我国逐步增多，加之国际金融机构向我国贷款的工程项目都要求实行招标投标制、承包发包制和建设监理制，使得国外专业化、社会化的监理公司、咨询公司、管理公司的专家们开始出现在我国“三资”工程项目建设管理中。他们按照国际惯例,以受业主委托与授权的方式,对工程建设进行管理,显示出高速度、高效率、高质量的管理优势。其中,值得一提的是在我国建设的鲁布革电站工程,作为世界银行贷款项目,在招标中,日本大成公司以低于概算43%的悬殊标价承包了引水系统工程,而仅以30多名管理人员和技术骨干组成的项目管理班子,雇用了400多名中国劳务人员,采用非尖端的设备和技术手段,靠科学管理创造了工程造价、工程进度、工程质量三个高水平纪录。这一工程实例震动了我国工程界,造成了对我国传统的政府专业监督体制的冲击,它引起了我国工程建设管理者的深入思考。

1985年12月,我国召开了基本建设管理体制改革会议,这次会议对我国传统的工程建设管理体制做出了深刻的分析与总结,指出了我国传统的工程建设管理体制的弊端,肯定了必须对其进行改革的思路,并指明了改革的方向与目标,为实行工程建设监理制奠定了思想基础。1988年7月,建设部在征求有关部门和专家意见的基础上,发布了《关于开展建设监理工作的通知》,接着又在一些行业部门和城市开展了工程建设监理试点工作,并颁发了一系列有关工程建设监理的法规,使建设监理制度在我国建设领域得到了迅速发展。

我国的工程建设监理制自1988年推行以来,大致经过了3个阶段:

①工程监理试点阶段(1988—1993)。1988年,建设部发出了《关于开展建设监理工作的通知》。在该通知中,对建设监理的范围、对象、内容、步骤等,都做了明确规定。同年建设部又印发了《关于开展建设监理试点工作的若干意见》,确定了北京、上海、天津、南京、宁波、沈阳、哈尔滨、深圳八市和能源部、交通部两部的水电和公路系统,作为全国开展建设监理工作的试点单位。

经过几年的试点工作,建设部于1993年在天津召开了第五次全国建设监理工作会议。这次会议总结了试点工作的经验,对各地区、各部门的建设监理工作给予了充分肯定,并决定在全国结束建设监理制度的试点工作。工程建设监理制度从当年转入稳步发展阶段。

②工程监理稳步发展阶段(1993—1995)。从1993年工程监理转入稳步发展阶段以来,我国工程建设监理工作得到了很大发展。截至1995年底,全国的29个省、自治区、直辖市和国务院39个工业、交通等部门推行了工程监理制度。全国已开展监理工作的地级以上的城市有153个,占总数的76%,已成立的监理单位有1 500家,其中甲级监理单位有64家;监理工作从业人员达8万人,其中有1 180多名监理工程师获得了注册证书;一支具有较高素质的监理队伍正在形成,全国累计受监理的工程投资规模达5 000多亿元,受监理工程的覆盖率在全国约有20%。

③工程监理全面推行阶段(1996年至今)。1995年12月,建设部在北京召开了第六次全国建设监理工作会议。会上,国家建设部和国家计委联合颁布了737号文件,即《工程监理规定》。这次会议总结了我国7年来工程建设监理工作的成绩和经验,对今后的监理工作进行了全面的部署。这次会议的召开标志着我国建设监理工作已进入全面推行的新阶段。1997年12月全国人大通过了《中华人民共和国建筑法》,并将工程建设监理列入其中,它标志着《建筑法》以法律的形式,确立了在我国推行工程建设监理制度的重大举措。

·1.2.2 建设工程监理的作用与意义·

1)建设工程监理的作用

(1)有利于提高建设工程投资决策科学化水平

在建设单位委托工程监理企业实施全方位全过程监理的条件下,在建设单位有了初步的项目投资意向之后,工程监理企业可协助建设单位选择适当的工程咨询机构,管理工程咨询合同的实施,并对咨询结果(如项目建议书、可行性研究报告)进行评估,提出有价值的修改意见和建议;或者从事工程咨询工作,为建设单位提供建设方案。工程监理企业参与和承担项目决策阶段的监理工作,有利于提高项目投资决策的科学化水平,避免项目投资决策失误。

(2)有利于规范工程建设参与各方的建设行为

为使工程建设参与各方的建设行为都符合法律、法规和市场准则,需要建立有效的约束机制。政府对工程参与各方的建设行为进行全面的监督管理是最基本的约束,也是政府的主要职能之一。但是,由于客观条件限制,政府的监督管理不可能深入到每一项建设工程的实施过程中,需要建立另外一种约束机制,建设工程监理制就是这样一种约束机制。

在建设工程实施过程中,工程监理企业可依据委托监理合同和有关的建设工程合同对承建单位的建设行为进行监督管理。由于这种约束机制贯穿于工程建设的全过程,因此采用事前、事中和事后控制相结合的方式,可以有效地规范承建单位的建设行为,最大限度地避免不当建设行为的发生。

(3)有利于促使承建单位保证建设工程质量和使用安全

工程监理企业对承建单位建设行为的监督管理,实际上是从产品需求者的角度对建设工程生产过程的管理,这与产品生产者自身的管理有很大的不同;而工程监理企业又不同于建设工程的实际需求者,其监理人员都是既懂工程技术,又懂经济管理的专业人士,他们有能力及时发现建设工程实施过程中出现的问题,发现工程材料、设备以及阶段产品存在的问题,从而避免留下工程质量隐患。因此,实行建设工程监理制度之后,在加强承建单位自身对工程质量管理的基础上,由工程监理企业介入建设工程生产过程的管理,对保证建设工程质量和使用安全有着重要作用。

(4)有利于实现建设工程投资效益最大化

建设工程投资效益最大化有以下3种不同表现:在满足建设工程预定功能和质量标准的前提下,建设投资额最少;在满足建设工程预定功能和质量标准的前提下,建设工程寿命周期费用最少;建设工程本身的投资效益与环境、社会效益的综合效益最大化。

2)建设工程监理的意义

建设工程监理制度的实施是我国建设领域的一项重大改革和市场经济发展的必然结果,有利于进一步地改革开放,具有深远的意义。

①实行建设监理制度是对我国40多年的工程建设事业反思的结果,是历史经验的总结和升华。

新中国成立后前30年的工程建设活动,基本上由建设单位及其行政主管部门自己组织进行,称为"自筹、自管、自建",不利于提高管理水平。改革开放后,加强了建设前期工作,工程实施阶段实行工程总承包制度,推动了施工生产方式的进步,加强了建设单位的统筹管理的职责,但削弱了建设单位对工程实施过程的监督管理。建设监理制度就是适应这种情况而实行的有效控制投资、控制建设周期、控制建设工程质量,严格执行国家建设计划和工程合同的一种科学制度。

②实行建设监理制度是发展社会主义市场经济的必然要求和建设领域深化改革的需要。

随着市场经济的发展,工程建设出现了投资来源的多元化、投资使用的有偿化、承包主体的市场化,普遍推行了各种形式的经济责任制,各工程参与者的独立地位增强,追求局部利益的趋势日益突出。出现了投资规模失控、拖欠工程款、工程质量低劣、损失浪费严重和市场秩序混乱等问题。实行建设监理制度是为了建立良好的建设市场秩序,约束工程建设各个环节的随意性,加强对工程建设过程的控制,深化改革的一项重要的、有效的内容。

③实行建设监理制,有利于进一步对外开放。

外商投资、合资、贷款兴建的建设项目已构成我国工程项目的重要组成部分,这些项目,一般均要实行国际通行的建设监理制度。我国建筑企业进入国际承包市场,也必须熟悉国际惯例,具备监理知识和被监理的经验。所以,实行建设监理制,是与国际惯例接轨,创造和改善投资环境,吸引外资,在国际建筑市场占有一席之地的客观要求。

·1.2.3 建设工程监理的性质·

(1)服务性

建设工程监理具有服务性,是由它的业务性质方面定性的。工程监理企业既不直接进行设计,也不直接进行施工,既不向建设单位承包造价,也不参与承包商的利益分成。在工程建设中,监理单位员利用自己的知识、技能和经验、信息以及必要的试验、检测手段,为建设单位提供管理服务。工程监理企业不能完全取代建设单位的管理活动。它不具有工程建设重大问题的决策权,它只能在授权范围内代表建设单位进行管理。

建设工程监理的服务对象是建设单位。监理服务是按照委托监理合同的规定进行的,是受法律约束和保护的。

(2)科学性

科学性是由建设工程监理要达到的基本目的决定的。建设工程监理以协助建设单位实现投资目的为己任,力求在计划的目标内建成工程。

科学性主要表现在:工程监理企业应当由组织管理能力强、工程建设经验丰富的人员担任领导,应当有足够数量的、有丰富的管理经验和应变能力的监理工程师组成骨干队伍,要有一套科学的管理制度,要有现代化的管理手段,要掌握先进的管理理论、方法和手段,要积累足够的技术、经济资料和数据,要有科学的工作态度和严谨的工作作风,要实事求是、创造性地开展工作。

(3)独立性

《建筑法》明确指出,工程监理企业应当根据建设单位的委托,客观、公正地执行监理任务工程。

建设工程监理独立性的要求是一项国际惯例。国际咨询工程师联合会(FIDIC)认为,工程监理企业是“作为一个独立的专业公司受聘于业主去履行服务的一方”,应当“根据合同进行工作”,监理工程师应当“作为一名独立的专业人员进行工作”,工程监理企业“相对于承包商、制造商、供应商,必须保持其行为的绝对独立性,不得从他们那里接受任何形式的好处,而使他的决定的公正性受到影响或不利于他履行委托人赋予他的职责”,监理工程师“不得与任何妨碍作为一个独立的咨询工程师的工作的商务活动有关”。

按照独立性要求,工程监理单位应当严格地按照有关法律、法规、规章、工程建设文件、工程建设技术标准、委托监理合同等实施监理。在委托的监理工程中,与承建单位不得有隶属关系和其他利害关系。在开展工程监理的过程中,必须建立自己的组织,按照自己的工作计划、程序、方法、手段,根据自己的判断,独立地开展工作。

(4)公正性

公正性是社会公认的职业道德准则,是使监理行业能够长期生存下来的基本职业道德准则。在开展建设工程监理的过程中,工程监理企业应当排除各种干扰,客观、公正地对待监理的委托单位和承建单位。特别是当这两方发生利益冲突或矛盾时,工程监理企业应以事实为依据,以法律和有关合同为准绳,公正地行事。

·1.2.4 现阶段建设工程监理的特点·

我国的建设工程监理的基本管理理论和方法与国外的建设项目管理是相同的。但在业务范围和内容方面,现阶段我国建设工程监理主要是施工阶段的监理。同时,由于发展条件不尽相同,主要是需求方对监理的认知度较低,市场体系发育不够成熟,市场运行规则不够健全,因此还有一些差异,呈现出如下的一些特点:

(1)建设工程监理的服务对象具有单一性

在国际上,建设项目管理按服务对象主要可分为为建设单位服务的项目管理和为承建单位服务的项目管理。而我国的建设工程监理制度规定,工程监理企业只接受建设单位的委托,即只为建设单位服务。

(2)建设工程监理属于强制推行的制度

建设项目管理是适应建筑市场中建设单位新的需求的产物,其发展过程也是整个建筑市场发展的一个方面,没有来自政府部门的行政指导或干预。而我国的建设工程监理从一开始就是作为对计划经济条件下所形成的建设工程管理体制改革的一项新制度提出来的,也是依靠行政手段和法律手段在全国范围推行的。为此,不仅在各级政府部门中设立了主管建设工程监理有关工作的专门机构,而且制定了有关的法律、法规、规章,明确提出国家推行建设工程监理制度,并明确规定了必须实行建设工程监理的工程范围。其结果是在较短时间内促进了建设工程监理在我国的发展,缩小了与发达国家建设项目管理的差距。

(3)建设工程监理具有监督功能

我国的工程监理企业有一定的特殊地位,它与建设单位构成委托与被委托关系,与承建单位虽然无任何经济关系,但根据建设单位授权,有权对其不当建设行为进行监督,或者预先防范,或者指令及时改正,或者向有关部门反映,请求纠正。不仅如此,在我国的建设工程监理工作中,还强调对承建单位施工过程和施工工序的监督、检查和验收,而且在实践中又进一步提出了旁站监理的规定。我国监理工程师在质量控制方面的工作所达到的深度和细度,应当说远远超过国外建设项目管理人员的工作深度和细度,这对保证工程质量起了很好的作用。

(4)市场准入的双重控制

在建设项目管理方面,一些发达国家只对专业人士的执业资格提出要求,而没有对企业的资质管理做出规定。而我国对建设工程监理的市场准入采取了企业资质和人员资格的双重控制。要求专业监理工程师以上的监理人员要取得监理工程师资格证书,不同资质等级的工程监理企业至少要有一定数量的取得监理工程师资格证书并经注册的人员。这种市场准入的双重控制对于保证我国建设工程监理队伍的基本素质,规范建设工程监理市场起到了积极作用。

·1.2.5 我国建设工程监理的发展趋势·

从1988年7月我国开始监理试点以来,建设工程监理取得很大发展。但从总体来看,目前仍处于初期阶段,有待进一步发展,从发展趋势看有如下特点。

(1)建设工程监理向规范化和法制化发展

我国工程建设监理法制建设比较薄弱,市场规则和市场机制不够健全,无法可依、有法不依的事件屡屡发生,合同管理水平较低,守法意识不强,亟待向规范化和法制化方向发展。

(2)由单纯的施工监理向全方位、全过程发展

目前,工程监理主要以施工阶段监理为主,工作重点主要是质量监理和工期控制。而决策阶段和设计阶段的监理对投资和质量具有决定性影响,尚未引起足够的重视。全方位、全过程实行工程监理是发展的趋势。

(3)工程监理企业结构向多层次发展

逐渐建立起承担全过程、全方位监理任务的综合性监理企业与承担某一专业监理任务的监理企业相结合;能承担全过程监理的大型监理企业与能承担某一阶段监理任务的中型监理企业和只提供旁站监理劳务的小型监理企业相结合的企业结构也是发展趋势。

(4)监理工程师的业务水平向高层次发展

监理人员的从业素质偏低,年龄偏高,数量偏少,特别是高层次的、高素质的监理人员稀缺的现象严重,不能适应工程建设监理业发展的要求。

提高人员素质的途径有两个,目前主要是在岗人员的培训和继续教育,但从长远来看,今后应在高等院校相关专业加强监理理论的教育,注重调整人才培养的知识结构,改变单一的工程教育和单一管理教育的观念,把工程学教育和管理学教育、经济学教育有机融合,使高校培养的高素质人才能更好、更快地适应社会需求。

(5)工程建设监理向国际化发展

我国加入 WTO 以后,国际建筑市场开放,外国企业进入我国市场,我国企业也进入国际市场。因此,熟悉国际惯例,参与国际竞争,我国工程监理向国际化发展成为了必然趋势。

1.3 公路工程基本建设程序

基本建设程序是指基本建设项目从规划立项到竣工验收的整个建设过程中各项工作的先后次序,这个次序是由基本建设的客观规律决定的。科学的基本建设程序能指导基本建设工作有计划、按步骤地进行,它是基本建设管理的核心内容。

基本建设涉及面广,既有地质、气候、水文等自然条件的严格限制,又有资源供应、技术水平等物质技术条件的影响,同时还需要内外各个环节的协作配合。因此,完成一项基本建设工程,必须按照一定的程序,依次进行各个方面的工作,才能达到预期的效果,否则就会造成严重的经济损失或给工程带来无法弥补的缺陷。

公路工程基本建设程序应当是:根据国民经济长远规划及公路网建设规划,进行预可行性研究,提出项目建议书;进行可行性研究,编制可行性研究报告;项目评估,下发设计任务书;进行初步设计;再经批准后列入国家年度基本建设计划,并进行技术设计和施工图设计;设计文件经审批后组织施工;施工完成后,进行竣工验收,然后交付使用。这一程序必须依次进行,一步一步地实施。

(1)预可行性研究

预可行性研究应通过实地踏勘和调查,重点研究项目建设的必要性,并对项目的建设规模、技术标准、建设资金、经济效益等进行必要的分析论证,编制研究报告,作为项目建议书的依据。

主要研究内容应包括:项目影响区域社会经济和交通运输的现状及发展、交通量预测、建设必要性、建设标准和规模、建设条件和初步方案、投资估算和经济评价等。

(2)项目建议书

发展国民经济的长远规划和公路网建设规划,是项目建议书的依据,它是由主管部门按经济发展对公路交通的要求,并在广泛收集和综合各方面意见的基础上提出的。项目建议书应对拟建项目的建设目的和要求、主要技术标准、原材料及资金来源等提出文字说明。项目建议书是进行各项前期准备工作和进行可行性研究的依据。

项目建议书是拟建项目的承办单位,根据国民经济和社会发展的长远目标,行业和地区的规划,国家的经济政策和技术政策,以及企业的经营战略目标,结合本地区、本企业的资源状况和物质条件,经过市场调查,分析需求、供给、销售状况,寻找投资机会,构思投资项目概念,在此基础上,用文字形式,对投资项目的轮廓进行描述,从宏观上就项目建设的必要性和可能性提出预论证,进而向政府主管部门推荐项目,供主管部门选择项目的法定文件。

编制项目建议书的目的是提出拟建项目的轮廓设想,分析项目建设的必要性,说明技术上、市场上、工程上和经济上的可能性,向政府推荐项目,供政府选择。

(3)可行性研究

可行性研究是一种系统的投资决策分析研究方法,是项目投资决策前,对拟建项目的所有方面(工程、技术、经济、财务、生产、销售、环境、法律等)进行全面的、综合的调查研究,对备选方案从技术的先进性、生产的可行性、建设的可能性、经济的合理性等方面进行比较评价,从中选出最佳方案的研究方法。

可行性研究是在建设前期对工程项目按规定要求和内容进行的一种考察和鉴定,即对项目建议书中拟议的公路建设项目进行全面的、综合的技术经济调查和系统的分析论证,从而做出要建设(即“可行”)还是放弃(即“不可行”)这个项目的判断。因此,可行性研究是基本建设前期工作的重要组成部分,是建设项目立项、决策的主要依据。大中型工程、高等级公路及重点工程建设项目均应进行可行性研究,小型项目可适当简化。

公路建设项目可行性研究的任务是:在对拟建工程地区社会、经济发展和公路网状况进行充分地调查研究、评价、预测和必要的勘察工作的基础上,对项目建设的必要性、经济合理性、技术可行性、实施可能性,提出综合性研究论证报告。

工程可行性研究,应通过必要的测量(高速公路、一级公路必须做)、地质勘探(大桥、隧道及不良地质地段等),在认真调查研究,占有必要资料的基础上,对不同建设方案从经济上、技术上进行综合论证,提出推荐建设方案。工程可行性研究报告经审批后作为初步测量及编制初步设计文件的依据。工程可行性研究的投资估算与初步设计概算之差,应控制在10%以内。

公路建设项目可行性研究报告的主要内容有:建设项目依据、历史背景;建设地区综合运输网的交通运输现状和建设项目在交通运输网中的地位及作用;原有公路的技术状况及适应程度;论述建设项目所在地区的经济特征,研究建设项目与经济发展的内在联系,预测交通量、运输量的发展水平;建设项目的地理位置、地形、地质、地震、气候、水文等自然特征;筑路材料来源及运输条件,论证不同建设方案的路线起讫点和主要控制点、建设规模、标准,提出推荐意见;评价建设项目对环境的影响;测算主要工程数量、征地拆迁数量,估算投资,提出资金筹措方式;提出勘测设计、施工计划安排;确定运输成本及有关经济参数,进行经济评价、敏感性分析,收费公路、桥梁、隧道尚需做财务分析;评价推荐方案,提出存在问题和有关建议。

编制可行性研究报告，应严格执行国家的各项政策、规定和交通部颁布的技术标准、规范等。可行性研究报告的文件，应符合《公路建设项目可行性研究报告编制办法》的规定。

(4)设计任务书

设计任务书又称计划任务书，是大、中型基本建设项目、限上技术改造项目进行投资决策和转入实施阶段的法定文件，是进行工程设计的依据和工程建设的大纲。大、中型基本建设项目、限上技改项目要在编写出可行性研究报告之后编制设计任务书。

(5)初步设计

公路工程基本建设项目一般采用两阶段设计，即初步设计和施工图设计。对于技术简单、方案明确的小型建设项目，也可采用一阶段设计，即一阶段施工图设计。技术上复杂、基础资料缺乏和不足的建设项目，或建设项目中的特大桥、互通式立体交叉、隧道、高速公路和一级公路的交通工程及沿线设施中的机电设备工程等，必要时采用三阶段设计，即初步设计、技术设计和施工图设计。在高速公路和一级公路的各设计阶段，还应进行总体设计。

初步设计应根据批复的可行性研究报告、测设合同及勘测资料进行编制。初步设计的目的是确定设计方案，因此，必须充分进行方案比选，确定合理的设计方案。

选定方案时，应对路线的走向、控制点和方案进行现场核查，征求沿线地方政府和建设单位的意见，基本落实路线布置方案；一般应进行纸上定线，赴实地核对，落实并放出必要的控制线位桩。对难以取舍、投资影响大或地形特殊的复杂困难地段的路线、特大桥、长大隧道、立体交叉枢纽的位置等，一般应选择两个以上的方案进行同深度、同精度的测设工作和方案比选，优选提出推荐方案。

设计方案选定后，拟定修建原则，计算工程数量和主要材料数量，提出施工方案的意见，编制设计概算，提供文字说明及相关的图表资料。初步设计文件经审查批复后，则作为订购主要材料、机具、设备，安排有关重大科研试验项目，联系征用土地、拆迁，进行施工准备，编制施工图设计文件和控制建设项目投资等的依据。

(6)列入年度基本建设计划

当建设项目的初步设计和概算报上级审查批准后，才能列入国家基本建设年度计划，这是国家对基本建设实行统一管理的措施。年度计划是年度建设工作的指令性文件，一经确定后，如需要增加投资额或调整项目时，必须上报原审批机关批准。

项目列入国家基本建设年度计划后，建设单位根据国家发展计划委员会颁发的年度基本建设计划控制数字，按照初步设计文件编制本单位的年度基本建设计划。建设单位年度计划报经上级批准后，再编制物资、劳动力、财务计划。这些计划分别经过主管部门审查平衡后，作为国家安排生产、分配物资、调配劳动力和财政拨款(或贷款)的依据。计划落实后，即可组建工程管理单位，并通过招投标或其他方式落实施工单位。

(7)技术设计和施工图设计

按三阶段设计的项目，需进行技术设计。技术设计应根据初步设计的批复意见、勘测设计合同的要求，对重大、复杂的技术问题通过科学试验、专题研究，加深勘探调查及分析比较，解决初步设计中尚未解决的问题，落实技术方案，计算工程数量，提出修正的施工方案，编制修正设计概算，批准后作为编制施工图设计的依据。

两阶段(或三阶段)施工图设计应根据初步设计(或技术设计)的批复意见、勘测设计合同，进一步对所审定的修建原则、设计方案、技术决策加以具体化和深化，通过现场定线勘测，确定路线及结构物的具体位置和设计尺寸，最终确定各项工程数量，提出文字说明和适应施工需要的图表资料及施工组织计划，并编制施工图预算。一阶段施工图设计应根据批复的可行性研究报告、测设合同和定测、详勘资料进行编制。

施工图设计文件一般由以下 13 篇及附件组成：总说明书，总体设计，路线，路基、路面及排水，桥梁、涵洞，隧道，路线交叉，交通工程及沿线设施，环境保护，渡口码头及其他工程，筑路材料，施工组织计划，施工图预算，附件。其中，第 2 篇总体设计只用于高速公路和一级公路，附件内容为补充地质勘探、水文调查及计算等基础资料。一阶段施工图设计的总说明及分篇说明应参照初步设计说明书的内容编写，并补充必要的比较方案图表资料。

(8)施工准备

公路工程施工涉及面广，为了保证施工的顺利进行，建设主管部门、勘测设计单位、施工单位等都应在施工准备阶段充分做好各自的准备工作。

建设主管部门，应根据计划要求的建设进度组建专门的管理机构，办理登记及征地拆迁，做好施工沿线各有关单位和部门的协调工作，抓紧配套工程项目的落实，组织分工范围内的技术资料、建筑材料、机具设备的供应。勘测设计单位，应按照技术资料供应协议，按时提供各种图纸资料，做好施工图纸的会审及移交工作。施工单位，应组织人员、机具进场，进行施工测量，修筑便道及生产、生活用临时设施，组织材料及技术物资的采购、加工、运输、供应、储备，做好施工图纸的接收工作，熟悉图纸并进行现场核对，编制实施性施工组织设计和施工预算，提出开工报告，按投资隶属关系上报交通部或省、直辖市、自治区交通主管部门核准。

(9)工程施工

施工准备工作完成后，施工单位必须按上级下达的开工日期或工程承包合同规定的日期开始施工。在建设项目的整个施工过程中，应严格执行有关的施工技术规程，按照设计要求，确保工程质量，安全施工。坚持正常的施工秩序，加强施工管理，大力推广应用新技术、新工艺，努力缩短工期，降低工程造价，做好施工记录，建立技术档案。

(10)竣工验收

工程施工全部完成后，应由施工单位进行竣工测量、编制竣工图表和工程决算。竣工验收工作由建设单位主持，按照建设部《关于基本建设项目竣工验收暂行规定》和交通部《公路工程竣工验收办法》的要求，认真负责地对工程进行全面的验收。

1.4 公路工程质量保证体系

·1.4.1 建设工程监理各方的关系·

工程监理企业、建设单位和承包单位 3 个建设活动实体之间的关系如图 1.6 所示。

①建设单位，通称业主或项目法人，拥有建设工程规模、标准、功能，以及选择承包商和监理企业等的决定权。它是委托监理的一方。

②工程监理企业，是指取得法人营业执照，具有监理资质证书的依法从事建设工程监理业务活动的经济组织。建设单位和工程监理企业通过监理委托合同确定委托和被委托的关系。

③承建单位，通称承包商，是工程项目建造实施的经济组织。承建单位与建设单位之间是雇佣与被雇佣的关系，或称发包与承包的合同关系，承建单位应在施工合同规定的范围内，进行工程项目的施工直至竣工，并修补缺陷。承建单位和监理单位(通过监理工程师)之间的关

系属于监理与被监理的关系,承包商的一切工程活动都必须得到监理工程师的批准,必须接受监理工程师的监督和管理。

监理工程师和承包商都受聘于业主,但他们之间无任何合同,而是在监理合同和施工合同中明确地规定下来。一项工程的实施,是由各自相对独立又相互制约的业主、监理工程师和承包商三方共同完成的,正确处理三方的关系是工程项目建设顺利进行的关键。

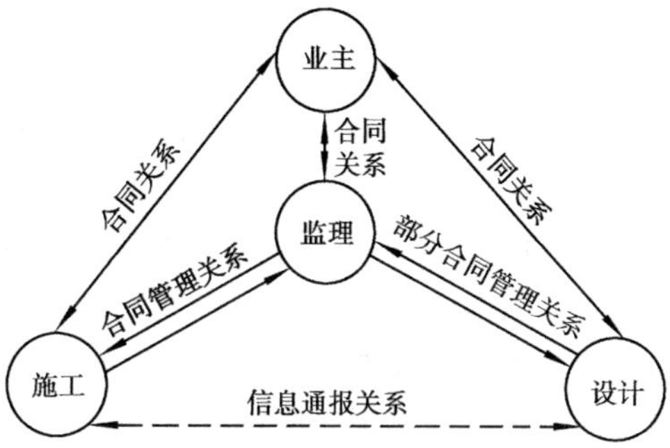

图 1.6　工程建设监理与各方的关系

1)监理单位在建筑市场上的地位

(1)监理单位是建筑市场的三大主体之一

一个发育完善的市场,不仅要有具备法人资格的交易双方,而且要有协调交易双方、为交易双方提供交易服务的第三方。就建筑市场而言,业主和承包商是买卖的双方。承包商(包括工程建设的勘察、规划、设计、建筑构配件制造、施工等单位,就具体的交易活动来说,承包商可以是其中之一,也可能是指几个单位,甚至是指上述所有单位)是卖方,业主是买方。一般来说,建筑产品的买卖交易不是瞬间就可以完成的,往往经历较长的时日。交易的时间越长,或者说,阶段性交易的次数越多,买卖双方产生矛盾的几率就越高,需事协调的问题就越多。况且,建筑市场中交易活动的专业技术性都很强,没有相当高的专业技术水平,就难以圆满地完成建筑市场中的交易活动。监理单位正是介于业主和承包商之间的第三方,为促进建筑市场中交易活动顺利开展而服务的。

(2)业主与监理单位的关系

业主与监理单位之间是一种平等的关系,是一种委托与被委托、授权与被授权的关系,更是相互依存、相互促进、共兴共荣的紧密关系。

①业主与监理单位之间是平等的关系。

业主和监理单位都是建筑市场中的主体,不分主次,自然应当是平等的。这种平等的关系主要体现在,它们在经济社会中的地位和工作关系两个方面。第一,都是市场经济中独立的企业法人。不同行业的企业法人,只有经营的性质、业务范围不同,而没有主仆之别。即使是同一行业的各独立的企业法人之间(子公司除外),也只有大小之别、经营种类的不同,不存在从属关系。第二,它们都是建筑市场中的主体,都是因为工程建设而走到一起的。业主为了更好地搞好自己担负的工程项目建设,而委托监理单位替自己负责一些具体的事项,业主与监理单位之间是一种委托与被委托的关系。业主可以委托甲监理单位也可以委托乙监理单位。同样,监理单位可以接受委托,也可以不接受委托。委托与被委托的关系建立后,双方只是按照约定的条款,各尽各的义务,各行使各自的权力,各取得各自应得到的利益。所以说,二者在工作关系上仅维系在委托与被委托的水准上。监理单位仅按照委托的要求开展工作,对业主负责,并不受业主的领导。业主对监理单位的人力、财力、物力等方面没有任何支配权、管理权。如果二者之间的委托与被委托关系不成立,那么,就不存在任何联系。

②业主与监理单位之间是一种授权与被授权关系。

监理单位接受委托之后,业主就把一部分工程项目建设的管理权力授予监理单位。诸如工程建设的组织协调工作的主持权、设计质量和施工质量以及建筑材料与设备质量的确认权与否决权、工程量与工程价款支付的确认权与否决权、工程建设进度和建设工期的确认权与否决权以及围绕工程项目建设的各种建议权等。业主往往留有工程建设规模和建设标准的决定权、对承包商的选定权、与承包商订立合同的鉴认权以及工程竣工后或分阶段的验收权等。

监理单位根据业主的授权开展工作,在工程建设的具体实践活动中居于相当重要的地位,但是,监理单位毕竟不是业主的代理人。按照《中华人民共和国民法通则》界定,“代理人”的含义是:“代理人在代理权限内,以被代理人的名义实施民事法律行为”,“被代理人对代理人的代理行为承担民事责任”。监理单位既不是以业主的名义开展监理活动,也不能让业主对自己的监理行为承担任何民事责任。显然,监理单位不是业主的代理人。

③业主与监理单位之间是经济合同关系。

业主与监理单位之间的委托与被委托关系确立后,双方订立合同,即工程建设监理合同。合同一经双方签订,就意味着这宗交易成立。业主是买方,监理单位是卖方,即业主出钱购买监理单位的智力劳动。如果有一方不接受对方的要求,对方又不肯退让,或者有一方不按双方的约定履行自己的承诺,那么,这宗交易活动就不能成交。就是说双方都有自己经济利益的需求,监理单位不会无偿地为业主提供服务,业主也不会对监理单位施舍。双方的经济利益以及各自的职责和义务都体现在签订的监理合同中。

但是,工程建设监理合同毕竟与其他经济合同不同。这是由监理单位在建筑市场中的特殊地位所决定的。业主、监理单位、承包商是建筑市场三元结构的三大主体。业主发包工程建设业务,承包商承接工程建设业务。在这项交易活动中,业主向承包商购买建筑商品(成阶段性建筑产品)。买方是想少花钱而买到好商品,卖方总想在销售商品中获得较高的利润。监理单位的责任则是既帮助业主买到合适的建筑商品,又要维护承包商的合法权益。或者说,监理单位与业主签订的监理合同,不仅表明监理单位要为业主提供高智能服务,维护业主的合法权益,而且也表明,监理单位有责任维护承包商的合法权益。这在其他经济合同中是难以找到的条款。可见,监理单位在建筑市场的交易活动中处于建筑商品买卖双方之间,起着维系公平交易、等价交换的制衡作用。因此,不能把监理单位单纯地看成是业主利益的代表。

(3)监理单位与承包商的关系

这里所说的承包商,不单是指施工企业,而是包括承接工程项目规划的规划单位、承接工程勘察的勘察单位、承接工程设计业务的设计单位、承接工程施工的施工单位以及承接工程设备、工程构件和配件的加工制造单位在内的大概念,也就是说,凡是承接工程建设业务的单位,相对于业主来说,都叫做承包商。

监理单位与承包商之间没有订立经济合同,但是,由于同处于建筑市场之中,所以,二者之间也有着多种紧密的关系。

①监理单位与承包商之间是平等关系。

如前所述,承包商也是建筑市场的主体之一。没有承包商,也就没有建筑产品。没有了卖方,买方也就不存在。但是,像业主一样,承包商是建筑市场的重要主体,并不等于他应当凌驾于其他主体之上。既然都是建筑市场的主体,那么,就应该是平等的。这种平等的关系,主要体现在都是为了完成工程建设任务而承担一定的责任。双方承担的具体责任虽然不同、但在性质上都属于“出卖产品”的一方,即相对于业主来说,二者的角色、地位是同样的。无论是监理单位,还是承包商都是在工程建设的法规、规章、规范、标准等条款的制约下开展工作的。二者之间不存在领导与被领导的关系。

表 1.3 建设单位质量责任和义务

<table>
<tr><th>责任和义务</th><th>罚 则</th></tr>
<tr><td>建设单位应当将工程发包给具有相应资质等级的单位。
建设单位不得将建设工程肢解发包。</td><td>建设单位将建设工程发包给不具有相应资质等级的勘察、设计、施工单位或者委托给不具有相应资质等级的工程监理单位的,责令改正,处 50 万元以上 100 万元以下的罚款。
建设单位将建设工程肢解发包的,责令改正,处工程合同价款 0.5% 以上 1% 以下的罚款;对全部或者部分使用国有资金的项目,并可以暂停项目执行或者暂停资金拨付。</td></tr>
<tr><td>建设单位应当依法对工程建设项目的勘察、设计、施工、监理以及与工程建设有关的重要设备、材料等的采购进行招标。</td><td rowspan="7">建设单位有下列行为之一的,责令改正,处 20 万元以上 50 万元以下的罚款:
1. 迫使承包方以低于成本的价格竞标的;
2. 任意压缩合理工期的;
3. 明示或者暗示设计单位或者施工单位违反工程建设强制性标准,降低工程质量的;
4. 施工图设计文件未经审查或者审查不合格,擅自施工的;
5. 建设项目必须实行工程监理而未实行工程监理的;
6. 未按照国家规定办理工程质量监督手续的;
7. 明示或者暗示施工单位使用不合格的建筑材料、建筑构配件和设备的;
8. 未按照国家规定将竣工验收报告、有关认可文件或者准许使用文件报送备案的。
建设单位违反国家规定,降低工程质量标准,造成重大安全事故,构成犯罪的,对直接责任人员追究刑事责任。</td></tr>
<tr><td>建设单位必须向有关的勘察、设计、施工、工程监理等单位提供与建设工程有关的原始资料。原始资料必须真实、准确、齐全。</td></tr>
<tr><td>建设工程发包单位,不得迫使承包方以低于成本的价格竞标,不得任意压缩合理工期。
建设单位不得明示或者暗示设计单位或者施工单位违反工程建设强制性标准,降低建设工程质量。</td></tr>
<tr><td>建设单位应当将施工图设计文件报县级以上人民政府建设行政主管部门或者其他有关部门审查。施工图设计文件未经审查批准的,不得使用。</td></tr>
<tr><td>实行监理的建设工程,建设单位应当委托具有相应资质等级的工程监理单位进行监理,也可以委托具有工程监理相应资质等级并与监理工程的施工承包单位没有隶属关系或者其他利害关系的该工程的设计单位进行监理。</td></tr>
<tr><td>涉及建筑主体和承重结构变动的装修工程,建设单位应当在施工前委托原设计单位或者具有相应资质等级的设计单位提出设计方案;没有设计方案的,不得施工。</td></tr>
<tr><td>按照合同约定,由建设单位采购建筑材料、建筑构配件和设备的,建设单位应当保证建筑材料、建筑构配件和设备符合设计文件和合同要求。
建设单位不得明示或者暗示施工单位使用不合格的建筑材料、建筑构配件和设备。</td></tr>
</table>

续表

责任和义务	罚则
建设单位在领取施工许可证或者开工报告前,应当按照国家有关规定办理工程质量监督手续。	建设单位未取得施工许可证或者开工报告未经批准,擅自施工的,责令停止施工,限期改正,处工程合同价款1%以上2%以下的罚款。
建设单位收到建设工程竣工报告后,应当组织设计、施工、工程监理等有关单位进行竣工验收。建设工程经验收合格的,方可交付使用。	建设单位有下列行为之一的,责令改正,处工程合同价款2%以上4%以下的罚款;造成损失的,依法承担赔偿责任: 1. 未组织竣工验收,擅自交付使用的; 2. 验收不合格,擅自交付使用的; 3. 对不合格的建设工程按照合格工程验收的。
建设单位应当严格按照国家有关档案管理的规定,及时收集、整理建设项目各环节的文件资料,建立、健全建设项目档案,并在建设工程竣工验收后,及时向建设行政主管部门或者其他有关部门移交建设项目档案。	建设工程竣工验收后,建设单位未向建设行政主管部门或者其他有关部门移交建设项目档案的,责令改正,处1万元以上10万元以下的罚款。

②监理单位与承包商之间是监理与被监理的关系。

虽然监理单位与承包商之间没有签订任何经济合同,但是,监理单位与业主签订有监理合同,承包商与业主签订有承发包建设合同。监理单位依据业主的授权,就有了监督管理承包商履行工程建设承发包合同的权利和义务。承包商不再与业主直接交往,而转向与监理单位直接联系,并接受监理单位对自己进行工程建设活动的监督管理。

2)建设工程监理活动的定位

建设工程监理活动的定位有两个值得注意的定位概念。

①在施工过程中,业主超越监理工程师直接指挥承包商和承包商接受业主指挥的行为,应属于违反合同、干预监理工程师正常业务活动的越权行为,监理工程师有权拒绝。

②在工程建设监理活动中,监理的对象不是工程本身,而是建设活动有关单位,包括承包商和业主,在建设活动中的行为及其权利、义务的履行状况。

3)公路工程质量保证体系

《公路建设市场管理办法》(交通部2004年14号令)第二十九条明确规定:公路工程实行政府监督、法人管理、社会监理、企业自检的质量保证体系。交通主管部门及其所属的质量监督机构对工程质量负监督责任,项目法人对工程质量负管理责任,勘察设计单位对勘察设计质量负责,施工单位对施工质量负责,监理单位对工程质量负现场管理责任,试验检测单位对试验检测结果负责,其他从业单位和从业人员按照有关规定对其产品或者服务质量负相应责任。

(1)建设单位质量责任和义务

根据《建设工程质量管理条例》的有关规定,建设单位的质量责任和义务见表1.5。

(2)施工单位质量责任和义务

根据《建设工程质量管理条例》的有关规定,施工单位的质量责任和义务见表1.4。

表 1.4 施工单位质量责任和义务

责任和义务	罚则
施工单位应当依法取得相应等级的资质证书，并在其资质等级许可的范围内承揽工程。 禁止施工单位超越本单位资质等级许可的业务范围或者以其他施工单位的名义承揽工程。禁止施工单位允许其他单位或者个人以本单位的名义承揽工程。施工单位不得转包或者违法分包工程。 施工单位对建设工程的施工质量负责。 施工单位应当建立质量责任制，确定工程项目的项目经理、技术负责人和施工管理负责人。 建设工程实行总承包的，总承包单位应当对全部建设工程质量负责；建设工程勘察、设计、施工、设备采购的一项或者多项实行总承包的，总承包单位应当对其承包的建设工程或者采购的设备的质量负责。 总承包单位依法将建设工程分包给其他单位的，分包单位应当按照分包合同的约定对其分包工程的质量向总承包单位负责，总承包单位与分包单位对分包工程的质量承担连带责任。	施工单位超越本单位资质等级承揽工程的，责令停止违法行为，对施工单位处工程合同价款 2% 以上 4% 以下的罚款，可以责令停业整顿，降低资质等级；情节严重的，吊销资质证书；有违法所得的，予以没收。未取得资质证书承揽工程的，予以取缔，依照前款规定处以罚款；有违法所得的，予以没收。以欺骗手段取得资质证书承揽工程的，吊销资质证书，依照上款规定处以罚款；有违法所得的，予以没收。 施工单位允许其他单位或者个人以本单位名义承揽工程的，责令改正，没收违法所得，对施工单位处工程合同价款 2% 以上 4% 以下的罚款；可以责令停业整顿，降低资质等级；情节严重的，吊销资质证书。 承包单位将承包的工程转包或者违法分包的，责令改正，没收违法所得，对施工单位处工程合同价款 0.5% 以上 1% 以下的罚款；可以责令停业整顿，降低资质等级；情节严重的，吊销资质证书。
施工单位必须按照工程设计图纸和施工技术标准施工，不得擅自修改工程设计，不得偷工减料。 施工单位必须建立、健全施工质量的检验制度，严格工序管理，做好隐蔽工程的质量检查和记录。隐蔽工程在隐蔽前，施工单位应当通知建设单位和建设工程质量监督机构。	施工单位在施工中偷工减料的，使用不合格的建筑材料、建筑构配件和设备的，或者有不按照工程设计图纸或者施工技术标准施工的其他行为的，责令改正，处工程合同价款 2% 以上 4% 以下的罚款；造成建设工程质量不符合规定的质量标准的，负责返工、修理，并赔偿因此造成的损失；情节严重的，责令停业整顿，降低资质等级或者吊销资质证书。
施工单位必须按照工程设计要求、施工技术标准和合同约定，对建筑材料、建筑构配件、设备和商品混凝土进行检验，检验应当有书面记录和专人签字；未经检验或者检验不合格的，不得使用。 施工人员对涉及结构安全的试块、试件以及有关材料，应当在建设单位或者工程监理单位监督下现场取样，并送具有相应资质等级的质量检测单位进行检测。	施工单位未对建筑材料、建筑构配件、设备和商品混凝土进行检验，或者未对涉及结构安全的试块、试件以及有关材料取样检测的，责令改正，处 10 万元以上 20 万元以下的罚款；情节严重的，责令停业整顿，降低资质等级或者吊销资质证书；造成损失的，依法承担赔偿责任。
施工单位对施工中出现质量问题的建设工程或者竣工验收不合格的建设工程，应当负责返修。	施工单位不履行保修义务或者拖延履行保修义务的，责令改正，处 10 万元以上 20 万元以下的罚款，并对保修期内因质量缺陷造成的损失承担赔偿责任。
施工单位应当建立、健全教育培训制度，加强对职工的教育培训；未经教育培训或者考核不合格的人员，不得上岗作业。	施工单位违反国家规定，降低工程质量标准，造成重大安全事故，构成犯罪的，对直接责任人员追究刑事责任。

(3)监理单位质量责任和义务

根据《建设工程质量管理条例》的有关规定,监理单位的质量责任和义务见表1.5。

表1.5 监理单位质量责任和义务

责任和义务	罚 则
工程监理单位应当依法取得相应等级的资质证书,并在其资质等级许可的范围内承担工程监理业务。 禁止工程监理单位超越本单位资质等级许可的范围或者以其他工程监理单位的名义承担工程监理业务。禁止工程监理单位允许其他单位或者个人以本单位的名义承担工程监理业务。 工程监理单位不得转让工程监理业务。 工程监理单位应当依照法律、法规以及有关技术标准、设计文件和建设工程承包合同,代表建设单位对施工质量实施监理,并对施工质量承担监理责任。	工程监理单位超越本单位资质等级承揽工程的,责令停止违法行为,对工程监理单位处合同约定的监理酬金1倍以上2倍以下的罚款;可以责令停业整顿,降低资质等级;情节严重的,吊销资质证书;有违法所得的,予以没收。 未取得资质证书承揽工程的,予以取缔,依照前款规定处以罚款;有违法所得的,予以没收。以欺骗手段取得资质证书承揽工程的,吊销资质证书,依照上款规定处以罚款;有违法所得的,予以没收。 工程监理单位允许其他单位或者个人以本单位名义承揽工程的,责令改正,没收违法所得,对工程监理单位处合同约定的监理酬金1倍以上2倍以下的罚款;可以责令停业整顿,降低资质等级;情节严重的,吊销资质证书。 工程监理单位转让工程监理业务的,责令改正,没收违法所得,处合同约定的监理酬金25%以上50%以下的罚款;可以责令停业整顿,降低资质等级;情节严重的,吊销资质证书。
工程监理单位与被监理工程的施工承包单位以及建筑材料、建筑构配件和设备供应单位有隶属关系或者其他利害关系的,不得承担该项建设工程的监理业务。	工程监理单位与被监理工程的施工承包单位以及建筑材料、建筑构配件和设备供应单位有隶属关系或者其他利害关系承担该项建设工程的监理业务的,责令改正,处5万元以上10万元以下的罚款,降低资质等级或者吊销资质证书;有违法所得的,予以没收。
工程监理单位应当选派具备相应资格的总监理工程师和监理工程师进驻施工现场。 未经监理工程师签字,建筑材料、建筑构配件和设备不得在工程上使用或者安装,施工单位不得进行下一道工序的施工。未经总监理工程师签字,建设单位不拨付工程款,不进行竣工验收。 监理工程师应当按照工程监理规范的要求,采取旁站、巡视和平行检验等形式,对建设工程实施监理。	监理工程师等注册执业人员因过错造成质量事故的,责令停止执业1年;造成重大质量事故的,吊销执业资格证书,5年以内不予注册;情节特别恶劣的,终身不予注册。 工程监理单位违反国家规定,降低工程质量标准,造成重大安全事故,构成犯罪的,对直接责任人员追究刑事责任。

1.5 监理工作的依据、范围和内容

1)监理依据

①监理的依据,主要是根据国家法律和有关技术、经济法规以及公路工程标准、规范等由业主和承包人签订的施工合同文件。监理单位应严格按上述合同文件所规定的监理任务进行工作。

②监理单位与业主签订(或委托)的监理服务合同所明确的各项任务。

③监理工程师和承包人在工程实施过程中有关的会议记录、函电和其他文字记载以及经监理工程师批准的所有图纸、监理工程师发出的所有指令等也可作为监理依据的补充。

现阶段工程监理工作主要是依据业主与承包人的合同。目前交通主管部门制订的招标文件范本也包括技术规范,它是将工程技术、经济、法律有机地结合,并用合同的形式加以固定,它详细规定了承包人、业主的义务和权利以及监理工程师的职责与权限,是监理工程师履行自己职责的主要依据。

2)监理范围

列入公路基本建设计划的公路工程项目和外资贷款、合资的公路工程项目,都应委托监理单位实施监理。其他公路工程项目是否实施监理,由投资者自行决定。政府鼓励投资者委托监理单位实施监理。

工程建设阶段包括建设前期阶段、设计阶段、施工招标阶段、施工阶段和保修阶段。以上各阶段可一次委托也可分别委托。一次性委托即为全过程监理,现阶段我国主要实行分阶段委托,本书所述是施工阶段和保修阶段的监理,也称施工监理。而施工阶段也可根据工程内容不同分别委托,如:路基桥涵工程、路面工程、交通工程、房建工程、绿化工程等,监理工作应根据委托书确定的工作范围进行监理。

3)监理工作的内容

工程监理作为一种以严密制度为特征的综合管理行为,按照国际惯例,以 FIDIC 管理模式为基础,强调对工程建设项目在特定时空范围内的全方位及全过程的监督与管理,以期达到预期工程建设的预期目标。工程监理的主要内容很多,在工程建设的不同阶段,工作的内容等也不尽相同。但概括起来主要包括:工程质量监理、工程进度监理、工程费用监理、安全监理、环保监理、合同管理、信息管理和组织协调。

(1)建设前期阶段

a.投资决策咨询;

b.编制项目建议书和项目可行性研究报告;

c.项目评估。

(2)设计阶段

a.审查和评选设计方案;

b.协助业主组织勘察、设计招标投标活动;

c.协助业主签订勘察、设计合同并监督合同的实施;

d. 核查设计概算书。

(3)施工准备阶段

a. 协助业主编制招标文件;

b. 核查施工图设计和概(预)算书;

c. 协助业主组织招标投标活动;

d. 协助业主与中标单位商签承包合同。

(4)施工阶段

a. 协助业主与承包商编写开工报告;

b. 确认承包商选择的分包单位;

c. 审批施工组织设计;

d. 下达开工令;

e. 审查承包商提供的材料、设备采购清单;

f. 检查工程使用的材料、构件、设备的规格和质量;

g. 检查施工技术措施和安全防护设施;

h. 主持协商工程设计变更,超出委托权限的变更须报业主决定;

i. 督促履行承包合同,主持协商合同条款的变更,调解合同双方的争议,处理索赔事项;

j. 检查工程进度和施工质量,验收分部分项工程,签署工程付款凭证;

k. 督促整理承包合同文件和技术档案资料;

l. 组织工程预验收,提供竣工验收报告;

m. 核查工程结算。

(5)工程保修阶段

在规定的保修期内,负责检查工程质量状况,鉴定质量问题责任,督促责任单位修理。

4)监理工作程序

(1)施工准备阶段的监理工作程序

①建立监理机构:将监理人员审查表报总监理工程师审查→安排监理人员进场→领取监理试验检测设备→组建工地实验室→进行内部分工→制定监理个人岗位职责、工作制度、工作纪律→制定监理工作计划。

②岗前准备:熟悉施工合同文件、技术规范、质量标准和检测方法,核查图纸,接受现场测量控制数据→学习、领会、掌握业主制定的管理办法→进行仪器调试、校正→调查施工环境、核实现场施工条件→现场核对确认原始基准点、基准线、基准高程及定线资料。

③检查承包人的施工准备:审查施工组织设计和进度计划→检查质量保证体系(包括试验室、试验检测设备和人员、质量管理系统人员的数量和素质、质量管理措施、岗位职责、工作职责是否完善)→检查施工机械(包括进场机械的数量、型号、规格、生产能力、性能、完好率等)→检查原材料(包括来源、数量、质量,要求取样检验)→检查审批标准试验(包括土样击实,砂浆混凝土配合比试验,土、沙、石、水泥质量指标试验,要求取样验证试验)→审查承包人的《施工复测报告》(包括纵横地面线、中线、水准基点、坐标控制点等)→检查承包人场地占用情况→审批承包人提交的构造物施工图、施工方案和技术措施→审批承包人的开工申请→总监理工程师审查同意后签发开工令→组织召开第一次工地会。

(2)施工阶段的监理程序

①工程质量监理程序：设置监理专用检测控制点（包括平面位置和高程）→审批《分项工程开工申请批复单》（要求现场测量地面线、高程、平面位置、分析地质情况）→检查施工准备情况（包括材料数量、质量，施工人员数量、质量，检查施工须知牌，现场质量管理员考核等）→施工过程控制（包括对材料质量、机械状况、操作工艺的检查、旁站、取样试验等，发现问题及时纠正）→检查承包人的自检自控情况（包括工艺控制、取样试验等）→工序检验签证（上道工序不合格不准进行下道工序施工）→工程质量检查验收（分项工程完工后，按照《公路工程质量检验评定标准》规定进行检验）→签发中间交工证书（不合格工程不予签发，外观达不到"平、直、顺、美"规定不予签发）。

②工程进度监理程序：审批承包人的阶段目标计划（包括周工作计划、单项工程施工计划，重点审查各工序进度安排的合理性，工期保证及施工准备的可靠性，计划目标与施工能力的适应性）→督促承包人按照批准的进度计划施工，建立进度控制图表，填写日进度记录，对由于各种原因造成进度滞后及时调整计划，并督促执行，使原定工期得以保证→对承包人的履约能力进行评估，对由于承包人的原因（设备不足或不适应，材料供应不能满足进度要求，或人员、管理跟不上需要，施工组织管理存在问题等）造成的进度严重滞后，及时报告业主采取有效措施（包括"分割"工程或终止合同），以确保工期目标的实现。

③费用监理程序：认真核对合同工程量清单和设计图纸，包括变更设计及施工原始记录→核对《中间交工证书》及其附件资料→核对、计算、确认工程数量→审核签认《中间计量表》→审核《中间支付报表》→审核应扣款项→签发《中间支付报表》→按规定上报。

5）工程监理工作的基本方法和常用的监理手段

（1）工程监理的基本方法

工程监理的基本方法是由目标规划、动态控制、组织协调、信息管理、合同管理构成的有机的方法体系。

①目标规划。是指以实现工程项目投资、进度和质量三个目标控制为目的的规划和计划，它由研究确定、分解综合、计划安排、风险管理、制定措施等项工作集合构成。目标规划是目标控制的前提和基础，只有做好目标规划的各项工作，才能有效地实施目标控制。

工程项目目标规划随着工程的进展，不断进行细化、补充和修正，由粗而细、循序渐进，并与目标控制交替出现，呈循环链式关系。目标规划的5部分内容按阶段分为：

a. 目标规划的论证。对初步确定的三大目标进行论证。

b. 目标分解。根据需要将各目标分解为满足控制要求的目标划分系统，以便实施有效的控制。

c. 编制动态计划。为使项目协调有序地实现预定的目标，将工程项目实施的过程、目标和活动编制成动态计划。

d. 风险分析。为主动控制计划目标的实现，所进行的风险分析和管理。

e. 综合控制。制定各项目的综合控制措施，以保证计划目标的实现。

②动态控制。通过对工程项目实施过程中的过程、目标和活动的全面跟踪，准确掌握工程建设信息，定期将实际目标值与计划目标值做对比分析，及时发现两者的偏差，并采取相应的对策适时地给予纠正，以便实施有效的控制。

③组织协调。在工程建设项目监理过程中，实行组织协调是完成建设监理任务的主要的方法和手段之一。

a. 监理组织内部的协调：项目总监理工程师与各专业监理工程师及各专业监理员之间的协调；纵向监理部门与横向部门之间、机构之间的协调等。

b. 项目监理组织与外部环境组织之间的协调。

④信息管理。是指监理组织对所需的信息进行的收集、整理、处理、存储、传递、应用等一系列工作的总称。及时、准确、完整地掌握信息，是实施有效目标控制的基础，是正确决策的依据，是完成监理任务的重要保证。

⑤合同管理。根据监理合同的要求，对工程建设合同的签订、履行、变更和解除进行监督、检查，对双方的争议进行调解利处理，以保证合同的依法签订和全面履行。它是建设监理的一项重要任务，也是规范建设项目各方的行为、有效行使监理职能的主要方法之一。

(2)监理工程师常用的监理手段

在工程监理过程中，监理工程师通常采用以下手段对工程进行监督管理。

①书面指示：

a. 开工通知；

b. 监理工程师代表及其助理的任命通知；

c. 修改进度计划的指令；

d. 暂时停工与复工的指令；

e. 停止或恢复支付的指示；

f. 会议通知；

g. 其他有关规定的指示。

②工地会议：

a. 第一次会议。在开工前召开的第一次工地会议，主要检查开工准备情况。若具备开工条件时，发出开工通知。

b. 经常性工地会议。经常性工地会议由监理工程师主持，定期召开，参加人员由监理工程师确定，主要目的是记录事项、交流信息，讨论和决定有关问题。

③专题会议。对于复杂的技术或合同管理问题，一般采用专题会议形式进行研究和解决，专题会议的结论，应按监理工程师指令性文件发出。

④邀见承包商。监理工程师对承包商采取制裁之前，可先邀见承包商提出警告，责令其改正。

⑤监理记录及资料管理。完整而详实的监理记录，是监理工程师对工程施工全面评价、准确判断的依据，是解决纠纷和处理索赔的佐证，应视为建设监理的重要手段之一。这些记录和资料包括：施工过程记录、工程数量和财务记录、质量记录和竣工资料等。

⑥工程计量。根据设计文件及承包合同中关于工程量计算的规定，项目监理机构对承包单位申报的已完成工程的工程量进行的核验。工程计量的范围仅限于承包单位完成的合格工程。

⑦见证。由监理人员现场监督某工序全过程完成情况的活动。

⑧旁站。在关键部位或关键工序施工过程中，由监理人员在现场进行的监督活动。

⑨巡视。监理人员对正在施工的部位或工序在现场进行的定期或不定期的监督活动。

⑩平行检验。项目监理机构利用一定的检查或检测手段，在承包单位自检的基础上，按照一定的比例，独立进行检查或检测的活动。

⑪设备监造。监理单位依据委托监理合同和设备订货合同,对设备制造过程进行的监督活动。

【例 1.1】 某轨道交通 4 号线“7·1”重大工程事故

2003 年 7 月 1 日凌晨 6:00,某轨道交通 4 号线旁通道工程施工作业面内,因大量水及流沙涌入,引起隧道部分结构损坏及周边地区地面沉降,造成三栋建筑物严重倾斜,防汛墙局部塌陷,导致防汛墙围堰管涌,直接经济损失初步估算为 1.5 亿元人民币左右。

对 A 公司下属的 B 分公司是事故的直接责任单位,负主要责任。B 分公司现场技术管理薄弱,《冻结法施工方案调整》编制欠缺,审批不严;发现事故险情征兆未向总包、监理单位报告;对施工风险较大的工程,无针对性强的应急预案;违章施工,导致事故发生,对事故负主要责任。

对 A 公司给予将地基与基础工程专业承包企业资质等级由一级降为二级的处罚;B 分公司项目副经理李某,已被批准逮捕,并由某市建委给予降低项目经理资质等级,由二级降为三级的处罚;B 分公司项目经理周某,移送司法机关处理(取保候审),并由建设部给予降低项目经理资质等级,由一级降为二级的处罚。

C 公司是事故的连带责任单位,负重要责任。C 公司未履行总包单位管理职责,对分包单位监管不力;未根据分包单位调整的方案,重新编制相应调整的施工组织设计;未对分包方施工方案调整组织审批;各项技术、质量责任制和管理制度未落实;现场管理人员资格不符合要求,现场管理失控,对事故负重要责任。

对 C 公司给予将市政公用工程施工总承包企业资质等级由特级降为一级的处罚;项目经理袁某(无项目经理资质证书),已被批准逮捕;项目技术负责人张某,移送司法机关处理(取保候审)。

D 公司是事故的相关责任单位,也负有重要责任。D 公司未有效履行监理单位职责,未对调整的施工方案组织监理审定;监理人员资格不符合国家规定要求,现场监理失职;未对监理的工程实施有效的巡视检查,未能及时发现险情和制止事故,对事故也负重要责任。

对 D 公司给予将市政公用工程(含地铁、轻轨)监理资质等级由甲级降为乙级的处罚;总监代表李某(无国家注册监理工程师资格),已被批准逮捕;公司经理、项目总监谢某,移送司法机关处理(取保候审),并由建设部给予吊销监理工程师注册证书,5 年内不予注册的处罚。

【例 1.2】 某省“5·12”特大施工伤亡事故

2004 年 5 月 12 日上午 9 时 20 分,某省某公司二期玻壳项目 1C 号屏炉烟囱工地,施工人员在拆除井架(高 75 m)时,由于违章拆除井架缆风绳,导致井架发生倾覆,造成施工人员 21 人死亡、10 人受伤,直接经济损失 268.3 万元。

经该省“5·12”特大施工伤亡事故调查组认定,该事故是一起严重违章指挥,违规作业,违反建设程序,有关各方监督管理不力,安全责任不落实而导致的特大责任事故。

依据事故处理权限,建设部做出如下处罚:

1. 该省第七建筑工程公司未履行职责,未对滑模作业队的资质、从业人员资格进行审查,现场没有配备专职安全员,安全生产责任制不落实,对该工程安全管理失控,导致事故的发生。对该省第七建筑工程公司给予降低资质等级的处罚,将房屋建筑工程施工总承包资质等级由一级降为二级。

2. 程某，该工程项目总监，未对烟囱物料提升架安装拆卸施工方案进行审核，未组织实施有效的监理，对这起事故负主要责任，给予吊销监理工程师注册证书，终身不予注册的处罚。

复习思考题

1. 如何理解建设工程监理的概念？
2. 简述建设工程监理具有的性质及其含义。
3. 建设工程监理的作用有哪些？
4. 简述我国强制执行建设工程监理的范围及主要内容。
5. 简述我国建设工程理论的基础。
6. 工程建设监理与工程建设项目建设程序之间有何关系？
7. 简述我国工程建设监理制度的产生和发展情况。
8. 试说明我国工程建设监理的发展趋势。
9. 简述公路工程质量保证体系。
10. 试说明监理工程师应尽的质量责任和义务。
11. 试说明与分析目前推行施工监理的关键与核心问题及难点问题是什么？

2 监理单位资质、现场监理机构设置与职责

2.1 监理单位资质

监理单位监理人员的素质、专业配套能力、技术装备、监理经历和管理水平等因素决定了其监理能力和监理效果，而监理能力和监理效果则决定了监理单位的资质。

按照我国现行规定监理单位的资质分为甲、乙、丙3个等级。我国建设监理单位资质管理体制的基本原则是"分级管理，统分结合"。总的来说，我国的监理单位资质管理分中央和地方两个层次。在中央，由国家建设行政主管部门负责；在地方，由各地方建设行政主管部门归口管理。国务院其他专业部门分管本部门直属的监理单位的资质。

承担公路工程施工监理业务的单位，必须是经交通部审批，取得公路工程施工监理资格等级证书，具有法人资格的监理单位，并按批准的资格等级承担相应的施工监理业务。

1）资质等级和从业范围

公路工程专业监理资质分为甲、乙、丙3个等级和特殊独立大桥专项、特殊独立隧道专项、公路机电工程专项。

获得公路工程专业甲级监理资质，可在全国范围内从事一、二、三类公路工程、桥梁工程、隧道工程项目的监理业务；

获得公路工程专业乙级监理资质，可在全国范围内从事二、三类公路工程、桥梁工程、隧道工程项目的监理业务；

获得公路工程专业丙级监理资质，可在企业所在地的省级行政区域内从事三类公路工程、桥梁工程、隧道工程项目的监理业务；

获得公路工程专业特殊独立大桥专项监理资质，可在全国范围内从事特殊独立大桥项目的监理业务；

获得公路工程专业特殊独立隧道专项监理资质，可在全国范围内从事特殊独立隧道项目的监理业务；

获得公路工程专业公路机电工程专项监理资质，可在全国范围内从事各等级公路、桥梁、隧道工程通讯、监控、收费等机电工程项目的监理业务。

2）公路工程各级监理资质条件

（1）甲级监理资质条件

①人员、业绩和人员结构条件。企业负责人和技术负责人中至少有2人具有公路或者相

关专业高级技术职称,10 年以上从事公路、桥梁、隧道工程工作经历,5 年以上监理或者建设管理工作经历,已取得监理工程师资格。

企业拥有中级职称以上各类专业技术人员不少于 50 人。其中,持监理工程师资格证书的人数不少于 30 人,工程系列高级专业技术人员数不少于 10 人,高、中级经济师或者高、中级会计师不少于 3 人。上述各类人员中,与企业签订 3 年以上劳动合同的人数不低于 70%。

持监理工程师证书人员中,不少于 15 人具有 2 项一类工程监理业绩,不少于 5 人具有高级驻地监理工程师经历;上述人员与企业签订的劳动合同不少于 3 年。不具备本条前述条件,但具备以下条件者视为符合本条条件:监理企业具备不少于 5 项二类以上工程业绩。

企业各类专业技术人员结构合理。主要包括路基路面、桥隧结构、试验检测、工程地质、工程经济、合同管理等专业人员。

②企业拥有材料、路基路面等工程试验检测设备和测量放样等仪器,具备建立工地试验室条件。

③企业注册资金不少于 400 万元。

④企业具有完善的规章制度和组织体系。

⑤企业作为工程质量事件当事人,已经有关主管部门认定无责任,或者虽受到有关主管部门的行政处罚但处罚期实施已满 1 年。

(2)乙级监理资质条件

①人员、业绩和人员结构条件。企业负责人和技术负责人中至少有 2 人具有公路或者相关专业中级技术职称,8 年以上从事公路、桥梁、隧道工程工作经历,3 年以上监理或者建设管理工作经历,已取得监理工程师资格。

企业拥有中级职称以上各类专业技术人员不少于 30 人。其中,持监理工程师资格证书的人数不少于 18 人,工程系列高级专业技术人员数不少于 5 人,经济师、会计师不少于 2 人。上述各类人员中,与企业签订 3 年以上劳动合同的人数不低于 70%。

持监理工程师证书的人员中,不少于 9 人具有 2 项二类及以上工程监理业绩,不少于 3 人具有高级驻地监理工程师经历;上述人员与企业签订的劳动合同不少于 3 年。不具备本条前述条件,但具备以下条件者视为符合本条条件:监理企业具备不少于 5 项三类以上工程业绩。

各类专业技术人员结构合理。主要包括路基路面、桥隧结构、试验检测、工程地质、工程经济、合同管理等专业人员。

②企业拥有材料、路基路面等工程试验检测设备和测量放样等仪器,具有建立工地试验室的条件。

③企业注册资金不少于 200 万元。

④企业具有完善的规章制度和组织体系。

⑤企业作为工程质量事件当事人,已经有关主管部门认定无责任,或者虽受到有关主管部门的行政处罚但处罚期实施已满 1 年。

(3)丙级监理资质条件

①人员、业绩和人员结构条件。企业负责人和技术负责人中至少有 2 人具有公路或者相关专业中级技术职称,5 年以上从事公路、桥梁、隧道工程工作经历,2 年以上监理或者建设管理工作经历,已取得监理工程师资格。

企业拥有中级职称以上各类专业技术人员不少于 20 人。其中,持监理工程师资格证书的人数不少于 8 人,工程系列高级技术职称人数不少于 3 人,经济师、会计师不少于 1 人。上述各类人员中,与企业签订 3 年以上劳动合同的人数不低于 70%。

持监理工程师证书的人员中,不少于 3 人具有 2 项三类及以上工程监理业绩,上述人员与企业签订的劳动合同不少于 3 年。

各类专业技术人员结构合理。主要包括路基路面、桥隧结构、试验检测、工程地质、工程经济、合同管理等专业人员。

②企业拥有必要的试验检测设备和测量放样仪器。

③企业注册资金不少于 50 万元。

④企业拥有完善的规章制度和组织体系。

⑤企业作为工程质量事件当事人,已经有关主管部门认定无责任,或者虽受到有关主管部门的行政处罚但处罚期实施已满 1 年。

(4)特殊独立大桥专项监理资质条件

①已取得公路工程甲级监理资质。

②持监理工程师证书人员中,有不少于 20 人具有特大桥监理业绩,上述人员与企业签订的劳动合同不少于 3 年。不具备本条前述条件,但具备以下条件者视为符合本条条件:监理企业具有 4 项以上特大桥监理业绩。

(5)特殊独立隧道专项监理资质条件

①已取得公路工程甲级监理资质。

②持监理工程师证书人员中,有不少于 20 人具有特长隧道监理经历,有不少于 10 人是隧道专业监理工程师,上述人员与企业签订的劳动合同不少于 3 年。不具备本条前述条件,但具备以下条件者视为符合本条条件:监理企业具有 2 项以上特长隧道监理业绩。

(6)公路机电工程专项监理资质条件

①人员、业绩和人员结构条件。企业负责人和技术负责人中至少 2 人以上具有机电专业高级技术职称,8 年以上从事相关专业工作经历,5 年以上监理或者建设管理工作经历,已取得公路机电专业监理工程师资格。

企业拥有中级职称以上各类专业技术人员不少于 30 人。其中,持公路机电专业监理工程师资格证书人数不少于 15 人,高级专业技术人员数不少于 10 人,经济师、会计师不少于 2 人。上述各类人员中,与企业签订 3 年以上劳动合同的人数不低于 70%。

持监理工程师证书人员中,不少于 8 人具有公路机电工程监理业绩,以上人员与企业签订的劳动合同不少于 3 年。

②企业拥有公路机电工程所需的常用试验检测设备。

③企业注册资金不少于 200 万元。

④企业具有完善的规章制度和组织体系。

⑤企业作为工程质量事件当事人,已经有关主管部门认定无责任,或者虽受到有关主管部门的行政处罚但处罚期实施已满 1 年。

3)公路工程分类标准(见表 2.1、表 2.2)

表 2.1　公路工程分类标准

	一类	二类	三类
公路工程	高速公路	高速公路路基工程及一级公路	一级公路路基工程及二级以下各级公路
桥梁工程	特大桥	大桥、中桥	小桥、涵洞
隧道工程	特长隧道、长隧道	中隧道	短隧道

表 2.2　独立大桥、隧道分类标准

特殊独立大桥	主跨 250 m 以上钢筋混凝土拱桥、单跨 250 m 以上预应力混凝土连续结构、400 m 以上斜拉桥、800 m 以上悬索桥等结构复杂的独立特大桥项目
特殊独立隧道	大于 3 000 m 的独立特长隧道项目
公路机电工程	通讯、监控、收费等机电工程

2.2　监理组织机构

·2.2.1　组织的基本原理·

组织是管理中的一项重要职能。建立精干、高效的项目监理机构并使之正常运行，是实现建设工程监理目标的前提条件。因此，组织的基本原理是监理工程师必备的基础知识。

1)组织和组织结构

(1)组织

所谓组织，就是为了使系统达到它特有的目标，使全体参加者经分工与协作以及设置不同层次的权力和责任制度而构成的一种人的组合体。它含有 3 层意思：目标是组织存在的前提；没有分工与协作就不是组织；没有不同层次的权力和责任制度就不能实现组织活动和组织目标。

作为生产要素之一，组织有如下特点：其他要素可以相互替代，如机器设备可以替代劳动力，而组织不能替代其他要素，也不能被其他要素所替代。但是，组织可以使其他要素合理配合而增值，即可以提高其他要素的使用效益。随着现代化社会大生产的发展，随着其他生产要素复杂程度的提高，组织在提高经济效益方面的作用也越显著。

(2)组织结构

组织内部构成和各部分间所确立的较为稳定的相互关系和联系方式，称为组织结构。

①组织结构与职权的关系。组织结构与职权形态之间存在着一种直接的相互关系，这是因为组织结构与职位以及职位间关系的确立密切相关，因而组织结构为职权关系提供了一定的格局。组织中的职权指的就是组织中成员间的关系，而不是某一个人的属性。职权的概念

是与合法地行使某一职位的权力紧密相关的，而且是以下级服从上级的命令为基础的。

②组织结构与职责的关系。组织结构与组织中各部门、各成员的职责的分派直接有关。在组织中，只要有职位就有职权，而只要有职权也就有职责。组织结构为职责的分配和确定奠定了基础，而组织的管理则是以机构和人员职责的分派和确定为基础的，利用组织结构可以评价组织各个成员的功绩与过错，从而使组织中的各项活动有效地开展起来。

③组织结构图。组织结构图是组织结构简化了的抽象模型，虽然它不能准确、完整地表达组织结构，但不失为一种表示组织结构的好方法。

2）组织设计

组织设计就是对组织活动和组织结构的设计过程。有效的组织设计在提高组织活动效能方面起着重大的作用，组织设计的结果是形成组织结构。

（1）组织构成因素

组织构成一般是上小下大的形式，由管理层次、管理跨度、管理部门、管理职能四大因素组成，各因素密切相关、相互制约。

①管理层次。管理层次是指从组织的最高管理者到基层的实际工作人员之间的等级层次的数量。

管理层次可分为 3 个层次：决策层，协调层和执行层，操作层。决策层的任务是确定管理组织的目标和大政方针以及实施计划，它必须精干、高效；协调层的任务主要是参谋、咨询职能，其人员应有较高的业务工作能力，执行层的任务是直接调动和组织人力、财力、物力等具体活动内容，其人员应有实干精神并能坚决贯彻管理指令；操作层的任务是从事操作和完成具体任务，其人员应有熟练的作业技能。这 3 个层次的职能和要求不同，标志着不同的职责和权限，同时也反映出组织机构中的人数变化规律。

从组织的最高管理者到基层的实际工作人员权责逐层递减，而人数却逐层递增。

如果组织缺乏足够的管理层次将使其运行陷于无序的状态，因此，组织必须形成必要的管理层次。不过，管理层次也不宜过多，否则会造成资源和人力的浪费，也会使信息传递慢、指令走样、协调困难。

②管理跨度。管理跨度是指一名上级管理人员所直接管理的下级人数。在组织中，某级管理人员的管理跨度的大小直接取决于这一级管理人员所需要协调的工作量。管理跨度越大，领导者需要协调的工作量越大，管理的难度也越大。因此，为了使组织能够高效地运行，必须确定合理的管理跨度。

管理跨度的大小受很多因素影响，它与管理人员性格、才能、个人精力、授权程度以及被管理者的素质有关。此外，还与职能的难易程度、工作的相似程度、工作制度和程序等客观因素有关。确定适当的管理跨度需积累经验并在实践中进行必要的调整。

③管理部门。组织中各部门的合理划分对发挥组织效应是十分重要的。如果部门划分不合理，会造成控制、协调困难，也会造成人浮于事，浪费人力、物力、财力。管理部门的划分要根据组织目标与工作内容确定，形成既有相互分工又有相互配合的组织机构。

④管理职能。组织设计确定各部门的职能时，应使纵向的领导、检查、指挥灵活，达到指令传递快、信息反馈及时，使横向各部门间相互联系、协调一致，使各部门有职有责、尽职尽责。

（2）组织设计原则

项目监理机构的组织设计一般需要考虑以下几项基本原则：

①集权与分权统一的原则。在任何组织中都不存在绝对的集权与分权。在项目监理机构设计中,所谓集权,就是总监理工程师掌握所有监理大权,各专业监理工程师只是其命令的执行者。所谓分权,是指各专业监理工程师在各自管理的范围内有足够的决策权,总监理工程师主要起协调作用。

项目监理机构是采取集权形式还是分权形式,要根据建设工程的特点,监理工作的重要性,总监理工程师的能力、精力及各专业监理工程师的工作经验、工作能力、工作态度等因素进行综合考虑。

②专业分工与协作统一的原则。对于项目监理机构来说,分工就是将监理目标,特别是投资控制、进度控制、质量控制三大目标分成各部门以及监理工作人员的目标、任务,明确干什么、怎么干。在分工中特别注意以下三点:a. 尽可能按专业化的要求来设置组织机构;b. 工作上要有严密分工,每个人所承担的工作,应力求达到较熟悉的程度;c. 注意分工的经济效益。

在组织机构中还必须强调协作。所谓协作,就是明确组织机构内部各部门之间和各部门内部的协调关系与配合方法。在协作中应特别注意以下两点:a. 主动协调。要明确各部门之间的工作关系,找出易出矛盾之点,加以协调;b. 有具体可行的协调配合办法。对协调中的各项关系,应逐步规范化、程序化。

③管理跨度与管理层次统一的原则。在组织机构的设计过程中,管理跨度与管理层次成反比例关系。这就是说,当组织机构中的人数一定时,如果管理跨度加大,管理层次就可以适当减少,反之,如果管理跨度缩小,管理层次肯定就会增多。一般来说,项目监理机构的设计过程中,应该在通盘考虑影响管理跨度的各种因素后,在实际运用中根据具体情况确定管理层次。

④权责一致的原则。在项目监理机构中应明确划分职责、权力范围,做到责任和权力相一致。从组织结构的规律来看,一定的人总是在一定的岗位上担任一定的职务,这样就产生了与岗位职务相适应的权力和责任,只有做到有职、有权、有责,才能使组织机构正常运行。由此可见,组织的权责是相对预定的岗位职务来说的,不同的岗位职务应有不同的权责。权责不一致对组织效能的损害是很大的。权大于责就容易产生瞎指挥、滥用权力的官僚主义,责大于权就会影响管理人员的积极性、主动性和创造性,使组织缺乏活力。

⑤才职相称的原则。每项工作都应该确定为完成该工作所需要的知识和技能。可以通过考察每个人的学历和经历,进行测验及面谈等,了解其知识、经验、才能、兴趣等,并进行评审比较。职务设计和人员评审都可以采用科学的方法,使每个人现有的和可能有的才能与其职务上的要求相适应,做到才职相称,人尽其才,才得其用,用得其所。

⑥经济高效的原则。项目监理机构设计必须将经济性和高效率放在重要地位。组织结构中的每个部门、每个人为了一个统一的目标,应组合成最适宜的结构形式,实行最有效的内部协调,使事情办得简捷而正确,减少重复和扯皮。

⑦弹性原则。组织机构既要有相对的稳定性,不要总是轻易变动,又要随组织内部和外部条件的变化,根据长远目标做出相应的调整与变化,使组织机构具有一定的适应性。

3)组织机构活动基本原理

组织机构的目标必须通过组织机构活动来实现。组织活动应遵循如下基本原理:

(1)要素有用性原理

一个组织机构中的基本要素有人力、物力、财力、信息和时间等。要充分发挥各要素的作用,根据各要素作用的大小、主次、好坏进行合理安排、组合和使用,做到人尽其才、财尽其利、物尽其用,尽最大可能提高各要素的使用效率。

一切要素都有作用,这是要素的共性,然而要素不仅有共性,而且还有个性。例如,同样是监理工程师,由于专业、知识、能力、经验等水平的差异,所起的作用也就不同。因此,管理者在组织活动过程中,不但要看到一切要素都有作用,还要具体分析各要素的特殊性,以便充分发挥每一要素的特定作用。

(2)动态相关性原理

组织机构处在静止状态是相对的,处在运动状态则是绝对的。组织机构内部各要素之间既相互联系又相互排斥,这种相互作用推动组织活动的进行和发展。这种相互作用的因子叫做相关因子。充分发挥相关因子的作用,是提高组织管理效应的有效途径。事物在组合过程中,由于相关因子的作用,可以发生质变。一加一可以等于二,也可以大于二,还可以小于二。整体效应不等于其局部效应的简单相加,这就是动态相关性原理。组织管理者的重要任务就在于使组织机构活动的整体效应大于其局部效应之和,否则,组织就失去了存在的意义。

(3)主观能动性原理

不同的是人是有生命、有思想、有感情、有创造力的。人会制造工具,并使用工具进行劳动,在劳动中改造世界,同时也改造自己。人是生产力中最活跃的因素,组织管理者的重要任务就是把人的主观能动性发挥出来。

(4)规律效益性原理

组织管理者在管理过程中要掌握规律,按规律办事,把注意力放在抓事物内部的、本质的、必然的联系上,以达到预期的目标,取得良好的效应。规律与效应的关系非常密切,一个成功的管理者懂得只有努力揭示规律,才有取得效应的可能,而要取得很好的效应,就要主动研究规律,坚决按规律办事。

4)组织结构的基本模式

(1)直线式监理组织

这种工程监理组织形式的特点是项目监理机构中任何一个下级只接受唯一上级的命令。各级部门主管人员对所属部门的问题负责,项目监理机构中不再另设职能部门。

这种组织形式适用于能划分为若干相能独立的合同段。总监理工程师负责整个工程的规划、组织和指导,并负责整个工程范围内各个方面的指挥、协调工作,各合同段分别负责各合同段的目标值控制,具体领导现场专业。

直线式监理组织形式,主要优点是组织机构简单,权力集中,命令统一,职责分明,决策迅速,隶属关系明确。缺点是实行没有职能部门的“个人管理”,这就是要求总监理工程师博晓各种业务,通晓多种知识技能,成为“全能”式人物(见图2.1)。

(2)职能式监理组织

职能式监理组织,是在监理机构内设立一些职能部门,把相应的监理职责和权力交给职能部门,各职能部门在本职能范围内有权直接指挥下级。

这种组织形式的主要优点是加强了项目监理目标控制的职能化分工,能够发挥职能机构的专业管理作用,提高管理效率,减轻了总监理工程师负担,但由于下级人员受多头领导,如果上级指令相互矛盾,将使下级在工作中无所适从。

道路工程监理组织采用此种组织模式,可以充分发挥监理机构内各职能办公室的作用。

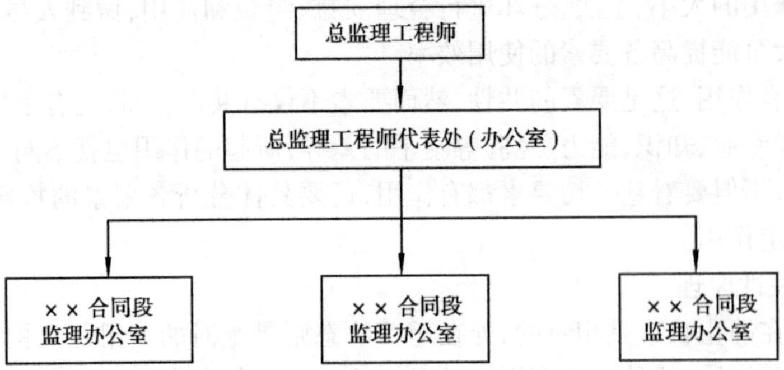

图 2.1　直线式监理组织结构图

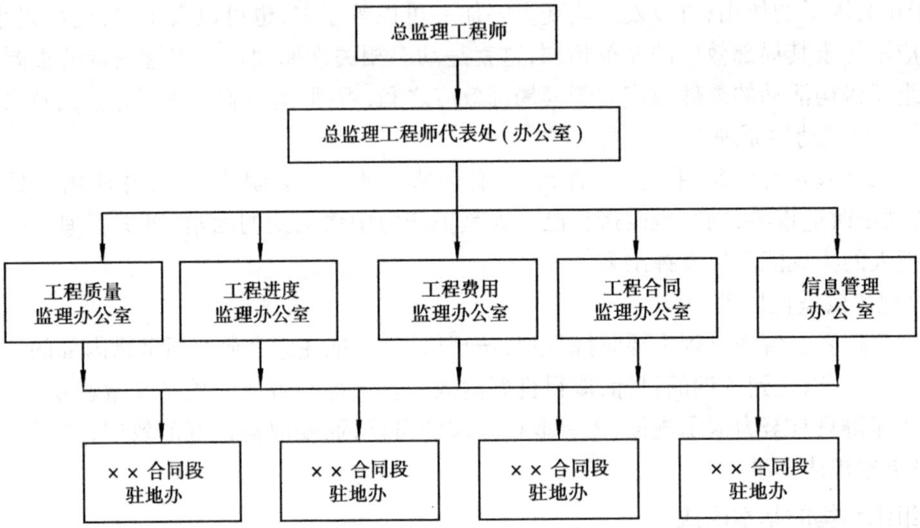

图 2.2　职能式监理组织结构图

但设置时，必须注意各职能办公室的职责与权限划分，以避免各职能办公室间职责不清，协调困难（见图 2.2）。

(3) 直线-职能式监理组织

直线-职能式监理组织是吸取了直线式监理组织和职能式监理组织的优点而形成的一种组织形式。这种组织形式把管理部门和人员分为两类：一类是直线指挥部门的人员，他们拥有对下级实行指挥和发布命令的权力，并对该部门的工作全面负责；另一类是职能部门和人员，他们是直线指挥人员的参谋，他们只能对下级部门进行业务指导，而不能对下级部门直接进行指挥和发布命令。

这种组织形式保持了直线组织形式实行直线领导、统一指挥、职责清楚的优点，另一方面又保持了职能制组织目标管理专业化的优点；其缺点是职能部门与指挥部门易产生矛盾，信息传递路线长，不利于互通情报。

道路工程监理组织模式，既可以发挥监理机构内各职称部门的作用，又可以发挥上级机构的领导、协调作用，如图 2.3。我国世行贷款公路项目的监理组织普遍采用此种组织模式。

(4) 矩阵式监理组织

矩阵式监理组织形式是纵横两套管理系统的矩阵组织结构。这种形式的优点是加强了各

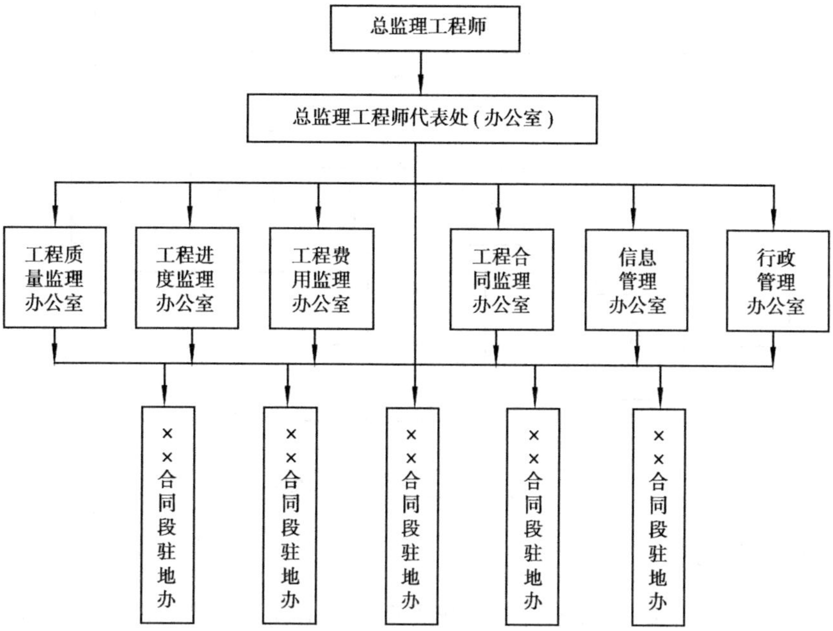

图 2.3　直线-职能式监理组织结构图

职能部门的横向联系,具有较大的机动性和适应性,把上下左右集权与分权实行最优的结合,有利于解决复杂难题,有利于监理人员业务能力的培养。缺点是纵横向协调工作量大,处理不当会造成扯皮现象,产生矛盾。

当监理单位承担一个大型项目或同时承担多个项目,对专业技术和管理人才需要量很大而单位人才资源又有一定限度,且复杂项目又要求多部门、多专业配合实施,对人才资源利用率要求很高时,最适合采用矩阵式组织模式(如图 2.4、图 2.5)。这种模式能充分适应工程项目监理人才要素在时间、方位、工序上投入的不均衡性这一特点,优化人力资源,进行动态控制,以保证或协调工程项目在不同阶段的监理要求。

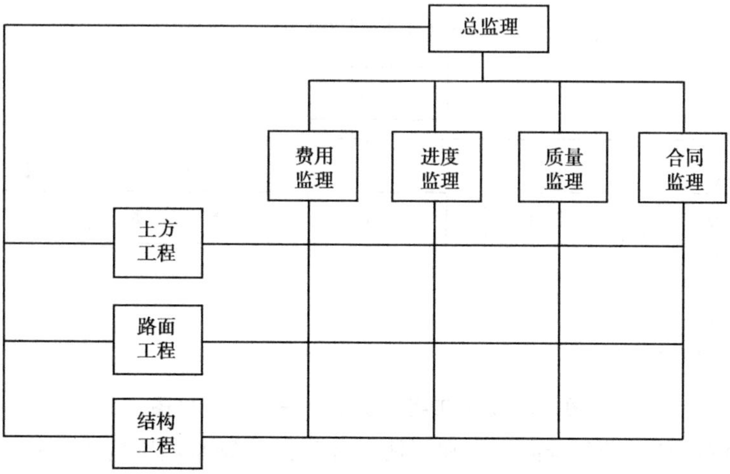

图 2.4　矩阵式工程监理组织图示 1

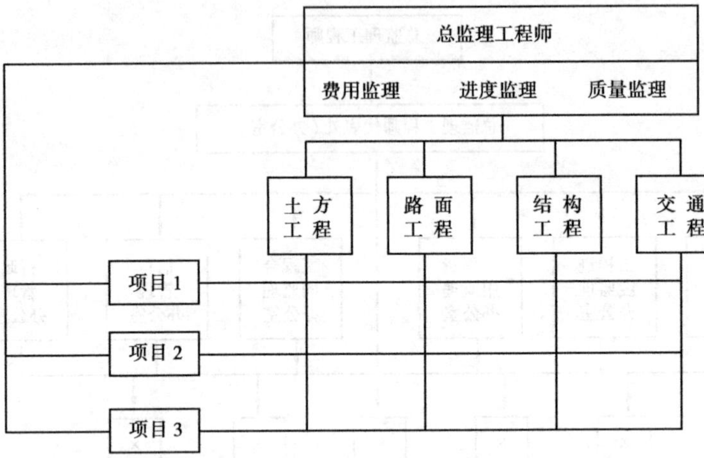

图 2.5　矩阵式工程监理组织图示 2

·2.2.2　监理机构·

监理单位与业主签订委托监理合同后，在实施建设工程监理之前，应建立项目监理机构。项目监理机构的组织形式和规模，应根据委托监理合同规定的服务合同内容、服务期限、工程类别、规模、技术复杂程度、工程环境等因素确定。

1）项目监理机构的建立

①工程监理单位应组建项目监理组织机构，制定工程监理规章制度，检查指导项目监理工作。

②工程监理单位与项目监理机构应设立相应管理部门和岗位，在单位各级岗位职责中落实监理责任，起草编制企业内部的落实监理责任的工作导则，确定企业内部各项目监理机构落实监理责任的考核检查标准。

③项目监理机构设置应考虑工程项目的规模、特点、工期、环境条件等因素。总监办组织机构设置应考虑建设工程项目的实际工作需要，一般可设置以下部门：办公室、工程部、合同部、中心试验室、安全与环保部、资料室等（见图 2.6）。

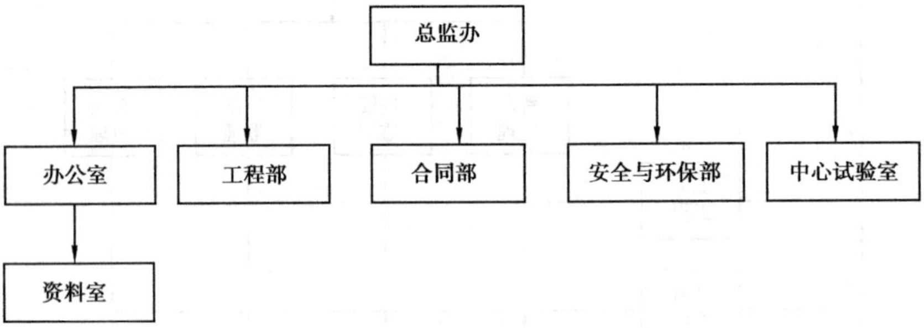

图 2.6　公路工程一级监理机构组织示意图

④工程监理单位应定期、全面检查和评估所有项目现场监理机构工作状况及各监理机构所采取的监理工作措施。

⑤工程监理工作应遵循总监理工程师负责制下的分工负责制原则，项目监理机构应落实

各类监理责任的分管人员,并明确各类监理人员的监理职责。

⑥各类监理人员的监理责任内容要列入监理计划(规划)、监理实施细则并严格落实。

⑦公路工程二级监理机构组织如图 2.7 所示。

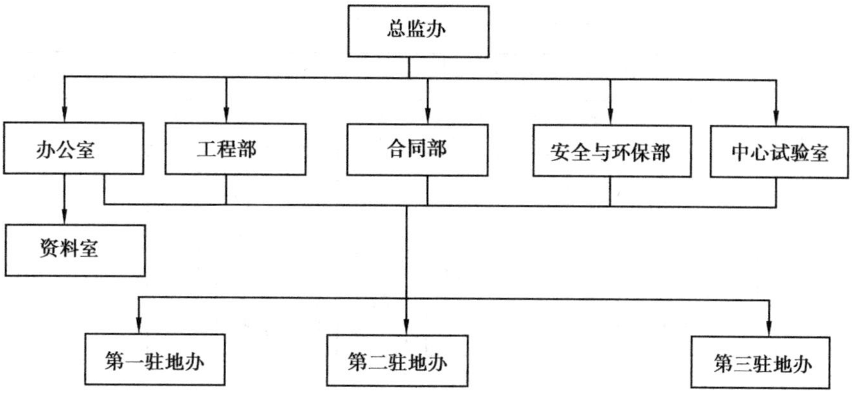

图 2.7 公路工程二级监理机构组织示意图

⑧公路工程一级监理机构监理岗位设置如图 2.8 所示,公路工程二级监理机构监理岗位设置如图 2.9 所示。

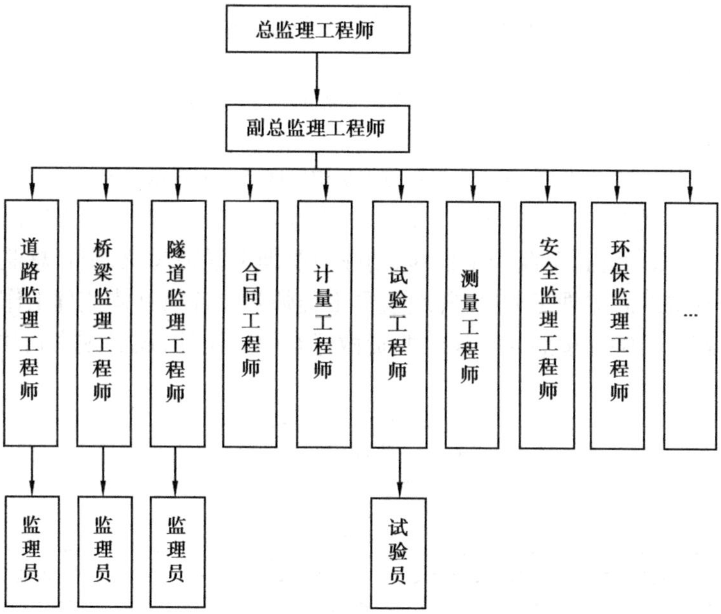

注:安全监理工程师、环保监理工程师岗位如合同没有明确要求,可由副总监理工程师或其他专业监理工程师兼任。

图 2.8 公路工程一级监理机构监理岗位设置示意图

2)监理组织机构设置原则

(1)统一管理的原则

①工程项目设置的监理机构由总监理工程师统一管理,充分体现项目总监理工程师负责制。

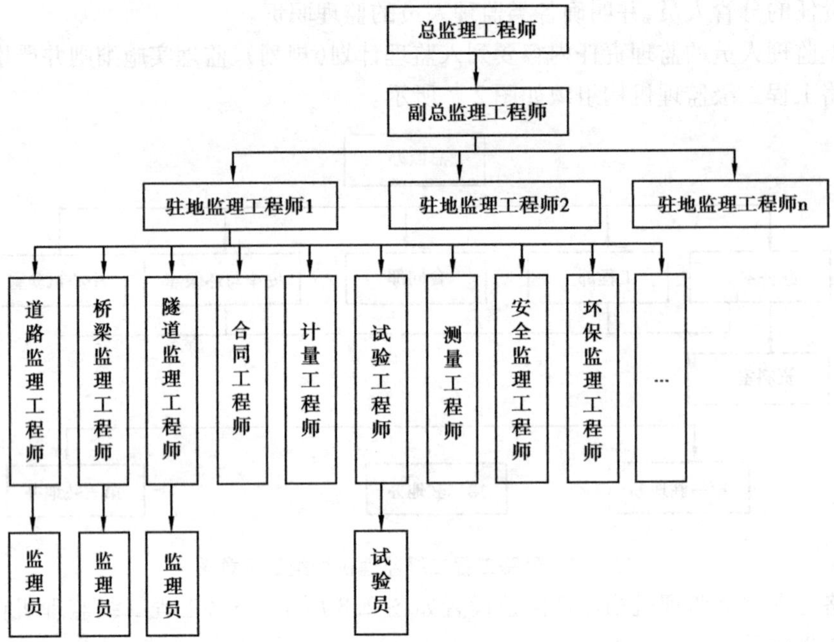

注:1. 安全监理工程师、环保监理工程师岗位如合同没有明确要求,总监办可由副总监理工程师或其他专业监理工程师兼任;驻地办可由副驻地工程师或其他专业监理工程师兼任。

2. 示意图只画出驻地监理工程师 1 的岗位设置示意,其他驻地监理岗位设置类同。

图 2.9　公路工程二级监理机构监理岗位设置示意图

②结合工程建设规模、性质、监理阶段范围和内容,设立相应的监理工作岗位,明确各位监理人员的岗位职责,如设置副总监理工程师、副驻地监理工程师岗位,则副总监理工程师、副驻地监理工程师分别协助总监理工程师、驻地监理工程师开展各项具体监理工作。

③各专业监理工程师除按照相应岗位职责做好本职工作外,还必须密切协作,如图 2.10、图 2.11 所示。

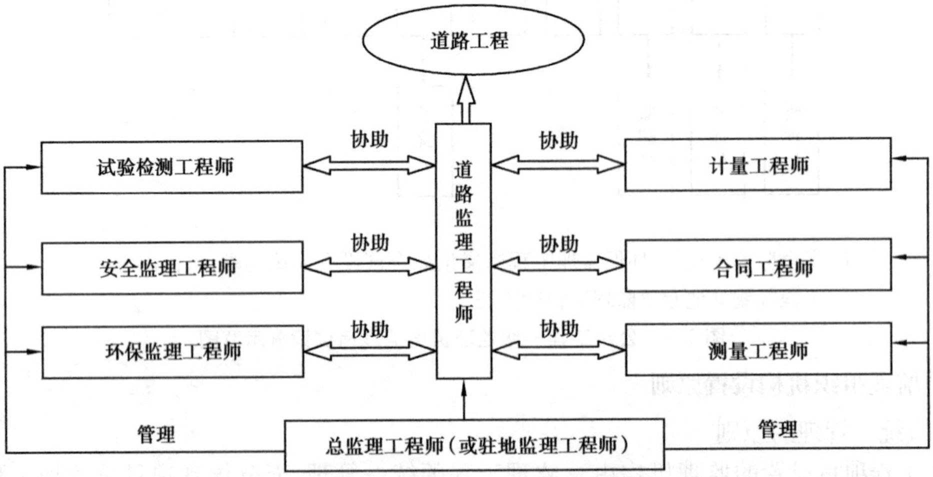

图 2.10　监理工程师工作关系示意图(以道路工程为例)

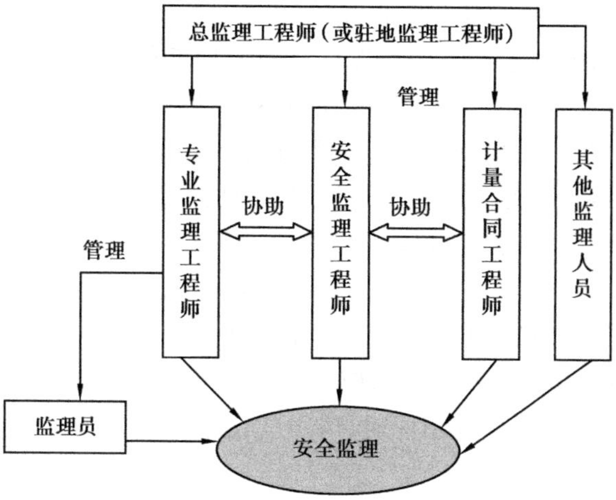

注:专业工程师系指道路工程师、隧道工程师、桥梁工程师、水工结构工程师、道路堆场工程师等。

图2.11　监理工程师工作关系示意图(以安全监理为例)

④监理组织内部工作协调由总监理工程师统一管理。

⑤全员参与并共同完成监理任务,实现监理目标。

(2)层次合理的原则

针对本工程的特点,为保证监理工作地有效开展,项目监理机构在内部管理上应合理划分为3个层次:决策层、管理层和执行层。

①总监理工程师是监理机构的核心,作为最高决策人。

②专业监理工程师和各专业监理人员是执行层,通称"一线",是完成监理任务的直接责任人员。

③从总监理工程师到各专业监理工程师、监理员,实现"自上而下,分层管理;自下而上,逐级负责"的管理原则。

④信息文档人员负责监理内部及外部的信息传递工作。

(3)高效协同的原则

明确监理人员的职责与分工,各成员的工作交叉与衔接合理,以最佳的人力资源体系高效协同地完成全部的监理工作。

(4)动态调配的原则

①根据监理的不同阶段和工程进展的不同时期,及对监理人员的不同需要,在符合合同约定的前提下,对监理人员实行动态调配。

②本着岗位和责任一致的原则,在征求建设单位同意的情况下适时调整专业监理工程师,以合理的资源配置为建设单位提供满意的服务。

③根据工程进展情况和需要,协助建设单位、施工单位解决技术难题等。

3)公路工程项目监理机构的设置与监理人员的配置要求

现行《公路工程施工监理规范》(JTG G10—2006)明确指出,监理单位项目监理机构应根据工程具体情况设置监理人员,所设监理人员与委托监理合同的服务内容、期限、工程环境、工程规模等因素相适应,满足项目监理工作的需要。

高速公路和一级公路可设置二级监理机构,即总监理工程师办公室(简称总监办)和驻地监理工程师办公室(简称驻地办)。开工里程在 20 km 以下的,宜设置一级监理机构,即总监办。监理机构应根据合同文件的要求配备一定数量专(兼)职安全监理人员、环保监理人员。

二级和二级以下公路工程可根据工程规模、难易程度、合同工期安排、现场条件等因素设置一级或二级监理机构。公路机电工程宜设置一级监理机构。

总监办应配备 1 名总监理工程师和若干名专业监理工程师;驻地办应根据工程复杂程度配备 1 ~ 2 名驻地监理工程师和若干名专业监理工程师。

当采用二级监理机构和监理总承包时,应由中标的监理单位划分各级监理机构及监理人员的职责和权限;当对监理机构分别招标时,应由建设单位划分确定监理机构各自的职责和权限。

监理机构中监理人员的数量和结构,应根据监理内容、工程规模、合同工期、工程条件和施工阶段等因素,按保证对工程实施有效监理的原则确定。

高速公路、一级公路工程每年每 5 000 万元建安费宜配备交通运输部核准资格的监理工程师 1 名;独立大桥、特长隧道工程每年每 3 000 万元建安费宜配备交通运输部核准资格的监理工程师 1 名。根据工程特点和实际需要,上述配置可在 0.8 ~ 1.2 的系数范围内调整。

高速公路机电工程,每 50 km 宜配备交通运输部核准资格的监理工程师 1 名,根据工程情况,如系统复杂或隧道机电工程内容较多,可适当增加。

·2.2.3 建立项目监理机构的步骤·

1)确定项目监理机构目标

项目监理机构的建立应根据委托监理合同中确定的监理目标,制定总目标并明确划分监理机构的分解目标。

2)确定监理工作内容

根据监理目标和委托监理合同中规定的监理任务,明确列出监理工作内容,并进行分类归并及组合。监理工作的归并及组成应便于目标的控制,并综合考虑监理工程组织管理模式、工程结构特点、合同工期要求、工程复杂程度、工程管理;还应考虑监理单位自身组织管理水平、监理人员数量、技术业务特点等。

3)项目监理机构的组织结构设计

(1)选择组织结构形式

由于建设工程规模、性质、建设阶段等的不同,设计项目监理机构时应选择适宜的组织结构形式以适应监理工作的需要。组织结构形式选择的基本原则是:有利于工程合同管理,有利于监理目标控制,有利于决策,有利于信息沟通。

(2)合理确定管理层次与管理跨度

项目监理机构中一般应有 3 个层次:

①决策层。由总监理工程师和其他助手组成,主要根据建设工程委托监理合同的要求和监理活动内容进行科学化、程序化决策与管理。

②中间控制层(协调层和执行层)。由各专业监理工程师组成,具体负责监理规划的落实,监理目标控制及合同实施的管理。

③作业层(操作层)。主要由监理员、检查员等组成,具体负责监理活动的操作实施。项目监理机构中管理跨度的确定应考虑监理人员的素质、管理活动的复杂性和相似性、监理业务的标准化程度、各项规章制度的健全情况、建设工程的集中或分散情况等,按监理工作实际需要确定。

(3)项目监理机构部门划分

合理划分项目监理机构中各职能部门,应依据监理机构目标、监理机构可利用的人力和物力资源以及合同结构情况,将投资控制、进度控制、质量控制、合同管理、组织协调等监理工作内容按不同的职能活动形式设置相应的管理部门。

(4)制度岗位职责及考核标准

岗位职务及职责的确定,要有明确的目的,不可因人设事。根据责权一致的原则,应进行适当的授权,并承担相应的职责;应确定考核标准,对监理人员的工作进行定期考核,包括考核内容、考核标准及考核时间。

(5)选派监理人员

根据监理工作的任务,选择适当的监理人员,包括总监理工程师、总监理工程师代表、高级驻地监理工程师、专业监理工程师和监理员,必要的文秘(包括翻译)、行政事务人员等。监理人员的选择除应考虑个人素质外,还应考虑人员总体构成的合理性与协调性。

4)制订工作流程和信息流程

为使监理工作科学、有序地进行,应按监理工作的客观规律制订工作流程和信息流程,规范化地开展监理工作。

·2.2.4 建设工程监理实施程序·

(1)确定项目总监理工程师并成立项目监理机构

监理单位应根据建设工程的规模、性质、业主对监理的要求,委派称职的人员担任项目总监理工程师,代表监理单位负责该工程的监理工作。

一般情况下,监理单位在参与工程监理的投标、拟定监理大纲以及与业主商签委托监理合同时,即应选派称职的人员主持该项工作。在监理任务确定并签订委托监理合同后,该主持人即可作为项目总监理工程师。这样,项目的总监理工程师在承接任务阶段即已介入,从而更能了解业主的建设意图和对监理工作的要求,并能更好地衔接后续工作。总监理工程师是建设工程监理工作的总负责人,对内向监理单位负责,对外向业主负责。

监理机构的人员构成是监理投标书中的重要内容,需经业主在评标过程中认可。总监理工程师应根据监理大纲内容和签订的委托监理合同内容组建项目监理机构,并在监理规划和具体实施计划中进行及时的调整。

(2)编制建设工程监理规划

建设工程监理规划是开展工程监理活动的纲领性文件,相关内容在第13章中介绍。

(3)制订各专业监理实施细则

在监理规划的指导下,为具体进行投资控制、质量控制和进度控制,还需要结合建设工程实际情况，制订相应的实施细则。

(4)规范化地开展监理工作

监理工作的规范化体现在工作的时序性、职责分工的严密性和工作目标的确定性。工作的时序性是指监理的各项工作都应按一定的逻辑顺序先后展开，从而使监理工作能有效地达到目标而不致造成工作状态的无序和混乱。职责分工的严密性是指不同专业、不同层次的专家群体通过严密的职责分工，协调开展监理工作，实现监理目标。工作目标的确定性是指在职责分工的基础上，每一项监理工作的具体目标都应是确定的，完成的时间也应有时限规定，从而能通过报表资料对监理工作及其效果进行检查和考核。

(5)参与验收，签署建设工程监理意见

建设工程施工完成以后，监理单位应在正式验交前组织竣工预验收，在预验收中发现的问题应及时与施工单位沟通，提出整改要求。监理单位应参加业主组织的工程竣工验收，签署监理单位意见。

(6)向业主提交建设工程监理档案资料

建设工程监理工作完成后，监理单位向业主提交的监理档案资料应在委托监理合同中约定。如在合同中没有做出明确规定，监理单位一般应提交设计变更、工程变更资料、监理指令性文件、各种签证资料等档案资料。

(7)监理工作总结

监理工作完成后，项目监理机构应及时从两方面进行监理工作总结。其一，是向业主提交的监理工作总结，主要内容包括：委托监理合同履行情况概述，监理任务或监理目标完成情况的评价，由业主提供的供监理活动使用的办公用房、车辆、试验设施等的清单，表明监理工作终结的说明等。其二是向监理单位提交的监理工作总结，主要内容包括：监理工作的经验，可以是采用某种监理技术、方法的经验，也可以是采用某种经济措施、组织措施的经验，以及委托监理合同执行方面的经验或如何处理好与业主、承包商关系的经验等，或是监理工作中存在的问题及改进的建议。

2.3 监理人员的配置

项目监理机构中配置监理人员的数量和专业应根据监理的任务范围、内容、期限以及工程类别、规模、技术复杂程度、工程环境等因素综合考虑，并应符合委托监理合同中对监理深度、密度的要求，能体现项目监理机构的整体素质，满足监理目标控制的要求。

·2.3.1 项目监理机构的人员配备·

项目监理机构应具有合理的人员结构，包括以下两个方面的内容：

(1)合理的专业结构

即项目监理机构应由与监理性质(路基、路面项目或是桥梁项目)及业主对工程监理的要求(是全过程或某一阶段如设计或施工阶段的监理，是投资、质量、进度的多目标控制或是某一目标的控制)相适应的各专业人员组成，也就是各专业人员要配套。

一般来说,项目监理机构应具备与所承担的监理任务相适应的专业人员。但是,当监理工程有某些特殊性,或业主提出某些特殊的监理要求而需要采用某种特殊的监控手段时,如水下混凝土桩基需采用遥测仪器探测、桥梁的风动试验等,应将这些局部的专业性的监控工作另行委托给有相应资质的咨询机构来承担,也应视为保证了人员合理的专业结构。

(2)合理的技术职务、职称结构

为了提高管理效率和经济效益,项目监理机构的监理人员应根据道路工程的特点和道路工程监理工作的需要确定其技术职称、职务结构。合理的技术职称结构表现在高级职称、中级职称和初级职称保持与监理工作要求相称的比例。一般说来,决策阶段、设计阶段的监理,具有高级职称和中级职称的人员在整个监理人员构成中应占有绝大多数。施工阶段的监理,可有较多的初级职称人员从事实际操作,如旁站、填记日志、现场检查、计量等。这里说的初级职称指助理工程师、助工经济师、技术员、经济员,还包括具有相应能力的实践经验丰富的工人(应能看懂图纸、正确填报有关原始凭证)。施工阶段项目监理机构监理人员的技术职称如表2.3所示。

表2.3 施工阶段项目监理机构监理人员的技术职称

层　次	人　员	职　能	职称职务要求
决策层	总监理工程师、总监理工程师代表、专业监理工程师	项目监理的策划、规划;组织、协调、监控、评价	高级、中级
执行层/协调层	专业监理工程师	项目监理实施的具体组织、指挥、控制、协调	中级、初级
作业层/操作层	监理员	具体业务的执行	初级

·2.3.2 项目监理机构监理人员数量的确定·

监理人员的数量可由业主及监理单位依据交通部颁发施工规范和《公路工程施工监理办法》中有关指导性的规定确定,并应明确写入"施工监理服务合同"中。监理人员的数量要满足工程项目进行质量、进度、费用监理和合同管理的需要,一般应按每年计划完成的投资额并结合工程的技术等级、工程种类、复杂程度、设计深度、通行条件、当地气候、工地地形、施工工期、施工方法等实际因素,综合进行测算。

1)影响项目监理机构人员数量的主要因素

(1)工程建设强度

工程建设强度是指单位时间内投入的建设工程资金的数量,用下式表示:

工程建设强度=投资/工期

其中,投资和工期是指监理单位所承担的那部分工程的建设投资和工期。一般投资费用可按工程估算、概算或合同价计算,工期是根据进度总目标及其分目标计算。

工程建设强度越大,需投入的项目监理人数越多。

(2)建设工程复杂程度

根据一般工程情况，工程复杂程度涉及以下各项因素：设计活动多少、工程地点位置、气候条件、地形条件、工程地质、施工方法、工程性质、工期要求、材料供应、工程分散程度等。

根据上述各项因素的具体情况，可将工程分为若干工程复杂程度等级。不同等级的工程需要配备的项目监理人员数量有所不同。例如，可将工程复杂程度按五级划分：简单、一般、一般复杂、复杂、很复杂。工程复杂程度定级可采用定量办法：对构成工程复杂程度的每一因素通过专家评估，根据工程实际情况给出相应权重，将各影响因素的评分加权平均后根据其值的大小确定该工程的复杂程度等级。例如，将工程复杂程度按10分制计评，则平均分值1～3分、3～5分、5～7分、7～9分者按依次为简单工程、一般工程、一般复杂工程和复杂工程，9分以上为很复杂工程。

简单工程需要的项目监理人员较少，而复杂工程需要的项目监理人员较多。

(3)监理单位的业务水平

每个监理单位的业务水平和对某类工程的熟悉程度不完全相同，监理人员的素质、管理水平和监理的设备手段等方面也存在差异，这些都会影响到监理效率。各监理单位应根据自己的实际情况制定监理人员需要量定额。

(4)项目监理机构的组织和任务职能分工

项目监理机构的组织机构情况关系到具体的监理人员配备，务必使项目监理机构任务职能分工的要求得到满足。必要时，还应根据项目监理机构的职能分工对监理人员的配备作进一步的调整。有时监理工作需要委托专业咨询机构或专业监测、检验机构进行，项目监理机构的监理人员的数量可适当减少。

2)项目监理机构人员数量的确定方法

数量的确定方法可按下列步骤进行：

(1)项目监理机构人员需要量定额

根据监理工程师的监理工作内容和工程复杂程度等级，测定、编制项目监理机构人员需要量定额，见表2.4。

表2.4 监理人员工需要量定额(百万美元/年)

工程复杂程度	监理工程师	监理员	行政、文秘人员
简单工程	0.20	0.75	0.10
一般工程	0.25	1.00	0.10
一般复杂工程	0.35	1.10	0.25
复杂工程	0.50	1.50	0.35
很复杂工程	>0.50	>1.50	>0.35

(2)确定工程建设强度

根据监理单位承担的监理工程，确定工程建设强度。

【例2.1】 某工程分为2个子项目，合同价为3 900万美元，其中子项目1合同价为2 100万美元，子项目2合同价为1 800万美元，合同价为30个月。

工程建设强度 = 3 900 ÷ 30 × 12 万美元/年 = 1 560 万美元/年 = 15.6 百万美元/年

(3)确定工程复杂程度

按构成工程复杂程度的 10 个因素考虑,根据本工程实际情况分别按 10 分制打分。具体结果如下表 2.5:

表 2.5　工程复杂程度等级评定表

项　次	影响因素	子项目 1	子项目 2
1	设计活动	5	6
2	工程位置	9	5
3	气候条件	5	5
4	地形条件	7	5
5	工程地质	4	7
6	施工方法	4	6
7	工期要求	5	5
8	工程性质	6	6
9	材料供应	4	5
10	分散程度	5	5
平　均　分　值		5.4	5.5

根据计算结果,此工程为一般复杂工程等级。

(4)确定监理机构人员需要量

根据工程复杂程度和工程建设强度套用监理人员需要量定额。从定额中可查到相应项目监理机构人员工的需要量如下:

监理工程师 0.35;监理人员 1.1;行政文秘人员 0.25。

各类监理人员数量度如下:

监理工程师:0.35 × 15.6 = 5.46,按 6 人考虑;

监理员:1.10 × 15.6 = 17.16,按 17 人考虑;

行政文秘人员:0.25 × 15.6 = 3.9,按 4 人考虑。

(5)根据实际情况确定监理人员数量

监理总部(包括总监理工程师、总监理工程师代表和总监理工程师办公室):总监理工程师 1 人,总监理工程师代表 1 人,行政文秘人员 2 人。

子项目 1 监理组:专业监理工程师 2 人,监理员 9 人,行政文秘人员 1 人。

子项目 2 监理组:专业监理工程师 2 人,监理员 8 人,行政文秘人员 1 人。

施工阶段项目监理机构的监理人员数量一般不少于 3 人。

道路工程监理人员的数量可参照以下指导性规定确定:

若按道路工程的施工里程配备,平均每公里一般应按 0.5 ~ 1.2 人配备,其中高速公路和一级公路平均每公里应不少于 1 人。

按每年完成投资额配备，路线工程每百万元0.4～1.0人，独立大桥和隧道每百万元0.3～0.6人。

2.4 监理组织机构的职责与权限

国际惯例中按FIDIC合同实施的工程监理是以业主为主导、监理为核心、承包人为主力、合同为依据、经济为纽带的项目管理模式；它不是单纯的技术管理，而是技术、经济、管理、法律的统一，并以法律关系形式确定了业主、监理工程师、承包人在完成工程项目中的职责与权限的匹配，是工程监理组织设置时应考虑的主要因素，也是顺利开展监理工作，确保工程项目实现最终目标的首要条件。作为一名工程监理人员，必须掌握和熟悉在工程监理组织以及合同条件规定的职责与权限，严格按业主和监理工程师签订的监理服务合同所授予的职权范围以及按业主和承包人签订的合同文件中明确规定的各项工作内容执行。

监理工程师受业主委托，行使合同中规定的职责，负责合同管理和工程监督。监理工程师对工程的监督管理与承包人对工程的施工管理相比，其方法和要求不一样。承包人是具体的工作实施者，需要制订详细的施工进度计划，按工程施工的先后顺序调度工程，按照合同要求进行质量控制，以保证高速、优质地完成工程。监理工程师则不具体安排施工和具体控制质量，而是客观上控制施工进度，按承包人的周日计划、月计划进行监督检查。对施工质量主要是按照合同技术规范、图纸的要求去检查，制止影响工程质量的各种不利因素。对于工程成本，承包人要精心研究如何降低成本，提高利润率，而监理工程师主要是按照合同规定，特别是工程量清单的规定，严格为业主把住支付这一关，并且防止承包人不合理的索赔要求。

·2.4.1 监理工程师的法律地位与法律责任·

1)监理工程师的法律地位

监理工程师的法律地位是由国家法律法规确定的，并建立在监理合同的基础上。这是因为：

①《中华人民共和国建筑法》明确提出国家推行工程监理制度，国务院《建设工程质量管理条例》赋予监理工程师多项签字权，并明确规定了监理工程师的多项职责，从而使监理工程师执业有了明确的法律依据，确立了监理工程师的法律地位。

②监理机构是受建设单位委托从事监理工作，其权利和义务在监理合同中有具体约定，监理人员根据监理合同文件和工程施工合同文件进行监理服务。

监理工程师行使的权利主要有：

a.按照分工，独立自主地担负一定范围的监理工作，在规定范围内根据监理工程师的职责范围进行执业活动；

b.按照监理合同的要求，为建设单位、监理机构提供满意的服务，并对自己的工作负责；

c.在分管的工作范围内，对工程建设的具体事项有检验、签认的权力，依法签署工程监理相关文件；

d.为了改进工作，有向建设单位、监理机构的建议权；

e. 对本人执业活动进行解释和辩护；

f. 对侵犯本人权利的行为进行申诉；

g. 法律、法规赋予的其他权利；

h. 有权向有关主管部门反映工程的情况与存在的问题。

监理工程师履行的义务主要有：

a. 遵守法律、法规，严格依照相关的技术标准和委托监理合同开展工作；

b. 履行监理职责，执行技术标准、规范和规程；

c. 在规定的执业范围和聘用单位业务范围内从事执业活动；

d. 恪守职业道德，维护社会公共利益；

e. 在执业中保守委托单位申明的商业秘密；

f. 不得同时受聘于两个及以上单位执业；

g. 不得涂改、倒卖、出租、出借或者以其他形式非法转让资格证书；

h. 参加职业继续教育，不断提高业务水平。

2）监理工程师的法律责任

监理工程师的法律责任与其法律地位密切相关，同样是建立在法律法规和监理合同的基础上。因而，监理工程师法律责任的表现行为主要有两方面：一是违反法律法规的行为；二是违反合同约定的行为。

（1）违反法律法规的行为

现行法律法规对监理工程师的法律责任专门做出了具体规定，监理机构和监理人员在开展监理工作过程中应采取措施，避免出现违法行为。

《中华人民共和国刑法》第137条规定："建设单位、设计单位、施工单位、工程监理单位违反国家规定，降低工程质量标准，造成重大安全事故的，对直接责任人员处五年以下有期徒刑或者拘役并处罚金；后果特别严重的，处五年以上十年以下有期徒刑并处罚金。"

《中华人民共和国建筑法》第35条规定："工程监理单位不按照委托监理合同的约定履行监理业务，对应当监督检查的项目不检查或者不按规定检查，给建设单位造成损失的，应当承担相应的赔偿责任。"

《建设工程质量管理条例》第36条规定："工程监理单位应当依照法律、法规以及有关技术标准、设计文件和建设工程承包合同，代表建设单位对施工质量实施监理，并对施工质量承担监理责任。"第72条规定："违反本条例规定，注册建筑师、注册结构工程师、监理工程师等注册执业人员因过错造成质量事故的，责令停止执业1年；造成重大质量事故的，吊销执业资格证书，5年以内不予注册；情节特别恶劣的，终身不予注册。"第77条规定："建设、勘察、设计、施工、工程监理单位的工作人员因调动工作、退休等原因离开该单位后，被发现在该单位工作期间违反国家有关建设工程质量管理规定，造成重大工程质量事故的，仍应当依法追究法律责任。"

《建设工程安全生产管理条例》第14条规定："工程监理单位应当审查施工组织设计中的安全技术措施或者专项施工方案是否符合工程建设强制性标准。工程监理单位在实施监理过程中，发现存在安全事故隐患的，应当要求施工单位整改；情况严重的，应当要求施工单位暂时停止施工，并及时报告建设单位。施工单位拒不整改或者不停止施工的，工程监理单位应当及时向有关主管部门报告。工程监理单位和监理工程师应当按照法律、法规和工程建设强制性标准实施监理,并对建设工程安全生产承担监理责任。”第57条规定:“违反本条例的规定,工程监理单位有下列行为之一的,责令限期改正;逾期未改正的,责令停业整顿,并处10万元以上30万元以下的罚款;情节严重的,降低资质等级,直至吊销资质证书;造成重大安全事故,构成犯罪的,对直接责任人员,依照刑法有关规定追究刑事责任;造成损失的,依法承担赔偿责任:①未对施工组织设计中的安全技术措施或者专项施工方案进行审查的;②发现安全事故隐患未及时要求施工单位整改或者暂时停止施工的;③施工单位拒不整改或者不停止施工,未及时向有关主管部门报告的;④未依照法律、法规和工程建设强制性标准实施监理的。”

交通部《公路水运工程安全生产监督管理办法》第18条规定:监理单位应当按照法律、法规和工程建设强制性标准进行监理,对工程安全生产承担监理责任。应当编制安全生产监理计划,明确监理人员的岗位职责、监理内容和方法等。对危险性较大的工程应当加强巡视检查。监理单位应当审查施工组织设计中的安全技术措施或者专项施工方案是否符合工程建设强制性标准。监理单位在实施监理过程中,发现存在安全事故隐患的,应当要求施工单位整改,必要时,可下达施工暂停指令并向建设单位和有关部门报告。监理单位应当填报安全监理日志和监理月报。

这些规定有效地规范、指导监理工程师的执业行为,提高监理工程师的法律责任意识,引导监理工程师公正守法地开展监理业务。

(2)违反合同约定的行为

监理人员受聘于工程监理单位,从事工程监理业务。工程监理单位是订立监理合同的当事人,是法定意义上的合同主体。但监理合同在具体履行时,是由监理工程师代表监理单位来实现的。因此,如果监理工程师出现工作过失,违反了合同的约定,其行为将被视为监理单位违约,由监理单位承担相应的违约责任。当然,监理单位在承担违约赔偿责任后,有权在监理单位内部向有相应过失行为的监理工程师追偿部分损失。所以,由监理工程师个人过失引发的合同违约行为,监理工程师应当与监理单位承担一定的连带责任。其连带责任的基础是监理单位与监理工程师签订的劳动合同、聘用协议或责任保证书,或监理单位法定代表人对监理工程师签发的授权委托书。一般来说,授权委托书应包含职权范围和相应责任条款。

监理机构和监理人员的违约行为体现有:

①违反监理合同的约定,将监理服务的任何部分转让或分包。

②未能按照投标文件的承诺配备满足监理服务需求的人员或设备。

③不履行合同规定的监理职责,造成工程质量、安全事故或向施工单位索贿、谋取私利,或与施工单位串通损害建设单位利益,给建设单位造成损失。

④未按《公路工程施工监理规范》《水运工程施工监理规范》的规定对主要工程或关键工序进行旁站、巡视或抽检。

⑤违反合同专用条款约定的其他情形。

·2.4.2 监理工程师的职权·

监理工程师受建设单位委托,履行合同中规定的职责,负责工程监督和合同管理,按照监理合同约定的职责与权限,对工程质量、安全、环保、费用、进度、合同其他事项及监理文件资料实施监督管理。监理工程师的职责根据监理合同中各阶段的监理工作任务确定,其权力由建设单位的授权而定。

1)监理工程师的职权

通常说来,为了确保监理工程师完成其监理任务,实现监理目标,使建设单位在工程竣工时得到符合要求的工程,并使施工单位获得与其工作相应的合理报酬,就必须按责权对等的原则,赋予监理工程师以相应的权力。监理合同中涉及监理单位权利的条款可分为两大类:一类是监理单位在委托监理合同中应享有的权利;另一类是监理单位履行委托人与第三方签订的施工承包合同的监理任务时可行使的权力。

①委托监理合同中赋予监理单位的权利包括:

a.完成监理任务后获得酬金的权利;

b.终止合同的权利。出现不应由监理人负责的情况,全部监理服务已无法继续履行时,监理人在书面通知建设单位28日之后,有权单方面解除监理合同;

c.监理人提出的合理化建议缩短了工期、降低了工程造价或产生经济效益,有权得到建设单位按国家有关规定给予的奖励。

②监理机构和监理工程师执行监理业务可以行使的权力包括:

a.建设工程有关事项和工程设计的建议权;

b.对实施项目的质量、安全、工期和费用的监督管理权。主要表现为:

• 对施工单位上报的工程施工组织设计和技术方案,按照保质量、保工期和降低成本要求,自主进行审批和向施工单位提出建议。

• 征得建设单位同意,发布开工令、停工令、复工令等指令权,但应当根据合同规定事先向建设单位报告。

• 工程上使用的材料和施工质量的检验权,未经监理工程师签字,建筑材料、建筑构配件和设备不得在工地上使用,施工单位不得组织进行下一道工序的施工。

• 施工进度的检查、监督权,工程实施竣工日期提前或延误期限的签认权。

• 在工程承包合同方规定的工程范围内,工程款支付的审核和签认权,以及结算工程款的复核确认与否定权。

• 未经总监理工程师签字确认,建设单位不可支付工程款,不可组织进行竣工验收。

③主持建设工程有关单位的工地会议,重要协调事项应事先向建设单位报告。

④建设单位、施工单位对对方意见和要求应首先向监理机构提出。在委托的工程范围内,建设单位或施工单位对对方的任何意见和要求(包括索赔要求),均须首先向监理机构提出,由监理机构研究处置意见,再同双方协商确定。

⑤施工过程中,出现下列情况时,可以进行工程项目的增减、结构形式的局部更改、结构物位置的变动等工程变更:

a.建设单位认为有必要提出的工程变更;

b.施工中发现设计图纸有错误、遗漏者;

c.施工中发现地质条件与设计图纸不符,工程不变更就不能保证其质量者;

d.施工中环境条件发生变化,不变更不能发挥工程效能者(如涵洞位置、标高等)。

建设单位提出的工程变更,由监理工程师向施工单位下达变更令后执行。

当建设单位和监理工程师决定进行某项设计变更、工程变更时,监理工程师有权指示施工单位进行工程变更,并发布变更指令。施工单位根据工程施工情况,提出合理的变更,报请监理工程师批准后下达变更令。没有监理工程师的指令,施工单位不能进行任何工程变更。

由于工程变更而出现的工程价格、工期等问题,应按建设单位与施工单位签订的建设工程合同的规定和《公路工程施工监理规范》《水运工程施工监理规范》的有关规定办理。

监理工程师发出的变更指令,其单项工程变更涉及的金额超过了该单项工程原合同价的5%或累计变更超过了原总合同价的3%,应先取得建设单位的专门批准;如在监理服务合同中另有规定者,从其规定,并就此通知施工单位。

⑥如果发生紧急情况,监理工程师认为将造成人员伤亡,或危及本工程或邻近的财产需立即采取行动,监理工程师有权在未征得建设单位的批准的情况下发布处理紧急情况所必需的指令,施工单位应予执行。监理工程师应根据建设单位与施工单位签订的建设工程合同和监理服务合同的有关规定,确定因上述指令产生的合同价格的增加额,报建设单位批准后通知施工单位。

⑦审核施工单位索赔的权力。

⑧除在合同中有明确的规定外,监理工程师无权解除合同规定的施工单位的任何义务。

2)监理机构的主要监理职责

在工程设置二级监理机构,即总监理工程师办公室(简称总监办)和驻地监理工程师办公室(简称驻地办)时,总监理工程师办公室的监理职责包括以下几个方面:

①总监办中心试验室按监理合同要求配备常规的试验检测设备,并须达到专用条款中约定的检查项目及频率要求。

②熟悉合同文件,调查施工环境条件。

③在合同约定的期限内主持编制监理计划(规划)。

④审批各驻地办主持编制的监理细则及专项管理办法。

⑤组织监理人员进行图纸审核,参加设计交底。

⑥在合同约定的期限内审批施工单位提交的施工组织设计(含安全技术措施、应急救援抢险方案、专项施工方案及施工环境保护措施)。

⑦审批施工单位提交的总体进度计划,核批施工单位对总体进度计划的调整计划。

⑧签发开工预付款支付证书。

⑨审批施工单位提交的分项、分部、单位工程划分。

⑩检查施工单位的质量、安全和环保等保证体系,审核工地试验室,抽查控制桩点复测、测定地面线和工程划分及驻地办工作。

⑪主持召开监理交底会。

⑫主持召开第一次工地会议。

⑬签发合同工程开工令。

⑭审批重要工程材料及混合料配合比。

⑮审核工程中期支付申请,签发中期支付证书。

⑯签发单位工程或合同工程的暂停令和复工令。

⑰受理合同其他事项的有关事宜,按合同约定组织审核、评估和处理工程变更、工程延期、

费用索赔、价格调整、保险、违约、争端等合同事项。

⑱组织编写监理月报。

⑲根据工程需要主持召开专题工地会议。

⑳对发生的质量缺陷、质量隐患和质量事故进行调查、处理或督促施工单位按规定报告有关部门。

㉑协助建设单位审查交工验收申请,评定工程质量。

㉒参加建设单位组织的合同工程交工验收。

㉓编写监理工作报告,并提交建设单位。

㉔签认交工结账证书。

㉕组织编制工程监理竣工文件,并督促施工单位按合同约定编制和整理竣工资料。

㉖在合同工程的缺陷责任期内,检查施工单位剩余工程的实施;巡视检查已完工程,指示施工单位修复发生的工程缺陷,调查、确认缺陷责任及修复费用。

㉗缺陷责任期结束,经检查符合条件时,签发合同工程缺陷责任终止证书。

㉘签认最后支付证书。

㉙参加工程竣工验收。

在工程设置二级监理机构,即总监办和驻地办时,驻地监理工程师办公室的监理职责包括以下几个方面:

①按合同要求建立驻地试验室,配备现场抽查常用的试验检测设备,并在专用条款中明确检查项目和频率的要求。

②熟悉合同文件,调查施工环境条件。

③在总监办的安排下,参与编制监理计划(规划),提供驻地办相关资料。

④根据监理计划(规划),在相应工程开工前主持编制监理细则。

⑤进行图纸审核,参加设计交底。

⑥按规定程序初审本驻地监理合同段施工单位提交的施工组织设计(含安全技术措施、应急救援抢险方案、专项施工方案及施工环境保护措施)。

⑦初审驻地监理合同段施工单位提交的总体进度计划以及施工中进行的调整计划。

⑧对施工单位提交的原始基准点、基准线和基准高程的复测结果进行平行复测,审核后予以批复。

⑨验收施工单位测定的地面线。

⑩确认施工单位提交的场地占用计划。

⑪核算施工单位对工程量清单的复核结果。

⑫按合同约定对工程分包计划和协议进行审查,审查分包合同中是否明确了施工单位与分包人各自在安全生产方面的责任。

⑬审批施工测量放线。

⑭审批一般工程原材料和混合料配合比。

⑮审查施工组织及人员配备。

⑯审查施工单位进场的施工机械设备。

⑰审查施工单位提交的分项、分部工程的施工方案及主要工艺。

⑱审批施工单位月进度计划,检查和监督进度计划的实施。

⑲审批分项(部)工程的开工申请,签发分项、分部工程暂停令和复工令。

⑳验收构配件或设备。

㉑按有关规定和要求对工程进行巡视、旁站和抽检,并做好记录。

㉒对关键工序进行签认。

㉓对发生的质量缺陷、质量隐患和质量事故进行调查、处理或对不属于监理人权限处理的质量事故督促施工单位按规定报告有关部门。

㉔对交工的单位、分部、分项工程进行检验和质量等级评定并签发"中间交工证书"。

㉕对已完工程按合同约定的方法进行计量。

㉖按有关规定及时对已完分部工程、单位工程及合同工程进行质量评定。

㉗编写驻地监理合同段的监理月报。

㉘主持召开工地会议和根据工程需要主持召开专题工地会议。

㉙编制合同段监理竣工文件。

㉚编写驻地监理合同段的监理工作报告。

㉛参加驻地监理合同段合同工程的交工验收。

㉜初审交工结账证书。

在工程只设置总监办一级监理机构时,监理职责包括以下几个方面:

①按监理合同要求建立总监办中心试验室。

②熟悉合同文件,调查施工环境条件。

③在合同约定的期限内编制监理计划及相关管理办法,根据监理计划在相应工程开工前编制监理细则。

④在合同约定的期限内审批施工单位提交的施工组织设计(含安全技术措施、应急救援抢险方案、专项施工方案及施工环境保护措施)。

⑤进行图纸审核,参加设计交底。

⑥审批施工单位提交的总体进度计划,核批施工单位对总体进度计划的调整计划。

⑦检查施工单位工程质量、施工安全和施工环境保护等保证体系。

⑧审核施工单位的工地试验室。

⑨对施工单位提交的原始基准点、基准线和基准高程的复测结果进行平行复测,审核后予以批复。

⑩验收施工单位测定的地面线。

⑪审批施工单位提交的分项、分部、单位工程划分。

⑫确认施工单位提交的场地占用计划。

⑬核算施工单位对工程量清单的复核结果。

⑭签发开工预付款支付证书。

⑮主持召开监理交底会。

⑯主持召开第一次工地会议。

⑰签发合同工程开工令。

⑱按合同约定对工程分包计划和协议进行审查,并审查分包合同中是否明确了施工单位

与分包单位各自在安全生产方面的责任。

⑲审批施工测量放线。

⑳审批工程原材料及混合料配合比。

㉑审查施工组织及人员配备。

㉒审查施工单位进场的施工机械设备。

㉓审查施工单位提交的分项、分部工程的施工方案及主要工艺。

㉔审批施工单位月进度计划,检查和监督进度计划的实施。

㉕审批分项(分部)工程的开工申请。

㉖检查进场材料,验收构配件或设备。

㉗按有关规定和要求对工程进行巡视、旁站和抽检,并做好记录。

㉘对关键工序进行签认。

㉙对发生的质量缺陷、质量隐患和质量事故进行调查、处理或对不属于监理人权限处理的质量事故督促施工单位按规定报告有关部门。

㉚签发单位或合同工程及分部(分项)工程的暂停令和复工令。

㉛对交工的单位、分部、分项工程进行检验和质量等级评定并签发"中间交工证书"。

㉜对已完工程按合同约定的方法进行计量。

㉝审核工程中期支付申请,签发中期支付证书。

㉞按有关规定及时对已完分部工程、单位工程及合同工程进行质量评定。

㉟受理合同其他事项的有关事宜,按合同约定审核、评估和处理工程变更、延期、费用索赔、价格调整、保险、违约、争端等合同事项。

㊱组织编写监理月报。

㊲主持召开工地例会或根据工程需要主持召开专题工地会议。

㊳协助建设单位审查交工验收申请,评定工程质量。

㊴参加建设单位组织的合同工程交工验收。

㊵编写监理工作报告,并提交建设单位。

㊶签认交工结账证书。

㊷组织编制工程监理竣工文件,并督促施工单位按合同约定编制和整理竣工资料。

㊸在合同工程的缺陷责任期内,检查施工单位剩余工程的实施;巡视检查已完工程,指示施工单位修复发生的工程缺陷,调查、确认缺陷责任及修复费用。

㊹缺陷责任期结束,经检查符合条件时,签发合同工程缺陷责任终止证书。

㊺签认最后支付证书。

㊻参加工程竣工验收。

·2.4.3 监理工程师违规行为的处罚·

监理工程师在执业过程中必须严格遵纪守法。交通行政主管部门对于监理工程师的违法违规行为,将追究其责任,并根据不同情节给予必要的行政处罚。对于监理工程师在执业中出现的违规行为或行为过失而产生不良后果的处罚,在相关的法律法规和部门规章中都有明确的规定。监理机构和监理人员在实施监理服务过程中应注意以下几点:

1)《建设工程质量管理条例》

第 60 条规定:“违反本条例规定,勘察、设计、施工、工程监理单位超越本单位资质等级承揽工程的,责令停止违法行为,对勘察、设计单位或者工程监理单位处合同约定的勘察费、设计费或者监理酬金 1 倍以上 2 倍以下的罚款;对施工单位处工程合同价款百分之二以上百分之四以下的罚款,可以责令停业整顿,降低资质等级;情节严重的,吊销资质证书;有违法所得的,予以没收。未取得资质证书承揽工程的,予以取缔,依照前款规定处以罚款;有违法所得的,予以没收。以欺骗手段取得资质证书承揽工程的,吊销资质证书,依照本条第一款规定处以罚款;有违法所得的,予以没收。”

第 61 条规定:“违反本条例规定,勘察、设计、施工、工程监理单位允许其他单位或者个人以本单位名义承揽工程的,责令改正,没收违法所得,对勘察、设计单位和工程监理单位处合同约定的勘察费、设计费和监理酬金 1 倍以上 2 倍以下的罚款;对施工单位处工程合同价款百分之二以上百分之四以下的罚款;可以责令停业整顿,降低资质等级;情节严重的,吊销资质证书。”

第 62 条规定:“工程监理单位转让工程监理业务的,责令改正,没收违法所得,处合同约定的监理酬金百分之二十五以上百分之五十以下的罚款;可以责令停业整顿,降低资质等级;情节严重的,吊销资质证书。”

第 67 条规定:“工程监理单位有下列行为之一的,责令改正,处 50 万元以上 100 万元以下的罚款,降低资质等级或者吊销资质证书;有违法所得的,予以没收;造成损失的,承担连带赔偿责任:

①与建设单位或者施工单位串通,弄虚作假、降低工程质量的。

②将不合格的建设工程、建筑材料、建筑构配件和设备按照合格签字的。”

第 68 条规定:“违反本条例规定,工程监理单位与被监理工程的施工承包单位以及建筑材料、建筑构配件和设备供应单位有隶属关系或者其他利害关系承担该项建设工程的监理业务的,责令改正,处 5 万元以上 10 万元以下的罚款,降低资质等级或者吊销资质证书;有违法所得的,予以没收。”

第 72 条规定:“违反本条例规定,注册建筑师、注册结构工程师、监理工程师等注册执业人员因过错造成质量事故的,责令停止执业 1 年;造成重大质量事故的,吊销执业资格证书,5 年以内不予注册;情节特别恶劣的,终身不予注册。”

2)《建设工程安全生产管理条例》

第 57 条规定:“违反本条例的规定,工程监理单位有下列行为之一的,责令限期改正;逾期未改正的,责令停业整顿,并处 10 万元以上 30 万元以下的罚款;情节严重的,降低资质等级,直至吊销资质证书;造成重大安全事故,构成犯罪的,对直接责任人员,依照刑法有关规定追究刑事责任;造成损失的,依法承担赔偿责任:

①未对施工组织设计中的安全技术措施或者专项施工方案进行审查的。

②发现安全事故隐患未及时要求施工单位整改或者暂时停止施工的。

③施工单位拒不整改或者不停止施工,未及时向有关主管部门报告的。

④未依照法律、法规和工程建设强制性标准实施监理的。”

第58条规定："注册执业人员未执行法律、法规和工程建设强制性标准的，责令停止执业3个月以上1年以下；情节严重的，吊销执业资格证书，5年内不予注册；造成重大安全事故的，终身不予注册；构成犯罪的，依照刑法有关规定追究刑事责任。"

3)**《公路建设监督管理办法》**

第23条规定："公路建设项目实施过程中，监理单位应当依照法律、法规、规章以及有关技术标准、设计文件、合同文件和监理规范的要求，采用旁站、巡视和平行检验形式对工程实施监理，对不符合工程质量与安全要求的工程应当责令施工单位返工。未经监理工程师签认，施工单位不得将建筑材料、构件和设备在工程上使用或安装，不得进行下一道工序施工。"

第44条规定："违反本办法第23条规定，监理单位将不合格的工程、建筑材料、构件和设备按合格予以签认的，责令改正，可给予警告处罚，情节严重的，处50万元以上100万元以下的罚款；施工单位在工程上使用或安装未经监理签认的建筑材料、构件和设备的，责令改正，可给予警告处罚，情节严重的，处工程合同价款2%以上4%以下的罚款。"

第48条规定："公路建设从业单位有关人员，具有行贿、索贿、受贿行为，损害国家、单位合法权益，构成犯罪的，依法追究刑事责任。"

4)**《公路工程施工监理办法》**

第二十一条规定："监理单位或人员营私舞弊，损害建设单位、施工单位利益或因监理人员失职造成重大事故和经济损失的，除按法律规定承担法律责任外，其行政、资质主管机关可视情节轻重，分别给予扣减监理服务费、责令停业整顿、警告、降低资质等级、吊销监理资格证书的处罚。"

5)**《公路、水运工程监理工程师资质管理办法》**

对出现下列情况之一者，将根据情节，分别给予通报批评、停止执业、取消监理资格并收缴证书及限期五年内不得再申报监理工程师的处罚：

①不能自觉遵守监理工程师职业道德，缺乏监理工作责任心，造成不良影响者。

②监理工作失误，造成工程质量事故或经济损失者。

③未经注册，以驻地监理工程师以上名义从事监理工作者。

④以监理工程师个人名义承接工程监理业务的。

⑤以虚假或不正当手段获得"监理工程师资格证书"或"专业监理工程师资格证书"者。

监理工程师丧失职业道德，贪污、索受贿赂；玩忽职守或因监理工作失误，造成重大工程质量事故和严重经济损失并构成犯罪的，除取消监理资格并收缴证书外，还将由司法机关追究其刑事责任。

6)**《公路、水运工程监理工程师岗位登记制度(试行)》**

对于监理工程师和监理企业的下列行为，由部质监总站或省级质监机构责令纠正，并且列为责任方的不良信用记录：

①未进行岗位登记从事监理活动的。

②提交的证明材料隐瞒真实情况，弄虚作假的。

③同时与多个监理企业签订劳动合同的。

④其他不履行岗位登记义务的。

2.5 监理工程师信用评价

为加强公路水运工程监理市场管理，维护公平有序竞争的市场秩序，增强监理企业和监理工程师诚信意识，推动诚信体系的建设，根据《中华人民共和国招标投标法》《中华人民共和国安全生产法》《建设工程质量管理条例》《建设工程安全生产管理条例》等法律法规，交通运输部制定并颁布实施《公路水运工程监理信用评价办法（试行）》。

①监理工程师信用评价是指交通主管部门依据有关法律法规和合同文件等，对监理工程师从业承诺履行状况的评定。

监理工程师在工程项目监理过程中的行为，监理工程师在岗位登记、业绩填报、履行劳动合同等过程中的行为，属于从业承诺履行。

②监理工程师是指具有交通运输部核准的监理工程师或专业监理工程师资格的人员。

③监理工程师信用评价工作周期为 3 年，从第一年 1 月 1 日起，至第三年 12 月 31 日止。监理工程师信用评价实行累计扣分制，具体扣分标准按照表 2.6 执行。

表 2.6 公路水运工程监理工程师信用评价标准

序号	失信行为代码	失信行为	扣分标准
1	JJX102001	监理工作中，有吃拿卡要等行为的	24 分/次
2	JJX102002	使用假监理工程师或专业监理工程师资格证书的	24 分/次
3	JJX102003	将不合格的单位、分部、分项工程按合格签字的	20 分/次
4	JJX102004	将不合格的工序、建筑材料、建筑配件和设备按照合格签字的	16 分/次
5	JJX102005	监理工程师存在造假行为（包括编造、伪造试验资料或监理资料）的	12 分/次
6	JJX102006	在重大质量事故或较大及以上等级安全事故中负有责任的	10 ~ 16 分/次（视责任程度扣）
7	JJX102007	在一般质量事故或安全事故中负有责任的	6 ~ 10 分/次（视责任程度扣）
8	JJX102008	在环保事件中负有责任的	6 ~ 12 分/次（视责任程度扣）
9	JJX102009	被地（市）级及以上交通主管部门、质量监督机构或相关部门通报批评的	8 分/次
10	JJX102010	在企业资质许可、定期检验、复查及变更等过程中提交虚假个人业绩的	8 分/次
11	JJX102011	出借资格证书的	6 分/次
12	JJX102012	无正当理由，不履行劳动合同的	6 分/次

续表

序号	失信行为代码	失信行为	扣分标准
13	JJX102013	违规代签监理资料的	3 分/次
14	JJX102014	现场监理工程师无正当理由不到岗、不出勤的	2 分/次
15	JJX102015	从事监理工作未进行岗位登记的	1 分/次

a. 评价周期内,对监理工程师失信行为扣分进行累加。监理工程师在不同合同段、不同项目的扣分分值应进行累加。监理工程师在全国范围内的累计扣分分值,是评价周期内其从业的各省对该监理工程师的累计扣分分值的再累加。

b. 对评价周期内累计扣分分值大于等于 12 分、但小于 24 分的监理工程师,在其数据库资料中标注“评价周期内从业承诺履行状况较差”。对评价周期内累计扣分分值大于等于 24 分的监理工程师,在其数据库资料中标注“评价周期内从业承诺履行状况很差”。

④项目业主负责本项目监理工程师的信用评价初评工作。省级交通主管部门负责在本地区从业的监理工程师的信用评价管理工作,省级交通质监机构负责本地区信用评价的具体工作。交通运输部负责全国范围内从业的监理工程师的信用评价管理工作,交通运输部质量监督机构负责对具体信用评价工作进行指导并负责综合信用评价。

2.6 监理人员的资质和素质

·2.6.1 监理人员资质要求·

工程建设监理是一种高智能的技术服务活动,这种活动的成效不仅取决于监理队伍的数量能否满足监理业务的需要,而且取决于监理人员,尤其是监理工程师的水平和素质。

公路工程监理人员分为两大类,一类是具有交通主管部门颁发的公路工程监理工程师资格证书从事公路工程监理的人员,这类人员在监理项目中的总监理工程师、总监理工程师代表、高级驻地监理工程师、专业监理工程师等岗位持证上岗;另一类是具有初级技术职称和公路工程监理培训证书并从事公路工程监理的技术人员,这类人员在监理项目中的监理员岗位持证上岗。

监理工程师是一种岗位职务,监理工程师经政府确认注册就意味着他具有相应岗位责任的签字权,他与那些从事工程建设监理工作但未取得“监理工程师证书”的监理员的区别就在于此。

·2.6.2 监理工程师应具备的素质·

工程建设监理单位的职责是受工程建设项目业主的委托对工程建设进行监督和管理。具体到工程监理人员,不仅要有较强的专业技术能力和较高的政策水平,能够对工程建设进行监督管理,提出指导性意见,而且能够组织、协调与工程建设有关的各方关系,共同完成工程建设任务。也就是说,监理工程师既要具备一定的工程技术、工程经济、法律的专业知识,还要有一定的组织、管理、协调能力。就专业知识而言,既要精通某一专业,又要具备一定水平的其他专业知识,因此说监理工程师是一种复合型人才。对这种高智能的复合型人才的素质要求主要表现在:

(1)要有较高的学历和多学科专业知识

现代工程建设,规模越来越大,要求越来越高,需应用的科学技术日益繁多和复杂,并且还要组织多专业、多工种人员形成分工协作、共同工作。如果没有深厚的现代科技理论知识、经济管理知识和法律知识是不可能胜任监理工作岗位的。在国外,工程监理公司、咨询公司的人员,大多具有大专以上的学历,且很多具有硕士和博士学位。如美国的兰德公司,硕士、博士学位人员占总人数的70%左右。我国对监理工程师的学历也做了一些具体规定,这是保障监理工程师队伍素质的重要基础,也是向国际水平靠近所必需的。作为一个监理工程师不可能学习和掌握所有学科的理论知识和专业技术,但应要求至少学习和掌握一种技术专业知识,同时还必须学习和掌握一定的经济、组织管理和法律等方面的理论知识。

(2)要有丰富的工程建设实践经验

工程建设实践经验是理论知识在工程建设中成功的应用。一般来说,从事工程实践的时间越长,经验就越丰富。不少研究指出,一些工程建设中的失误,往往与实践者的经验不足有关。所以,世界各国都把工程建设实践经验放在重要地位。例如,英国的咨询工程师协会规定,入会的会员年龄在38岁以上。新加坡要求工程结构方面的监理工程师必须具有8年以上的工程结构设计经验。当然,监理工程师的实践经验除了考虑从事工程实践的时间长短以外,还要看其效果。从某种意义上说,后者更为重要,因为有些人虽有较长时间的工程监理实践,但如果不善于总结理论知识应用的经验,仍然达不到搞好工程建设监理的目的。

(3)要有健康的体魄和充沛的精力

尽管工程建设监理是一种高智能的技术服务,以脑力劳动为主,但是监理工作现场性强、流动性大、工作条件差、任务繁忙,所以必须具有健康的体魄和充沛的精力,才能胜任严谨、繁忙的监理工作。一般讲,年龄在65岁以上,虽然有丰富的工程建设实践经验,但往往精力不够,难以深入现场承担岗位责任。因此,在监理工程师注册和组建工程项目班子时,应当适当考虑这一因素。

(4)要有良好的品德

监理工程师的良好品德主要表现在以下几个方面:

①热爱社会主义祖国、热爱人民和热爱建设事业。

②要有科学的态度和综合分析能力。在处理任何问题时,都能从实际出发,以事实和数据为依据,从复杂的事物中抓住事物的本质和主要矛盾,使问题得到正确的解决。

③具有廉洁奉公的高尚情操。对各种争议的处理,能做到公平合理,使各方的权益得到维护。

④善于听取不同的意见,有良好的包容性。对于与自己不同的意见,能耐心说服,不轻易行使自己的否决权,善于同各方合作共事。

·2.6.3 监理工程师的职业道德与工作纪律·

工程建设监理是一项高尚的工作,为了确保建设监理事业的健康发展,对监理工程师的职业道德和工作纪律都有严格的要求,在我国的有关法规中也做了具体规定。

关于监理工程师职业道德和工作纪律规定如下：

1）职业道德守则

①维护国家的荣誉和利益，按照“守法、诚信、公正、科学”的准则执业。

②执行有关工程建设的法律、法规、标准和制度，履行建设工程委托监理合同中规定的义务和职责。

③努力学习专业技术和工程监理知识，不断提高业务能力和监理水平。

④不得以个人名义承揽监理业务。

⑤不同时在两个或两个以上监理单位注册和从事监理活动，不在政府和施工、材料设备的生产供应等单位兼职。

⑥不为所监理的项目指定承包单位、建筑构配件、设备、材料和施工方法等。

⑦不收受被监理单位的任何礼金。

⑧不泄露所监理工程中各方认为需要保密的事项。

⑨坚持独立自主的开展工作。

2）工作纪律

①遵守国家法律和政府的有关条例、规定和办法等。

②认真履行工程建设监理合同所承诺的义务和承担约定的责任。

③坚持公正的立场，公平地处理有关各方的争议。

④坚持科学的态度和实事求是的原则。

⑤在按委托监理合同的规定向建设单位提供技术服务的同时，帮助被监理者完成其担负的建设任务。

⑥不以个人的名义在报刊上刊登承揽监理业务的广告。

⑦不得损害他人名誉。

⑧不泄露所监理工程需要保密的事项。

⑨不在任何承包单位和材料供应商中兼任职务。

⑩不擅自接受建设单位额外的津贴，也不接受被监理单位的任何津贴，不接受可能导致判断不公的报酬。

监理工程师如违反职业道德和工作纪律，由政府主管部门没收其非法所得，收缴《监理工程师岗位证书》，并可处以罚款。监理单位还要根据企业内部的规章制度给予处罚。

3）FIDIC 道德准则

在国外，监理工程师职业道德准则，由其协会组织制定并监督实施。国际咨询工程师联合会（FIDIC）于 1991 年在慕尼黑召开的全体成员大会上，讨论批准了 FIDIC 通用道德准则。该准则分别对社会和职业的责任、能力、正直性、公正性、对他人的公正等 5 个问题共计 14 个方面规定了监理工程师的道德行为准则。目前国际咨询工程师协会的会员国家都认真地执行这一准则。

FIDIC 道德准则认识到监理工程师的工作对于取得社会及其环境的持续发展是十分关键的。

为使监理工程师的工作充分有效，不仅要求工程师们不断提高他们的知识和技能，而且要求社会尊重他们的道德公正性，信赖他们做出的评审，同时给予公正的报酬。

FIDIC 的全体会员协会同意并且相信，如果要想使社会对其专业顾问具有必要的信赖，下述准则是其成员行为的基本准则。

(1)对社会和职业的责任

①接受对社会的职业责任。

②寻求与确认的发展原则相适应的解决办法。

③在任何时候，维护职业的尊严、名誉和荣誉。

(2)能力

①保持其知识和技能与技术、法规、管理的发展相一致的水平，对于委托人要求的服务采用相应的技能，并尽心尽力。

②仅在有能力从事服务时方才进行。

③在任何时候均为委托人的合法权益行使其职责，并且正直和忠诚地进行职业服务。

(3)公正性

①提供职业咨询、评审和决策时不偏不倚。

②通知委托人在行使其委托权时可能引起的任何潜在的利益冲突。

③不接受可能导致判断不公的报酬。

(4)对他人的公正

①加强“按照能力进行选择”的观念。

②不得故意或无意地做出伤害他人名誉或事务的事情。

③不得直接或间接取代接到某一特定工作中已经任命的其他咨询工程师的位置。

④通知该咨询工程师并且接到委托人终止其先前任命的建议前，不得取代该咨询工程师的工作。

⑤在被要求对其他咨询工程师的工作进行审查时，要以适当的职业行为和礼节进行。

2.7 监理设施

公路工程项目一般投资大，监理工作任务重。因此，为确保质量控制的检验测试及各项管理工作的顺利进行，必须在监理单位所承担的工程项目工地，配备足够数量和相应水平的监理设施，以保证质量控制的检验测试及各项管理工作的需要。监理设施包括：办公设施及其用品、生活设施及用品、试验设施、测量和气象设施、监理工作设施及通讯设施等。

·2.7.1 监理设施·

1)试验室设备

监理工程师要检查服务的客观性、科学性，要坚持用数据来判断工程质量，以达到质量监控的效果。只有把好试验关，通过可靠的试验设备、严格的试验操作和符合试验规范要求的试验成果才能实现。因此，中心试验室、工地试验室配备齐全、准确、可靠的试验设备就十分重要。

(1)试验人员的配备

主要根据施工合同中技术要求以及工程特点进行配备,同时应考虑与整个工程监理机构设置相适应。在一般情况下,各级监理试验室的人员配备如下:

监理中心试验室人员8~10人,其中:专业监理工程师3人;专业技术员3人;微机操作人员、设备维修人员等2~4人。驻地监理试验室试验人员一般由2~3名驻地监理人员组成,负责进行试验与检测工作。

(2)试验室设备配置

监理中心试验室的一般配置如图2.12所示;作为驻地监理试验室用同样配置专用房间和地方,以供试验使用。

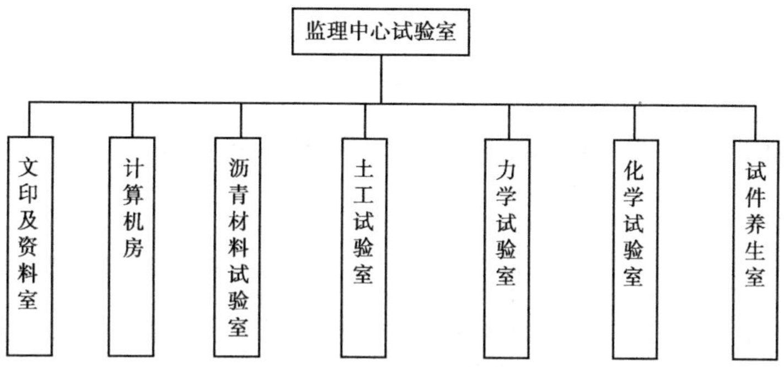

图2.12 中心试验室内部职能配置示意图

(3)试验室仪器配置

监理试验室按功能要求和工程规模来决定所需仪器设备的配置,一般情况下其仪器设备配置见表2.7、表2.8。除了应配置与以上试验项目相应的仪器外,还必须配置一些通用仪器设备,包括以下几个方面:

①加热设备,如烘箱、实验电炉、酒精灯、电热板、水浴和沙浴等。

②测温设备,使用最多的是各种温度范围的玻璃液体温度计,有时也需要与恒温设备配套的电接点温度计和温度湿度计。

③计量衡器,如各种型号的天平、台秤和磅秤。

④计时仪表,如秒表、闹钟等。

此外,还必须配置一些技术先进的分析和检测仪器,包括如下几个方面:

①土工试验类:压缩仪、真空饱水装置、直剪仪、三轴剪力仪、膨胀仪和渗透仪等。

②沥青类:薄膜烘箱、溶解度和蒸馏试验装置、闪点试验装置、比重瓶、脆点仪、沥青含量测定仪、闭式三轴压力仪等。

③混凝土类:小型拌和机、振动台、水泥物理力学性质测试设备、维勃仪、取芯仪、回弹仪及超声检测仪等。

④桥梁结构测试仪器:动态应变仪、表式引深仪、示波仪、精密水准仪等。

⑤路面性能检测仪器:弯沉仪、摩擦系数测定装置、平整度仪、路面渗透仪、路面纹理深度测定仪等。

表 2.7　路基及路面基层材料主要试验项目及仪器

序号	试验项目	主要试验仪器			备注
		名　称	规　格	数　量	
1	土工试验				
1.1	土的颗粒分析试验	标准筛	筛孔 200 ~ 0.02 mm	1 ~ 2 组	
		盘架天平	称量 200 g、感量 0.2 g	1 架	
		盘架天平	称量 100 g、感量 1 g	1 架	
1.2	含水量试验	扭力天平	称量 100 g、感量 1 g	1 架	
		烘箱	能控保持 100 ~ 150 ℃	1 台	
1.3	液塑限试验	液塑限联合测定仪		1 架	
1.4	击实试验	重型击实仪、击实桶和脱模器等		1 套	
1.5	回弹模量试验	杠杆压力仪、承载板等		1 套	
1.6	CBR 试验(根据需要)	CBR 仪、膨胀仪和脱模器等		1 套	
		烘箱	能控保持 100 ~ 105 ℃	1 台	
2	基层材料试验				
2.1	颗粒筛分试验	标准筛	筛孔 40 ~ 0.02 mm	1 ~ 2 组	
2.2	击实试验	同"1.4"			
2.3	单轴压力试验	路面材料强度试验仪或压力机养护槽等	测力环容量 100 kN	1 套	
2.4	新拌稳定材料试验	滴定管、烧杯等		1 套	
2.5	结合料含量测定				
3	沥青及其混合料试验				
3.1	针入度试验	沥青针入度仪		1 套	
3.2	粘度试验	沥青标准粘度计		1 套	
3.3	延度试验和测定	试验延度机	标尺 100 cm	1 套	
3.4	软化点试验	沥青软化点试验仪		1 套	
3.5	沥青混合料试件物理试验	盘架天平	称量 1 000 g、感量 0.5 g	1 套	
		浸水天平	称量 1 000 g、感量 0.1 g	1 套	
		拌和锅等		1 套	
		击实成型装置、脱模器	手动或电动	1 套	
3.6	马歇尔稳定度试验	马歇尔试验机		1 套	
		压力机	1 000 kN	1 台	
3.7	石料压碎值试验	压碎筒	内径 150 mm 及 75 mm	各一个	
		标准筛	同"2.1"	1 套	
3.8	沥青含量试验	双筒式抽提仪或快速测定装置		1 套	
4	水泥混凝土路面材料试验				
4.1	骨料筛分试验	标准筛(粗细骨料用)		1 套	
4.2	拌和物试验	磅秤	100 kg	1 台	
		量斗			
		拌和设备			
		坍落度筒、直尺、捣棒		1 套	
		铁制试模	15 × 15 × 15 或 20 × 20 × 20	3 套	

续表

序号	试验项目	主要试验仪器			备注
		名　称	规　格	数　量	
4.3	抗压强度试验	压力机	200 kN	1 套	
		养护设备	能控制温度和湿度	1 套	
		振动器或振捣器		1 套	
		铁制试模	15×15×15	3 套	
4.4	抗折强度试验	材料试验机	300 kN 或 50 kN	1 台	
		振捣及养护设备	同“4.3”	各 1 套	
		天平或台秤	称量 1 000 g、感量 1 g	1 台	
4.5	骨料含水量试验	烘箱或炒锅		1 套	
4.6	混凝土强度 1 h 推定试验	振动筛、蒸压锅及 5 kN 或 10 kN 测力装置		各 1 套	

表 2.8　公路工程监测项目及仪器

序号	试验项目	主要试验仪器			备注
		名　称	规　格	数　量	
1	压实度检查	核子密度计(或灌砂筒、环刀等)	每施工段 3 处	1~2 套	
		快速含水量测定仪(或中子湿度计、酒精灼烧法等)		1 套	
2	弯沉试验	弯沉仪		1 台	
		百分表		1 套	
3	回弹模量试验	承载板、千斤顶		1 套	
4	透层或粘层沥青				
5	沥青混和料抽样试验	马歇尔试模沥青含量测定仪		各 1 套	
6	水泥混凝土抗压、抗折强度	抗压、抗折强度试模		各 3 套	
7	抽样试验				
8	混凝土拌和物和易性检查	坍落度筒、直尺、捣棒		1~2 套	
9	竣工检查	水准仪、3 m 直尺、皮尺		各 1 套	

⑥材料试验机系列:材料试验机应有 50 kN、300 kN、600 kN、1 000 kN 几种,压力机 2 000 kN(液压式)。

⑦天平类:应配置电子天平、阻尼分析天平、光学天平、光学读数分析天平(分度值 0.4 mg)。

⑧除常用玻璃液体温度计外,还应配置一套标准玻璃水银温度计(分度值为 0.05 ℃或 0.1 ℃)和电阻测温装置。

⑨其他仪器:石灰性能试验仪器及试剂、高温电炉、恒温恒湿箱、酸度计、旋转粘度计、读数显微镜等。

2)测量仪器及设备

公路路线的平纵指标、大中桥隧、路基、路面等工程几何尺寸的控制是否符合标准,工程量的收方计量,都必须进行测量检查验收。为此,配备各类精密仪器和设备是监理工作的重要保证之一。测量仪器主要包括计量、放线、检查所需的仪器,如经纬仪、水准仪、测距仪、全站仪等,承包人有义务提供上述仪器及辅助人员满足监理工程师的工作需要,但通常情况下监理工程师会自备上述仪器,业主应根据合同文件予以补偿。

3)交通工具及通讯设备

公路工程施工路线长、内容多、任务重、要求严、时间紧,为了有效地对工程实施监理,随时沟通各方信息,及时协调配合处理问题,应配置必要的监理用车和通讯设备。监理用车包括车辆的类型和数量;通信设备主要指有线电话、无线寻呼机、移动通信器材等。

4)气象设备

公路工程施工受气候条件影响较大,监理工程师要随时掌握和记录施工期间的气温及降雨信息,以便要求承包人采取相应的施工措施,避免不必要的损失,同时恶劣的气候条件也是造成承包人提出工程延期的主要因素之一。因此可视现场具体情况设立气象观测人员、配备适当的气象设备。

在有气象台站的地区,各施工合同段的气象资料应由业主、监理工程师与当地气象部门签订合同,由当地气象部门提供距合同段最近的气象站的气象资料。

5)照相、摄像器材

施工现场、施工过程、施工技术以及覆盖前的隐蔽工程和基础状况,都需要一定数量的工程照片或录像作为原始记录和档案保存下来。为此,可根据项目情况配置适当的照相、摄像设备,一般照相设备是监理组必须配置的。

6)办公设施和生活设施等

为了提供监理工程师及其助手的工作效率和生活质量,应为他们提供良好的工作条件和生活环境,如办公室、生活住房和必须办公设备和生活设施。监理工程师办公室用地的提供按合同要求进行,主要考虑:使用面积、位置、装饰要求、办公室设施(冷暖设备、照明、办公家具、电传、安全设备、停车棚等);监理工程师的宿舍和生活设施应充分考虑使用面积、供电、供水情况、烹调、卫生、医疗服务、道路、保安措施及娱乐活动条件等。

·2.7.2 监理设施的提供·

各种监理设备的规格和数量,应根据工程规模,工程种类、监理数额及通行条件等实际情况,由监理工程师与业主共同商定,在施工合同文件或监理服务合同文件中列出清单,一般为监理工程师提供的设备和设施应在工程量清单第100章内。监理设施的提供有下列几种方式:

①由业主免费提供,产权归业主所有,在监理实施过程中监理工程师可无偿使用监理设

施，但监理工作完成后，监理设施应归还业主。

②部分或全部由承包人提供，其费用列入工程量清单项目中，由业主支付，使用后归还业主。

③由监理工程师自备，费用在监理服务费报价时一并计入，此时一般只考虑如房屋的租金、仪器、设备的运输、安装及折旧费用等。

监理设施一般应在施工合同规定的实际开工以前基本准备完善，以保证工作使用。监理设备一般在施工合同文件中规定由承包人提供，也可以根据监理合同由业主直接提供。如业主或承包人不能如期提供，而监理工程师根据工程的实际计划安排需要使用某些设备，可要求业主或承包人提供等效的临时设备以满足使用。

【例2.2】 **江阴大桥工程监理**

江阴大桥位于长江下游，主桥为单跨钢箱梁悬索桥，主跨达1 385 m，列“国内第一，世界第四”。上部结构是悬索桥的主体工程。根据中英政府协议，江阴大桥上部结构工程由英国政府提供部分贷款，英国克瓦纳克里夫兰桥梁公司(以下简称KCBL公司)总承包，国内外一些专业承包了分项工程，国内专业监理公司实施工程监理。工程项目的设计、施工均具有国际先进水平，而且也是国内监理公司监理外国公司承建国内公路桥梁建设工程的尝试。

1)建立专业监理机构

为了做好江阴大桥上部结构工程的监理工作，江苏省长江大桥建设指挥部组织了强有力的二级监理机构：一级是工程师(国内称总监理工程师)，由江苏省交通厅副厅长、常务副指挥长担任，并组建了工程师办公室(总监理工程师办)；二级是上部结构工程师代表(国内称总监理工程师代表)，由交通部第二勘察设计院副总工程师担任，专业监理人员由武汉大通监理公司和武汉桥梁建筑监理公司的专业技术人员组成。根据分项工程特点，所有分包项目均派有现场监理，国外分包项目委托了海外监理，其主要工作是根据FIDIC合同条款和工程师代表授权，以工程师代表助理的身份，负责相关范围的质量和进度控制。

由于工程投资大，分项工程多，涉及不同专业，在上部结构监理中配备了道路、桥梁、结构、材料、焊接、铸造、涂装、机电、试验、测量、工程预决算等专业人员，还配备了专业翻译和文整人员。工程高峰其上部结构监理达40余人(不包括总监理工程师办参与人员)。

江阴大桥上部结构工程监理的基本特点是根据国际惯例，严格执行FIDIC合同条款。从组织形式上，业主委托监理后，不再直接介入工程，设计单位也不直接介入工程，由工程师和工程师代表全权负责工程的全部管理工作。

2)程序化、规范化的监理制度

由于语言、文化的差异，加之管理模式的差别，工程刚开始不是很协调。经过一段时间努力，监理工作才逐步走上正轨，原则就是应用合同条件，以合同管理为基础，对工程实施质量、进度、投资控制和管理。通过建立程序化、规范化的“合同管理”和“信息管理”制度，形成程序化、规范化的监理制度，并严格执行。

(1)开工文件审查

根据监理权限，江阴大桥上部结构工程开工文件由工程师审查，并批准开工报告。分项工程开工文件由工程师代表审查、批复开工报告。开始阶段承包商拒绝接受监理对分包合同和分包商的监理，主要原因是经济效益。

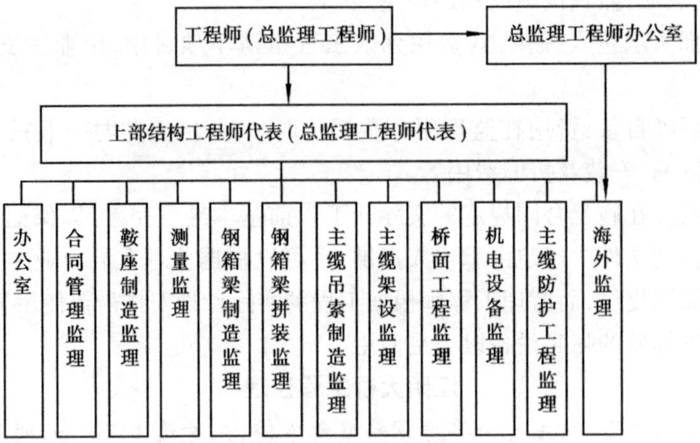

图 2.13　江阴大桥上部结构工程监理机构

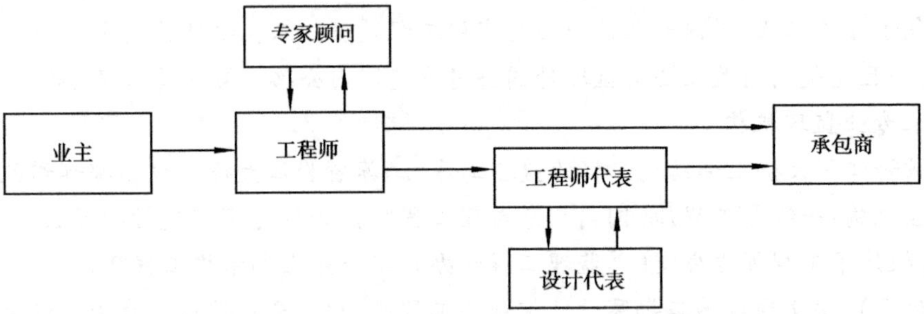

图 2.14　业主、监理、承包商三方关系

经过协调,监理接受了不审查分包合同价格,只审查分包单位资质和技术质量条款。各分项工程形成了正常的开工报批制度,其程序为:分包商拟定分项工程开工文件→承包代表审阅→现场监理初审→分包商修订→承包商会签→工程师代表审批。

(2)施工图审查

按照国际惯例,施工承包商需进行施工图设计,故监理增加了施工图审查的工作内容。由承包商根据合同设计文件,提供施工图,经工程师代表审批后,方可实施。进入施工程序的图纸均有承包商和工程师代表签章。这一工作的程序为:合同设计文件→承包商施工设计图→工程师代表审批(含与设计代表交流)→承包商归档→发分包商实施。

(3)检查和试验计划(ITP)

质量控制有不同的方法和模式。国内工程多为承包商自检和监理检查,通常是承包商拟定一个检查计划,监理拟定一个监理细则,监理质量控制的实质工作内容是旁站、抽检、试验、隐蔽工程或重点工序止点检查等。但英国承包商有他们的一套检查和试验方式。经过承包商和监理质量管理人员协调,江阴大桥上部结构工程质量控制中,分包商、承包商、监理等三方采用了统一格式的"检验和试验计划",实行分段工程工序质量控制。

(4)里程碑支付及进度控制

为了控制投资和进度,江阴大桥上部结构工程采取了与进度相关联系的里程碑计量支付方法,即在支付工程启动金的基础上,按分项工程量的进度分段支付。这种方法大大减少了合同管理中计量支付的工作量,简化了计量支付工作程序,方便了投资和进度控制。但前提条件是合同联合体要进行较深入的工作,核定分项工程的总工程量和投资额。由于上部结构主体工程是制造和安装,工程量预算较准确,所以采用里程碑支付方法较为便利。具体工作程序是:

①里程碑确认:设计文件、技术规范→分项工程工程量预算、费用预算→划分里程碑支付额度和方式→合同确认。

②里程碑计量支付实施:分项工程实施工程量统计→承包商会签→现场监理签认→达到里程碑额度上报→合同计量监理复核→总监代表审批→总监办公室支付

(5)工地例会

出于经济利益的考虑,承包商一直试图阻隔监理与分包商的直接联系,使国内一些分包商不能理解监理的真实意图,有的甚至想利用这种阻隔,逃避监理的质量、进度控制。工地例会制度冲破了这些限制。由于一些分包项目距大桥工地较远,监理采用了两级例会的方式。

①分包项目工地例会。在各分包现场进行,解决现场质量、进度问题。分包商、承包商代表、现场监理三方例会,形成会议纪要上报。

②工地例会。在大桥工地进行,重点解决关键工程和整体工程的投资、质量、进度控制。由工程师或工程师代表主持,承包商、工地分包商参加,同时解决一些分包项目工地未解决的问题,形成会议纪要作为正式文件。

(6)“信息”管理

“信息”管理是现代工程监理的一个重要内容,涉外工程尤为重要。为了避免语言、文字的疏漏造成工作失误,江阴大桥上部结构工程严格采取了“书面文件”形式的管理模式,监理和承包商之间的全部交流均以中英两国文字书面表述和记录为准。中方的全部书面文件均以工程师和工程师代表名义签发,英方的全部文件由项目经理签发。这样保证了下属工作失误时可以及时纠正,不至影响到管理层的决策,而且便于管理层能较全面掌握工程实际情况。“以书面文件为准”这种信息管理方式,可以避免和减少工作中可能出现的疏漏和失误,有助于监理工作的程序化和规范化。这也是投资额较大的江阴大桥上部结构工程施工、监理顺利完成的一项基本保证,因此是一条成功的经验。

3)熟练应用 FIDIC 合同条款

FIDIC 合同条件是建设工程管理的国际语言,也是江阴大桥上部结构工程的基本合同条件。近年来,FIDIC 合同条件在国内得到了推广应用,但在真正应用 FIDIC 合同条款管理工程方面,还存在很大问题,最大的问题是业主和行政部门对工程干预较多,合同管理不严格。而国外 FIDIC 合同条件已广泛应用,并列为承包工程合同通用条件。要管理好涉外工程,必须熟练应用 FIDIC 合同条件,重视工程的合同管理。

(1)理顺业主、承包商、分包商、监理的关系

在国内,业主干预工程管理是极为正常的,而且承包商尊重业主远胜过尊重监理。而应用 FIDIC 合同条件,工程师是工程管理的最高代表和权威所在。国外承包商也尊重业主,但只受合同关系制约,工程上只接受监理的监督管理。工程初期,业主物资部门试图按国内模式参与物资管理,遭到承包商拒绝。为此,项目监理专门组建了工程师办公室,以综合反映设计和业主对工程管理的意见。但根据合同,整个工程统一以工程师和工程师代表对外,即工程管理只

体现工程师—承包商之间的监理与被监理的关系。同时,在应用FIDIC合同条件中按工程师和工程师代表指派助理的条款,派出现场监理以工程师代表助理的名义,在授权范围内,实施对分包商的工程监理,也冲破了承包商设置的障碍,强化了监理对第二现场的质量和进度控制。

(2)应用合同条款保证工程质量

承包商比较追求自身的经济利益,而监理出于工程特殊性的考虑,则希望在合理的范围内,追求好的质量和较快的进度。国外承包商的特点是一切以合同条件为依据,所以解决问题必须熟悉合同。针对质量问题,一是依据FIDIC合同条件中有关质量检查和控制方式的条款;二是依据技术规范中的质量标准。例如,进口钢丝,国外监理检查时,有个别抽样参数不合规范,待监理通知发出时,货已发至国内工厂。承包商以国外监理已经签收为由,拒绝复检。国内工厂监理以合同条款规定的商检和工厂使用前抽检为依据,通过认真检查,卡住了一批存在问题的进口钢丝,并及时在国内补充生产,从而保证了进度要求。一般情况下,只要合同条款有规定,且能达到质量要求,承包商还是服从监理的。重要的是在合同中要有明确的技术规范条款或正确引用"国标"、"行标"的技术要求和规定。

(3)索赔和反索赔

国内工程如果出现大的经济利益冲突,一般通过行政干预得以解决。但国际合同则一切以合同为依据。反映在经济纠纷方面主要表现为索赔和反索赔。以主缆预制索股和吊索制造为例,由于结构变化,承包商向业主提出索赔,工程师代表通过现场监理掌握第一手材料,判定某加工结构变更是在开工前,而承包商提前生产加工,故承包商的前期损失应自负,业主只应承担材料变更部分的费用;对涉及某项专用材料的增加,监理通过计算、称重,调查原材料进价、工厂加工成本等,提出了合理的补偿价格,大大减少了索赔额度。另一方面,针对承包商的国外材料因减少检验工作量和改变制作加工工艺等问题,监理及时进行了反索赔,维护了业主的合法利益。由于监理正确运用FIDIC合同条件处理索赔和反索赔经济纠纷,维护了业主和承包商的正当经济权益。

在江阴大桥上部结构施工监理过程中,监理正确应用FIDIC条款取得了实效。在施工现场,工程师代表在某工地出现了僵持局面,影响监理工作的正常进行,监理代表坚持要求承包商撤换一名既不称职、又不合作的承包商代表,引起承包商其他人员的重视,树立了现场监理的权威。在处理承包商可以预见的情况下出现的问题,监理据理力争,严肃处理,直到反索赔。但在一些承包商不可预见的情况下出现问题时,工程师和工程师代表则是积极出主意想办法,帮助承包商解决。如当承包商架索出现阻滞时,工程师请来国内外专家咨询;在主缆涂装出现质量问题时,监理也是积极配合,最终用更换方法解决了质量问题。监理还通过落实FIDIC有关合同条款,与分包商建立有效联系,及时解决施工中出现的具体问题,从而保证了上部结构工程的投资、质量、进度控制。监理人员也在与国外承包商的工作交流中,强化了合同意识,学到了一些很好的工程项目管理经验,专业技术水平和业务工作能力也随之得到了提高。

由于配备了精通业务、善于协调管理的工程师和工程师代表,建立了强有力的监理机构,有效地实行了程序化、规范化管理,严格履行合同,熟练应用FIDIC合同条款,江阴大桥上部结构的监理工作受到了业主和承包商的赞誉。

【例 2.3】 2005 年公路工程监理人员诚信情况(处罚)

1)广东省交通厅以粤交基函[2005]884 号文对监理人员诚信情况的处罚

渝湛高速公路遂溪段总监办李某,持假交通部监理工程师证,清退出广东省交通建设监理市场;

西部沿海高速公路珠海段第二总监办严某,持假交通部专业监理工程师证,清退出广东省交通建设监理市场;

梅河高速公路华城至蓝口段总监办陈某,监理抽检资料弄虚作假,清退出广东省交通建设监理市场;

粤赣高速公路第三总监办郭某、王某、刘某、赵某,责任心不强,造成工程质量问题,清退出广东省交通建设监理市场;

粤赣高速公路第一总监办胡某,责任心不强,造成工程质量问题,清退出广东省交通建设监理市场。

2)陕西省交通厅以陕交发[2005]371 号文对监理人员诚信情况的处罚

吴堡至子洲高速公路项目监理王某、徐某、赵某,提供假学历证,清除出场,取消在陕西省从事公路工程监理资格;

吴堡至子洲高速公路项目监理王某,提供假省专业监理证,清除出场,取消在陕西省从事公路工程监理的资格;

吴堡至子洲高速公路项目监理马某,提供假交通部监理资格证书,清除出场,取消在陕西省从事公路工程监理的资格;

榆林至陕蒙界高速公路项目监理佟某,提供假监理资格证,清除出场,取消在陕西省从事公路工程监理资格。

3)浙江省交通厅以浙交[2005]98 号文对监理人员诚信情况的处罚

金丽温高速公路丽青段第一驻地办刘某、刘某、郑某,持伪证,清退出浙江省公路、水运监理市场;

金丽温高速公路丽青段第二驻地办陈某、武某,工作失职,清退出浙江省公路、水运监理市场;

金丽温高速公路丽青段第二驻地办范某,持伪证,清退出浙江省公路、水运监理市场;

金丽温高速公路丽青段第三驻地办霍某,工作失职,清退出浙江省公路、水运监理市场;

金丽温高速公路丽青段第三驻地办罗某,持伪证,清退出浙江省公路、水运监理市场;

沪杭高速公路拓宽工程第二驻地办党某、郝某,持伪证,清退出浙江省公路、水运监理市场;

沪杭高速公路拓宽工程第三驻地办张某,持伪证,清退出浙江省公路、水运监理市场。

复习思考题

1. 简述公路工程监理单位资质等级和从业范围。
2. 简述组织构成因素的相互关系。
3. 简述组织设计原则。

4. 简述组织结构的基本模式及其各自的特点。
5. 简述建立项目监理机构的步骤。
6. 试说明项目监理机构监理人员的数量如何确定。
7. 简述监理工程师、监理机构的职责与权限。
8. 你认为监理工程师应具备的素质有哪些?
9. 监理设施包括哪些内容?

3 风险管理及目标控制原理

3.1 工程项目风险

工程项目的质量、进度、费用三大目标的实现，是工程监理的核心内容。工程建设项目的特点，决定了项目实施过程中存在着大量的不确定因素，这些因素无疑会给项目的目标实现带来影响。工程项目的风险就是指那些在项目实施过程中可能出现的灾难性事件或不满意的结果。任何风险都包括两个基本要素：一是风险因素发生的不确定性；二是风险发生带来的损失。

风险事件发生的不确定性，源于外部环境千变万化、项目本身的复杂性和人们预测能力的局限性。风险事件是一种潜在性的可能事件，风险的大小可用风险量表示：

$$R = f(p, q)$$

式中 R——风险量；

p——风险事件可能发生的概率；

q——风险的损失值；

f——风险函数。

确定风险量，可为风险处理方式的选择提供有用信息。风险危害程度示意图如图3.1所示。

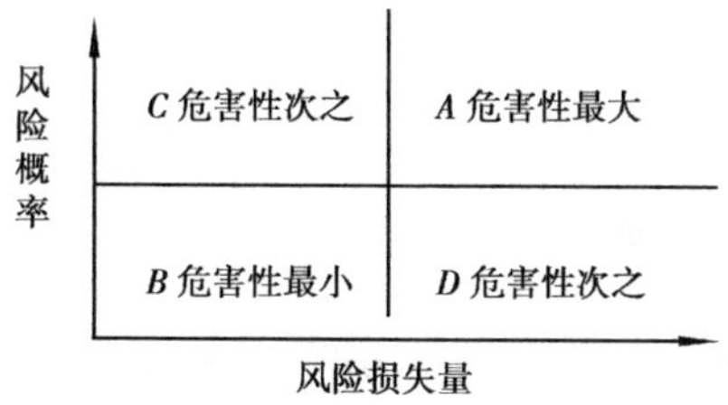

图3.1 风险危害程度示意图

图中，风险危害程度可划分为 A、B、C、D 四大区域。A 区域风险概率大，风险损失量也大，故风险危害程度最大。反之，B 区域风险危害程度最小。C、D 区域危害程度介于 A、B 之间，两区域间的比较视项目的具体情况而定。

公路工程项目在实施过程中存在风险是必然的、不可避免的，监理工程师必须要有强烈的正确的风险意识。项目风险大体上可为如图3.2所示的种种事件。

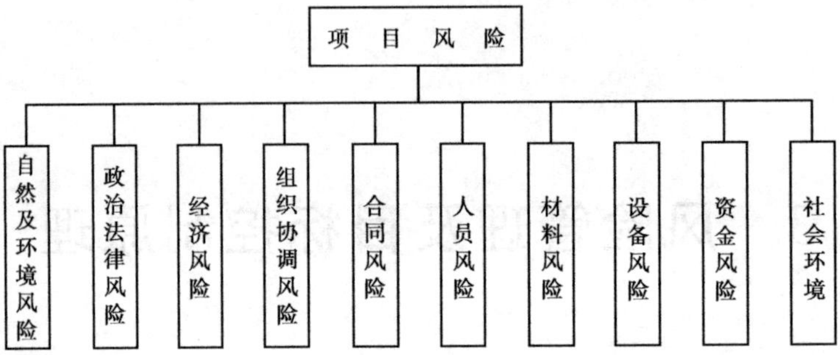

图 3.2　项目风险事件分类

3.2　风险管理

风险管理是一个识别和度量项目风险、制定、选择和管理风险处理方案的系列过程。风险管理的流程如图 3.3 所示。

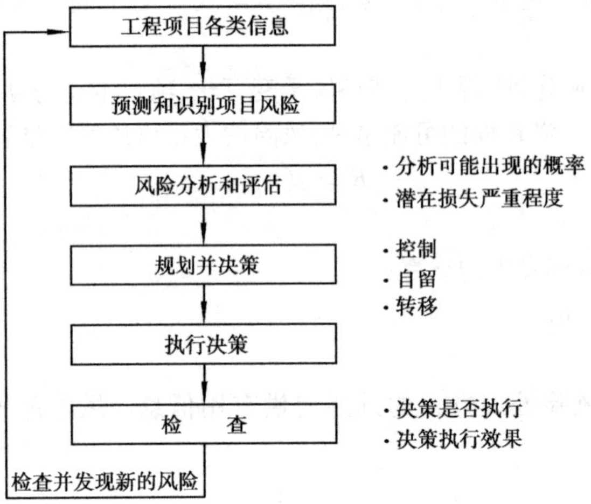

图 3.3　风险管理流程图

·3.2.1　风险的预测和识别·

风险的预测和识别是指通过一定的方式,系统而全面地识别出影响建设工程目标实现的风险事件并加以适当归类的过程,必要时,还需要对风险事件的后果作出定性估计。

风险的预测和识别的过程主要立足于数据收集、分析和预测。要重视经验在预测中的特殊作用(即定性预测)。为了使风险识别做到准确、完善和有系统性,应从项目风险管理的目标出发,通过风险调查、信息分析、专家咨询及实验论证等手段进行多维分解,从而全面认识风险,形成风险清单。

风险识别的结果是风险清单,识别的核心工作是“工程风险分解”和“识别工程风险因素、风险事件及后果”。

1)风险的分解

根据工程风险的相互关系将其分解成若干个子系统,其分解的程度要足以使人们较容易地识别出工程的风险,使其具有准确性、完整性和系统性。

风险的分解可按以下途径进行:

①目标维:按建设工程目标进行分解,分别考虑影响建设工程投资、进度、质量和安全目标实现的各种风险。

②时间维:按建设工程实施的各个阶段(设计、施工招标、施工、竣工验收和保修期)进行分解,也就是考虑建设工程实施不同阶段的不同风险。

③结构维:按建设工程的组成内容进行分解,也就是考虑不同单项工程、单位工程的不同风险。

④因素维:按建设工程风险因素的分类分解,如政治、社会、经济、自然、技术等方面的风险。

在风险分析过程中,有时并不仅仅是采用一种方法就能达到目的的,而需要几种方法组合。

2)风险的识别

对道路工程风险识别,应根据其自身特点,采用相应方法。综合起来,共有以下几种识别方法:专家调查法、财务报表法、流程图法、初始清单法、经验数据法和风险调查法。

①专家调查法:专家调查法有 2 种方式:一是召集有关专家开会,让专家各抒己见,充分发表意见,起到集思广益的作用;另一种是采用问卷式调查,各专家不知道其他专家的意见。采用专家调查法时,所提出的问题应具有指导性和代表性,并具有一定的深度,应尽可能具体。

②财务报表法:财务报表有助于确定特定企业或特定的建设工程可能遭受哪些损失以及在何种情况下遭受这些损失。通过分析资产负债表、现金流量表、营业报表及有关补充资料,可以识别企业当前的所有资产、责任及人身损失风险。将这些报表与财务预测、预算结合起来,可以发现建设工程未来的风险。

③流程图法:将一项特定的生产或经营活动按步骤或阶段顺序以若干个模块组成一个流程图系列。在每个模块中都标出各种潜在的风险因素或风险事件,从而给决策者一个清晰的总体的印象。

④初始清单法:建立建设工程的初始清单有 2 种途径。

常规方法是采用保险公司或风险管理学会公布的潜在损失一览表,即任何企业或工程都可能发生的所有损失一览表。以此为基础,风险管理人员再结合本企业或某工程所面临的潜在损失一览表中损失予以具体化,从而建立特定工程风险一览表(见表 3.1)。这种潜在损失一览表对建设工程风险的识别作用不大。

另一种是通过适当的风险分解方式来识别风险。对于大型、复杂的建设工程,首先将其按单项工程、单位工程分解,再对各单项工程、单位工程分别从时间维、目标维进行分解,可以较容易地识别出建设工程主要的、常见的风险。从初始风险清单的作用来看,因素维仅分解各种不同的风险因素是不够的,还应进一步将各风险因素分解到风险事件。

表 3.1　建设工程初始风险清单

风险因素		典型风险事件
技术风险	设计	设计内容不全、设计缺陷、错误和遗漏,应用规范不恰当,未考虑地质条件,未考虑施工可能性
	施工	施工工艺落后,施工技术和方案不合理,施工安全措施不当,应用新技术新方案失败,未考虑场地情况等
	其他	工艺设计未达到先进指标,工艺流程不合理,未考虑操作安全性
非技术风险	自然与环境	洪水、地震、火灾、台风、雷电等不可抗拒自然力,不明的水文气象条件,复杂的工程地质条件,恶劣的气候,施工对环境的影响等
	政治法律	法律及规章的变化,战争和骚乱、罢工、经济制裁或禁运等
	经济	通货膨胀或紧缩,汇率变动,市场动荡,社会各种摊派和征费的变化,资金不到位,资金短缺等
	组织协调	业主和上级主管部门的协调,业主和设计方、施工方以及监理方的协调,业主内部的组织协调等
	合同	合同条款遗漏、表达有误,合同类型选择不当,承发包模式选择不当,索赔管理不力,合同纠纷等
	人员	业主人员、设计人员、监理人员、一般工人、技术员、管理人员的素质(能力、效率、责任心、品德)不高
	材料设备	原材料、半成品、成品或设备供货不足或拖延。数量差错或质量规格问题,特殊材料和新材料的使用问题,过度损耗和浪费,施工设备供应不足、类型不配套、故障、安装失误、选型不当等

在初始风险清单建立后,还需要结合特定建设工程的具体情况进一步识别风险,从而对初始风险清单做一些必要的补充和修正。

⑤经验数据法:也称为统计资料法,即根据已建各类建设工程与风险有关的统计资料来识别拟建建设工程的风险。不同的风险管理主体都应有自己关于建设工程风险的经验数据或统计资料。在工程建设领域,可能有工程风险经验数据或统计资料的风险管理主体包括咨询公司(含设计单位)、承包商以及长期有工程项目的业主。经验数据或统计资料的初始风险清单可以满足工程风险识别的需要。

⑥风险调查法:应从分析具体建设工程的特点入手,一方面通过其他方法已识别的风险进行鉴别和确认,另一方面通过风险调查有可能发现此前尚未识别的重要的工程风险。通常,风险调查可以从组织、技术、自然及环境、经济、合同等方面分析拟建建设工程的特点以及相应的潜在风险。风险调查不是一次性的,而应在建设工程实施过程中不断地进行。

对于风险识别,仅仅只用一种方法是远远不够的,一般都应综合采用两种或多种风险识别方法,才能取得较为满意的结果。而且,不论采用何种风险识别方法组合,都必须包含风险调查法。前五种方法的主要作用在于建立初始风险清单,而风险调查法的作用则在于建立最终的风险清单。

·3.2.2 风险分析和评估·

这一过程将工程风险事件的发生的可能性和损失后果进行定量化,评价其潜在的影响。它包括的内容是:确定风险事件发生的概率和对项目目标影响的严重程度,如经济损失量、工期迟延量等;评价所有风险的潜在影响,得到项目的风险决策变量值,作为项目决策的重要依据。风险分析的评估可以采用定性和定量两类方法。定性风险评价方法有专家打分法、层次分析法等,其作用是区分不同风险的相对严重程度以及根据预先确定的可接受的风险水平做出相应的决策。定量风险评价方法也有许多,如敏感性分析、盈亏平衡分析、决策树、随机网络等。风险分析与评价流程如图3.4所示。

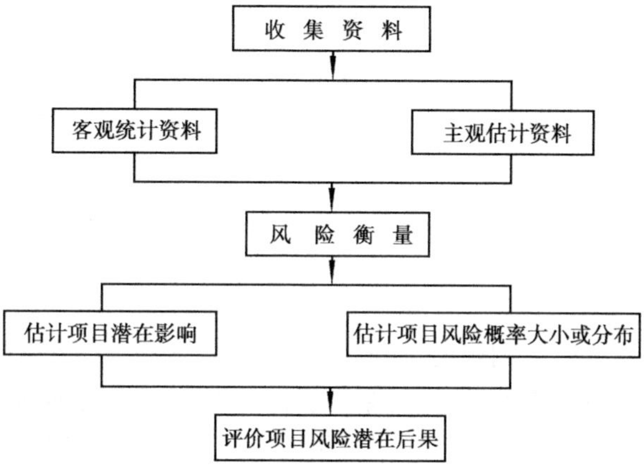

图3.4 风险分析与评价过程

·3.2.3 风险控制对策的规划·

风险对策的规划是确定工程风险事件最佳组合的过程。一般来说来,风险管理中所运用的对策有以下4种:风险回避、损失控制、风险自留和风险转移。这些风险对策的适用对象各不相同,需要根据风险评价的结果,对不同的风险事件选择最适宜的风险对策,从而形成最佳的风险对策组合。

1)风险回避

风险回避就是以一定的方式中断风险源,使其不发生或不再发展,从而避免可能产生的潜在损失。采用这一对策时,有时需要做出一些牺牲,但这些牺牲比风险真正发生时可能造成的损失要小得多。例如,某承包商参与某工程的投标,开标后发现自己的报价远远低于其他承包商的报价,经仔细分析发现,自己的报价存在严重的误算和漏算,因此拒绝与业主签订合同。虽然这样做将没收投标保证金或投标保函,但比承包后严重亏损的损失要小得多。

在采用风险回避对策时需要注意:首先,回避风险可能产生另一种新的风险;其次,回避风险的同时也失去了从风险中获益的可能性;再次,回避风险可能不实际或不可能。

虽然风险回避是必要的、有时甚至是最佳的风险对策,也应该承认这是一种消极的风险对策。

2）损失控制

①损失控制是一种主动的、积极的风险对策。损失控制可分为预防损失和减少损失两方面工作。预防损失措施的主要目的在于降低或消除损失发生的概率。减少损失措施的作用在于降低损失的严重性或遏制损失的进一步发展，使损失最小化。一般来说，损失控制方案都应当是预防损失措施和减少损失措施的有机结合。

②制定损失控制措施必须以定量风险评价的结果为依据，才能保证损失控制措施具有针对性，取得预期的控制效果。风险评价特别注意间接损失和隐蔽损失。

制定损失控制措施必须付出代价，包括费用和时间两方面的代价，而时间方面的代价还会引起费用方面的代价。损失控制措施的最终确定，需要综合考虑损失控制措施的效果及相应的代价。因此，制定损失控制的选择也应当进行多方案的技术经济分析和比较。

③在采用损失控制这一对策时，所制定的损失控制措施应当形成一个周密的、完整的损失控制计划系统。就施工阶段而言，该系统一般应由预防计划、灾难计划和应急计划 3 部分组成。

a. 预防计划：目的在于针对性地预防损失的发生，降低损失发生的概率，在损失控制计划系统中，预防计划的内容最广泛，具体措施最多，包括组织措施、管理措施、合同措施、技术措施。

b. 灾难计划：是一组事先编制好的、目的明确的工作程序和具体措施，为现场人员提供明确的行动指南，使其在各种严重的、恶性的紧急事件发生后，不至于惊惶失措，也不需要临时讨论研究应对措施，可以做到及时、妥善地处理，从而减少人员伤亡以及经济损失。灾难计划是针对严重风险事件制定，其内容应满足以下要求：安全撤离现场人员；援救及处理伤亡人员；控制事故的进一步发展，最大限度地减少资产和环境损害；保证受影响区域的安全尽快恢复正常。灾难计划在严重风险事件发生或即将发生时付诸实施。

c. 应急计划：是在风险损失基本确定后的处理计划，其宗旨是使严重事件而中断的工程实施过程尽快全面恢复，并减少进一步的损失，使其影响程度减少至最小。应急计划不仅要制定所要采取的相应措施，而且要规定不同工作部门相应的职责。应急计划应包括的内容有：调整整个建设工程的施工进度计划，并要求各承包商相应调整各自的施工进度计划；调整材料、设备的采购计划，并及时与材料、设备供应方联系，必要时要签订补充协议；准备保险索赔依据，确定保险索赔的额度，起草保险索赔报告；全面审查可使用的资金情况，必要时需调整筹资计划等等。

3）风险自留

风险自留就是将风险留给自己承担，是从企业内部财务的角度来应对风险。风险自留与其他风险对策的根本区别在于，它不改变建设工程风险的客观性质，既不改变工程风险的发生概率，也不改变工程风险潜在损失的严重性。

风险自留可分为非计划性风险自留和计划性风险自留 2 种类型。非计划性风险自留是非计划性的、被动的，是由于风险管理人员没有意识到建设工程某些风险的存在，或者不曾有意识地采取有效措施，以致风险发生后只好由自己承担。计划性风险自留是主动的、有意识、有计划的，是风险管理人员在经过正确的风险识别和风险评价后作出的风险对策决策，是整个建设工程风险对策计划的一个组成部分。风险自留绝不可能单独运用，而应与其他风险对策结合使用。在实行风险自留时,应保证重大和较大的建设工程风险已经进行了工程保险或实施了损失控制计划。计划性风险自留的计划性主要体现在风险自留水平和损失支付方式两方面。风险自留水平可以从风险量数值大小的角度考虑,一般应选择风险量较小的风险事件作为风险自留的对象。计划性风险自留还应从费用、期望损失、机会成本、服务质量和税收等方面与工程保险比较后才能得出结论。损失支付方式的含义比较明确,即在风险事件发生后,对所造成的损失通过什么方式或渠道来支付。计划性风险自留应预先制定损失支付计划,常用的损失支付方式有以下几种:从现金净收入中支出;建立非基金储备;自我保险;母公司保险。

风险自留的适用条件:

①别无选择。有些风险既不能回避,又不可能预防,且没有转移的可能性,只能自留。这是一种无奈的选择。

②期望损失不严重。风险管理人员对期望损失的估计低于保险公司的估计,而且根据自己多年的经验和有关资料,风险管理人员确信自己的估计正确。

③损失可准确预测。仅考虑风险的客观性。

④企业有短期内承受最大潜在损失的能力。由于风险的不确定性,可能在短期内发生最大的潜在损失,这时,即使设立了自我基金或向母公司保险,已有的专项基金仍不足以弥补损失,需要企业从现金收入支付。

⑤投资机会很好。如果市场投资前景很好,则保险费的机会成本就显得很大,不如采取风险自留,将保险费作为投资,以取得较多的投资回报。即使今后自留风险事件发生,也足以弥补其造成的损失。

⑥内部服务优良。如果保险公司所能提供的多数服务完全可以由风险管理人员在内部完成,且由于他们直接参与工程的建设和管理活动,从而使服务更方便,质量更高,在这种情况下,风险自留是合理的选择。

4)风险转移

风险转移是建设工程风险管理中非常重要而且广泛应用的一项对策,分为非保险转移和保险转移2种形式。建设工程的风险应由有关各方分组分担,而风险分担的原则是:任何一种风险都应由最适宜承担该风险或最有能力进行损失控制的一方承担。符合这一原则的风险转移是合理的,可以取得双赢或多赢的效果。例如,项目决策风险应由业主承担,设计风险应由设计方承担,施工技术风险应由承包商承担等。否则风险转移就可能付出较高的代价。

(1)非保险转移

非保险转移又称为合同转移,这种风险转移一般是通过签订合同的方式将工程风险转移给非保险人的对方当事人。常见的有下面3种情况:

①业主将合同责任和风险转移给对方当事人。在这种情况下,被转移者多数是承包商。例如,采用固定总价合同将涨价风险转移给承包商。

②承包商进行合同转让或工程分包。承包商中标承接某工程后,可能由于资源安排出现困难而将合同转让给其他承包商,以避免由自己无力按合同规定时间建成工程而遭受违约罚款;或将该工程中专业技术要求很强而自己缺乏相应技术的工作内容分包专业分包商,从而更好地保证工程质量。

③第三方担保。合同当事人的一方要求另一方履约行为提供第三方担保。担保方所承担的风险仅限于合同责任,即由于委托方不履行或不适当履约合同以及违约所产生的责任。第

三方担保的主要表现是业主要求承包商提供履约保证和预付款保证(在投标阶段还有投标保证)。

与其他的风险对策相比,非保险转移的优点主要体现在:一是可以转移某些不可保的潜在损失,如物价上涨、法规变化、设计变更等引起的投资增加;二是被转移者往往能较好地进行损失控制,如承包商相对于业主能更好地把握施工技术风险,专业分包商相对于总包商能更好地完成专业性强的工程内容。

但是,非保险转移的媒介是合同,这就可能因为双方当事人对合同条款的理解发生分歧而导致风险转移失败,另外,在某些情况下,可能因被转移者无力承担实际发生的重大损失而导致仍然由转移者来承担。例如,在采用固定总价合同的条件下,如果承包商报价中所考虑涨价风险费很低,而实际的通货膨胀率很高,从而导致承包商亏损破产,最终只得由业主自己来承担涨价造成的损失。非保险转移一般都要付出一定代价,有时转移代价可能超过实际发生的损失,从而对转移者不利。仍以固定合同为例,如果实际涨价所造成的损失小于承包商报价中涨价风险费,这两者的差额就成为承包商的额外利润,业主则因此遭到损失。

(2)保险转移

保险转移通常称为保险,对于建设工程保险来说,则为工程保险。通过购买保险,建设工程业主或承包商作为投保人将本应由自己承担的工程风险(包括第三方责任)转移给保险公司,从而使自己免受风险损失。

在做出工程保险这一决策之后,还需要考虑与保险有关的几个具体问题:一是保险的安排方式,即是由承包商安排保险计划还是业主安排保险计划;二是选择保险类别和保险人,一般是通过多家比选后确定,也可委托保险经纪人或保险咨询公司代为选择;三是可能要进行保险合同谈判,这项工作最好委托保险经纪人或保险咨询公司完成,但免赔额的数额或比例要由投保人自己确定。

保险这一风险对策的缺点首先表现在机会成本增加;其次是工程保险合同较为复杂,保险费没有统一固定的费率,需根据特定建设工程的类型、建设地点的自然条件(包括气候、地质、水文等条件)、保险范围、免赔额的大小等加以综合考虑,因而保险谈判常常耗费较多的时间和精力。在进行工程保险后,投保人可能产生心理麻痹而疏于损失控制计划,以致增加实际损失和未投保损失。

工程保险并不能转移建设工程的所有风险,一方面是因为存在不可保风险,另一方面则因为有些风险不宜保险。因此,对于建设工程风险,应将工程保险与风险回避、损失控制和风险自留结合起来运用。对于不可保风险,必须采取损失控制措施。即使对于可保风险,也应当采取一定损失控制措施,这有利于改变风险性质,达到降低风险量的目的,从而改善工程保险条件,节省保险费。

·3.2.4 实施决策·

风险管理人员在选择风险对策时,要根据建设工程的自身特点,从系统的观点出发,从整体上考虑风险管理的思路和步骤,从而制定一个与建设工程总体目标相一致的风险管理原则。这一原则需要指出风险管理各基本对策之间的联系,为风险管理人员进行风险对策提供参考。实施决策的内容是制定安全计划、损失控制计划、应急计划,确定保险内容、保险额、保险费、免赔额和赔偿额等,并签订保险合同。

·3.2.5 检查·

检查是指在项目实施过程中，不断检查以上4个步骤的实施情况，包括计划执行情况及保险合同执行情况，以实践效果评价决策效果。还要确定在条件变化时风险处理方案，检查是否有被遗漏的风险项目，对新发现的风险应及时提出对策。

3.3 目标控制原理

控制是建设工程监理的重要管理活动。在管理活动中，控制通常是指管理人员按计划标准来衡量所取得的成果，纠正所发生的偏差，使目标和计划得以实现的管理活动。

1)控制过程

控制过程始于计划。项目按计划投入人力、材料、设备、机具等资源，并不断输出实际的工程状况和实际的投资、进度、质量情况的信息。由于外部环境和内部系统的各种因素变化的影响，实际输出的投资、进度、质量可能偏离计划目标。控制人员收集实际状况信息和其他有关信息，进行整理、分类、综合，提出工程状况报告，控制部门根据工程状况报告，将项目实际完成的投资、进度和质量状况与相应的计划目标进行比较，以确定是否发生了偏离。如果计划运行正常，按计划继续进行；反之，如果已经偏离计划目标或者预计将要偏离，就需要采取纠正措施或改变投入、或采取其他纠偏措施，使计划呈现一种新状态，使工程能在新的计划状态下顺利进行。建设工程目标控制的流程如图3.5。

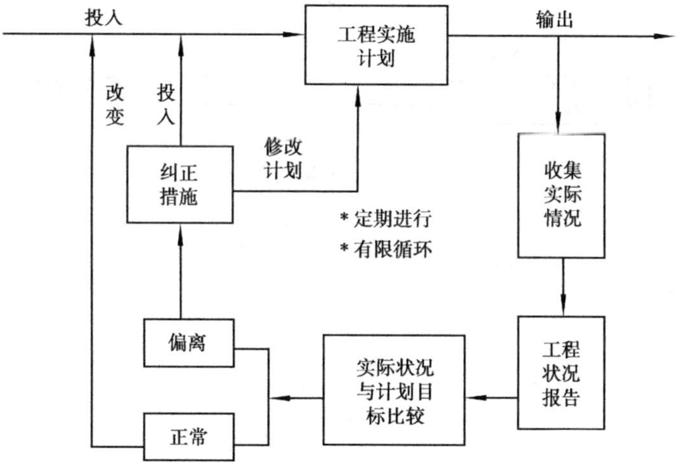

图3.5 控制流程图

2)控制流程的基本环节

控制流程图所示的控制流程可以进一步抽象为投入、转换、反馈、对比、纠正5个基本环节，对于每个控制循环来说，如果缺少某一环节或某一环节出现问题，就会导致循环障碍，就会降低控制的有效性，就不能发挥循环控制的整体作用。因此，必须明确控制流程各个基本环节的有关内容并做好相应的控制工作。控制流程的基本环节如图3.6。

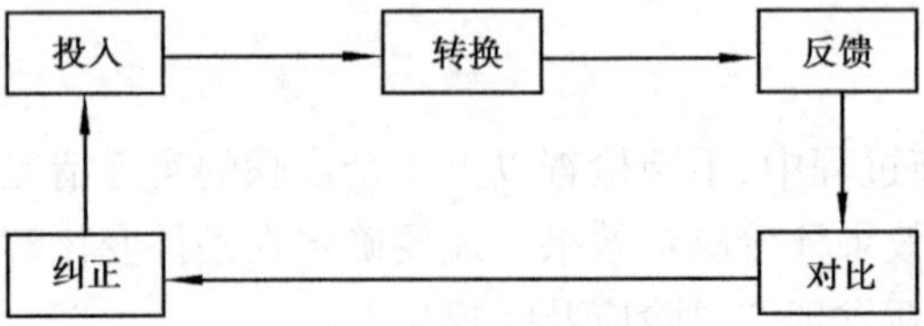

图 3.6　控制流程的基本环节

3)控制类型

根据划分依据的不同,可将控制划分为不同的类型。按照控制措施作用于控制对象的时间,可分为事前控制、事中控制和事后控制;按照控制信息的来源,可分为前馈控制和反馈控制;按照控制过程是否形成闭合回路,可分为开环控制和闭环控制;按照控制措施制定的出发点,可分为主动控制和被动控制。控制类型的划分是人为的根据不同的分析目的而选择的,而控制措施本身是客观的。因此,同一控制措施可以表述为不同的控制类型,或者说,不同划分依据的不同控制类型之间存在内在的同一性。

(1)主动控制

所谓主动控制,是在预先分析各种风险因素及其导致目标偏离的可能性和程度的基础上,拟订和采取有针对性的预防措施,从而减少或避免目标偏离。

主动控制是一种事前控制。它必须在计划实施之前就采取控制措施,以降低目标偏离的可能性或其后果的严重性,起到防患于未然的作用。

主动控制是一种前馈控制。它主要是根据已建同类工程实施情况的综合分析结果,结合拟建工程的具体情况和特点,将教训上升为经验,用以指导拟建工程的实施。

主动控制通常是一种开环控制(如图 3.7 所示)。

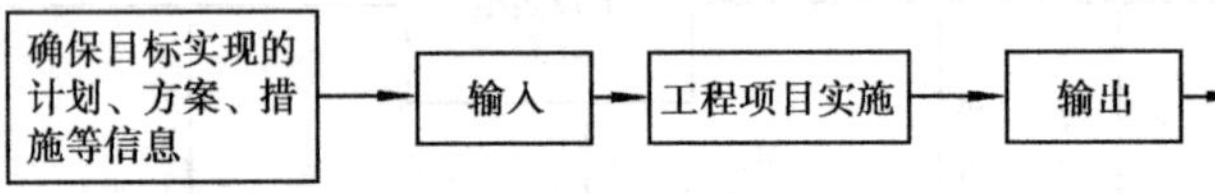

图 3.7　开环控制

综上所述,主动控制是一种面对未来的控制,它可以解决传统控制过程中存在的时滞影响,尽最大可能避免偏差已经成为现实的被动局面,降低偏差发生的概率及其严重程度,从而使目标得到有效控制。

(2)被动控制

所谓被动控制,是从计划的实际输出中发生偏差,通过对产生偏差原因的分析,研究制定纠偏措施,以使偏差得以纠正,工程实施恢复到原来的计划状态,或虽然不能恢复到计划状态但可以减少偏差的严重程度。

被动控制是一种事中控制和事后控制。它是在计划实施过程中对已经出现的偏差采取控制措施,它虽然不能降低目标偏离的可能性,但可以降低目标偏离的严重程度,并将偏差控制在尽可能小的范围内。

被动控制是一种反馈控制。它是根据本工程实施情况(即反馈信息)的综合分析结果进行的控制,其控制效果在很大程度上取决于反馈信息的全面性、及时性和可靠性。

被动控制是一种闭环控制(如图 3.8 所示)。闭环控制即循环控制,也就是说,被动控制表现为一个循环过程:发现偏差,分析产生偏差的原因,研究制定纠偏措施并预计纠偏措施的成效,落实并实施纠偏措施,产生实际成效,收集实际实施情况,对实施的实际效果进行评价,将实际效果与预期效果进行比较,发现偏差……直至整个工程建成。

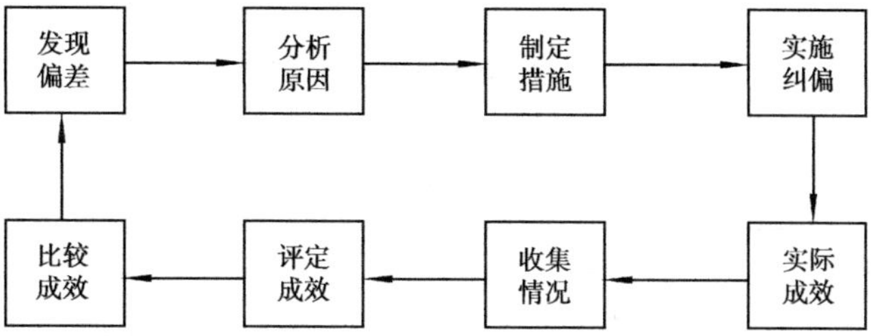

图 3.8 被动控制的闭合回路

综上所述,被动控制是一种面对现实的控制。虽然目标偏离已成为客观事实,但是,通过被动控制措施,可以使工程实施恢复到计划状态,减少偏差的严重程度。被动控制是一种有效的而且经常运用的控制方式。因此,对被动控制应当予以足够的重视,并努力提高其控制效果。

(3)主动控制与被动控制的关系

在建设工程实施过程中,如果仅仅采取被动控制措施,出现偏差是不可避免的,而且偏差可能有累积效应,即虽然采取了纠偏措施,但偏差可能越来越大,从而难以实现预定的目标。主动控制的效果虽然比被动控制好,但是,仅仅采取主动控制措施却是不现实的,或者说是不可能的。因为建设工程实施过程中有相当多的风险因素是不可预见甚至是无法防范的,如政治、社会、自然等因素。因而,采取主动控制措施往往要付出一定的代价,即耗费一定的资金和时间,对于那些发生概率小且发生后损失亦较小的风险因素,采取主动措施有时可能是不经济的。是否采取主动控制措施以及究竟采取什么主动控制措施,应在对风险因素进行定量分析的基础上,通过技术经济分析和比较来决定。因此,对于建设工程目标控制来说,主动控制和被动控制两者缺一不可,都是实现建设目标所必须采取的控制方式,应将主动控制与被动控制紧密结合起来,如图 3.9 所示。

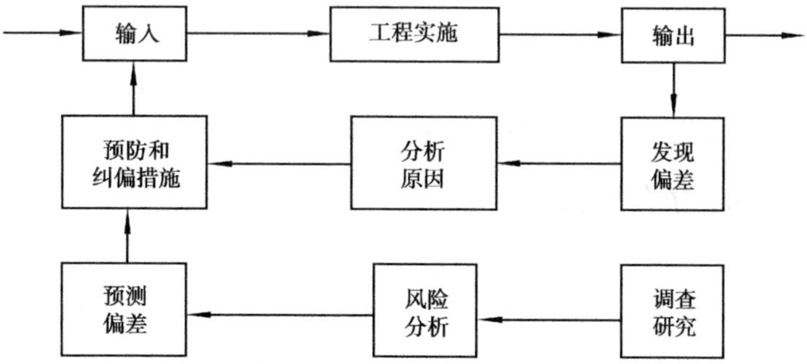

图 3.9 主动控制与被动控制相结合

要做到主动控制与被动控制相结合,关键在于处理好以下两方面问题:一是要扩大信息来源,即不仅要从本工程获得实施情况的信息,而且要从外部环境获得有关信息,包括已建同类工程的有关信息,这样才能对风险因素进行定量分析,使纠偏措施有针对性;二是要把握好输入这个环节,即要输入两类纠偏措施,不仅有纠正已经发生的偏差的措施,而且有预防和纠正可能发生的偏差的措施,这样才能取得较好的控制效果。

控制系统包括组织、程序、手段、措施、目标和信息 6 个分系统,其中信息系统贯穿于工程项目实施的全过程,如图 3.10 所示。

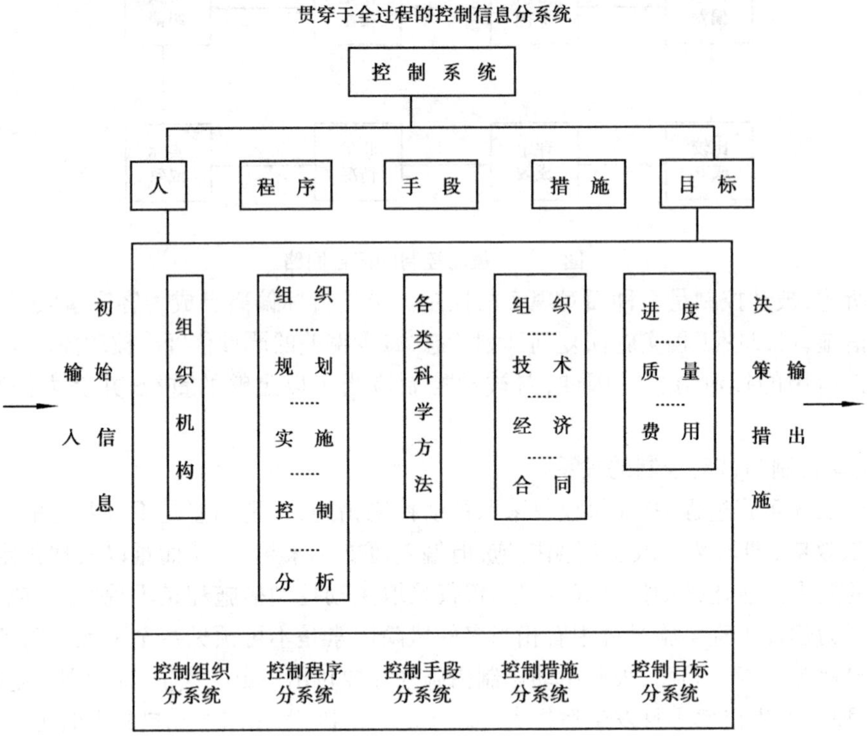

图 3.10 项目控制的系统模式

3.4 道路工程目标系统

投资、进度、质量三大目标构成了道路工程的目标系统。为了有效地进行目标控制,必须正确认识和处理投资、进度、质量三大目标之间的关系,并合理确定和分解这三大目标。

· *3.4.1 三大目标之间的关系* ·

投资、进度(或工期)、质量三大目标两两之间存在既对立又统一的关系如图 3.11 所示。对此,首先要弄清在什么情况下表现为对立的关系,在什么情况下表现为统一的关系。从建设工程业主的角度出发,往往希望该工程投资少、工期短(或进度快)、质量好。如果采取某种措施可以同时实现其中两个要求(如投资既少工期又短),则该两个目标之间就是统一的关系;反之,如果只能实现其中一个要求(如工期短),而另一个要求不能实现(如质量差),则该两个目标(即工期和质量)之间就是对立的关系。

1）三大目标之间的对立关系

一般来说，如果对建设工程的功能和质量要求较高，就需要采用较好的工程设备和建筑材料，就需要投入较多的资金；同时，还需要精工细作，严格管理，不仅增加人力的投入（人工费相应增加），而且需要较长的建设时间。如果要加快进度，缩短工期，则需要加班加点或适当

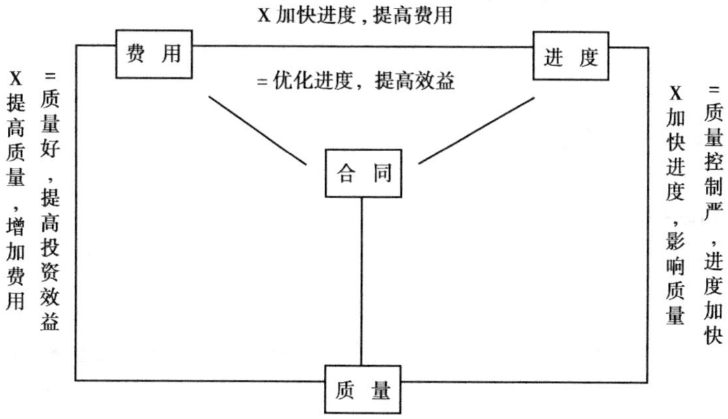

图 3.11　三大目标之间的对立统一关系

（注：X 为相互矛盾；= 为相互统一）

增加施工机械和人力，这将直接导致施工效率下降，单位产品的费用上升，从而使整个工程的总投资增加；另一方面，加快进度往往会打乱原有的计划，使工程实施的各个环节之间产生脱节现象，增加控制和协调的难度，不仅有时可能"欲速不达"，而且会对工程质量带来不利影响或留下工程质量隐患。如果要降低投资，就需要考虑降低功能和质量要求，采用较差或普通的工程设备和建筑材料；同时，只能按费用最低的原则安排进度计划，整个工程需要的建设时间就较长。应当说明的是，在这种情况下的工期其实是合理工期，只是相对于加快进度情况下的工期而言，显得工期较长。

以上分析表明，三大目标之间存在对立的关系。因此，不能奢望投资、进度、质量三大目标同时达到"最优"，即既要投资少，又要工期短，还要质量好。在确定建设工程目标时，不能将投资、进度、质量三大目标割裂开来，分别孤立地分析和论证，更不能片面强调某一目标而忽略其对其他两个目标的不利影响，而必须将投资、进度、质量三大目标作为一个系统统筹考虑，反复协调和平衡，力求实现整个目标系统最优。

2）三大目标之间的统一关系

在确定工程目标时，应当对投资、进度、质量三大目标之间的统一关系进行客观的且尽可能定量的分析。在分析时要注意以下几方面问题：

①掌握客观规律，充分考虑制约因素。例如，加快进度、缩短工期所提前发挥的投资效益都超过加快进度所需要增加的投资，但不能由此而导出工期越短越好的错误结论，因为加快进度、缩短工期会受到技术、环境、场地等因素的制约（当然还要考虑对投资和质量的影响），不可能无限制地缩短工期。

②对未来的、可能的收益不宜过于乐观。通常，当前的投入是现实的，其数额也是较为确定的，而未来的收益却是预期的、不确定的。

③将目标规划和计划结合起来。建设工程所确定的目标要通过计划的实施才能实现。如果建设工程进度计划制定得既可行又优化，使工程进度具有连续性、均衡性，则不但可以缩短工期，而且有可能获得较好的质量且耗费较低的投资。从这个意义上讲，优化的计划是投资、进度、质量三大目标统一的计划。

对三大目标对立统一关系进行分析时，同样需要将投资、进度、质量三大目标作为一个系统统筹考虑，同样需要反复协调和平衡，力求实现整个目标系统最优也就是实现投资、进度、质量三大目标的统一。

·3.4.2 工程目标的确定·

1）目标确定的依据

目标规划是一项动态性工作，在工程建设的不同阶段都要进行，因而工程的目标并不是一经确定就不再改变的。由于建设工程不同阶段所具备的条件不同，目标确定的依据自然也就不同。一般来说，在施工图设计完成之后，目标规划的依据比较充分，目标规划的结果也比较准确和可靠。但是，对于施工图设计完成以前的各个阶段来说，建设工程数据库具有十分重要的作用，应予以足够的重视。

目标规划总是由某个单位编制的，如设计院、监理公司或其他咨询公司。这些单位都应当把自己承担过的建设工程的主要数据存入数据库。建立建设工程数据库，至少要做好以下几个方面工作：

①按照一定的标准对建设工程进行分为类。通常按使用功能分类较为直观，也易于为人接受和记忆。例如，将道路工程分为道路、桥梁、隧道等。为便于计算机辅助管理，当然还需要建立适当的编码体系。

②对各类建设工程所可能采用的结构体系进行统一分类。例如，根据结构理论和我国目前常用的结构形式，可将桥梁建筑分为钢箱梁吊桥、钢箱梁斜拉桥、钢筋混凝土斜拉桥、拱桥、中承式桁架桥、下承式桁架等。

③数据既要有一定的综合性又要能足以反映建设工程的基本情况和特征。例如，除了工程名称、投资总额、总工期、建成年份等共性数据外，桥梁建筑的数据还应有长度、跨度、宽度、高度（净高）等。工程内容最好能分解到分部工程，有些内容可能分解到单位工程已能满足需要。投资总额和总工期也应分解到单位工程或分部工程。

建设工程数据库对建设工程目标确定的作用，在很大程度上取决于数据库中与拟建工程相似的同类工程的数量。因此，建立和完善建设工程数据库需要经历较长的时间，在确定数据库的结构之后，数据的积累、分析就成为主要任务，也可能在应用过程中对已确定的数据库结构和内容还要做适当的调整、修正和补充。

2）建设工程数据库的应用

要确定某一拟建工程的目标，首先必须大致明确该工程的基本技术要求，如工程类型、结构体系、基础形式、建筑高度、主要设备、主要装饰要求等。然后，在建设工程数据库中检索并选择尽可能相近的建设工程（可能有多个），将其作为确定该拟建工程目标的参考对象。由于道路工程具有多样性的单件生产的特点，有时很难找到与拟建工程基本相同或相似的同类工程，因此，在应用建设工程数据库时，往往要对其中的数据进行适当的综合处理，必要时可将不同类型工程的不同分部工程加以组合。例如,若拟建造一座特大桥,根据其基本的技术要求,可能在建设工程数据库中选择甲桥的基础工程、乙桥的上部结构工程等作为确定其目标的依据。要认真分析拟建工程的特点,找出拟建工程与已建类似工程之间的差异,并定量分析这些差异对拟建工程目标的影响,从而确定拟建工程的各项目标。另外,建设工程数据库中的数据都是历史数据,由于拟建工程与已建工程之间存在“时间差”,因而对建设工程数据库中的有些数据不能直接应用,而必须考虑时间因素和外部条件的变化,采取适当的方式加以调整。例如,对于投资目标,可以采用线性回归分析法或加权移动平均法进行预测分析,还可能需要考虑技术规范的发展对投资的影响;对于工期目标,需要考虑施工技术和方法以及施工机械的发展,还需要考虑法规变化对施工时间的限制,如不允许夜间施工等;对于质量目标,要考虑强制性标准的提高,如远景规划、环保等方面的新规定。

建设工程数据库中的数据表面上是静止的,实际上是动态的(不断得到充实);表面上是孤立的,实际上内部有着非常密切的联系。因此,建设工程数据库的应用并不是一项简单的复制工作。要用好、用活建设工程数据库,关键在于客观分析拟建工程的特点和具体条件,并采用适当的方式加以调整,这样才能充分发挥建设工程数据库对合理确定拟建工程目标的作用。

·3.4.3 工程目标的分解·

为了在公路工程实施过程中有效地进行目标控制,仅有总目标还不够,还需要将总目标进行适当的分解。

1)目标分解的原则

公路工程目标分解应遵循以下几个原则:

①合,这要求工程的总目标能够自上而下逐层分解,也能够根据需要自下而上逐层综合。这一原则实际上是要求目标分解要有明确的依据并采用适当的方式,避免目标分解的随意性。

②部位分解,而不按工种分解。这是因为工程的建造过程也是工程实体的形成过程,这样分解比较直观,而且可以将投资、进度、质量三人目标联系起来,也便于对偏差原因进行分析。

③区别对待,有粗有细。根据建设工程目标的具体内容、作用和所具备的数据,目标分解的粗细程度应当有所区别。例如,在建设工程的总投资构成中,有些费用数额大,占总投资的比例大,而有些费用则相反。从投资控制工作的要求来看,重点在于前一类费用。因此,对前一类费用应当尽可能分解得细一些、深一些;而对后一类费用则分解得粗一些、浅一些。另外,有些工程内容的组成非常明确、具体(如建筑工程、设备等),所需要的投资和时间也较为明确,可以分解得很细;而有些工程内容则比较笼统,难以详细分解。因此,对不同工程内容目标分解的层次或深度,不必强求一律,要根据目标控制的实际需要和可能来确定。

④有可靠的数据来源。目标分解本身不是目的而是手段,是为目标控制服务的。目标分解的结果是形成不同层次的分目标,这些分目标就成为各级目标控制组织机构和人员进行目标控制的依据。如果数据来源不可靠,分目标就不可靠,就不能作为目标控制的依据。因此,目标分解所达到的深度应当以能够取得可靠的数据为原则,并非越深越好。

⑤目标分解结构与组织分解结构相对应。目标控制必须有组织加以保障,要落实到具体的机构和人员,因而就存在一定的目标控制。一般而言,目标分解结构较细、层次较多,而组织分解结构较粗、层次较少,目标分解结构在较粗的层次上应当组织分解结构一致。

2)目标分解的方式

公路工程的总目标可以按照不同的方式进行分解。对于公路工程投资、进度、质量三个目标来说,目标分解的方式并不完全相同,其中,进度目标和质量目标的分解方式较为单一,而投资目标的分解方式较多。

按工程内容分解建设工程目标分解最基本的方式,适用于投资、进度、质量三个目标的分解,但是,三个目标分解的深度不一定完全一致。一般来说,将投资、进度、质量三个目标分解到单项工程和单位工程是比较容易办到的,其结果也是比较合理和可靠的。在施工图设计完成之前,目标分解至少都应当达到这个层次。至于是否分解到分部工程和分项工程,一方面取决于工程进度所处的阶段、资料的详细程度、设计所达到的深度等,另一方面还取决于目标控制工作的需要。

复习思考题

1. 什么叫主动控制与被动控制?为什么说监理工程师应当合理使用这两种控制方法才能做好监理工作?

2. 在工程施工中,如何正确对待进度、质量、费用三大目标的辩证关系?

3. 风险都包括哪两个基本要素?简述风险管理的流程。

4. 风险管理中所运用的对策有哪些?各自的特点和适用条件?

4 工程进度监理

4.1 进度控制的概念和作用

工程进度控制是指在工程项目实施过程中，监理工程师运用各种监理手段和方法，依据合同文件所赋予的权力，监督工程项目承包人，采取先进合理的施工方案和组织、管理措施，在确保工程质量、安全和投资费用的前提下，按照合同规定的工程建设期限加上监理工程师批准的工程延期时间，以及预定的计划目标去完成工程项目建设。

在公路工程进度控制过程中，承包人应编制好符合客观实际、贯穿合同条件及技术规范的施工进度计划。并在执行过程中不断通过计划进度与实际进度的比较，定期地经常地检查和调整进度计划。监理工程师的任务是审批承包人提交的进度计划，并对执行情况进行监督，从全局出发，掌握影响施工进度的变化情况，对进度计划的执行进行控制。同时，业主也应根据合同要求及时提供施工场地和图纸，并尽可能地改善施工环境，为工程顺利进行创造条件。只有通过三方的相互配合，才能确保工程进度目标的实现。

进度监理不仅是针对时间计划的管理和控制，同时还必须考虑劳动力、材料、机械设备等所必需的资源能否最有效、合理、经济地配置和使用，使工程在预定的工期完成，并争取早日使工程投入使用而获得最佳投资效益。因此在考虑了工程管理三大因素（工期、质量、经济性）的同时，通过贯彻施工全过程的计划、组织、协调、检查与调整等手段，努力实现施工过程中的各个阶段目标，最终确保总目标的实现。

4.2 进度控制的基本方法

按进度控制所采用的技术分类，工程进度控制方法可分为横道图控制法、进度曲线控制法和网络技术控制法等。

工程进度图简单易懂，有助于领导部门抓住关键，统筹全局，合理安排人力、物力，正确指导施工生产活动，有利于工人明确目标，更好地发挥主动精神和施工企业内部相互配合，协调作战。

1）横道图法

（1）横道图的概念

横道图又称为甘特图（Ganttchart），它是美国工程师亨利·甘特在第一次世界大战期间创造的一种生产进度表达方法，如图 4.1 所示。

横道图是以时间为横坐标，以各分项工程或施工工序为纵坐标，按一定的先后施工顺序和工艺流程，用带时间比例的水平横道线表示对应项目或工序持续时间的施工进度计划图表。

(2)横道图的组成

横道图的常用格式，一般由两大部分组成：

①左面部分为主要表格，其内容应包括编号、工程名称(施工工序)、施工方法、工程量、劳动量或工作量的单位及数量等。

②右面部分为指示图表，它是由左面的数据经计算得到的。在指示图表中用水平横道线条形象地表示出分项工程或施工工序的施工进度，其线条长度代表施工持续时间长短，线条的位置表示施工过程，线条上方的数字表示该项目所需的劳动力数量，线的不同符号用于施工作业班组或施工段，表示出各施工阶段的工期和总工期，并综合反映了各分项工程相互间的关系。

编号	工程名称	施工方法	工程量		月份(20××年)										起止时间	
			单位	数量	1	2	3	4	5	6	7	8	9	10	开工	结束
1	临时通讯线路	人工为主	km	80	6										1月初	7月底
2	沥青混凝土基地	人工安装	处	1	35										1月上旬	5月上旬
3	清除路基	机械	m^3	700 000			4								3月初	7月底
4	路用房屋	人工	m^2	1 300	60				40						1月初	6月底
5	大桥	半机械化	座	1						94					4月中旬	9月中旬
6	中桥	半机械化	座	5				53			38				3月15日	8月底
7	集中性土方	机械	m^3	430 000						20					4月上旬	9月底
8	小型构造物	半机械化	座	23					30						5月初	9月底
9	沿线土方	机械为主	m^3	89 000					36						5月初	10月底
10	基层	半机械化	m^2	560 000						48					5月上旬	10月上旬
11	面层	半机械化	m^2	560 000						18					5月上旬	10月上旬
12	整修工程	人工为主	km	80						10					5月上旬	10月上旬

图 4.1　施工进度横道图

上述横道图(图 4.1)就是结合某 80 km 长的路段，绘制的该项目施工进度横道图。从中可以看出，横道图可以方便地表达出施工计划的总工期和各分项工程或施工工序的持续时间；每项工作何时开始、何日完成一目了然；便于计算完成施工计划所需的劳动力、材料、机械设备及资金等各种资源用量。

(3)横道图的特点

横道图编制施工进度计划的优点为：简单、形象、明了、直观易懂，且便于检查和计算资源用量。它的不足表现在：

①分项工程(或工序)相互衔接情况及施工专业队伍之间相互配合、依赖、制约等关系不

明确;

②无法反映工作的机动使用时间,反映不出关键工作及哪些工作决定总工期;

③不能实现定量分析,因而无法采用计算机计算;

④计划执行过程中实施计划偏离原计划时,只能进行局部简单的调整;

⑤无法进行施工组织及施工技术方案的比较与优化。

因此,横道图只适宜于编制集中性工程进度计划、材料供应计划或者作为辅助性的图示附在说明书内用来向施工单位下达任务。

2)S 曲线法

(1)S 曲线概述

S 曲线即工程进度曲线,又称为现金流动曲线。S 曲线以工期为横轴,以累计完成的工程费用的百分比或累计完成的工程量的百分比为纵轴的图表化曲线,如图 4.2 所示。

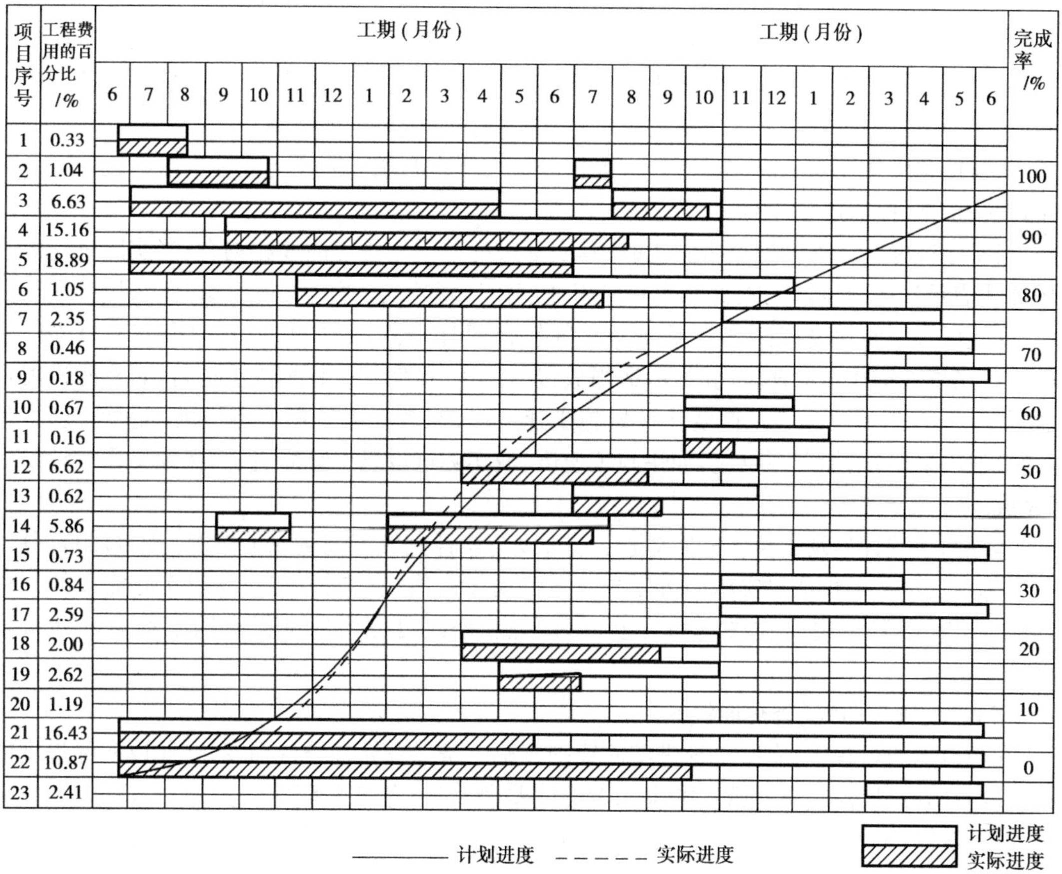

图 4.2 S 曲线

(2)S 曲线的形状特点

假设工程进度曲线用函数 $C=f(T)$ 表示,则 $V=\mathrm{d}C/\mathrm{d}T$ 表示工程在点 T 处的施工速度,也就是该点处曲线的切线方向即为曲线的斜率。

一般情况下,项目施工初期先进行临时工程建设或做各项施工准备工作;之后,随着劳动力和施工机械的投入逐渐增多,每天完成的工作量也逐渐增加,所以施工速度逐渐加快,即工程进度曲线的斜率逐渐增大，此阶段的曲线呈凹形；在项目施工稳定期间，施工机械和劳动力投入量基本保持不变，若不出现意外作业时间损失，且施工效率正常，则每天完成的工作量大致相等，这时施工速度近似为常数，工程进度曲线的斜率几乎不变，故该阶段的曲线接近于直线；项目施工后期，主体工程项目完成，剩余工作只是整理加工及清理现场等，劳动力和施工机械逐渐退场，每天完成的工作量逐步减少，此时施工速度也逐步减缓，即工程进度曲线的斜率逐步减小，此阶段的曲线表现为凸形。

由此可见，一般工程进度曲线总体上呈S形，所以该曲线又称为S曲线。

(3)S曲线在公路工程施工监理中的应用

由于S曲线既是工程进度曲线也是现金流动曲线，所以它在公路工程施工进度及费用监理中均可应用，其作用如下：

①审批施工进度计划时，可用S曲线判断承包人编制的施工进度计划是否合理。

合理的施工进度计划，其工程进度曲线的形状大致呈S形，劳动力、材料和施工机具设备供应及工程费用分配符合一般规律。反之，如果工程初期曲线不是凹形；或者施工稳定期间线型不是完全近似直线；或者工程后期曲线不呈凸形等，均说明施工中资源调配违背了一般规律。上述任何一种不合理情况都应要求承包人重新修订施工进度计划。

②监控实施阶段施工进度计划。进度控制可方便地利用S曲线与实际进度的比较结果来判断其是正常、提前还是滞后。

当实际进度按计划进度正常施工时，其实际进度与计划进度曲线相吻合；当实际进度曲线(用虚线表示)在S曲线上方，此时实际施工速度比计划超前，照此下去工期就会提前，监理工程师据此可做出两种决策：一是工程成本消耗较合理时，按实际进度施工保持不变，可提前完成任务；二是工程成本消耗较高时，应适当放慢施工速度，使其按计划进度进行；若实际进度在S曲线的下方，这时实际施工速度比计划施工速度慢，照此下去工期就会拖延，此时监理工程师的一般决策是：增加资源供应，加快施工速度，使实际进度赶上计划进度，保证工程按计划工期完成。

③控制工程计量及支付。S曲线是工程进度与累计完成工程量或工作量(费用)的百分比图表化曲线，也是工程项目实施中进度与现金流动关系曲线。项目实施期间实际完成的工程量或工作量(工程费用)，在进度曲线上一目了然，据此可方便地进行中期工程量的计量与支付。

(4)进度管理曲线(香蕉曲线)

在项目实施过程中，实际工程进度曲线随着施工条件及管理条件而变化，所以实际进度曲线往往与计划进度曲线不一致。如果二者的偏差太大时，将使工程陷入难以恢复的状态，只有使实际进度曲线始终处在一个安全的区域内，才能确保工程项目按时交工，为此，出现了进度管理曲线。

进度管理曲线是对工程进度曲线规定的允许波动界线，它给出了施工进度允许偏差范围。虽然有些情况在超出界限范围后，组织突击赶工也可以按期交工，但这样将会影响工程质量和经济效益，因而是不可取的。而进度管理曲线指出的安全区，是在保证工期、质量和经济性的条件下，施工进度曲线所允许的变动范围。

美国加利福尼亚州公路分局对典型的45项工程绘制了进度曲线，根据对工程所经过的时间和完成工作量之间关系的调查研究，编制了公路工程进度管理曲线，如图4.3所示。进度管理曲线提供了每当时间经过10%时完成工作量的允许变化范围,这个允许界限使得图形呈香蕉形状,所以又被称为香蕉曲线。

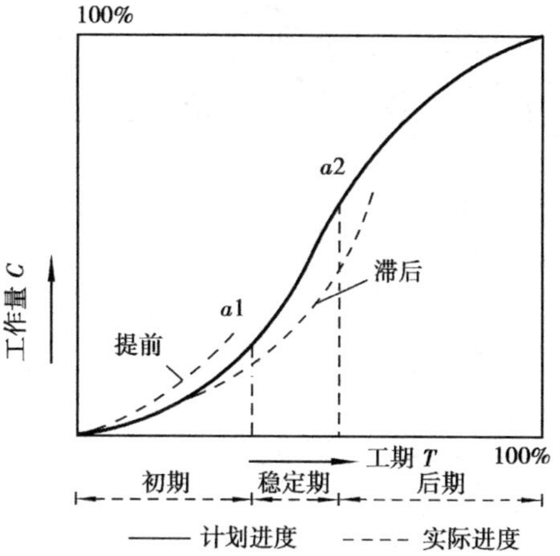

图4.3　工程进度曲线形状

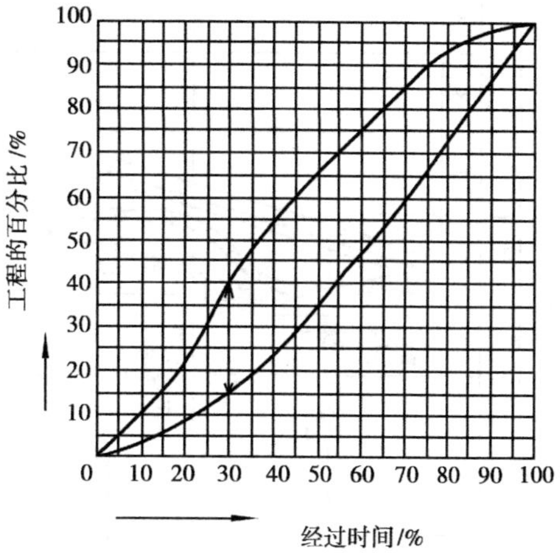

图4.4　公路工程进度管理曲线

从图4.4可以看出,在时间走过30%时,工程进度的容许安全区域为16%～35%。如果实际进度曲线此时低于16%,则表明工程进度处于危机状态,需要采用补救措施。进度管理曲线一般只作为进度曲线的一种控制方法来使用,所以并不一定要求它有严密的准确性。

使用工程进度曲线和进度管理曲线,能够把工程进度的偏差控制在适当的范围之内,可作为判断工程全局进度情况的工具。但由于它们是建立在横道图的基础之上,因而仍不能弥补横道图所存在的缺点。

3)斜条图法

(1)概述

斜条图法又称为垂直图法或垂直坐标表示法。斜条图以纵坐标表示施工期限,横坐标表示里程或工程位置,而各分项工程或施工工序的施工进度则相应地以不同形式的斜条线表示。工程量在图表上方表示,施工组织平面示意图在图表下方表示,资源平衡可在图表右侧以曲线表示。

图4.5为某80 km路段综合施工的工程进度斜条图。

(2)斜条图的特点

由图4.5可以看出,斜条图与横道图相似,它是横道图的另一种表示方法。在斜条图中各分项工程或施工工序的相互关系、施工紧凑程度及施工速度都十分清楚,工程的分布情况和施工日期清晰可见,从图中还可以直接找出任一时间各施工队伍所在的施工位置和应完成的工程数量。它与横道图相比,减少了横道图的以上不足,但它作为一种进度监理工具,仍然存在以下缺点:不能反映各项目或工作(工序)之间错综复杂的关系;不能确定工作的机动时间及其关键工作;不能使用电子计算机进行定量分析;计划的编制及修改的工作量较大;不能进行计划方案的比较及优选等。因此,斜条图法仅是编制道路、隧道等线形工程施工进度计划的一种较好形式。

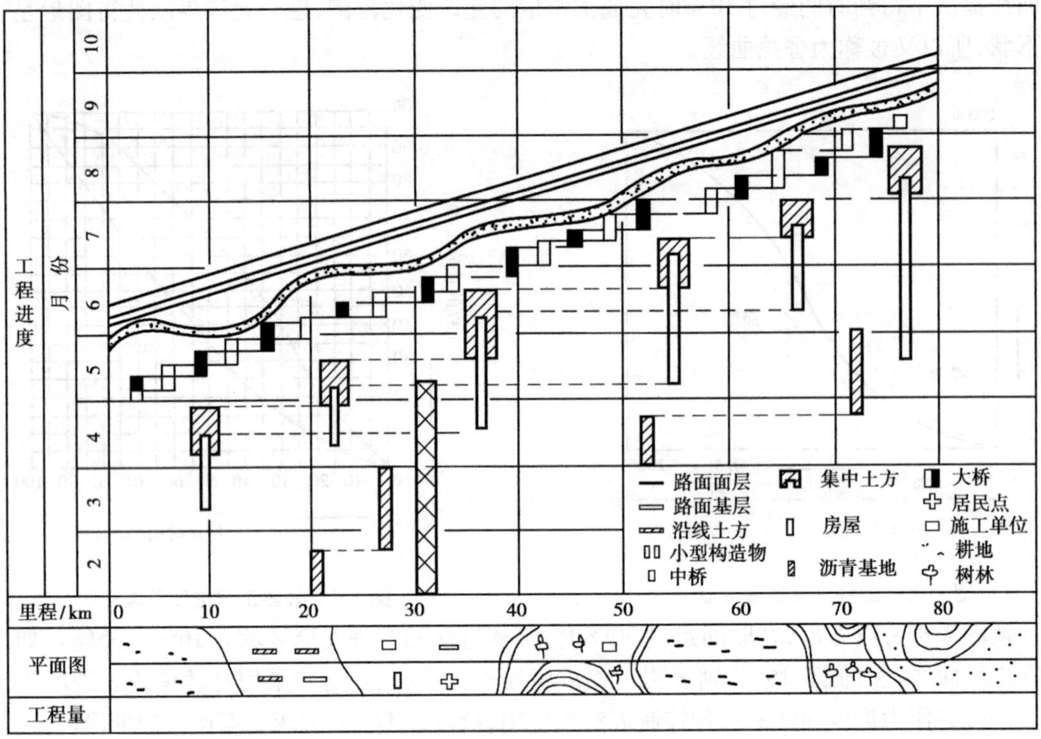

图 4.5 斜条式综合工程进度图

4)网络计划图法

(1)概述

前面我们介绍了横道图法的相关内容,虽然其明了、简单、方便,但因不能体现出各工作间的相互制约、相互依赖关系,不能反映出哪些工作是关键工作,哪些工作有时差,因而使用受到一定局限。而网络计划技术克服了以上不足,是一种较为理想的进度控制方法。现以实例来说明横道图改画成网络计划图的具体图示。

例:图 4.6 为一个横道图,我们把 a 工序在 A 施工段上的施工过程(工作过程)叫做 Aa 工作,在 B 施工段上的施工过程叫做 Ba 工作,在 C 施工段上的施工过程叫做 Ca 工作,在 D 施工段上的施工过程叫做 Da 工作;我们把 b 工序在 A 施工段上的施工过程叫做 Ab 工作,在 B 施工段上的施工过程叫做 Bb 工作,在 C 施工段上的施工过程叫做 Cb 工作,在 D 施工段上的施工过程叫做 Db 工作;同理,c 工序在各施工段上的施工过程分别叫做:Ac、Bc、Cc、Dc 工作,其工作之间的逻辑关系见图 4.6。由图 4.6 改画而成的网络计划图,如图 4.7 所示。

(2)网络计划的应用及其特点

要说明网络计划技术,首先要了解网络图。网络图是由箭线和节点组成的,用来表示工作流程的有向、有序的网状图形。常见的网络图分为单代号网络图和双代号网络图两种。在网络图上加注工作的时间参数而编成的进度计划,称为网络计划。用网络计划对任务的工作进度进行安排和控制,以保证实现预定目标的、科学的计划管理技术,即称为网络计划技术。

网络计划技术具有以下特点:

①能够充分反映各项工作之间的相互制约、相互依赖的关系。

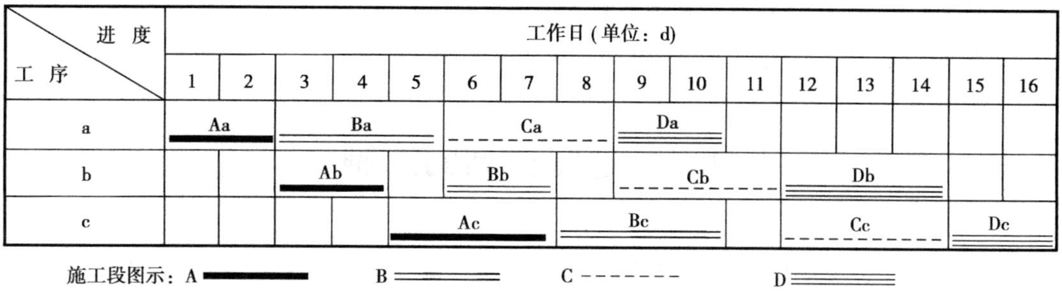

图4.6 紧凑法流水作业进度图

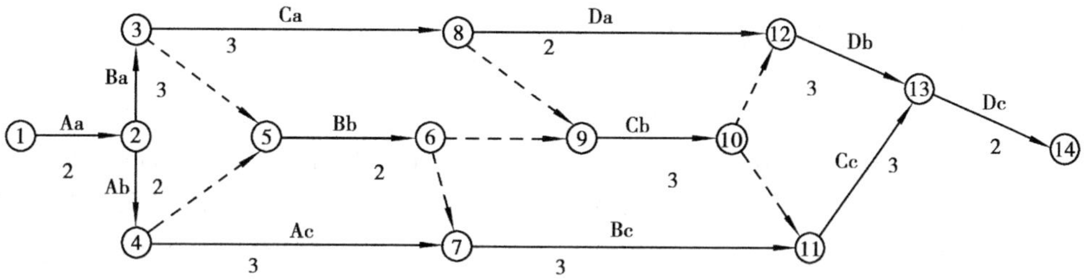

图4.7 网络计划图

②可以区分关键工作和非关键工作，并能找出关键线路，且能反映出各项工作的机动时间，因而可以更好地调配和使用工、料、机等各种资源。

③它是一个定义明确的数学模型，计算方便，且便于用计算机计算。

④能够进行计划的优选比较，从而选择最佳方案。

⑤它不仅可用于控制项目施工进度，还可用于控制工程费用，例如进行一定费用下工期最短及一定工期内费用最低等的网络计划优化。

⑥计划复杂，特别是大型且复杂的工程进度网络计划更是如此。

(3)网络图的分类

①按表示方法不同，可分为双代号网络图和单代号网络图。前者每项工作均由一根箭线和两个节点表示，其中箭线代表工作，节点表示工作间的逻辑关系；后者每项工作由一个节点组成，以节点代表工作，箭线表示工作间的逻辑关系。

②按有无时间坐标分类，可分为时标网络计划与非时标网络计划。时标网络计划：即以时间坐标尺度绘制的网络计划。非时标网络计划：即不按时间坐标绘制的网络计划。

③按计划目标分类，可分为单目标网络图和多目标网络图。网络图中只有一个计划目标的称为单目标网络图；有两个以上计划目标的称为多目标网络图。

④按工程项目的组成及其应用范围分类，可分为分项工程网络图、分部工程网络图、单位工程网络图、单项工程网络图及工程项目总体网络图等。

(4)网络计划在工程进度监理中的作用

采用网络计划方法可加强工程项目的施工管理，使其取得“好、快、省”的全面效果。它在工程进度监理中可给监理工程师提供以下信息：

①合理赶工及其工期与成本的关系信息。

②各项工作有无机动时间及机动时间极限数据信息。

③劳动力、材料、施工机具设备等资源利用信息。

④通过反映的提前或拖延预测对总工期的影响等信息。

4.3 进度计划的编制

公路工程项目进度计划是对工程实施过程进行监理的前提,没有进度计划,也就谈不上对工程项目的进度监理。因此,在工程开始施工之前,承包人应向监理工程师提供一份科学、合理的工程项目进度计划。

·4.3.1 进度计划的编制要求·

一份完整的进度计划,从承包商角度讲是履约合同的保证、指导工程的依据,对监理工程师而言是控制进度、管理工期的凭证。所以,双方一开始就要对编制计划保持不断的信息交流。监理工程师要对计划编制提出要求,制订必要的措施,明确方法、确定内容,编制既符合合同要求,又能指导施工的进度计划。承包商在接到中标通知书后,应认真阅读技术规范、设计图纸,并对现场的地形地物、征地拆迁等情况认真地进行调查研究,做好相关的施工组织设计,编制施工进度计划。

·4.3.2 进度计划编制的原则·

规范要求承包人在编制工程进度计划时,必须贯彻合同条件及技术规范;计划内容真实、可靠并符合实际,清楚明了并便于管理,表达施工中的全部活动及其他的相关联系,反映施工组织及施工方法;有利于承包人充分使用人力和设备,预料可能的施工障碍及变化。具体可分解为:

(1)可行性和合理性原则

各种进度计划都必须结合工程自身的特点、自然和技术经济条件、工作人员素质制订,既要可行又要合理。

(2)确保总目标的原则

各项进度计划在编制时,要充分考虑到如何促进项目总目标的实现,要服从于总目标的要求和规定。

(3)中长期计划和短期计划相结合的原则

中长期计划是实现计划目标的战略性计划,其重点是从整体利益出发,对计划的未来机会、风险、外部影响因素等进行研究和制订对策;短期计划是实施性计划,重点是解决近期各项工作的进度安排。因此,两者各有侧重,应相互结合和补充。短期计划应服从于中长期计划。

(4)计划展延原则

由于计划具有层次性特点,因此在计划编制时应使各层次间相互衔接,具有连贯性,上一层次的计划对下一层次的计划应起到较好地指导作用,而下一层次计划则是对上一层次计划的实现起可靠的保证作用。

(5)经济性原则

计划最终应以是否经济来衡量,这是各方共同的愿望。

(6)便于操作的原则

编制计划是为了控制和管理，因此，进度计划编制时应能充分反映计划中各项工作的相互关系、工期关系，清楚明了，便于实施和检查。

·4.3.3　进度计划编制的依据·

①施工合同中规定的总工期、开工日期和竣工日期，各单项(单位)工程的控制工期及阶段工期要求。

②合同中确认的工程进度计划及施工方案。

③主要材料和设备的采购合同及供应计划。

④工程现场的特殊环境及气候条件。

⑤施工人员和组织管理人员的素质及设备能力。

⑥已建成的同类工程的实施进度及经济指标等。

·4.3.4　进度计划编制前的准备工作·

①将项目工作内容逐级分解，直至相对独立的工作单项。

②对每一单项进行成本、时间估算。

③确定各单项工作的先后顺序即相互间的逻辑关系。

④汇总各单项工作的时间估算和逻辑关系、综合评价，形成文件，作为制订工程项目进度计划的基础。

·4.3.5　进度计划的主要内容·

1)总体进度计划

工程项目的施工总体进度计划是用来指导工程全局的，是工程从开工一直到竣工为止，对各个主要环节总的进度安排，起着控制构成工程总体的各个单位工程或各个施工阶段工期的作用。因此，工程的总体进度计划可供监理工程师用以控制和协调工程进度。根据FIDIC条款第十四条规定，承包人在接到中标通知书之日起，应在合同条件第二部分规定的时间内，向监理工程师提交一份格式和细节都符合监理工程师要求的工程总体进度计划，供监理工程师审查。

在承包人提交的工程总体进度计划中，应反映以下主要内容：

①工程项目的合同工期。

②完成各单位工程及各施工阶段所需要的时间，最早开始时间和最迟结束的时间。

③各单位工程及施工阶段需要完成的工程量及现金估算。

④各单位工程及各施工阶段所需配备的人力和机械数。

⑤各单位工程或分部工程的施工方案和施工方法等。

2)年、月(季)进度计划

对于一个公路工程项目来说，仅有工程项目的总体进度计划，是不能满足进度监理要求的，尤其当工程项目较大时，还需要编制年度和月(季)进度计划。年度进度计划要受工程总体进度计划的控制，而月(季)进度计划又受年度进度计划的控制。月(季)进度计划是年度进度计划实现的保证,同理,年度进度计划又是总体进度计划实现的保证。

(1)年度进度计划

①年度进度计划的主要作用:

a. 统一安排全年内各正在施工或将要开工工程的年度施工任务;

b. 确定各项年度生产指标,即在年度内要完成哪些单位工程、分部分项工程或部分完成哪些工程项目;

c. 根据年度季节、气候的不同,合理确定施工进度。如:基础工程尽量安排在雨季前完成,路基路面应在气温最高时施工,若有跨年度工程应考虑冻前一定时间内完成。

②年度进度计划的内容:

a. 本年计划完成的单位工程及施工阶段的工程项目内容、工程数量及投资指标;

b. 施工队伍和主要施工设备的数量及调配顺序;

c. 不同季节及气温条件下各项工程的时间安排;

d. 在总体进度计划下对各分项工程进行局部调整或修改的详细说明等。

在年度计划的安排过程中,应重点突出组织顺序上的联系,如大型机械的转移顺序、主要施工队伍的转移顺序等。具体安排时,应首先安排重点、大型、复杂、周期长、占用劳动力和施工机械多的工程,优先安排主要工种或经常处于短线状态的工种的施工任务,并使其连续作业。

安排年度进度计划时,应注意处理好下列关系:一般工程受重点工程的制约,配套项目受主体项目的制约;下级计划受上级计划的制约,计划内短期安排受整体计划工期的制约。同时,在调整计划时应尽量不改变年度计划的指标,以便于考核计划的执行情况。

(2)月(季)进度计划

①月(季)度进度计划的作用:

a. 确定月(季)施工任务,例如,本月(季)施工的工程项目包括哪些内容,预计要完成到什么部位,工作量和工程量是多少,由谁来完成,相互间如何配合等;

b. 指导施工作业。例如:施工顺序、相关的施工专业队如何实现流水作业等;

c. 进行月(季)施工各项指标的平衡、汇总,以便综合衡量完成的工程数量和工程投资,作为考核月(季)施工进度情况的依据。

②月(季)工程进度计划的内容:

a. 本月(季)计划完成的分项工程内容及顺序安排;

b. 完成本月(季)及各分项工程的工程数量及投资额;

c. 完成各分项工程的施工队伍及人力和主要设备的配额;

d. 在年度计划下对各单位工程或分项工程进行局部调整和修改的详细说明等。

4.4 进度计划的审批

进度计划是施工项目实施阶段进行进度控制的行为标准,是监理工程师实施进度监理的基础条件,所以进度计划应经监理工程师严格审查批准后,方可用以指导施工。为确保进度计划制订合理且符合实际,监理工程师应重点核实承包人实施计划的能力和施工时间安排的合理性，并在合同规定或满足施工需要的合理时间内审查完毕。

·4.4.1 提交进度计划·

1）总体性进度计划

在中标通知书发出后合同规定的时间内，监理工程师应要求承包人书面提交以下文件：

①一份格式符合要求内容详尽的工程总体进度计划及必要的各项关键工程的进度计划。

②一份有关全部支付的现金流动估算。

③一份有关施工方案和施工方法的总说明（即通过施工组织设计提出）。

2）阶段性进度计划

在开工以前或开工以后合理的时间内，监理工程师应要求承包人提交以下文件（即阶段性进度文件）：

①年度进度计划及现金流动估算。

②月（季）度计划及现金流动估算。

③分项（或分部）工程的进度计划。

·4.4.2 审批进度计划·

监理工程师在接到承包人提交的工程进度计划之后，应对进度计划进行认真的审核，其目的是为了检查承包人所制定的工程进度计划是否合理，有无可能实现，是否适合工程的实际条件和现场情况，避免以空洞的、不切合实际的工程进度计划来指导施工。

1）进度计划的审查步骤

监理工程师应组织有关人员对承包人提交的各项进度计划进行审查。审查工作应按以下程序进行：

①阅读文件、列出问题、进行调查了解。

②提出问题，与承包人进行讨论或澄清。

③对有问题的部分进行分析，向承包人提出修改意见。

④审查批准承包人修改后的进度计划。

2）监理工程师审查计划的内容

监理工程师在审查承包人的工程进度计划时应注意下列事项：

（1）工期和时间安排的合理性

①施工总工期的安排应符合合同工期。

②各施工阶段或单位工程（包括分部、分项工程）的施工顺序和时间安排与材料和设备的进场计划相协调。

③易受冰冻、低温、炎热、雨季等气候影响的工程应安排在适宜的时间，并应采取有效的预防和保护措施。

④对动员、清场、假日及天气影响的时间，应有充分的考虑并留有余地。

（2）施工准备的可靠性

①所需主要材料和设备的运送日期是否已有保证。

②主要骨干人员及施工队伍的进场日期是否已经落实。

③施工测量、材料检查及标准试验的工作是否已经安排。

④驻地建设、进场道路及供电、供水等是否已经解决或已有可靠的解决方案。

(3)计划目标与施工能力的适应性

①各阶段或单位工程计划完成的工程量及投资额应与承包人的设备和人力实际情况相适应。

②施工方案和施工方法应与承包人的施工经验和技术水平相适应。

③关键线路上的施工力量安排应与非关键线路上的施工力量安排相适应。

3)监理工程师审批计划的权限

根据 FIDIC 通用条款第 14 条规定,无论何时如果监理工程师认为工程的实际进度不符合上述已同意的工程进度计划,则承包人应根据监理工程师的要求拟定一份修订后的总进度计划,表明其对总进度计划所做的必要的修改,以保证在竣工期内完成本工程。因此,如果当监理工程师通过充分的分析和调查了解,认为承包人所提交的工程进度计划与他自己实际的技术、装备能力不相适应,尤其是计划中的关键线路上的工作安排不合理,则可以要求承包人修订工程进度计划,并重新拟定一份工程进度计划,以取得监理工程师的批准。

监理工程师在批准了承包人所提交的工程进度计划之后,应在第一次工地会议上提供有关监督控制工程进度方面的一整套报表和有关规定。同时,为了保证工程进度的正常进行,监理工程师应根据有关影响工程进度方面的记录资料,分析工程进度方面存在的问题,随时掌握承包人的工程进展情况。如果监理工程师根据分析的结果,认为工程或工程的任何部分进度过慢,与进度计划不相符时,应立即通知承包人并要求承包人采取必要措施加快进度,以确保工程按计划完成。

合同通用条款第 46 条规定:

①承包人无任何理由取得延长工期的情况下,如果监理工程师认为工程进度过慢,工程不能按进度计划预定的竣工期限完工,监理工程师应将此情况通知承包人,承包人应采取措施加快工程进度,使工程在预定工期内完成。

②承包人采用的加快工程进度的措施,必须经监理工程师同意。

③在这种情况下,承包人采用一定措施加快工程进度时,无权要求支付任何附加费用。

④如果承包人为了加快进度,认为有必要在夜间或当地公认的休息日施工,承包人必须取得监理工程师的准许。

⑤承包人无论采用何种加快进度的措施,涉及业主的附加监督费用应由承包人负担。

根据上述有关进度的条款规定,监理工程师可以要求承包人按照合同条件所规定的内容,在进度滞后时采取相应的措施,以加快工程进度。倘若承包人未能按照合同条件的规定执行监理工程师的指示,监理工程师有权公正地采取相应措施,以促使承包人按进度计划实施。

如果承包人无正当理由拖延工期或工程已经严重延误,而承包人又不为此采取必要的加快工程进度的措施时,监理工程师应慎重对待这一事实,并向业主报告,以便由业主来决定是否继续执行合同。

通常工程项目进度计划的审核工作由监理工程师负责进行,但对于工程较大且复杂时,工程进度计划审核工作的工作量将很大。一般的做法是监理工程师审核工程项目总体进度计划;单项工程进度计划(或关键工程进度计划)的审核由单项工程驻地监理工程师进行,并向监理工程师负责。

在工程开工后,驻地监理工程师应建立单项工程的月、旬进度报表及进度控制图表,以便对分项施工的工程月、旬进度进行控制。其图表宜采用能直观反映工程实际进度的形式，如形象进度图等，以便随时掌握各专业分项施工的实际进度与计划进度间的差距。而一旦差距出现时，驻地监理工程师应及时向承包人发出工程进度缓慢信号，要求承包人采取措施加快进度，同时应向监理工程师汇报并提供资料，供监理工程师对工程实际进展情况进行综合评价。如果承包人实际施工进度确实影响到整个工程的完工日期，则应要求承包人尽快调整工程进度计划。

4.5 进度计划的检查

进度计划的检查是计划执行信息的主要来源，是施工进度分析和调整的依据，是进度控制的主要环节。

进度计划检查是将实际进度与计划进度相对比，从而发现偏差，以便调整或修改计划。具体应做好以下工作：

1）每日（周、旬）进度检查记录

专业监理工程师应要求承包人按单位工程、分项工程或工点对实际进度进行记录，并予以检查，以作为掌握工程进度和进行对策的依据。每日进度检查应包括以下内容：当日实际完成及累计完成的工程量；当日实际参加施工的人力、机械数量及生产效率；当日施工停滞的人力、机械数量及其原因；当日承包人的主管及技术人员到达现场的情况；当日发生的影响工程进度的特殊事件或原因；当日的天气情况等。

2）每月工程进度报告

驻地监理工程师应要求承包人根据现场提供的每日施工进度记录，及时进行统计和标记，并通过分析和整理，每月向总监理工程师及其代表和业主提交一份每月工程进度报告。应包括以下主要内容：概况和总说明，应以记事方式对计划进度执行情况提出分析；工程进度，应以工程数量清单所列细目为单位，编制出工程进度累计曲线和完成投资额的进度累计曲线；工程图片，应显示关键线路上（或主要工程项目上）一些施工活动及进展情况；财务状况，应主要反映承包人的现金流动、工程变更、价格调整、索赔工程支付及其他财务支出情况；其他特殊事项，应主要记述影响工程进度或造成延误的因素及解决措施。

3）工程进度控制分析

（1）分析步骤

为获得切实的计划完成情况，分析人员必须确定所有信息的可靠来源，取得有关数据，再进行影响因素分析，找出其中起关键性作用的因素，并采取对策，进行调整。

分析步骤一般分为三个阶段：第一阶段找出发生偏差的原因；第二阶段是进行因素分析，找出最重要的影响因素；第三阶段是提出建议和结论，如此反复进行，直到工程竣工为止。

（2）进度分析内容

①分析计划完成的比率（工程量、工作量完成的百分率），是否影响按期竣工？

②考察关键线路，关键工作是否出现延期？非关键线路时差是否用完，并已转为关键线路？

③考察有哪些工作（工程项目）影响了工程的工期，拖了计划的后腿？

④对上述这些工作进行详细分析,确定影响各工作计划的关键(或主要)因素。

详细分析内容主要有:

a. 劳动情况分析:劳动力数量与计划劳动力数量的关系,直接生产工作人员与管理人员的比例;工作顺序、工作流程是否合理;返工率和废品率状况;劳动组织与生产效率是否满意;工程变更和事故率是否正常;天气是否特别恶劣等。

b. 材料情况分析:材料供应是否及时,有无待料情况;材料用量是符合计划要求,还是有较大的出入;使用时计量是否准确,有无严重浪费和丢失现象;料场布置是否合理;材料的运距是否太远;材料的储备周期是否合理等。

c. 机械设备情况分析:机械设备数量是否能满足工程进展的要求,机械设备的利用率和完好率如何;设备是否陈旧,操作和维护费是否太高,机械设备的停工时间所占的百分比有多大;工地是否有备用零件;有没有预防性的维修计划;机械设备的生产率是否能达到额定的要求等。

d. 试验检测情况分析:工地的试验仪器和设备能否满足工程的需要;试验和检测的组织体系是否健全和有效;试验人员是否能满足试验检测工作的需要;试验的数据和成果是否在有效的时间内反馈到各有关人员手中等。

e. 财务情况分析:承包人是否有足够的资金垫付材料、设备、人员工资等款项;业主是否按期支付工程进度款;工人的收入状况如何;报酬支付是否合理;各种资金的支出是否比例失调。

f. 其他情况分析:如天气是否特别恶劣;是否属业主的责任,如延迟占用土地、延期交图、工程暂停、额外附加工程等;是否属监理工程师的责任,如文件未及时批复、监理人员不足,不能及时检测验收等。

⑤针对以上分析得出的主要因素,指定采取的措施,改进工作,使工程按期竣工。

4.6 进度计划的调整

·4.6.1 进度计划调整的原因·

在工程施工过程中,造成工程不能按计划组织实施的原因是各个方面的,汇总起来大致有如下内容:

①各方面情况变化,包括:竣工时间、项目费用目标、项目技术规范、施工方法以及国家政策等。

②未曾预料到的困难,包括:技术困难(如设计图纸未按期提交、原定的施工方案满足不了规定的技术要求等)、环境条件、地质条件(如文物、化石、不良地质等)。

③各方面条件的不具备,包括:不能按原定计划利用资源(如临时占地、材料、设备未按期交货、人力、机械未达到计划要求等)、分包人未能按期落实、业主未按期支付进度款、监理组织、人员情况不能完全满足施工进展的需要以及业主、监理、承包人之间配合不协调等。

④原计划不合理或工作量变化,包括:原计划工作时间估计有误差,工作之间的关系安排不准确以及工程变更或工作项目增加等。

· 4.6.2 工程计划调整的类型 ·

(1)进度基本符合计划

如果实际进度与计划进度基本相符时,监理工程师不应干预承包人对进度计划的执行,而应尽量提供和创造各种有利于计划执行的条件,及时调整和处理影响工程进展的不利因素(如及时提交土地使用权、审批有关的开工申请、及时验收等),促进进度计划的按期完成。

(2)进度有较大偏差

当监理工程师检查发现实际进度落后于计划进度较多时,应要求承包人对原订工程进度计划进行调整,以使进度计划符合实际进展情况、调整后的进度计划仍要由监理工程师审批,其进度计划的工期仍应在合同规定的工期内。

(3)进度严重滞后

承包人在无任何理由取得延期的情况下,监理工程师经检查认为实际工程进度过慢,有可能不能按照合同工期完成时,应要求计划执行者采取加快的措施,以保证工程进度计划中阶段目标和总体目标(总工期)的实现。承包人应迅速提出加快工程进度的措施,经监理工程师审批后实施。

(4)工程不能按期竣工

由于承包人的责任造成工程进度的延误,且承包人拒绝接受监理工程师加快工程进度的指令,或虽采取了加快工程进度的措施,但仍然不能赶上预期的工程进度,并将使工程在合同期内难以完成时,监理工程师应对承包人的施工能力重新进行审查和评价,必要时应向业主提出书面报告,建议采取措施(如业主进驻现场或更换承包人)等。

· 4.6.3 施工进度计划调整中的调度工作 ·

调度工作是组织施工生产计划实现的重要环节,它为施工计划的顺利执行创造了各种必要的条件,以适应现场情况的变化。调度工作的主要任务是:

①落实材料和加工订货,组织资源进场。

②落实劳动力,组织劳动力的平衡工作。

③检查计划执行情况,掌握施工的动态。

④预测计划执行中可能出现的问题。

⑤及时采取措施,清除影响施工计划执行的不利因素,保证计划的实现。

⑥召开调度会议,必要时使用调度手段,下达调度命令。

调度工作一般由承包人负责,可采取调度会或生产碰头会的形式,汇报生产执行情况和存在问题。研究分析提前和拖后的主要原因,综合平衡后提出解决办法和应采取的措施,最后做出调度决议贯彻执行。

监理工程师在工程进度出现较大偏差时,也可参加调度会议或召开工地会议,与承包人和业主共同研讨产生偏差的原因和应采取的对策,并形成工地会议纪要下发执行。

5 工程质量监理

5.1 质量与建设工程质量

·5.1.1 建设工程质量的内涵·

2000 版 GB/T—ISO 9000 标准中质量的定义是:一组固有特性满足要求的程度。

建设工程质量简称工程质量或工程项目质量。它是指满足业主需要的,符合国家法律、法规、技术规范标准、设计文件及合同规定的特性综合。工程质量的内涵包括工程实体的质量、功能和使用价值的质量及工作质量 3 个方面。

①工程实体质量是从产品形成过程和结果方面反映工程质量。一般来讲,由各道工序的质量集合形成分项工程质量,由各分项工程质量形成各部位的质量(分部工程质量),再由各部位的质量形成具有能完成独立功能主体的质量(单位工程质量),最后各单位工程质量形成一个单项工程质量,若干单项工程质量形成一个工程项目的质量。

②功能和使用价值的质量通过工程产品满足需要的能力来反映产品质量。一般包括:工程项目的适用性、耐久性、安全性、可靠性、经济性、美观与环境协调等几个方面。

适用性即功能,是指工程满足使用目的的各种性能。包括理化性能、结构性能、使用性能、外观性能等。

耐久性即寿命,是指工程在规定的条件下,满足规定功能要求使用的年限,就是工程竣工后的合理使用寿命周期。由于建筑物本身结构类型不同、质量要求不同、施工方法不同、使用性能不同,目前国家对建设工程的合理使用寿命周期还缺乏统一的规定,仅在少数技术标准中,提出了明确要求。如公路工程中的桥涵设计基准期为 100 年。

安全性,是指工程建成后在使用过程中保证结构安全、保证人身和环境免受危害的程度。

可靠性,是指工程在规定的时间和规定的条件下完成规定功能的能力。工程不仅要求在交工验收时要达到规定的指标,而且在一定的使用时期内要保持应有的正常功能。如工程上的防洪与抗震能力等,都属可靠性的质量范畴。

经济性,是指工程从规划、勘察、设计、施工到整个产品使用寿命周期内的成本和消耗的费用。工程经济性具体表现为设计成本、施工成本、使用成本三者之和,包括从征地、拆迁、勘察、设计、采购、施工、配套设施等建设全过程的总投资和工程使用阶段的能耗、水耗、维护、保养乃至改建更新的使用维修费用。通过分析比较,判断工程是否符合经济性要求。

与环境的协调性,是指工程与其周围生态环境协调,与所在地区经济环境协调以及与周围已建工程相协调,以适应可持续发展的要求。

③工作质量是指参与工程的建设者,为保证工程项目的质量,达到产品质量标准,减少废品等所从事工作的水平和完善程度。

·5.1.2 工程质量形成过程与影响因素分析·

1)工程建设各阶段对质量形成的作用与影响

工程建设的不同阶段,对工程项目质量的形成产生不同的影响。

在项目可行性研究阶段,需要确定工程项目的质量要求,并与投资目标相协调。因此,项目的可行性研究直接影响项目的决策质量和设计质量。

项目决策阶段是通过项目可行性研究和项目评估,对项目的建设方案做出决策,使项目的建设充分反映业主的意愿,并与地区环境相适应,做到投资、质量、进度三者协调统一。所以,项目决策阶段对工程质量的影响主要是确定工程项目应达到的质量目标。

工程勘察、设计阶段是决定工程质量的关键环节,工程采用什么样的平面布置和空间形式,选用何种结构类型,使用什么样的材料、构配件及设备等,都直接关系到工程主体结构的安全可靠,关系到建设投资的综合功能是否充分体现规划意图。在一定程度上,设计的完美性也反映了一个国家的科技文化水平。

工程施工阶段决定了设计意图能否得到体现,它直接关系到工程的安全可靠、使用功能的保证以及外表观感能否体现建筑设计的艺术水平。因此,工程施工是形成实体质量的决定性环节。

工程竣工验收是保证最终产品的质量。

2)影响工程质量的因素

影响工程质量的因素包括人(Man)、机械(Machine)、材料(Material)、方法(Method)、环境(Environment)等,概括起来就是常说的4 M 1 E。

(1)人员素质

人是生产经营活动的主体,也是工程项目建设的决策者、管理者、操作者。工程建设的全过程都是通过人来完成的。人员的素质,即人的文化水平、技术水平、决策能力、管理能力、组织能力、作业能力、控制能力、身体素质及职业道德等都将直接和间接地对规划、决策、勘察、设计和施工的质量产生影响,而规划是否合理、决策是否正确、设计是否符合所需要的质量功能、施工能否满足合同、规范、技术标准的需要等,都将对工程质量产生不同程度的影响。人员素质是影响工程质量的一个重要因素,因此,建筑行业实行经营资质管理和各类专业人员持证上岗制度是保证人员素质的重要管理措施。

(2)工程材料

它是工程建设的物质条件,是工程质量的基础。工程材料选用是否合理、产品是否合格、材质是否经过检验、保管使用是否得当等都将直接影响建设工程的结构刚度和强度、工程外观、使用功能及使用安全。

(3)机械设备

机械设备可分为两类:一是指组成工程实体及配套的工艺设备和各类机具,它们构成了建筑设备安装工程或工业设备安装工程,形成完整的使用功能;二是指施工过程中使用的各类机具设备，包括大型垂直与横向运输设备、各类操作工具、各类测量仪器等，简称施工机具设备，它们是施工生产的手段。机具设备对工程质量有重要的影响，其产品质量优劣，直接影响到工程使用功能质量。

(4)工艺方法

工艺方法是指施工现场采用的施工方案，包括技术方案和组织方案。前者如施工工艺和作业方法，后者如施工区段空间划分及施工流向顺序、劳动组织等。在工程施工中，施工方案是否合理、施工工艺是否先进、施工操作是否正确，都将对工程质量产生重大的影响。大力推进新技术、新工艺、新方法，不断提高工艺技术水平，保证工程质量稳定提高。

(5)环境条件

环境条件是指对工程质量特性起重要作用的环境因素，包括工程技术环境、工程作业环境、工程管理环境、周边环境等。环境条件往往对工程质量产生特定的影响。加强环境管理，改进作业条件，把握好技术环境，辅以必要的措施是控制环境对质量影响的重要保证。

·5.1.3　公路工程质量的特点·

(1)公路工程产品特点

①公路工程产品的固定性。公路工程产品总是附着在土地上，无论结构多复杂一般是不可移动的。

②产品形体庞大。从长度来说可能几百甚至上千 km，从单项工程占地来说一座立交桥占地可达数万 m^2，从高度来说现在已有超过地面高度 300 m 的大桥了。

③产品的多样性。由于公路产品各组成部分的具体使用目的、技术等级、所处自然条件、位置功能不同，结构千差万别，复杂多样。

④产品的易损性。公路产品长期暴露于自然中，受气候、地质变化及各种自然灾害的影响大，此外还长年受行车荷载特别是超载超限车的作用，使得部分结构容易损坏。

(2)公路施工技术特点

①线长点多，工种复杂。

②构造物形式多种多样，包括路基路面、桥梁、涵洞、隧道、防护构造物和交通工程设施。

③特种作业多，可能包括陆地、水下、水上、高空、爆破等各种作业。

④施工作业的非标准化，施工作业的技术含量低，且需要大量的劳动力资源，是典型的劳动密集型行业，其低技术含量又使得从业人员的素质普遍偏低。其安全风险意识和防范能力都很低，使得施工现场危险因素增多。

公路工程产品特点和施工技术特点决定了其质量难以控制，具体表现为如下几个方面：

①影响因素多。建设工程质量受到多种因素的影响，如决策、设计、材料、机具设备、施工方法、施工工艺等，这些因素直接或间接地影响工程项目质量。

②质量波动大。由于建筑生产的单件性、流动性，没有固定的生产流水线、规范化的生产工艺和完善的检测技术，没有成套的生产设备和稳定的生产环境，所以工程质量容易产生波动且波动大。同时由于影响工程质量的偶然性因素和系统性因素比较多，其中任一因素发生变动，都会使工程质量产生波动，造成工程质量事故。

③质量的隐蔽性。建设工程在施工过程中，分项工程交接多，中间产品多，隐蔽工程多，因此质量存在隐蔽性。若在施工中不及时进行质量检查，事后只能从表面检查，就很难发现内在

的质量问题,这样就容易产生判断错误,即第一类判断错误(将合格品判为不合格品)和第二类判断错误(将不合格品判为合格品)。

④终检的局限性。工程项目建成后不可能像一般工业产品那样依靠终检来判断产品质量,或将产品拆卸、解体来检查其内在的质量,或对不合格零部件进行更换。而工程项目的终检(竣工验收)无法进行工程内在质量的检验,发现隐蔽的质量缺陷。因此,工程项目的终检存在一定的局限性。

⑤评价方法的特殊性。工程质量的检查评定及验收是按工序、分项工程、分部工程、单位工程进行的。工序的质量是分项工程乃至整个工程质量检验的基础,工序质量合格主要取决于主控项目和一般项目经抽样检验的结果。隐蔽工程在隐蔽前要检查合格后验收,涉及结构安全和使用功能的重要分部工程要进行抽样检测。工程质量是在施工单位按合格质量标准自行检查评定的基础上,由监理工程师组织有关单位、人员进行检验确认验收。这种评价方法体现了“验评分离、强化验收、完善手段、过程控制”的指导思想。

·5.1.4 工程质量控制·

工程质量控制是指为了保证工程质量满足工程合同、规范标准所采取的一系列措施、方法和手段。

(1)工程质量控制主体

按工程质量控制实施主体不同,分为自控主体和监控主体。前者是指直接从事质量职能的活动者,后者是指对他人质量能力和效果的监控者,主要包括政府的工程质量控制、工程监理单位的质量控制、勘察设计单位的质量控制、施工单位的质量控制四个方面。

政府属于监控主体,它主要是以法律法规为依据,通过抓工程报建、施工图设计文件审查、施工许可、材料和设备准用、工程质量监督、重大工程竣工验收备案等主要环节进行的。

工程监理单位属于监控主体,它主要是受建设单位的委托,代表建设单位对工程实施全过程进行的质量监督和控制,包括勘察设计阶段质量控制、施工阶段质量控制,以满足建设单位对工程质量的要求。

勘察设计单位属于自控主体,它是以法律、法规及合同为依据,对勘察设计的整个过程进行控制,包括工作程序、工作进度、费用及成果文件所包含的功能和使用价值,以满足建设单位对勘察设计质量的要求。

施工单位属于自控主体,它是以工程合同、设计图纸和技术规范为依据,对施工准备阶段、施工阶段、竣工验收阶段等施工全过程的工作质量和工程质量进行的控制,以达到合同文件规定的质量要求。

(2)工程质量控制过程

工程质量控制过程包括决策阶段的质量控制、工程勘察设计阶段的质量控制、工程施工阶段的质量控制等。

决策阶段的质量控制主要是通过项目的可行性研究、选择最佳建设方案使项目的质量要求符合业主的意图,并与投资目标相协调,与所在地区环境相协调。

工程勘察设计阶段的质量控制主要是要选择好勘察设计单位,要保证工程设计符合决策阶段确定的质量要求,保证设计符合有关技术规范和标准的规定,要保证设计文件、图纸符合现场和施工的实际条件,其深度能满足施工的需要。

工程施工阶段的质量控制，一是择优选择能保证工程质量的施工单位，二是严格监督承建商按设计图纸进行施工，并形成符合合同文件规定质量要求的最终建筑产品。

5.2 施工阶段的质量控制

·5.2.1 施工质量控制的系统过程、依据及工作程序·

监理工程师对工程施工的质量控制，就是按合同赋予的权利，围绕影响工程质量的各种因素，对工程项目的施工进行有效的监督和管理。

1）施工质量控制的系统过程

施工阶段的质量控制是一个由对投入的资源和条件进行质量控制开始，进而对生产过程及各环节质量进行控制，直到对所完成的工程产品进行质量检验与控制的全过程的系统控制。这个过程可以从以下3个不同角度进行划分：

①按过程实体质量形成过程的时间阶段划分为施工准备控制、施工过程控制和竣工验收控制。

②按过程实体形成过程中物质形态转化的阶段划分为对投入的物质资源质量的控制、施工过程质量控制和对完成的过程产品质量的控制与验收。

③按过程项目施工层次由大到小划分，公路工程按施工层次划分为单项工程、单位工程、分部工程、分项工程和工序等。

2）施工质量控制的依据

施工阶段监理工程师进行质量控制的依据，主要有工程合同文件、设计文件、国家及政府有关部门颁布的有关质量管理方面的法律、法规性文件以及有关质量检验与控制的专门技术法规性文件4类。

（1）工程合同文件

工程施工承包合同文件和委托监理合同文件中分别规定了参与建设各方在质量控制方面的权利和义务，有关各方必须履行在合同中的承诺。对于监理单位，既要履行委托监理合同中的条款，又要督促建设单位、监督承包单位和设计单位履行有关的质量控制条款。监理工程师应熟悉这些合同条款，并据以进行质量监督和控制。

（2）设计文件

"按图施工"是施工阶段质量控制的一条重要原则。经过批准的设计图纸和技术说明书等设计文件是质量控制的重要依据。但从严格质量管理和质量控制的角度出发，监理单位在施工前应参加由建设单位组织的设计单位及施工承包单位参加的设计交底及图纸会审工作，以达到了解设计意图和质量要求的目的。

（3）国家及政府有关部门颁布的有关质量管理方面的法律、法规性文件

如《中华人民共和国建筑法》、《建设工程质量管理条例》、《公路建设市场管理办法》、《公路工程竣（交）工验收办法》等法律、法规和规章等。

（4）有关质量检验与控制的专门技术法规性文件

这类文件一般是针对不同行业、不同的质量控制对象而制定的技术法规性文件，包括各种有关的标准、规范、规程或规定。技术标准包括国际标准（如 ISO 标准）、国家标准（GB）、行业标准、地方标准和企业标准。

3）施工质量控制的工作程序

在施工阶段全过程中，监理工程师要进行全过程、全方位的监督、检查与控制，不仅涉及最终产品的检查验收，而且涉及施工过程的各环节及中间产品的监督、检查与验收。

·5.2.2 施工准备阶段的质量控制·

施工准备控制是指在各过程对象正式施工活动开始前，对各项准备工作及影响质量的各因素进行控制，这是确保施工质量的先决条件。

1）熟悉合同文件

①安排监理工程师学习合同文件、技术规范、质量标准、管理办法，掌握施工工艺和质量标准，了解业主的管理意图。

②阅读研究设计图纸、资料，对"错、漏、碰"和不清楚的地方要认真核对，并向业主报告。

2）复查现场

①组织监理人员对所监理路段进行现场复查，了解实际地形、地质情况，与设计图纸、资料逐一对照；特别是对高大挡土墙，大跨径涵洞、桥梁、隧道，高填深挖路基地段的地形、地质情况必须详细核对，并做好调查记录。

②寻找复查原始基准点，包括导线坐标控制点，水准基点，确认与设计资料中所提供的位置、数据是否相符。

③分析设计施工方案是否经济合理，比如高填深挖路基、高大挡土墙、深沟涵、桥梁、路基土石方调配利用、沙石料场位置等重要工程的设计，在实施中可能会遇到的问题。

④写出现场复查报告，报建设单位。

3）审查承包人的施工测量报告

（1）施工测量（复测）

承包人在进场后，应认真进行动工前的各种测量，测量时必须在驻地监理的参与下进行。

（2）审查《施工测量报告》

完成施工测量（复测）后，承包人对测量结果进行系统的计算整理，向监理工程师提交《施工测量报告》，监理工程师根据现场复查记录进行核对，对承包人的《施工测量报告》提出审查意见。

4）审查承包人的施工组织设计

①监理工程师审查施工组织设计时，要重点审查以下几方面的内容：

a. 工期安排是否考虑了雨季、交通干扰、保通措施等意外因素的影响时间；

b. 工程数量与施工机械、人员的比例是否可行、合理；

c. 阶段目标进度计划、整体进度计划、关键工程进度计划是否具体、合理、可行；

d. 高填深挖、大型构造物、深沟涵、大中桥、隧道等控制性工程的进度计划、人机配备、施工方案是否具体、可行、合理；

e. 沙石料场是否落实，储备数量、开采能力、供应数量是否满足需要；

f. 质量保证体系是否明确；

g. 工程质量保证措施是否具体；

h. 施工安全措施是否有保障；

i. 进度计划图表是符合规定。

②监理工程师审查完承包人的施工组织设计后，写出一份全面客观的《施工组织设计审查报告》，对施工组织设计进行全面评估，提出存在的问题和建议，要求承包人修改后上报，作为总监理工程师签发开工令的依据。

5) 审查承包人准备工作情况

①监理工程师在开工前，对承包人的各项施工准备工作情况按以下要求进行认真审查。

a. 质保体系：质量保证体系是否建立健全，包括项目总工程师、质检工程师、试验检测人员、现场质量管理员、工程技术人员是否到位，所到人员的资格、能力是否符合要求；试验设备、工具、仪器是否安装、调试和标定完毕，数量、型号是否满足要求；各级机构的工作职责和工作人员的岗位职责是否制定，各项工作制度是否建立；

b. 施工机械：合同条款中承诺的各种施工机械的到位情况，包括机械名称、型号、数量、生产能力、性能、完好率是否符合规定；

c. 沙石材料：料场是否落实，便道是否能通行，产量及质量是否符合要求；

d. 标准试验：土、沙、石材料的质量指标试验，水泥、钢材的质量指标试验（或合法试验报告）土样击实、砂浆配合比、混凝土配合比试验是否符合要求；

e. 管理体系：承包人的驻地建设是否完成，行政、技术、质量、物资、财务、安全保通、后勤保障等部门是否建立健全，相关管理人员是否到位，各部门工作职责和个人岗位职责是否落实。

②各项工作检查完毕后，监理工程师应写出《承包人施工准备工作审查报告》，说明承包人的各项施工准备工作状况，是否达到合同条款规定，是否具备开工条件。

6) 设计交底与施工图纸的现场核对

施工阶段设计文件是监理工作的主要依据。监理工程师应认真参加由建设单位主持的设计交底工作，以透彻地了解设计原则及质量要求，并督促承包单位认真做好审核及图纸核对工作，对于审图过程中发现的问题，及时以书面形式报告给建设单位。

①监理工程师参加设计交底应着重了解的内容：

a. 有关地形、地貌、水文气象、工程地质与水文地质等自然条件；

b. 主管部门及其他部门对本工程的要求，设计单位采用的主要设计规范、市场供应的建筑材料等；

c. 设计意图方面，诸如设计思想、设计方案比选情况、基础开挖及基础处理方案、结构设计意图、施工进度与工期安排等；

d. 施工应注意问题，如基础处理的要求，对建筑材料方面的要求，主体工程设计中采用新结构或新工艺对施工提出的要求，为实行进度安排而应采用的施工组织和技术保证措施等。

②施工图纸的现场核对。施工图是工程施工的直接依据，为了使施工承包单位充分了解工程特点、设计要求，减少图纸的差错，确保工程质量，减少工程变更，监理工程师应要求施工承包单位做好施工图的现场核对工作。

施工图纸现场核对主要包括：

a. 施工图纸合法性的认定。如施工图纸是否经设计单位正式签署，是否按规定经有关部门审核批准，是否得到建设单位同意；

b. 图纸与说明书是否齐全，如分期出图，图纸供应是否满足需要；

c. 地下构筑物、障碍物、管线是否探明并标注清楚；

d. 图纸中有无遗漏、差错、互相矛盾之处，图纸的表示方法是否清楚和符合标准等；

e. 地质及水文等基础资料是否充分、可靠，地形、地貌与现场实际情况是否相符；

f. 所需材料的来源有无保证，能否替代，新材料、新技术的采用有无问题；

g. 所提出的施工工艺、方法是否合理，是否切合实际，是否存在不便于施工之处，能否保证质量要求；

h. 施工图或说明书中所涉及的各种标准、图册、规范、规程等，承包单位是否具备。

7）监理组织内部的监控准备工作

建立并完善项目监理机构的质量监控体系，做好监控准备工作，使之能适应工程项目质量监控的需要，这是监理工程师做好质量控制的基础工作之一。例如，针对分部、分项工程的施工特点拟定监理实施细则，配备相应人员，明确分工及职责，配备所需的检测仪器设备并使之处于良好的可用状态，熟悉有关的检测方法和规程等。

· 5.2.3 施工阶段的质量控制 ·

1）设置施工测量控制点

承包人在分项工程开工前应在分项工程附近增设平面坐标控制点和水准高程控制点，以便随时进行施工控制测量。监理工程师须在分项工程附近设置平面坐标控制点和水准高程控制点，作为监理工程师专用的施工监控测量控制点；监理工程师的专用控制点必须是监理人员亲自从基准点测量引入设置，闭合差达到规范要求。所增设的控制点应在通视、地表稳固、易于操作、不易被施工损坏的地方，且设置牢固。

2）分项工程施工放样

（1）承包人放样

承包人对计划施工的分项工程进行施工放样，准确测量纵横地面线，确定工程的准确位置，绘制施工放样图，向专业监理工程师填报《分项工程施工放样报验单》。

（2）监理工程师复查

专业监理工程师审查承包人的《施工放样报验单》后，如填表符合要求，附件资料齐全，随即组织测量工程师进行现场复测校核。复测校核无误后，签署意见；否则，要求承包人重做。复测校核的重点项目：

a. 地面线高程；

b. 挖方边坡开挖线位置，填方边坡坡脚线位置；

c. 构造物基坑开挖线；

d. 地质土质状况及地基承载力。

3）分项工程施工准备

①承包人对计划开工的分项工程事先做好各项施工准备工作，将相关资料报专业监理工

程师审核,包括以下几方面的内容:

a. 施工人员到位情况;

b. 技术人员、现场质量管理人员、试验检测人员安排情况;

c. 材料、击实、配合比等标准试验和检测报告;

d. 工程材料准备情况;

e. 施工机械配置情况;

f. 施工方案、技术控制措施、质量保证措施。

②监理工程师审查:专业监理工程师对承包人申报的内容逐项进行核实。

4)分项工程开工申请批复

①专业监理工程师签证认可《施工放样报验单》后,承包人即可向专业监理工程师填报《分项工程开工申请批复单》。

②专业监理工程师对《分项工程开工申请批复单》及各项附件资料审核确认无误后,签署意见报高级驻地办公室,高级驻地监理工程师进行审核签批;如认为有不清楚的地方应现场核实清楚,方能签批。《分项工程开工申请批复单》经高级驻地监理工程师批准后,承包人即可进行施工。

5)分项工程技术质量交底

高级驻地监理工程师签批《分项工程开工申请批复单》后,承包人须召集本分项工程的施工人员、技术人员、现场质量管理员、试验检测人员、机驾人员在工程现场进行技术质量交底,将施工方案、技术控制措施、质量控制措施以及工程质量违约处理办法等管理规定,向有关人员当面交代清楚。承包人应邀请专业监理工程师、监理员参加技术质量交底工作,重要工程应邀请高级驻地监理工程师参加,控制性工程应邀请建设单位参加。

6)材料规格质量控制

施工过程承包人要严格控制各种工程材料的规格质量,不合格材料不准进场;监理人员对材料进行检查,发现不合格材料立即停止使用,并要求承包人清除施工现场;对已经使用的不合格材料,必须彻底返工清除。

7)施工工艺控制

监理人员对正在施工的工程要不间断巡视检查,发现不符合施工工艺要求的行为要立即纠正,对施工人员进行教育,按标准规定频率的20%以上进行取样试验检测,并加大破坏性检查力度,发现已覆盖的不合格工程,无论在什么部位均要彻底返工。监理工程师要加强检查力度,重点对早、中、晚易出管理空白的时段进行检查,包括工艺检查、破坏性检查,只要发现工程质量问题,就要按有关规定追究承包人的违约责任。通过对施工过程的严格监控,确保每一步操作工艺符合要求,以规范的施工工艺来保证每一道工序的工程质量达到要求。

8)工序质量控制

任何一道工序完工后,承包人首先按要求对各项技术质量指标(包括平面位置、纵断高程、几何尺寸、质量指标、外观质量、地质情况等)进行自检,检测合格后向监理工程师填报《工程质量检验申请批复单》。监理工程师对工序质量进行现场复核,使用监理专用控制点对各技术质量指标进行测量校核,确认承包人的自检无误,各项技术质量指标均符合设计要求,方能签认批准进行下一道工序施工。上道工序未经检验合格,严禁进行下一道工序施工。通过对每一道工序的严格检验把关,保证分项工程的质量。

9)工程质量检验评定

每一分项工程完工后,承包人按《公路工程质量检验评定标准》的规定进行自检评定,基本要求符合规定,外观鉴定达到要求,质量保证资料完整齐全,工程质量等级评定为优良时,将《分项工程质量检验评定表》报专业监理工程师审核。专业监理工程师应组织监理员利用监理专用控制点,对各项指标进行现场测量检验校核,查对《现场工程质量检验表》,确认无误后给予签证;如发现工程质量不合格或质量有问题时(包括外观质量),要及时向总监(或高监)汇报,组织承包人复查,研究处理措施。

10)中间交工质量控制

每一分项工程完工后承包人要按规定进行工程质量检验评定。各项技术质量指标满足规定,工程质量等级评定为优良时,向监理工程师填报《中间交工证书》。

11)土方路基(挖方)

①使用监理专用控制点抽检测量承包人的施工放样开挖线。

②废弃方的堆放地点应由承包人、监理工程师、设计代表三方共同核实,按照运距最短,符合环保、水保规定的原则确定。

③当边坡高度大于10 m时,开挖高度达到5 m进行一次边坡控制测量,及时修整边坡,使其坡比符合设计,坡面平整顺适。边坡经检验合格后方能进行防护工程施工。

④挖方路段的弯沉值和路床以下30 cm范围的压实度必须达到技术规范要求。

⑤对高边坡必须设置观测点,定期观测其稳定性。

12)土方路基(填方)

①使用监理专用控制点抽检测量承包人的施工放样填方坡脚线,按照设计宽度每侧加宽0.5 m的压实宽度放线施工。

②必须严格按照技术规范的规定认真填前处理、填挖结合部处理。

③土方路堤填筑应选用质量指标符合规定的土作为填料,在接近最佳含水率(±2%)的状态下进行碾压,压实度整层全厚度检测,每一层的检测评定结果符合标准规定。超高横坡采用先填后挖法,即整幅填至外侧高度后,再按照设计横坡挖低内侧。

④每填高1 m进行一次中线和高程测量控制。

⑤填方填至路床高度为止,当填至路床高度后,检测平面位置、纵断高程的结果符合规定,即开始进行清削边坡,经监理工程师检验合格后,按设计施工边坡防护工程。

⑥填方路基在正式填筑前须进行试验路段填筑,施工方法和检验结果经监理工程师审批同意后方能正式施工。

13)石方路基(挖方)

①使用监理专用控制点抽检测量承包人的施工放样开挖线。

②爆破方案应合理设计,严禁超爆。因超爆引起的边坡松动坍塌所增加的工程数量,不予承认,由承包人完全负责。

③边坡高度大于10 m时,开挖高度达到5 m进行一次控制测量,清理悬石,采用光面爆破

清理边坡,使边坡坡比符合设计,坡面平整顺适。

14)石方路基(填方)

①当填石路基压实度无法使用灌沙法检测的,应使用碾压遍数和弯沉值检测控制压实质量,填写《填石路基施工工艺检验记录》,但必须经专业监理工程师批准。

②填石路堤在填筑前必须按填土路堤的规定进行施工放样和填前处理。

③填石路堤应采用人工逐层摆放,大石垫底,大面向下,小石上,细料嵌缝,表面平整;层厚不得超过0.5 m,最大粒径不超过35 cm;使用12 t以上振动压路机振动碾压10遍以上。

④填石路堤边坡坡比符合设计,坡面外观须达到干砌片石标准。

⑤填石路堤在正式填筑前须进行试验路段填筑,施工方法和检验结果经监理工程师审批同意后方能正式施工。

15)软土地基处治

①遇到软土地基应先核对设计资料,对现场进行勘查,弄清软土的性质、厚度,核对设计地勘资料与实际是否相符,设计处治方案是否经济、合理、可行。如设计地勘无误,处治方案经济合理可行,即按设计施工;否则需进行变更设计,按变更程序办理。

②片石垫层或换填均需要按填石路堤规定进行分层填筑碾压,最顶层进行沉降量观测和弯沉值检测控制。

16)土工合成材料处治层

①用于过滤排水、防水、隔离土的土工织物应铺设平整、拉紧,搭头不小30 cm,其上第一层填料应避免使用含有尖石的填料,并使用人工从中央向两侧摊铺,保证不让所铺土工织物发生松动、皱折、搭头错动。

②用于加强路基强度的土工格栅,须在平整的下承层上按设计要求铺设、拉紧、固定,搭接长度不小于15 cm,并连结牢固。土工格栅上的第一层土不宜采用粗粒土,必须使用人工摊铺,从一端往另一端顺序铺筑,严禁运土车辆、机械在未覆盖土的土工格栅上行走或扰动土动格栅,使其发生松动、皱折、搭头错动等问题。

③土工合成材料铺设好后,承包人须进行现场质量检查和分项工程质量的自检评定,由专业监理工程师检验签证。未经监理工程师检验签证,并签发《中间交工证书》,严禁覆盖。

17)管道基础及管节安装

①检查管节的混凝土强度报告和浇筑外观。强度达不到设计要求或有蜂窝、麻面、孔洞、裂纹的管节严禁使用。

②按设计要求认真密封接头,严防管节漏水。地下管道在覆盖之前,必须对现场工程质量检验和分项工程质量检验评定,未经监理工程师检验签证严禁覆盖。有通水条件的应通水试验,检查管道是否漏水。

18)浆砌排水沟、边沟

①按设计进行基础开挖,监理工程师须对基础开挖进行工序检验,确认基坑平面位置、标高、尺寸、纵坡是否符合设计要求;未经监理检验签证严禁支砌。

②边沟施工时,应采用定形内模架控制净空尺寸。

③严格控制外观线形,做到直线段顺直,曲线段圆滑,过渡段顺适,特别是外帮顶内轮廓线

和内帮顶外轮廓线必须顺直、圆滑、顺适,平面不得有折点,纵面不得有起伏;凡不符合规定者,必须修整或返工,直至达到要求;达不到要求的监理工程师不予签认《中间交工证书》。

④设有盖板的边沟,完工后须经监理工程师检验后方准安装盖板。盖板要求浇筑规范,表面平整,混凝土强度达到设计要求;安装稳定,接缝稳合无高差;板顶与内沟帮顶平齐无高差,板顶大面无起伏。麻面、缺边、裂纹、漏筋、翘曲的盖板不准使用。

19)盲沟

①基坑开挖完工后必须报专业监理工程师进行工序检验,监理工程师对基坑尺寸、沟底标高、纵坡检查确认无误后,方能签字同意进行下道工序。

②排水材料填好后须报监理工程师进行工序检验,监理工程师对填料规格、质量、厚度、排水效果检查确认后,方能签字同意进行下道工序。

③土工布覆盖好后须报监理工程师进行工序检验,监理工程师对覆盖物的规格质量、宽度、搭接头、平整度等检查确认无误后,对盲沟进行中间交工验收,签发《中间交工证书》之后,方能回填。

④确保盲沟排水畅通。

20)急流槽、跌水

①为防止路面溅水,路基上边坡设置急流槽而不设跌水坎。

②上边坡的急流槽须设置于地表面以下,即沟帮顶与坡面(或防护坡面)平齐,不设台坎;沟深一致,沟帮顺直,沟底平滑,抹面平整光滑。

③基础开挖好后须报监理工程师进行工序检验,对断面尺寸、顺直度确认无误后,方准进行支砌。

④确保沟底沟帮不漏水。

21)石砌、混凝土挡土墙

①挡土墙是公路工程中使用最多的构造物之一,挡土墙的稳定直接关系到路基的稳定,因此,对挡土墙的工程质量要严格控制,确保每一段挡土墙安全、稳定。

②监理程序:

a. 检查现场质量管理人员是否到位、称职;

b. 检查现场地形、地质情况是否符合设计;

c. 检查砂、石、水泥等材料是否符合要求;

d. 检查砂浆配合比试验报告,砂浆拌和机是否到位;

e. 检查基坑地质情况,平面尺寸、基底标高,基坑工序检验审批;

f. 旁站检查施工工艺和施工质量;

g. 检查外观质量;

h. 现场质量检查;

i. 分项工程质量检验评定;

j. 签发《中间交工证书》。

③施工质量要求:

a. 认真进行施工放样,对地形、地质情况复核确认无误后按设计图放样施工。如地形、地质情况有误,需要增加或降低高度,或改变结构形式,需按变更程序办理。

b. 基坑应按规范规定的合理边坡开挖，开挖过程中出现松软土质应采取支挡防护措施，尽力避免基坑坍塌。基坑坍塌所造成一切损失由承包人负责，不予承认坍方数量。

c. 使用长杆贯入仪、触探仪等仪器进行基坑承载力测试，对基坑土颗粒分析试验，结合经验判定基坑的承载力。当基坑承载力达不到设计规定值时，必须进行设计变更，采取加深、垫层、换填、扩大、桩基等技术措施处理，确保基坑承载力达到设计要求。基坑是挡土墙稳定性的决定因素，因此，对基坑承载力的检验判定和基坑处理技术方案要特别慎重，特别是高大挡土墙的基坑检验处理，不得有丝毫松懈和马虎。

d. 当使用整体式混凝土基础时，应取多组混凝土试件分期试压，混凝土强度达不到 15 MPa 规定时，不能支砌加载。

e. 严格控制沙、石、水泥材料的质量，沙的级配、强度、含泥量，石料抗压强度，水泥质量指标均要符合规范要求，不合格材料严禁使用。

f. 严格控制施工工艺，确保砌体的内在质量和外观质量。机拌砂浆确保强度，砂浆饱满无空洞，分层错缝坐浆挤浆；沉降缝上下垂直，缝宽一致，横向全断面贯通；泄水孔标准规范，排水畅通；大面平整顺适，勾缝规范美观。

g. 挡土墙完工后须进行中间交工验收和分项工程质量检验评定，挡土墙砂浆强度达不到设计强度的 80% 不准回填。墙背回填按“三背回填”规定进行施工。

22）路基边坡锚喷支护

①边坡未经监理工程师进行工序检验签证，不得进行锚喷支护施工，包括边坡比、大面平整度、顺适度应符合设计要求，悬石、松石清理干净。

②按设计规格、间距、深度设置锚杆和钢筋网。

③不允许钢筋与锚杆外露，不允许混凝土开裂脱落。

④喷射机具性能保持良好状态，带病机械不准使用。

⑤严格控制混凝土配合比，混凝土按规定取样试验，强度达到设计强度。

⑥按规定进行锚杆拨力检测，拨力达不到规定不准喷射混凝土。

⑦凿孔检测喷层厚度，检测评定结果符合要求。

⑧混凝土表面密实，光滑整洁，大面平整顺适，不得有突变。

23）锥坡、护坡

①锥坡、护坡基础埋置深度及地基承载力应符合设计要求。

②坡背填土必须碾压，且压实度必须达到设计要求，避免填土下沉、护坡开裂变形。

③石料质量规格符合规定，砂浆强度达到设计规定，砌体咬扣紧密，支砌无破缝。支砌面平整顺适，勾缝美观无脱落。

24）砌石工程（石砌护坡）

①边坡未经监理工程师进行工序检验签证，不得进行石砌护坡施工，包括边坡比、坡面平整度、顺适度，均应符合要求。

②石砌护坡表面与设计断面边坡线平齐，不得超出设计边坡线。

③在支砌前必须检测控制清削好的坡面，检测结果经监理工程师检验认可后，方能支砌。

④砌石错缝，坐浆挤浆，砂浆饱满无空洞，砂浆强度符合设计；厚度尺寸不小于设计，表面平整度符合要求；大面平整顺适，勾缝美观无脱落，砌体边缘不外露。

25)拦沙坝

①核对设计位置是否合理,应按照“砌体数量少,挡土数量多”即拦土数量与砌体数量比最大的原则确定拦沙坝位置。

②按照“经济、合理、安全”的原则,结合地质情况验算、确定断面尺寸和高度,不能盲目施工,监理工程师要严格把关。

③确保基础埋置深度和基坑承载力达到设计要求。

26)涵洞及通道工程

①涵洞及通道工程开工前,应根据设计资料做好现场核对和勘察,如涵洞位置、流水交角、农业灌要求,以及行人和机动车通行能否满足当地交通的要求等。如发现问题应要求承包人补测和重新核查,办理变更设计。

②模板安装,钢筋安装工序未经专业监理工程师检验签认不准进行浇筑。没有拌和机拌和、振捣器振捣条件的不准现场浇筑。

③涵台沉降缝应按整米数设置,与盖板块数和宽度相吻合。盖板运输安装时要轻提轻放,不准翻放。涵台顶用砂浆调平,盖板不压沉降缝,相邻盖板挤拢靠紧,板底铺垫平整。未经监理工程师检验签证的盖板严禁使用,中途运输或安装时损坏的盖板严禁使用。

④认真检验涵台基坑承载力,如承载力达不到设计要求,必须采取技术措施进行处理。基坑未经监理工程师检验签证,严禁支砌。

⑤涵台支砌必须采用强度符合规定的石料,严格控制砂浆配合比,确保浆饱满无空洞,强度评定符合规定。

⑥涵底铺砌厚度、砂浆强度、石料强度、平整度符合规定,净空符合设计规定,洞身顺直,勾缝标准,帽石和盖板连接协调美观。

⑦涵洞和通道的进出口是工程的重要组成部分,锥坡、八字、一字、帽石施工规范,无翘曲现象,进出口与迎水沟、边沟、送水沟的连接应合理、圆顺,确保外观质量符合要求。

27)桥梁工程

①高级驻地监理工程师和结构工程师应详细了解桥梁设计图纸、地质资料、设计构思和当地气候、水文、交通、材料供应等因素,找准桥梁施工技术质量控制的关键环节,制订桥梁监理工作的实施方案,监理工作方法和要点。

②审核承包人的实施性施工组织设计,分析承包人制定的施工方案、工作计划、测量监控、材料组织、试验检测监控、现场布置等技术质量保障措施是否可靠、可行、合理,写出审查意见报告报总监理工程师核备。

③测量工程师组织人员对承包人的施工控制网的各控制点坐标、高程复测校核,包括桥轴线、桥台、各桩位的坐标、高程,向高监提交复测报告。承包人布设的控制网测量精度必须符合规定。

④材料检查:

a. 水泥:除厂家提供的产品合格证书及有关试验报告外,承包人应根据技术规范的要求对强度、凝结时间、安定性等指标进行试验,并向监理工程师提供试验报告;

b. 钢筋:对进场钢筋(丝)承包人应按规定的项目及频率取样试验,向监理工程师提供试验报告;

c. 沙石材料：除按规定要求做颗粒筛分、含泥量、压碎值、针片状含量等项目试验以外，其他需增加的项目由监理工程师指定；

d. 审核砂浆、混凝土配合比和外加剂试验报告；

e. 试验工程师对承包人提供的各项试验报告认真复核，试验方法、计算方法、保证率系数的取用等逐一核对确认无误后，给承包人批复。

⑤基础工程：

a. 结构工程师应详细了解设计提供的工程地质资料，在明挖基础或钻孔的过程中，核对地质情况。如发现实际地质情况与设计情况有差异，或出现软土、涌泉、流沙、溶洞、断层、滑坡层等特殊不良地质时，应立即向总监（或高监）汇报，并通知业主、设计、承包人、监理四方现场研究解决。

b. 对明挖基础应对基坑地基承载力检测，可采用直接法测定，亦可采用土质试验分析判定，无论采用什么方法，试验资料必须完整齐全，土样应妥善保存。结构监理工程师在对各种试验数据校核和现场检测分析，并确认基坑承载力满足设计要求后，方能签批基坑工序检验单，同意基础施工。如遇特殊地质情况，对承载力难以判定，应邀业主、设计、承包人、监理四方及有经验的专家现场研究分析。

c. 钻孔灌注桩基础施工前，承包人应向结构工程师提供一份施工方案和技术质量保证措施，桥梁工程师认为具备施工条件时，批准承包人的分项开工申请。施工过程中，对钻孔、成孔检测、钢筋笼制作安装、混凝土浇灌各道工序要严格把关，监督承包人按规定施工，按规定频率取样试验检测。

d. 挖孔桩基础施工时，须边挖边护边通风，确保施工安全。监理工程师必须对成孔、钢筋笼进行检验签证后方能浇筑混凝。浇筑混凝土时监理工程师必须全过程旁站，发现掺假必须纠正并违约处理。浇筑混凝土前必须对孔口周围清理覆盖，避免表土、杂物落入孔中。如发现异物落入孔中，要立即清除，避免桩基夹层、断桩。

⑥钢筋制作安装：

a. 应对照设计图纸逐一检查钢筋的数量、间距、规格、长度、位置、焊接等；

b. 钢筋骨架必须定位牢固，浇筑振捣过程中不移动，确保钢筋位置正确，保护层符合要求；

c. 焊工应持证上岗，保证焊接质量，焊接件按规范要求取样试拉；

d. 严防脱模剂污染钢筋，如被污染须清洗干净。

⑦支架和模板：

a. 无论是预制构件还是现浇构件，模板安装好后应先核对设计图纸、检查几何尺寸，确定平面位置和高程，特别对模板的平整度、轮廓线的直顺度严格检查、调整，确保混凝土外观平整顺直。确认无误后报监理工程师进行工序检查，提出完善意见。

b. 墩柱、承台、系梁、盖梁、台帽、护栏（墙）等现浇构件，必须使用钢模板。有孔洞、凸凹变形、接缝不紧密的旧钢模严禁使用。钢模安装时接缝必须吻合密封，拆模后无痕迹，表面平整光洁。

c. 监理工程师要严把模板工序检验关，大面不平不顺、轮廓线条不顺直、不铺垫铁皮、接缝不密封的模板不予签证，以确保混凝土外观质量。

⑧混凝土工程：

a. 模板、钢筋两道工序经监理工程师检验批准签证后，方可进行混凝土浇筑。

b. 浇筑前应检查:拌和设备、运输(输送)设备、振捣设备、称量设备、备用机械、备用发电机等施工机械设备是否正常运转、性能稳定,沙、石、水泥数量准备是否足够,技术工人、辅助工人是否满足要求,加水装置应经计量标定。

c. 拌和浇筑:按施工配合比先适量试拌、检测坍落度、和易性、外观,承包人和监理均认为达到要求后方能正式拌和浇筑;浇筑过程中摊铺混合料时应防止灰浆和骨料分离(离析),防止钢筋移动造成漏筋或保护层加厚;应顺序轻倒轻摊,严禁用铁铲抛洒;专人振捣,确保任意部位振捣密实,并严防漏浆而造成蜂窝麻面;按规定取制试件,重要部位要加大试件取样频率,以防试验意外;整个浇筑过程监理工程师须旁站监理。

d. 养生脱模:浇筑后按规范规定进行养生,严禁失养或曝晒水分蒸发,产生收缩裂纹。强度达到规定强度后脱模,脱模应缓慢进行,不能使用暴力,以免损坏混凝土表面。脱模后的混凝土应是表面平整光洁,轮廓线条分明顺直;如有蜂窝麻面,漏筋、模板变形、接缝痕迹等问题,承包人不能擅自处理,必须报监理工程师进行检验,研究补救措施。

⑨预应力混凝土:

a. 模板、结构钢筋安装、混凝土浇筑、养生脱模与普通混凝土工艺相同。

b. 材料及机具:预应力钢丝进场后,应分批组织验收,检查厂家质量合格证、包装情况、标志内容、材料规格及外观质量,按规定取样做材料性能指标验证试验。

c. 施工方案:承包人应制订质量、安全保证措施,重要工序的岗位责任制,对横梁、台座进行设计及验算,确定张拉方法和张拉程序,对油泵、压力表性能校核及标定,编制施工方案报专业监理工程师审批。

d. 监理工程师对张拉、浇筑、放张全过程旁站监理,发现滑丝、断丝、锚具压环,千斤顶出现异常状态等问题要及时分析原因,采取适当措施处理。如出现可能导致质量和安全问题的因素,必须下令停工进行整改。预应力板梁在安装前,监理工程师应进行全面检查,对外观缺陷采取妥善措施补救,对于内外模板移动变形导致断面结构尺寸不符合设计、张拉过度断裂、张拉应力不足等质量问题,损失由承包人负责。

e. 后张法施工严格按照《公路桥涵施工技术规范》的规定进行。

⑩预制构件安装:

a. 安装前应对支承结构及预埋件的平纵位置进行测量、校正,安装参照标记。支承结构的强度达不到设计值时不得安装;

b. 安装前应审查吊装方案,对吊装设备进行荷载验算,稳定性验算。吊装时须先试吊,检查各项数据,确认安全后,方可正式吊装;

c. 安装前对预制梁的反拱值逐一进行检查记录,安装时如果可行应尽量将反拱值接近的梁安装在同一跨径,避免板底出现高矮不齐,桥面受力不均匀,影响外观。

⑪桥面铺装:

a. 桥面铺装前应检查每根梁是否安装稳定,每根梁均调整致最佳位置和状态。经监理工程师进行工序检验后方能进行桥面铺装。

b. 按设计布设钢筋网,预留伸缩缝位置,安装好预埋件、泄水管,对板面冲洗干净,经监理工程师工序检查后方可浇筑桥面混凝土,桥面标高、路拱横坡、平整度必须符合设计。如桥面设计有沥青混凝土面层,须预留高度,且混凝土表面拉毛;如无沥青混凝土层,必须严格控制桥面几何尺寸,表面压光后刻防滑槽。桥面混凝土应加强养生,避免开裂。

c. 伸缩缝必须与桥面平齐,引道路面必须与伸缩缝平齐,保证行车平稳不跳。

d. 排水管高度适当,排水畅通,桥面不积水。

⑫栏杆、护栏:

a. 现浇护轮带(栏杆座)模板安装前须弹线控制,安装好后两侧拉线控制,不顺直的要调整;顶面按标高控制点拉线控制,不得有起伏、折点,且模板顶面不能高于护轮带顶面;模板必须定位牢固,浇筑时防止变形。拆摸后如出现平纵不顺适或其他缺陷,须补救处理或者凿除重浇。

b. 栏杆柱、扶手等小型构件必须精心预制,脱模后逐一检查,凡有蜂窝麻面、缺损、变形等缺陷的一律报废,不准安装使用。

c. 栏杆安装要按照《公路工程质量检验评定标准》规定检验评定,合格后,方能填塞砂浆固定。填塞砂浆时严防栏杆位移。

d. 防撞护栏(墙)必须采用标准钢模按照设计形状浇筑,按设计安装预埋件,确保拆模后线型顺适,轮廓分明,表面平整光洁。

e. 栏杆、护栏是影响桥梁外观的主要因素之一,承包人和监理工程师必须严格控制,确保栏杆、护栏的制作、安装质量。

⑬石砌工程:

a. 桥台、锥坡、护坡等石砌工程是桥梁工程的重要组成部分,其施工质量直接关系到桥梁的整体工程质量。

b. 桥台镶面石应按规范要求进行加工,做到外面精细,上下两端四面平整,石料高度、长度一致,丁顺相扣(不超过 2 顺),坐浆挤浆支砌,缝宽均匀一致;填心石大面向下,坐浆挤浆支砌,砂浆饱满无空洞,强度评定达到标准规定;石料强度符合设计要求,规格符合规范要求;桥台、侧墙各部断面尺寸不小于设计,镶面石颜色一致,角石加工标准,墙面平整无凸凹,沉降缝、泄水孔设置标准规范,勾缝符合规定。

c. 台帽浇筑规范、标准,尺寸强度符合要求,外观平整光洁。

d. 桥台未经监理工程师中间交工质量检验签证,不准安装板梁。

28)隧道工程

①隧道开工前,监理人员应要求承包人制订施工方案、检测监控方案、技术质量保证措施、安全保证措施,提交监理工程师审查。监理工程师认为可靠、可行、合理,方能批准开工。

②隧道内必须在保证充足的照明、通风条件下施工,确保工程质量和人员安全。

③监理工程师必须严格执行旁站监理制度,严格控制工程质量和工程数量。

④承包人在施工过程中必须加强超前预报和检测监控工作,密切注意围岩及地下水的变化情况,当施工方法和支护结构不适应于实际围岩状态时,应及时向监理工程师提出处理建议。

⑤隧道施工一律使用凿岩台车钻孔,衬砌台车和泵送混凝土二次衬砌浇筑,严禁人工拌制混凝土、砂浆,严禁使用木模,一律使用振捣器振捣混凝土。混凝土强度达不到设计强度的 80% 不得卸模。

⑥喷锚支护:

a. 锚杆施工应严格按设计要求进行,钻孔深度、锚杆插入深度、锚杆密度(间距)、注浆、锚杆的抗拔力必须符合设计规定,严禁偷工减料,弄虚作假。监理工程师应对孔位、钻孔角度、孔深、清孔效果、锚杆长度、砂浆配合比、锚杆抗拔力进行检测。锚杆安设未经监理工程师检验签证,严禁喷射混凝土。

b. 喷射混凝土用的水泥、速凝剂、沙、石料、水、钢纤维等材料以及配合比,必须经监理工程师认可方能使用。在喷射之前应用高压风管将岩壁面的粉尘、杂物清除,用水冲洗干净;喷射作业应由下而上、由衬砌面向开挖面顺序进行,每段长度不宜超过 6 m;喷射混凝土必须使用湿喷机进行施工,喷嘴距岩面的距离应适当,尽量减少喷料反弹率,反弹料不得再次利用;初喷厚度不得小于 5 cm,层厚大于 15 cm 的应分层喷射;发现喷射混凝土表面有裂缝,脱落,露筋、渗漏水等问题时,应予修补或凿除重喷,特别是渗漏水应认真处理。

c. 设有钢筋网的喷射混凝土,应先对岩面进行 5 cm 初喷后再安设钢筋网;钢筋网须与锚杆连接牢固,表层最低覆盖厚度不小于 2 cm。监理工程师对钢筋网的规格(包括钢筋规格和网格间距)和质量(除锈、稳定性、位置)进行检验,合格后方能喷射覆盖。

d. 采用钢拱架和钢筋网复合式喷锚支护时,钢筋网按上述规定施工后,立即安装钢拱架;钢拱架的型钢规格、制作尺寸、安装间距、垂直度、稳定性、横向连接钢筋必须符合设计要求;钢拱架安装好后监理工程师应逐项检查记录,确认符合设计后方能批准喷射混凝土。

e. 对渗水地段混凝土的喷射应采取设置排水导管、改变配合比,从干处向湿处逐步压缩喷射,将水相对集中设管排出。

f. 遇到特殊地质地段,喷射混凝土方法应取得监理工程师的同意。

g. 喷射混凝土须采用"喷大板切割法"进行抗压强度试验,检测频率和试压评定结果符合规范要求。如监理工程师对试件的真实性有疑义,可要求承包人进行"凿方切割法"试验验证。

h. 喷射前监理工程师应要求承包人按规定检测频率设置厚度检测参照物(可用钢筋、铁钉),用以控制混凝土厚度,同时在无参照物的部位凿孔检查验证,厚度必须符合规范规定。

⑦衬砌:

a. 衬砌台车安装前必须对中线、高程进行详细复测,准确确定墙、拱的平面位置和高程,确保任何一点的衬砌不得侵入隧道设计净空内;支架和模板应根据地质情况考虑足够的预拱度;钢轨安装牢固,确保浇筑过程中不下沉变形;模板安装应表面平整,纵横缝紧密无高差,涂脱模剂,确保拆模后混凝土表面平整、圆滑、顺适、光洁。

b. 无喷锚支护层的地段,必须对开挖断面检测合格并经监理工程师签认后,方能安装钢模台架,进行衬砌混凝土浇筑。

c. 防排水设施(塑料排水板、止水带、排水管等)施作完成,经监理工程师检测签证后方能安装钢模,进行衬砌混凝土的浇筑。

d. 严格控制混凝土配合比,确保混凝土强度,按规定频率取样试压;根据地质变化情况设置沉降缝,一般每 10 m 左右设一道沉降缝;混凝土从下往上对称浇筑,振捣密实;对干燥的隧道洒水养护,防止混凝土干缩开裂;安装支架和模板前必须每 10 m 测一个支护断面图,控制点位由监理工程师指定,衬砌完工后在同断面和点位测定衬砌断面图,以此核对衬砌厚度;安装模板后,监理工程师每 10 m 量测一次衬砌空间,做好记录,作为衬砌的厚度证明资料。

⑧仰拱与路面:

a. 严格按照设计规定仰拱放样,钢筋安装未经监理工程师检验,不准浇筑混凝土,仰拱混凝土厚度、强度应满足设计要求。仰拱未经监理工程师检验签证不准回填,回填混凝土配合比符合规定,取样试压强度达到要求,必须振捣密实,严禁掺假。

b. 仰拱填心混凝土强度达到设计要求后,方准路面施工。路面施工前对仰拱填心恢复中线,测量左、中、右 3 点各桩的标高和中线偏位,检查是否有渗水情况;如有问题,必须在路面施工前彻底处理,不留隐患。

c. 路面按照《公路路面基层施工技术规范》和《水泥混凝土路面施工及验收规范》的规定施工,其中混凝土路面须按规定做抗折强度试验,按《公路工程质量检验评定标准》的规定进行检验评定,确保混凝土路面抗弯拉强度、厚度、平整度、抗滑构造深度、相邻板高差、纵横缝顺直度、中线平面偏位,路面宽度、纵断高程、横坡度等指标符合设计要求,确保路面工程质量优良。

d. 两侧路缘石,排水沟盖板制作标准、强度合格、安装规范,侧面直顺、圆滑,表面平整顺适。

⑨防排水工程规定:按照设计要求和施工规范规定认真进行防排水设施的施工,确保隧道完工交付使用后拱墙不渗、不滴、不漏水,路面不渗、不积水,预留设备孔不渗水,排水管(沟)不堵、不淤、排水畅通。

⑩监理工程师在施工中应做好下列原始记录:

a. 工程地质和水文地质的实际情况调查资料;

b. 变更设计项目的原因和内容;

c. 隐蔽工程施工和发生坍方、涌水等的状况及其处理情况;

d. 各种工程材料的使用情况,试件的检测或检查结果、质量鉴定;

e. 喷射混凝土层及衬砌渗漏、变形、开裂观测记载,原因分析和处理情况;

f. 施工测量及贯通时的测量结果;

g. 对围岩、支护衬砌位移和应力的量测数据,锚杆拉拔力等试验数据;

h. 推广和研究试验新技术等过程及其结果;

i. 其他重大事项记载。

29)**路面工程**

①承包人接收路基工程后,组织技术人员对路基工程全面复测,包括控制坐标点、水准点、路线中线、纵断高程、路基宽度、边坡、路床以下 80 cm 范围的压实度、路床弯沉值和回弹模量等指标,编制复测报告,提出路基工程中存在的问题和处理意见,连同路面工程施工组织设计、路面施工准备工作情况报告、路面工程开工申请报告呈报高级驻地监理工程师。

②高级驻地监理工程师接到承包人的路面工程开工申请报告后,立即组织监理工程师对以下内容进行研究核查:

a. 路基工程复测报告提出的问题;

b. 路面工程施工准备工作情况是否充分,包括原材料试验、配合比试验、料场的选择、拌和场的位置、施工机械的型号、性能及到位情况,管理人员到位情况等;

c. 施工组织设计是否可行、合理,技术质量、工期、安全保障措施是否具体。

③如高级驻地监理工程师认为具备开工条件后,将审查报告连同承包人的附件资料报总监办。总监办进行审查后转报总监理工程师,由总监理工程师下达路面工程开工令。

④路面工程按照《公路路面基层施工技术规范》、《水泥混凝土路面施工及验收规范》和《沥青路面施工及验收规范》的规定进行施工,按《公路工程质量检验评定标准》的规定进行质

量检验评定。

30)**材料构配件的质量控制**

凡运到施工现场的原材料、半成品或构配件,进场前应向项目监理机构提交《工程材料/构配件/设备报审表》,同时附有产品出厂合格证明及技术说明书,由施工承包单位按规定要求检验或实验报告,经监理工程师审查并确认其质量合格后,方准进场。凡是没有产品出厂合格证明及检验不合格者,不得进场。如果监理工程师认为承包单位提交的有关产品合格证明的文件以及施工承包单位提交的检验和试验报告仍不足以说明到场产品的质量符合要求时,监理工程师可以再行组织复检或见证取样试验,确认其质量合格后方允许进场。

进口材料的检查、验收,应会同国家商检部门进行。如在检验中发现质量问题或质量不符合要求时,应取得供货方及商检人员签署的商务纪录,在规定的索赔期内索赔。

监理工程师对承包单位在材料、半成品、构配件的存放、保管条件及时间也应实行监控。此外,在材料、器材等使用前,也应经监理工程师对其质量再次检查确认后方可允许使用,经检查质量不符合要求者,不准使用或降低等级使用。

对于某些当地材料及现场配制的制品,一般要求承包单位事先进行试验,达到要求的标准方准施工。除应达到规定的力学强度等指标外,还应注意材料的化学成分的检验以及充分考虑到施工现场加工条件与设计、试验条件不同而可能导致的材料或半成品质量差异方面的控制。

31)**进场施工机械设备性能及工作状态的控制**

监理工程师要做好现场控制工作,不断检查并督促承包单位,保证施工现场作业机械设备的技术性能及工作状态。

①施工机械设备的进场检查。机械设备进场前,承包单位应向项目监理机构报送进场设备清单,列出进场机械设备的型号、规格、数量、技术性能、设备状况、进场时间。机械设备进场后,根据承包单位报送的清单,监理工程师现场核对是否和施工组织设计中所列的内容相符。

②机械设备工作状态的检查。监理工程师应审查作业机械的使用、保养记录,检查其工作状况。对重要的工程机械,如大马力推土机、大型凿岩设备、路基碾压设备等,应在现场实际复验(如开动,行走等),以保证投入作业的机械设备状态良好。监理工程师还应经常了解施工作业中机械设备的工作状况,防止带"病"运行。发现问题,指令承包单位及时修理,保持良好的作业状态。

③特殊设备安全运行的审核。对于现场使用的塔吊及有特殊安全要求的设备,进入现场之后使用之前,必须经当地劳动安全部门鉴定,符合要求并办好相关手续后方允许承包单位投入使用。

④大型临时设备的检查。在跨越大江大河的桥梁施工中,经常会涉及承包单位在现场组装的大型临时设备,如轨道式龙门吊机、悬臂施工中的吊篮、架梁吊机、吊索塔架、缆索吊机等。这些设备使用前,承包单位必须取得本单位上级安全主管部门的审查批准,办好相关手续后,监理工程师方可批准投入使用。

32)**施工测量及计量器具性能、精度的控制**

①工地试验室。在大型工程项目中,承包单位应建立工程试验室。如确因条件限制,不能建立工程试验室,则应委托具有相应资质的专门试验室作为工地试验室。如是新建的工地试

验室,应按国家相关规定,经计量主管部门认证并取得相应资质,如是本单位中心试验室的派出部分,应有中心试验室的正式委托书。

②监理工程师对工地试验室的检查。工程作业开始前,承包单位应向项目监理机构报送工地试验室(或外委试验室)的资质证明文件,列出本试验室所开展的试验、检测项目、主要仪器、设备;法定计量部门对计量器具的标定证明文件;试验检测人员上岗资质证明;试验室管理制度等。

监理工程师应实地检查工地试验室资质证明文件、试验设备、检测仪器能否满足工程质量检测要求,是否处于良好的可用状态,精度是否符合要求;法定计量部门标定资料、合格证、率定表是否在标定的有效期内;试验室管理制度是否齐全,符合实际;试验、检测人员的上岗资质等。经检查确认能满足工程质量检验要求,则予以批准,同意使用;否则,承包单位应进一步完善、补充,在没得到监理工程师同意之前,工地试验室不得使用。

③工地测量仪器的检查。施工测量开始前,承包单位应向项目监理机构提交测量仪器的型号、技术指标、精度等级、法定计量部门的标定证明,测量工的上岗证明,监理工程师审核确认后,方可进行测量作业。在作业过程中监理工程师也应检查了解计量仪器、测量设备的性能、精度状况,使其处于良好的状态。

33)**施工现场劳动组织及作业人员上岗资格的控制**

①现场劳动组织的控制。劳动组织涉及从事作业活动的操作者及管理者以及相应的各种制度。

从事作业活动的操作者数量必须满足作业的活动要求,相应工种配置能保证作业有序持续进行,不能因人员数量及工种配置不合理而造成停顿。作业活动的直接负责人(包括技术负责人)、专职质检人员、安全员、与作业活动有关的测量人员、材料员、试验员必须在岗。

各类规章制度如管理层及作业层各类人员的岗位职责、作业活动现场的安全和消防规定、作业活动中环保规定、试验室及现场试验检测的有关规定、紧急情况的应急处理规定等必须齐全,同时要有相应措施保证制度。

②作业人员上岗资格。从事特殊作业的人员必须持证上岗,对此监理工程师要进行检查和核实。

·5.2.4　交工验收与缺陷责任期的质量控制·

①交工验收是指从监理工程师收到施工单位提交的合同工程交工验收申请之日起到交工验收签发合同工程交工证书之日止;缺陷责任期是指合同工程交工证书签发之日起到施工单位获得合同工程缺陷责任终止证书之日止。

②监理工程师应按合同及有关文件规定,审查施工单位提交的合同工程交工验收申请。当合同约定的各项内容已完成,且施工单位已按相关规定对工程质量自检合格时,总监办便可组织交工验收前的初验。

交工验收的初验应通过检查资料、检查工程实体,合同工程全部合格,各项资料齐全,工程现场已清理,工程数量已核对。初验合格后,监理工程师应及时对合同工程的质量等级进行评定,按有关规定编制监理工作报告,并提交建设单位。

③监理工程师应参加建设单位组织的合同工程交工验收,接受对监理独立抽检资料、监理工作报告及质量评定资料的检查,协助建设单位检查施工单位地合同执行情况,核对工程数

量，科学公正地评定工程质量。

④在合同工程的缺陷责任期内，监理单位应安排监理人员检查施工单位剩余工程计划的实施，巡视检查已完工程，记录发生的工程缺陷，指示施工单位进行修复，并对工程缺陷发生的原因、责任及缺陷修复费用进行调查、确认，督促施工单位按合同规定完成竣工资料。

在合同工程缺陷责任期结束，收到施工单位向建设单位提交的终止缺陷责任的申请后，监理工程师应进行检查。符合条件时，监理工程师应在合同规定的时间内会同建设单位签发合同工程缺陷责任终止证书。

·5.2.5 施工过程质量控制手段·

1)审核技术文件、报告和报表

对技术文件、报告和报表的审核是对工程质量全面监督、检验与控制的重要手段。审核的具体内容包括：

①审查进入施工现场的分包单位的资质证明文件，控制分包单位的质量。

②审批施工承包单位的开工申请书，检查、核实与控制其施工准备工作质量。

③审批承包单位提交的施工方案、质量计划、施工组织设计或施工计划，控制工程施工质量有可靠的技术措施做保障。

④审批施工承包单位提交的有关材料、半成品和构配件质量证明文件(出厂合格证、质量检验或试验报告等)，确保工程质量有可靠的物质基础。

⑤审核承包单位提交的反映工序施工质量的动态统计资料或管理图表。

⑥审核承包单位提交的有关工序产品质量的证明文件(检验记录及试验报告)、工序交接检查(自检)、隐蔽工程检查、分部分项工程质量检查报告等文件、资料，以确保和控制施工过程的质量。

⑦审批有关工程变更、修改设计图纸等，确保设计及施工图纸的质量。

⑧审核有关应用新技术、新工艺、新材料、新结构等的技术鉴定书，审批其应用申请报告，确保新技术应用的质量。

⑨审批有关工程质量事故或质量问题的处理报告，确保质量事故或质量问题处理的质量。

⑩审核与签署现场有关质量技术签证、文件等。

2)指令文件与一般管理文书

指令文件是监理工程师运用指令控制权的具体形式。所谓指令文件是表达监理工程师对施工承包单位提出指示或命令的书面文件，属要求强制性执行的文件，一般以监理工程师通知的方式下达。

监理工程师的各项指令都应以书面的或有文件记载方为有效，并作为技术文件资料存档。如因时间紧迫，来不及做出正式的书面指令，也可以用口头指令的方式下达给承包单位，但随即应按合同规定，及时补充书面文件对口头指令予以确认。

一般管理文书，如监理工程师函、备忘录、会议纪要、发布有关信息、通报等，主要是对承包商工作状态和行为提出建议、希望和劝阻等，不属强制性要求执行，仅供承包单位自主决策参考。

3)现场监督和检查

①现场监督检查的内容：

主要包括开工前准备工作的质量检查,工序施工过程中对人员、施工机械设备、材料、施工方法及施工环境条件等所处状态的跟踪监督、检查,对重要的和对工程质量有重大影响的工序和工程部位施工过程的旁站监督与控制。

②现场监督检查的方式:

a.旁站。旁站是指在关键部位或关键工序施工过程中由监理单位人员在现场进行的跟班监督活动,见表5.1。

表5.1 公路工程监理旁站工序/部位一览表

<table>
<tr><th>单位工程</th><th>分部工程</th><th>分项工程</th><th>旁站工序或部位</th></tr>
<tr><td rowspan="3">路基工程</td><td rowspan="2">路基土石方工程</td><td>软土地基处治(碎石桩、塑排板、粉喷桩等)</td><td>试验工程</td></tr>
<tr><td>土工合成材料处治层</td><td>试验工程</td></tr>
<tr><td>大型挡土墙*</td><td>基础</td><td>混凝土浇筑</td></tr>
<tr><td rowspan="3">路面工程</td><td rowspan="3">路面工程</td><td>底基层、基层、垫层、联结层</td><td>试验工程</td></tr>
<tr><td>沥青面层</td><td>试验工程</td></tr>
<tr><td>水泥混凝土面层</td><td>试验工程、摊铺</td></tr>
<tr><td rowspan="13">桥梁工程</td><td rowspan="4">基础及下部构造</td><td>桩基</td><td>试柱、钢筋笼安放、混凝土浇筑</td></tr>
<tr><td>地下连续墙</td><td>混凝土浇筑</td></tr>
<tr><td>沉井灌注顶板混凝土</td><td>定位、下沉、灌注封底混凝土</td></tr>
<tr><td>桩的制作、墩台帽、组合桥台</td><td>张拉、压浆</td></tr>
<tr><td rowspan="3">上部构造预制和安装</td><td>预应力筋的加工和张拉</td><td>张拉、压浆</td></tr>
<tr><td>转体施工拱</td><td>桥体预制、接头混凝土浇筑</td></tr>
<tr><td>吊杆制作和安装</td><td>穿吊杆、预应力束张拉、压浆</td></tr>
<tr><td rowspan="3">上部构造现场浇筑</td><td>预应力筋的加工和张拉</td><td>张拉、压浆</td></tr>
<tr><td>主要构件浇筑、悬臂浇筑</td><td>主梁段混凝土浇筑、压浆</td></tr>
<tr><td>劲性骨架混凝土拱桥、钢管混凝土拱</td><td>混凝土浇筑</td></tr>
<tr><td rowspan="3">总体、桥面系和附属工程</td><td>桥面铺装</td><td>试验工程</td></tr>
<tr><td>钢桥面板上沥青混凝土面层</td><td>试验工程、面层铺筑</td></tr>
<tr><td>伸缩缝安装,大型伸缩缝安装</td><td>首件安装</td></tr>
</table>

b.巡视。巡视是指监理单位人员对正在施工的部位或工序现场进行的定期或不定期的监督活动。旁站是"点"的活动,它是针对某一部位或工序。而巡视是一种"面"上的活动,它不限于某一部位或过程。因此,在施工过程中,监理工程师必须加强对现场的巡视、旁站监督与检查。

c.平行检验。它是指监理工程师利用一定的检查或检测手段在承包单位自检的基础上,按照一定的比例独立进行检查或检测的活动,是监理工程师质量控制的一种重要手段。通常在技术复核及复验工作中采用,是监理工程师对施工质量进行验收,做出自己独立判断的重要依据之一。

4)规定质量监控工作程序

规定监理与被监理双方必须遵守质量监控工作程序并按规定的程序工作,是质量监控的必要手段。例如,未提交开工申请单并得到监理工程师的审查、批准不得开工;未经监理工程师签署质量验收单并予以质量确认不得进行下道工序;工程材料未经监理工程师批准不得在工程上使用等。通过程序化管理,使监理工程师的质量控制工作进一步落实,做到科学、规范的管理和控制。

5)利用支付手段

这是国际上较通用的一种重要的控制手段,也是建设单位或合同中赋予监理工程师的支付控制权。从根本上讲,国际上对合同条件的管理主要是采用经济手段和法律手段。因此,质量监理是以计量支付控制权为保障手段。所谓支付控制权就是对施工承包单位支付任何工程款项,均需由总监理工程师审核签认支付证明书,没有总监理工程师签署的支付证书,建设单位不得向承包单位进行支付工程款。工程款支付的条件之一就是工程质量要达到规定的要求和标准。如果承包单位的工程质量达不到要求的标准,监理工程师有权采取拒绝签署支付证书的手段,停止对承包单位支付部分或全部工程款,由此造成的损失由承包单位负责。显然,这是十分有效的控制和约束手段。

6)质量记录资料

质量资料是施工承包单位在工程施工或安装期间实施质量控制活动的记录,还包括监理工程师对这些质量控制活动的意见及施工承包单位对这些意见的答复。它详细地记录了工程施工阶段质量控制活动的全过程,因此,它不仅在工程施工期间对工程质量的控制有重要作用,而且在工程竣工和投入运行后,对于查询和了解工程建设的质量情况以及工程维修和管理也能提供大量有用的资料和信息。

质量记录资料包括以下3方面内容:

①施工现场质量管理检查记录资料。

②工程材料质量记录。

③施工过程作业活动质量记录资料。

施工质量记录资料应真实、齐全、完整,相关各方人员的签字齐备、字迹清楚、结论明确,与施工过程的进展同步。在对作业活动效果的验收中,如缺少资料或资料不全,监理工程师应拒绝验收。

7)质量检验的主要方法

对于现场所用原材料、半成品工序过程或工程产品质量进行检验的方法,一般可分为3类,即目测法、检测工具量测法以及试验法。

目测法就是凭借感官进行检查,有时可以叫做感官检验。这类方法主要是根据质量要求,采用看、摸、敲、照等手法对检查对象进行检查。看就是根据质量标准要求进行外观检查;摸就是通过触摸手感进行检查、鉴别;敲就是运用敲击方法进行音感检查;照就是通过人工光源或反射光照射仔细检查难以看清的部位。

量测法就是利用量测工具或计量仪表,通过实际量测结果与规定的质量标准或规范的要求对照,从而判断质量是否符合要求。量测的手法可归纳为靠、吊、量、套。靠是用直尺检查诸如路面、坡面的平整度等;吊是指用托线板线锤检查垂直度;量是指用量测工具或计量仪表等检查断面尺寸、轴线、标高、温度等数值并确定其偏差;套是指以方尺套方辅以塞尺,检查预制构件的方正等。

试验法指通过现场试验或试验室试验等理化试验手段取得数据、分析判断质量情况。常用的试验主要包括理化试验和无损检测。所谓理化试验,就是对作业技术结果进行各种物理力学性能方面的检验和化学成分及含量的测定。所谓无损测试或检验,就是借助专门的仪器、仪表等手段探测结构物或材料、设备内部组织结构或损伤状态。这类检测仪器如超声波探伤仪、磁粉探伤仪、γ射线探伤、渗透液探伤等。它们一般可以在不损伤被探测物的情况下了解被探测物的质量情况。

5.3 工程质量验收与评定

·5.3.1 工程质量评定·

1)工程质量检验评分

依据《公路工程质量检验评定标准》,工程质量检验评分以分项工程为单元,采用100分制。在分项工程评分的基础上,逐级计算各相应分部工程、单位工程、合同段和建设项目评分值。

(1)分项工程质量评分

分项工程质量检验内容包括基本要求、实测项目、外观鉴定和质量保证资料4个部分。只有在其使用的原材料、半成品、成品及施工工艺符合基本要求的规定,且无严重外观缺陷和质量保证资料真实并基本齐全时,才能对分项工程质量进行检验评定。

涉及结构安全和使用功能的重要实测项目为关键项目(在《公路工程质量检验评定标准》文中以“△”标识),其合格率不得低于90%(属于工厂加工制造的桥梁金属构件不低于95%,机电工程为100%),且检测值不得超过规定极值,否则必须进行返工处理。

实测项目的规定极值是指任一单个检测值都不能突破的极限值,不符合要求时该实测项目为不合格。采用《公路工程质量检验评定标准》附录B至附录I所列方法评定的关键项目,不符合要求时则该分项工程评为不合格。

分项工程的评分值满分为100分,按实测项目采用加权平均法计算。存在外观缺陷或资料不全时,应予减分。

$$\text{分项工程得分} = \frac{\sum(\text{检查项目得分} \times \text{权值})}{\sum \text{检查项目权值}}$$

$$\text{分项工程评分值} = \text{分项工程得分} - \text{外观缺陷减分} - \text{资料不全减分}$$

a. 基本要求检查。分项工程所列基本要求,对施工质量优劣具有关键作用,应按基本要求对工程进行认真检查。经检查不符合基本要求规定时,不得进行工程质量的检验和评定。

b. 实测项目计分。对规定检查项目采用现场抽样方法,按照规定频率和下列计分方法对分项工程的施工质量直接检测计分。

检查项目除按数理统计方法评定的项目以外,均应按单点(组)测定值是否符合标准要求进行评定,并按合格率计分。

$$\text{检查项目合格率}=\frac{\text{检查合格的点(组)数}}{\text{该检查项目的全部检查点(组)数}}\times 100\%$$

$$\text{检查项目得分}=\text{检查项目合格率}\times 100$$

c. 外观缺陷减分。对工程外表状况应逐项全面检查,如发现外观缺陷,应减分。对于较严重的外观缺陷,施工单位须采取措施整修处理。

d. 资料不全减分。分项工程的施工资料和图表残缺,缺乏最基本的数据,或有伪造涂改者,不予检验和评定。资料不全者应予减分,减分幅度可按《公路工程质量检验评定标准》3.2.4条所列各款逐款检查,视资料不全情况,每款减1~3分。

(2)分部工程和单位工程质量评分

《公路工程质量检验评定标准》附录A所列分项工程和分部工程区分为一般工程和主要(主体)工程,分别给以1和2的权值。进行分部工程和单位工程评分时,采用加权平均值计算法确定相应的评分值。

$$\text{分部(单位)工程评分值}=\frac{\sum[\text{分项(分部)工程评分值}\times\text{相应权值}]}{\sum\text{分项(分部)工程权值}}$$

(3)合同段和建设项目工程质量评分

合同段和建设项目工程质量评分值按《公路工程竣(交)工验收办法》计算。

2)工程质量等级评定

工程质量评定等级分为合格与不合格,应按分项、分部、单位工程、合同段和建设项目逐级评定。

(1)分项工程质量等级评定

分项工程评分值不小于75分者为合格,小于75分者为不合格;机电工程、属于工厂加工制造的桥梁金属构件不小于90分者为合格,小于90分者为不合格。

评定为不合格的分项工程,经加固、补强或返工、调测,满足设计要求后,可以重新评定其质量等级,但计算分部工程评分值时按其复评分值的90%计算。

(2)分部工程质量等级评定

所属各分项工程全部合格,则该分部工程评为合格;所属任一分项工程不合格,则该分部工程为不合格。

(3)单位工程质量等级评定

所属各分部工程全部合格,则该单位工程评为合格;所属任一分部工程不合格,则该单位工程为不合格。

(4)合同段和建设项目质量等级评定

合同段和建设项目所含单位工程全部合格,其工程质量等级为合格;所属任一单位工程不合格,则合同段和建设项目为不合格。

·5.3.2 工程验收·

公路工程验收分为交工验收和竣工验收两个阶段。

交工验收是检查施工合同的执行情况,评价工程质量是否符合技术标准及设计要求,是否可以移交下一阶段施工或是否满足通车要求,对各参建单位工作进行初步评价。

竣工验收是综合评价工程建设成果,对工程质量、参建单位和建设项目进行综合评价。

1)公路工程竣(交)工验收的依据

①批准的工程可行性研究报告。

②批准的工程初步设计、施工图设计及变更设计文件。

③批准的招标文件及合同文本。

④行政主管部门的有关批复、批示文件。

⑤交通部颁布的公路工程技术标准、规范、规程及国家有关部门的相关规定。

2)交工验收由项目法人(建设单位)负责

竣工验收由交通主管部门按项目管理权限负责。交通部负责国家、部重点公路工程项目中100 km以上的高速公路、独立特大型桥梁和特长隧道工程的竣工验收工作;其他公路工程建设项目,由省级人民政府交通主管部门确定的相应交通主管部门负责竣工验收工作。

3)公路工程(合同段)进行交工验收应具备的条件

①合同约定的各项内容已完成。

②施工单位按交通部制定的《公路工程质量检验评定标准》及相关规定的要求对工程质量自检合格。

③监理工程师对工程质量的评定合格。

④质量监督机构按交通部规定的公路工程质量鉴定办法对工程质量进行检测(必要时可委托有相应资质的检测机构承担检测任务),并出具检测意见。

⑤竣工文件已按交通部规定的内容编制完成。

⑥施工单位、监理单位已完成本合同段的工作总结。

4)交工验收主要内容

公路工程各合同段符合交工验收条件后,经监理工程师同意,由施工单位向项目法人(建设单位)提出申请,项目法人(建设单位)应及时组织对该合同段进行交工验收。

交工验收的主要工作内容是:

①检查合同执行情况。

②检查施工自检报告、施工总结报告及施工资料。

③检查监理单位独立抽检资料、监理工作报告及质量评定资料。

④检查工程实体,审查有关资料,包括主要产品质量的抽(检)测报告。

⑤核查工程完工数量是否与批准的设计文件相符,是否与工程计量数量一致。

⑥对合同是否全面执行、工程质量是否合格做出结论,按交通主管部门规定的格式签署合同段交工验收证书。

⑦按交通部规定的办法对设计单位、监理单位、施工单位的工作进行初步评价。

项目法人(建设单位)负责组织公路工程各合同段的设计、监理、施工等单位参加交工验收。拟交付使用的工程,应邀请运营、养护管理单位参加。

5)公路工程进行竣工验收应具备的条件

①通车试运营2年。

②交工验收提出的工程质量缺陷等遗留问题已处理完毕,并经项目法人(建设单位)验收合格。

③工程决算已按交通部规定的办法编制完成,竣工决算已经审计,并经交通主管部门或其授权单位认定。

④竣工文件已按交通部规定的内容完成。

⑤对需进行档案、环保等单项验收的项目,已经有关部门验收合格。

⑥各参建单位已按交通部规定的内容完成各自的工作报告。

⑦质量监督机构已按交通部规定的公路工程质量鉴定办法对工程质量检测鉴定合格,并形成工程质量鉴定报告。

公路工程符合竣工验收条件后,项目法人(建设单位)应按照项目管理权限及时向交通主管部门申请验收。交通主管部门应当自收到申请之日起30 d内,对申请人递交的材料进行审查,对于不符合竣工验收条件的,应当及时退回并告知理由;对于符合验收条件的,应自收到申请文件之日起3个月内组织竣工验收。

6)竣工验收的主要工作内容

①成立竣工验收委员会。

②听取项目法人、设计单位、施工单位、监理单位的工作报告。

③听取质量监督机构的工作报告及工程质量鉴定报告。

④检查工程实体质量、审查有关资料。

⑤按交通部规定的办法对工程质量进行评分,并确定工程质量等级。

⑥按交通部规定的办法对参建单位进行综合评价。

⑦对建设项目进行综合评价。

⑧形成并通过竣工验收鉴定书。

7)参加竣工验收工作各方的主要职责

①竣工验收委员会负责对工程实体质量及建设情况进行全面检查。按交通部规定的办法对工程质量进行评分,对各参建单位进行综合评价,对建设项目进行综合评价,确定工程质量和建设项目等级,形成工程竣工验收鉴定书。

②项目法人负责提交项目执行报告及验收所需资料,协助竣工验收委员会开展工作。

③设计单位负责提交设计工作报告,配合竣工验收检查工作。

④监理单位负责提交监理工作报告,提供工程监理资料,配合竣工验收检查工作。

⑤施工单位负责提交施工总结报告,提供各种资料,配合竣工验收检查工作。

⑥竣工验收工程质量评分采取加权平均法计算,其中交工验收工程质量得分权值为0.2,质量监督机构工程质量鉴定得分权值为0.6,竣工验收委员会对工程质量评定得分权值为0.2。

⑦工程质量评定得分大于等于90分为优良,小于90分且大于等于75分为合格,小于75分为不合格。

⑧竣工验收建设项目综合评分采取加权平均法计算,其中竣工验收工程质量得分权值为0.7,参建单位工作评价得分权值为0.3(项目法人占0.15,设计、施工、监理各占0.05)。

⑨评定得分大于等于90分且工程质量等级优良的为优良,大于等于75分为合格,小于75分为不合格。

5.4 工程质量问题和质量事故的处理

·5.4.1 工程质量事故特点与分类·

工程质量事故是较为严重的工程质量问题,由于建设工程本身的特点,产生质量问题的原因错综复杂,表现形式千差万别,使工程质量事故表现出复杂性、严重性、多变性和多发性等特点。

公路工程质量事故分质量问题、一般质量事故及重大质量事故3类。

(1)质量问题

质量较差、造成直接经济损失(包括修复费用)在20万元以下。

(2)一般质量事故

质量低劣或达不到合格标准,需加固补强,直接经济损失(包括修复费用)在20万~300万元的事故。一般质量事故分3个等级:

①一级一般质量事故:直接经济损失在150万~300万元。

②二级一般质量事故:直接经济损失在50万~150万元。

③三级一般质量事故;直接经济损失在20万~50万元。

(3)重大质量事故

由于责任过失造成工程倒塌、报废和造成人身伤亡或者重大经济损失的事故。重大质量事故分为3个等级:

①具备下列条件之一者为一级重大质量事故:

a.死亡30人以上;

b.直接经济损失1 000万元以上;

c.特大型桥梁主体结构垮塌。

②具备下列条件之一者为二级重大质量事故:

a.死亡10人以上,29人以下;

b.直接经济损失500万元以上,不满1 000万元;

c.大型桥梁主体结构垮塌。

③具备下列条件之一者为三级重大质量事故:

a.死亡1人以上,9人以下;

b.直接经济损失300万元以上,不满500万元;

c.中小型桥梁主体结构垮塌。

·5.4.2 工程质量事故处理·

质量事故发生后,事故发生单位必须以最快的方式,将事故的简要情况同时向建设单位、监理单位、质量监督站报告。在质量监督站初步确定质量事故的类别性质后,再按下述要求进行报告:

(1)质量问题

问题发生单位应在 2 d 内书面上报建设单位、监理单位、质量监督站。

(2)一般质量事故

事故发生单位应在 3 d 内书面上报质量监督站，同时报企业上级主管部门、建设单位、监理单位和省级质量监督站。

(3)重大质量事故

事故发生单位必须在 2 小时内速报省级交通主管部门和国务院交通主管部门，同时报告省级质量监督站和部质监总站，并在 12 小时内报出《公路工程重大质量事故快报》。

公路工程在建项目，施工单位为事故报告单位；交付使用的工程，接养单位为事故报告单位。处理控制流程见图 5.1。

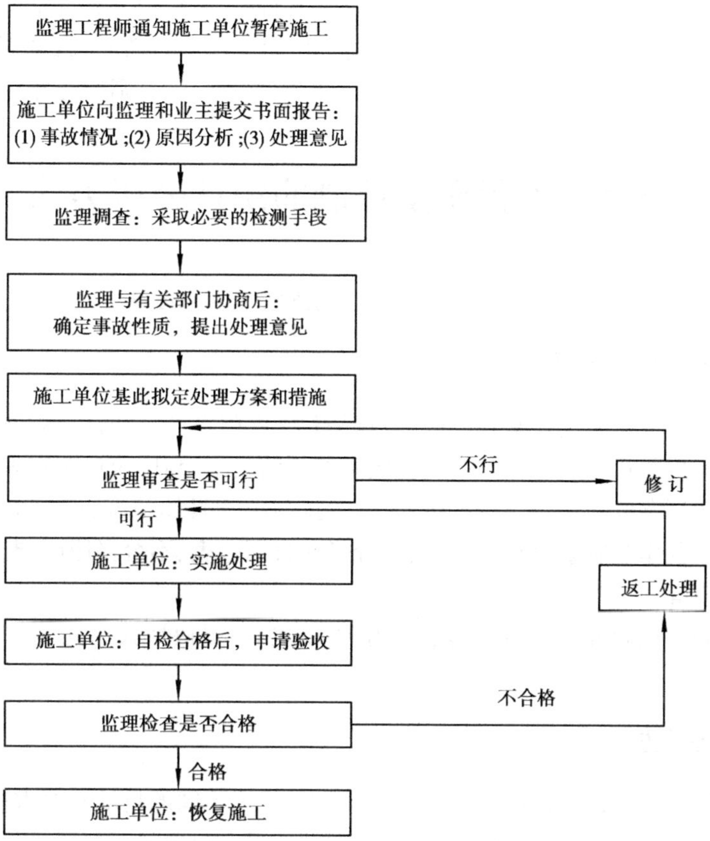

图 5.1 质量事故处理控制流程图

·5.4.3 工程质量事故处理的依据·

进行工程质量事故处理的依据包括：质量事故的实况资料；具有法律效力的，得到有关当事各方认可的工程承包合同、设计委托合同、材料或设备购销合同以及监理合同或分包合同等合同文件；有关的技术文件、档案和相关的建设法规等 4 个方面。其中，前 3 种是与特定的工程项目密切相关的具有特定性质的依据。第 4 种法规性依据，是具有很高权威性、约束性、通用性和普遍性的依据，因而它在工程质量事故的处理中，具有极其重要的作用。

·5.4.4　发生重大质量事故的现场保护措施·

事故发生后,事故发生单位和该工程的建设、施工、监理等单位,应严格保护事故现场,采取有效措施抢救人员和财产,防止事故扩大。因抢救人员、疏导交通等原因,需要移动现场物件时,应当做出标志,绘制现场简图并做出书面记录,妥善保存现场重要痕迹、物证,并应采取拍照或录像等直录方式反映现场原状。

·5.4.5　工程质量事故的处理部门·

国务院交通主管部门归口管理全国公路工程质量事故,省级交通主管部门归口管理本辖区内的公路工程质量事故。质量事故的调查处理实行统一领导、分级负责的原则。重大质量事故由国务院交通主管部门会同省级交通主管部门负责调查处理;一般质量事故由省级交通主管部门负责调查处理;质量问题原则上由建设单位或企业负责调查处理。

5.5　工程质量控制的统计分析方法

主要介绍常用的统计调查表法、分层法、排列图法与因果图法。

·5.5.1　统计调查表法·

统计调查表法又称为统计调查分析法,它是利用专门设计的统计表对质量数据进行收集、整理和粗略分析质量状态的一种方法。在质量控制活动中,利用统计调查表收集数据,简便灵活,便于整理,实用有效。它没有固定格式,可根据需要和具体情况,设计出不同统计调查表。常用的有分项工程作业质量分布调查表、不合格项目调查表、不合格原因调查表及施工质量检查评定用调查表等。

统计调查表往往同分层法结合起来应用,可以更好、更快地找出问题的原因,以便采取改进的措施。

·5.5.2　分层法·

分层法又叫分类法,是将调查收集的原始数据,根据不同的目的和要求按某一性质进行分组、整理的分析方法。分层的结果使数据各层间的差异突出地显示出来,层内的数据差异减少了,在此基础上在进行层间、层内的比较分析,可以更深入地发现和认识质量问题原因。由于产品质量是多方面因素共同作用的结果,因而对同一批数据,可以按不同性质分层,使我们能从不同的角度来考虑、分析产品存在的质量问题和影响因素。

常用的分层标志有:按操作班组或操作者分层;按使用机械设备型号分层;按操作方法分层;按原材料供应单位、供应时间或等级分层;按施工时间分层;按检查手段、工作环境分层。

现举例说明分层法的应用。

【例5.1】　对钢筋焊接质量调查分析,共检查了50个焊接点,其中不合格19个,不合格率为38%,存在严重的质量问题,试用分层法分析质量问题的原因。

现已查明这批钢筋的焊接是由A、B、C 3个师傅操作的,而焊条是由甲、乙2个厂家提供的。因此,分别按操作者和焊条生产厂家进行分层分析,即考虑一种因素单独的影响,如表5.2和表5.3所示。

表5.2 按操作者分层

操作者	不合格/个	合格/个	不合格率/%
A	6	13	32
B	3	9	25
C	10	9	53
合　计	19	31	38

表5.3 按供应焊条厂家分层

供应厂家	不合格/条	合格/条	不合格率/%
甲	9	14	39
乙	10	17	37
合　计	19	31	38

由分层分析可见,操作者B的质量较好,不合格率为25%。而对供应厂家而言则不论是采用甲厂还是乙厂的焊条,不合格率都很高且相差不大。为了找出问题之所在,再进一步采用综合分层法进行分析,即考虑两种因素共同影响的结果。

分层法是质量控制统计分析方法中最基本的一种方法。其他统计方法一般都要与分层法配合使用,如排列图法、直方图法、控制图法、相关图法等,常常是先利用分层法将原始数据分门别类,然后再进行统计分析。

·5.5.3　排列图法·

排列图法是利用排列图寻找影响质量主次因素的一种有效方法。排列图又叫帕累托图或主次因素分析图,它是由两个纵坐标、一个横坐标、几个连起来的直方形和一条曲线所组成,如图5.2所示。

左侧的纵坐标表示频数(即某一项目出现的次数),右侧纵坐标表示累计频率,横坐标表示影响质量的各个因素或项目,按影响程度大小从左至右排列,直方形的高度示意某个因素的影响大小。实际应用中,通常按累计频率划分为0~80%、80%~90%、90%~100%三部分,与其对应的影响因素分别为A、B、C 3类。A类为主要因素,B类为次要因素,C类为一般因素。

(1)排列图的绘制

首先收集相关的数据资料,并据此计算出频数和累计频率,然后以相关项目为横坐标,以频数为左纵坐标,画出频数直方形,再以累计频率为右纵坐标,从横坐标左端点开始,依次连接各项目直方形右边线及所对应的累计频率值的交点,得到累计频率曲线,如图5.2所示。

(2)排列图的观察与分析

排列图中的每个直方形都表示一个质量问题或影响因素,影响程度与各直方形的高度成正比,因此,通过观察直方形大致可看出各项目的影响程度。

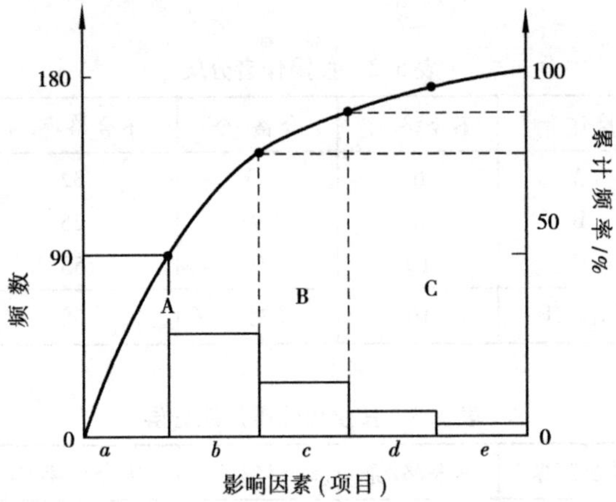

图5.2 排列图

将累计频率曲线按0～80%、80%～90%、90%～100%分为3部分,各曲线下面所对应的影响因素分别为A、B、C 3类因素,其中A类问题就是应重点解决的质量问题。

(3)排列图的应用

排列图可以形象、直观地反映主次因素。其主要应用包括:

①按不合格点的内容分类,可以分析出造成质量问题的薄弱环节。

②按生产作业分类,可以找出生产不合格品最多的关键过程。

③按生产班组或单位分类,可以分析比较各单位技术水平和质量管理水平。

④将采取提高质量措施前后的排列图对比,可以分析措施是否有效。

⑤此外还可以用于成本费用分析、安全问题分析等。

【例5.2】 某工地监理工程师在对混凝土分项工程验收时发现:现浇混凝土构件尺寸波动较大,在全部检查的8个项目中不合格点(超偏差限值)有150个,具体检查结果如表5.4所示。请用排列图法对这些不合格点进行分析,并找出混凝土构件尺寸质量的薄弱环节及应采取的措施。

表5.4 不合格点统计表

序 号	检查项目	不合格点数/个	序 号	检查项目	不合格点数/个
1	轴线位置	1	5	平面水平度	15
2	垂直度	8	6	表面平整度	75
3	标高	4	7	预埋设施中心位置	1
4	截面尺寸	45	8	预埋孔洞中心位置	1

案例分析

(1)收集整理数据

首先计算各项目不合格点出现的次数即频数。然后对数据资料进行整理,将不合格点较少的轴线位置、预埋设施中心位置、预留孔洞中心位置3项合并为其他项。按不合格点的频数由大到小顺序排列各检查项目,其他项排在最后。再以全部不合格点数为总数,计算各项的频率和累计频率,结果如表5.5所示。

(2)绘制排列图(如图5.3所示)

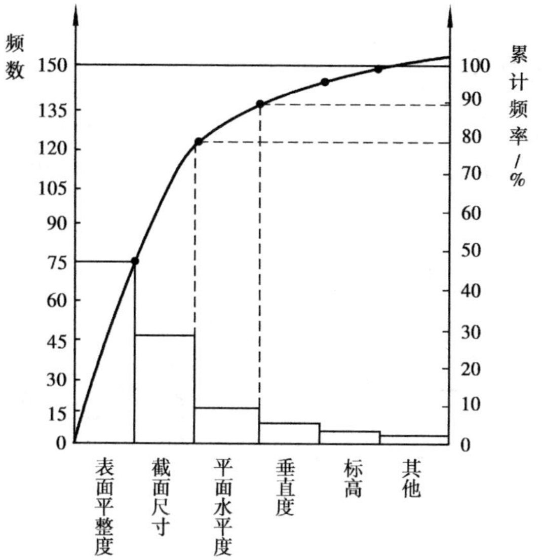

图5.3 排列图

①以项目为横坐标,并按项目频数由大到小顺序从左至右排列。

②画纵坐标。左侧的纵坐标表示项目不合格点数,即频数,右侧纵坐标表示累计频率。要求总频数对应累计频率为100%。

③以频数为高画出各项目的频数直方形。

④从横坐标左端点开始,依次连接各项目直方形右边线及所对应的累计频率值的交点,所得的曲线即为累计频率曲线。

表5.5 不合格点项目频数频率统计表

序号	项目	频数	频率/%	累计频率/%
1	表面平整度	75	50	50
2	截面尺寸	45	30	80
3	平面水平度	15	10	90
4	垂直度	8	5.3	95.3
5	标高	4	2.7	98
6	其他	3	2	100
合计		150	100	

(3)排列图的观察与分析

观察排列图可知:表面平整度、截面尺寸为A类即主要因素,也就是我们要找的薄弱环节,平面水平度是B类即次要因素,垂直度、标高和其他项目为C类即一般因素。

(4)薄弱环节的解决措施

为控制混凝土构件的表面平整度和截面尺寸，应重点加强混凝土浇筑时的表面抹平压光工序，同时，特别注意检查支模板的尺寸准确性，解决浇筑时因浇筑速度过快或模板支撑不符合要求的问题，保证混凝土浇筑的尺寸。

·5.5.4 因果分析图法·

因果分析图法是利用因果分析图来系统整理分析某个质量问题（结果）与其产生原因之间关系的有效工具。因果分析图又因其形状常被称为树枝图或鱼刺图，其基本形式如图5.4所示。

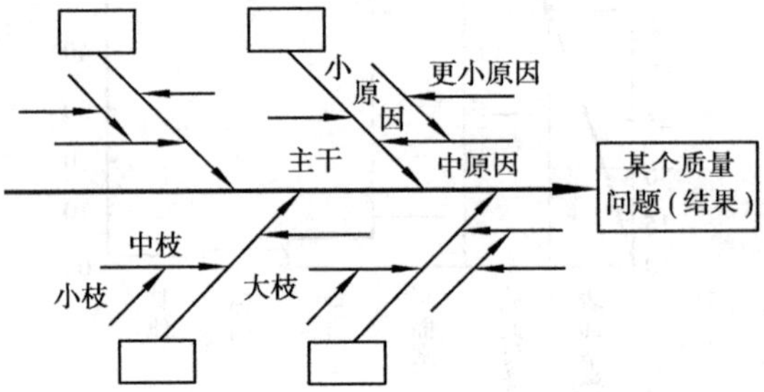

图5.4　因果分析图基本形式

从图中可见，因果分析图由质量特性（即质量结果，指某个质量问题）、要因（产生质量问题的主要原因）、枝干（指一系列箭线表示不同层次的原因）、主干（指较粗的直接指向质量结果的水平箭线）等组成。

（1）因果分析图的绘制

绘制因果分析图时应从结果开始将原因从大到小逐层分解。首先明确质量问题，也就是结果。作图时首先由左至右画出一条水平主干线，箭头指向一个矩形框，框内注明研究的问题，即结果，然后分析确定影响质量特性大的原因。

一般来说，影响质量因素有五大方面，即人、机械、材料、方法、环境等，另外还可以按产品的生产过程进行分析，再将每种大原因进一步分解为中原因、小原因，直至分解的原因可以采取具体措施加以解决为止。最后，检查图中所列的原因是否齐全，可以对初步分析结果广泛征求意见，并做必要的补充及修改，选择出影响大的关键因素，做出标记，以便重点采取措施。

（2）绘制和使用因果分析图时应注意的问题

①集思广益：绘制时要求绘制者熟悉专业施工方法技术，调查、了解施工现场实际条件和操作的具体情况。要以各种形式广泛收集现场工人、班组长、质量检查员、工程技术人员的意见，集思广益、相互启发、相互补充，使因果分析更符合实际。

②制订对策：绘制因果分析图不是目的，而是要根据图中所反映的主要原因，制订改进的措施和对策，限期解决问题，保证产品质量。具体实施时，一般应编制一个对策计划表，如表5.6所示。

表 5.6 对策计划表

项目	序号	产生问题原因	采取的对策	执行人	完成时间
人	1	分工不明确	根据个人特长确定每项作业的负责人及各操作人员职责并挂牌示出		
	2	基本知识差	组织学习操作规程 搞好技术交流		
方法	3	配合比不当	根据数理统计结果,按施工实际水平进行配比计算和试验		
	4	水灰比不准	制作试块 捣制时每半天测沙石含水率一次 捣制时控制坍落度在 5 cm 以下		
	5	计量不准	校正磅秤		
材料	6	水泥质量不足	进行水泥质量统计		
	7	原材料不合格	对沙、石、水泥进行各项指标试验		
	8	沙、石含泥量大	冲洗		
机械	9	振捣器常坏	使用前检修一次 施工时配备电工 备用振捣器		
	10	搅拌机失修	使用前检修一次 施工时配备检修工人		
环境	11	场地乱	认真清理,搞好平面布置,现场实行分片制		
	12	气温低	准备草袋,养护落实到人		

【例 5.3】 ××市某县大桥特大垮塌事故

1999 年 1 月 4 日 18 时 50 分,××市某县大桥整体垮塌,造成死亡 40 人、受伤 14 人,直接经济损失约 631 万元。

1)事故发生的经过及人员伤亡、财产损失情况

某县大桥位于某县城古南镇一条河上,是一座连接新旧城区的跨河人行桥,该桥结构为中承式钢管混凝土提蓝拱桥,桥长 140 m,主拱净跨 120 m,桥面总宽 6 m,净宽 5.5 m,桥面设计人群荷载 3.5 Pa。该桥于 1994 年 11 月开工建设,于 1996 年 2 月 15 日开始使用,耗资 418 万元。

出事当时,30 余名群众正行走于该桥上,另有 22 名驻扎该地的武警战士进行傍晚训练,由西向东列队跑步至桥上约 2/3 处时,整座大桥突然垮塌,桥上群众和武警战士全部坠入河中,经奋力抢救,14 人生还,40 人遇难身亡(其中 18 名武警战士、22 名群众)。

此次事故直接经济损失约 631 万元(其中:建桥工程费 418 万元,伤亡人员善后处理费 207.5 万元,现场清障费 5.5 万元)

2)事故发生的直接原因、间接原因及事故的性质

事故调查组和专家组通过调查取证、技术鉴定和综合分析,确定了事故发生的直接原因和

间接原因。

(1)直接原因

专家组做出的事故技术鉴定表明:事故发生的直接原因是工程施工存在十分严重的危及结构安全的质量问题,工程设计也存在一定程度的质量问题。主要有:

①吊杆锁锚问题。吊杆钢绞线锁锚方法错误,不能保证钢绞线有效锁定及均匀受力,锚头部位的钢绞线出现部分或全部滑出使吊杆钢绞线锚固失效。

②主拱钢管焊接问题。主拱钢管在工厂加工中,对接焊缝普遍存在裂纹、未焊透、未熔合、气孔、夹渣等严重缺陷,质量达不到施工及验收规范规定的二级焊缝检验标准。

③钢管混凝土问题。主拱钢管内混凝土强度达不到设计要求,局部有漏灌现象,在主拱肋板处甚至出现1米多长的空洞。吊杆的灌浆防护也存在严重质量问题。

④设计问题。设计粗糙,更改随意,构造有不当之处。对主拱钢结构的材质、焊接质量、接头位置及锁锚质量均无明确要求。在成桥增设花台等荷载后,主拱承载力不能满足相应规范要求。

该桥建成后的使用过程中,使用不当,管理不善,吊杆钢绞线锚固加速失效,西桥头下游端支座处的拱架钢管就产生了陈旧性破坏裂纹,主拱受力急剧恶化,该桥已是一座危桥。

(2)间接原因

根据调查组调查取证、综合分析认定,事故的间接原因是该桥建设中严重违反基本建设程序,不执行国家建筑市场管理规定和办法,违法建设、管理混乱。主要有:

①建设过程严重违反基本建设程序。

a. 未办理立项及计划审批手续;

b. 未办理规划、国土手续;

c. 未进行设计审查;

d. 未进行施工招投标;

e. 未办理建筑施工许可手续;

f. 未进行工程竣工验收。

②设计、施工主体资格不合法。

③管理混乱。

a. 县个别领导行政干预过多,对工程建设的许多问题擅自决断,缺乏约束监督;

b. 建设业主与县建设行政主管部门职责混淆,责任不落实,工程发包混乱,管理严重失职;

c. 工程总承包关系混乱,总承包单位在履行职责上严重失职;

d. 施工管理混乱,设计变更随意,手续不全,技术管理薄弱,责任不落实,关键工序及重要部位的施工质量无人把关;

e. 材料及构配件进场管理失控,不按规定进行试验检测,外协加工单位加工的主拱钢管未经焊接质量检测合格就交付施工方使用;

f. 质监部门未严格审查项目建设条件,就受理质检委托,虽制订了监督大纲,委派了监督员,但未认真履行职责,对项目未经验收就交付使用的错误作法未有效制止;

g. 工程档案资料管理混乱,无专人管理。档案资料内容严重不齐,各种施工记录签字手续不全,竣工图编制不符合有关规定;

h. 未经验收,强行使用。成桥以后,对已经发现的质量问题未进行整改,没有进行桥面荷载试验,没有对工程进行质量等级核定,没有进行项目竣工验收,在尚未完工的情况下即强行投入使用;投入使用后又未对大桥进行认真监测和维护,特别是在使用过程中发生异常情况时,未采取有效措施消除质量安全隐患。

(3)事故的性质

某县大桥建设严重违反国家有关规定和基本建设程序,建设管理混乱;有关领导急功近利,有关部门严重失职,有关人员玩忽职守;工程施工存在严重质量问题。此次垮桥事故是一次重大责任事故。

复习思考题

1. 什么是建设工程质量? 建设工程质量的特性如何?
2. 什么是工程质量控制? 简述工程质量控制的内容。
3. 施工阶段监理工程师进行质量监督控制的手段有哪些?
4. 施工准备阶段监理工程师质量控制的要点有哪些?
5. 路基工程施工阶段监理工程师质量控制的要点有哪些?
6. 桥涵工程施工阶段监理工程师质量控制的要点有哪些?
7. 路面工程施工阶段监理工程师质量控制的要点有哪些?
8. 竣工验收阶段的质量控制包括哪些主要内容?
9. 隧道工程施工阶段监理工程师质量控制的要点有哪些?
10. 设计交底中,监理工程师应主要了解哪些内容?
11. 请举例说明,监理工程师应如何做好施工测量质量控制工作。
12. 说明公路工程的交工验收程序与组织。
13. 说明公路工程的竣工验收程序与组织。
14. 简述质量问题的处理程序。
15. 试分析混凝土强度不足的原因并绘制因果分析图。

6　工程费用监理

工程费用监理包括工程计量与工程支付。工程计量与支付要坚持“客观公正、实事求是、符合规定”的原则，质量不合格不予计量，数量不属实不予计量，资料不齐全不予计量，手续不完善不予计量，审核签字不通过不予支付。

承包人以监理工程师检验签证的资料为依据进行工程计量申报，监理工程师应根据设计图纸、技术规范、业主批准的变更设计及有关文件、监理记录、监理测量数据等资料进行认真计算核实，按规定签认工程数量。

6.1　工程计量

工程计量一方面是准确地核实、计算和认定已完工程的数量，另一方面也是对已完工程的综合评价，因此工程计量必须做到真实、准确、及时。合同通用条款第55条规定，工程量清单中开列的工程量，是本工程设计资料提供的预计工程量，不能作为承包人在履行合同义务中完成工程的实际和准确的工程量，因此，向承包人支付时，应通过工程计量来核实和确定工程的价值。

·6.1.1　工程计量的原则与范围·

1)工程计量的概念

工程计量即对承包人已完成的、质量合格的工程，按合同规定的计量方式与方法，确认其工程(作)量。

工程量清单所列的数量，通常是合同图纸给定的数量，是对有关工程的估计数量。实际施工时，会由于以下因素造成与工程量清单所列数量的不一致：

a. 地貌的自然变迁和人为改变；

b. 技术规范对施工的制约以及合同文件的要求；

c. 工程量清单中已列明的暂估数量、暂定金和计日工；

d. 发生工程变更；

e. 工程得到合同允许的延期等等。

因此，必须对承包人履行其合同义务所完成的工程进行实际的、准确的计量。

2)工程计量的原则

要进行准确的计量，首先要掌握工程计量的原则，这是做好计量工作的前提。主要原则是：

(1)不符合合同文件要求的工程不予计量

即工程必须满足设计图纸、技术规范等合同文件对其在工程质量上的要求，同时有关资料齐全、手续完备，满足合同文件对其在工程管理上的要求。

(2)按合同文件所规定的方法、范围、内容和单位计量

计量的方法、范围、内容、单位受合同文件所约束，其中工程量清单(说明)、技术规范、合同条款均会从不同角度、不同侧面涉及这方面的内容。在计量中要严格遵循这些文件的规定，并且一定要结合起来阅读。

(3)按监理工程师同意的计量方法计量

当遇到合同中没有具体规定而实际中又需要决定计量方法时，可与承包人、业主协商。无论该方法是由哪方建议的，最终要经过监理工程师的同意，因为合同授予监理工程师负责工程计量。

①按单元计量者，需经中间交工验收合格，并签发《中间交工证书》后方可填报《中间计量表》进行计量。并在《中间计量表》中清楚真实地填写计算式和说明，并附有简图(简图必须与实物、设计图纸的各部尺寸相符)，如果分项单元施工期较长，为了如实反映工程进度和加快资金周转，可对施工期较长的工程单元进行分次计量，监理工程师有权对最终计量部分进行调整；

②分次计量的工程，每次计量须在《分次中间计量表》中清楚真实地填写计算式和说明，并附有简图(简图必须与实物、设计图纸的各部尺寸相符)。同时，需经现场监理工程师审核签证，并附有经驻地监理工程师签证的有关施工情况及质量证明资料。如：分项工程开工申请批复单、工序检查记录等。

3)工程计量的范围与依据

(1)工程计量的范围

①工程量清单及工程变更所修订的工程量清单内容。

②上述清单以外、合同文件所规定的内容，主要是指费用索赔、各种预付款、价格调整、违约罚金等。

(2)工程计量的依据

a. 工程量清单及说明；

b. 合同图纸；

c. 工程变更令及其修订的工程量清单；

d. 合同条件；

e. 技术规范；

f. 有关计量的补充协议；

g. 索赔时间/金额审批表。

·6.1.2　工程计量的方法·

工程计量有许多方法，选用时不仅要注意它的适宜性，更要考虑合同文件的要求对其产生的影响。

1)图纸法

计量最终所确认的数量是根据图纸提供的数据或图纸显示的几何尺寸计算得到的,并没有按实际计量的结果。

如合同文件中规定:混凝土工程应根据图纸所示的体积计量;路面结构层的计量单位是平方米,按设计图纸所示该层顶层的平面面积计量;钻孔灌注桩,支付计量以设计图纸所示或监理工程师决定的设计桩底标高和承台底面间的长度为依据。

因此,图纸法在此意味着承包人必须按图纸施工,并且其为保证施工质量而多做的工作,将得不到额外报酬。如:超出路面设计顶宽部分,长于设计桩长部分,都将由承包人自己承担费用。

虽然最终计量结果是按设计图纸数量,但仍需对工程进行详细计量,以便检查几何尺寸是否在技术规范要求的误差范围内,保证工程质量合乎要求。

2)实测法

实测法即计量最终所确认的数量,是根据实际测量结果确定的。

(1)完全依据现场计量

根据开挖前及开挖后的两次实际测量结果,计算出承包人实际完成的工程数量。如:不适宜材料的开挖,取土区开挖,场地清理等。

根据驻地监理每天现场记录的结果,计算承包人实际完成的工程数量。如:计日工使用。

另外,对设计图纸没有详细给出工程数量的工程,也需要实地计量。如:因桥梁施工引起的河流改道,用选择性材料对土路堤进行处理;桥台堤岸边坡冲刷防护等。

(2)图纸与现场计量相结合

如:路堤土方工程,要根据测定的地面标高(如果合同有规定还要减去表土移除厚度,考虑压实对标高的影响)及土方横断面设计图,确定土方施工数量。如:排水层,要根据测定的表面积及设计厚度,确定工程量。

(3)比例法或分解法

把以项(总额)为计量单位的工程,按工序或部位或内容分成若干子项,子项工作量占整个项目工作量的比例,是计量支付的依据。

【例6.1】 混凝土箱涵,总额为25 000元,可按下述形象进度比例计量支付。

工作内容	工作量	金额/元
(1)清理现场至底板完成	30%	7 500
(2)主体完成	50%	12 500
(3)回填至该项目下工作全部完成	20%	5 000
合　计	100%	25 000

该比例通常是为了满足承包人早些获得工程支付的要求而制定的。按规定只需控制总额,因此划分时力求合理,并不需要十分精确。尤其是该计量比例的划分,不影响该工程为满足技术规范对质量的要求所进行的必要和具体的工程计量。

【例6.2】 监理办公室的日常维护,总额为72 000元,可在工期内,按工程月平均计量支付。假定合同工期为24个月,则每次计量的比例可定为1/24,即72 000/24 =3 000元/次。

【例6.3】 监理办公室设备(包括一台复印机、一台计算机、一台激光打印机、一台收录机)总额为81 400元,可按估价比例计量支付。

估价比例通过对市场物价调查得出:

假如市场价:	一台复印机	30 000/元	36.86%
	一台计算机	35 000/元	43.0%
	一台激光打字机	15 000/元	18.43%
	一台收录机	1 400/元	1.71%
合　计		81 400/元	100%

若承包人一次采购齐,且质量满足规范要求,则计量数量为100% ×81 400元。若分几次购齐,比如第一次采购的是一台复印机和一台激光打字机,则计量数量为(36.86% + 18.43%) ×814 000。

【例6.4】 监理办公室电力的提供与维护,总额25 000元,可分解计量支付。假定合同工期为24个月。

将该项目分解为提供和维护两部分,维护部分再在工期内按工程月平均计量支付。

即:提供	80%	20 000元
维护	20%	5 000元
合计	100%	25 000元

提供部分若不是一次完成,仍可再划分比例。维护部分从完成提供部分的当月起,每次计量的数量为(1/24) ×0.2 ×25 000元。

(4)凭证法

计量最终所确认的数量是参考有关凭证确定的。

如:材料预付款,计量依据为到货单据;工程保险,履约保证金等,计量依据是相应的保险公司和银行提供的保单。

当工程发生变更,在工程量清单或其他官方资料中找不到相应价格依据时,也可考虑依据实际采购的发票。

【例6.5】 **某高速公路项目计量方法**(按工程量清单的章目分述)

1)第100章总则按“总额”计量,除税金外,各项目号的最终计量不得超过“合价”,若无补充规定,应根据技术规范中的条款进行支付。

2)第200章路基工程:

(1)挖方、填方以分项工程开工申请批复单分段为计量单元。

路基挖填方按每月实际完成数量的90%计量,经监理工程师检查验收合格后进行计量(附完成断面图和计算表),全部完成后按设计要求开挖填筑断面计算数量的90%进行计量,余下的10%待路基成型并通过有权部门验收转序后全部计量。

(2)排水工程:以开工申请批复单分段为计量单元。整段完成后一次计量(包括排水沟盖板)。

(3)边坡防护、治理

以一个自然坡为计量单元,整个边坡完成并经监理工程师检查验收合格后,以监理工程师实测数量的85%进行计量。经中间交工后,全部计量。

(4)防护工程

以分项工程开工申请批复单为计量单元，按实际完成，并经监理工程师检查验收合格数量的85%进行计量(但分次计量不应小于500 m^3)。经中间交工后，全部计量。

3)第300章路面工程：按分项工程开工申请批复单分段为计量单元。

(1)底基层、基层、面层按实际完成工程量的95%，经监理工程师检查验收合格后进行计量，余下的5%通过交工验收后全部计量。

(2)路缘石等以分项工程开工申请单分段为计量单元，工程完成后通过监理工程师验收一次计量。

4)第400章桥梁工程：以单幅桥一座为计量单元。

(1)基础及下部构造：按完成一棵桩、一个基础、一个墩或台(一个台帽、承台、系梁、盖梁)为计量单元，经监理工程师检查验收合格后一次计量，不考虑分次计量。

(2)上部构造

①现浇斜腿钢构：按整座浇筑，经监理工程师检查验收合格后一次计量。

②连续箱梁：分次计量，每次按实际完成数量的90%进行计量，全部完成后，经监理工程师检查验收合格后全部计量。

③空心板、工型梁、T型梁等预制构件：每根(片)梁(板)预制完成后，按90%进行计量，吊装完成并经监理工程师检查验收合格后全部计量。

④现浇连续刚构：分次计量，每次按实际完成数量的90%进行计量，完成合拢段浇筑并经监理工程师检查验收合格后全部计量。

(3)桥面铺装以分项工程开工申请批复单为计量单元。

(4)涵洞、通道工程

①钢筋混凝土盖板涵(通道)：以整道完成一次计量(含盖板)。若净跨大于2 m的，经监理工程师同意可分砌体、盖板两次计量。

②石拱涵：可分砌体、拱圈(含护拱)两次计量。

③箱涵：整道完成后一次计量。

5)第500章隧道工程：以一单洞为计量单元。

(1)洞口土石方开挖分别以进口和出口为计量单元，经监理工程师检查验收合格后按实际开挖断面(附断面图、数量计算表)的数量进行计量。

(2)洞外排水工程以分项工程开工申请批复单为计量单元，经监理工程师检查验收合格后进行计量。

(3)边坡、仰坡的石砌防护工程大于500 m^3的可分次计量，各分次计量都不能少于500 m^3，若为喷射混凝土，按进口、出口为计量单元，经监理工程师检查验收合格后进行计量。

(4)洞口建筑以翼墙、端墙、挡墙、装饰等分项工程为计量单元，经监理工程师检查验收合格后进行计量。

(5)洞身土石方开挖以实际进尺并按设计断面计算完成工程量，以10 m为计量单元，经监理工程师检查验收合格后进行计量。

(6)洞身支护(含管棚、小导管、锚杆、注水泥浆、工字钢支架、格栅支架、喷射混凝土等)以10 m为计量单元，按已完成的数量经监理工程师检查验收合格后进行计量。

(7)明洞、洞身、衬砌、仰拱、填充等，按已完成的数量，以10 m为计量单元，经监理工程师检查验收合格后，每次按完成数量的90%进行计量。经中间交工后，全部计量。

·6.1.3 工程计量的程序·

建立一个良好的工程计量程序,可以帮助监理工程师提高工作效率,达到控制工程计量的目的。

常用的工程计量程序,如框图6.1所示。

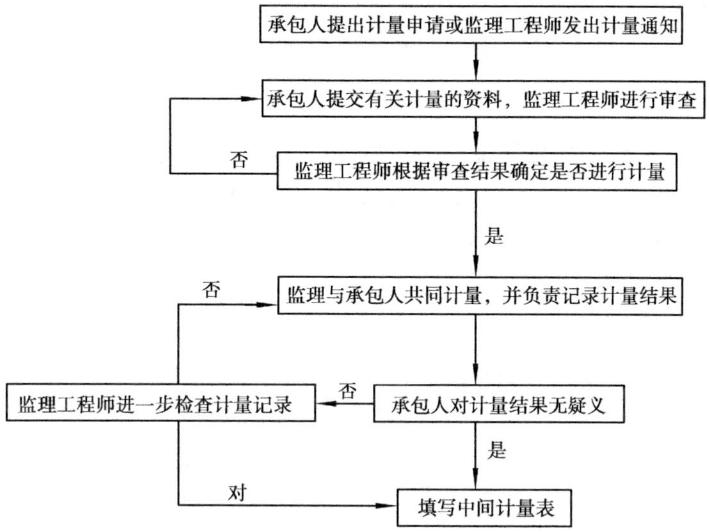

图6.1 工程计量程序框图

1)申请或通知

无论是承包人提出计量申请,还是监理工程师发出计量通知,均应提前(提前的天数可根据合同有关规定或事先监理工程师与承包人的约定进行,通常为3天),并以书面形式说明:计划于何时、何地、对何工程进行计量,请对方派人参加。

如果没有事先申请或发出计量通知,监理工程师或承包人有权拒绝参加对方提出的项目计量,除非合同另有规定。

2)有关计量的资料

在计量前监理工程师必须审查与之有关的文件资料。因此承包人在提出计量申请的同时,或接到监理工程师计量通知的同时,需向监理工程师提交以下文件资料:

①开工申请单或上道工序的中间交工证书。

要求提交开工申请单的目的是满足管理程序上的要求。提交上道工序的中间交工证书,便于对上道工序的工作再一次确认,以确保本道工序是基于完全满足合同要求的工程基础之上的。

②承包人的自检资料。

③工程质量检验表及有关的质量评定意见。

要求提供2、3两部分资料的目的,是确认准备计量的工程在质量方面已达到合同有关文件的要求,工程质量没有问题。

④该项工程或该道工序的中间交工证书。

中间交工证书是对该项工作的综合评价，只有签发了中间交工证书，才能证明该工程不仅在质量方面，而且在其他方面均已达到合同要求，可以进入计量阶段。

3）监理工程师对资料进行审查

审查主要从以下方面进行：

①资料的真实性，任何虚假的资料均将被拒绝。

②资料的完整性，如果发现不全和遗漏，应要求承包人进一步补充提交。

③资料的正确性，如果有问题，要求承包人及时进行纠正。必要时予以退回。

4）记录计量结果

计量结果记录是重要的原始凭证，要予以充分重视。记录内容包括：计量的时间、地点、工程项目名称、参加人、计量部位、计量依据（尤其是对变更工程、暂定金和暂定数量的计量要特别关注）、计量结果（含计算公式、争议及其结论）。

5）对计量争议的处理

当对计量结果发生争议时，常采取步骤为：

①重新审查有关计量的文件资料，确认计量依据。

②根据计量依据，分析计量分歧属于计算问题还是计量方法问题，还是两者均有之。

如果仅仅是计算问题，重新校核。如果是计量方法有问题，则需按正确的方法重新进行计量。

6）填写中间计量表

·6.1.4　工程台帐管理·

为保证工程计量的准确性，根据合同文件的要求，做到计量结果真实可靠，不重不漏，应建立、健全工程数量台帐，加强台帐管理。

1）工程台帐建立的依据

a. 合同文件、技术规范、工程量清单；

b. 施工设计图（通过计算核实数量）；

c. 工程变更令；

d. 经审批的补充（完善）设计图（通过计算核实数量）。

2）工程台帐建立的要求

①首先按施工设计图认真清理，统计出设计工程数量，经承包人、监理工程师及建设单位三方核对无误后建立台帐。

②台帐按工程量清单细目编号及细目名称建立。若有变更新增项目，按新增细目编号及细目名称列入。

③工程台帐要求采用计算机管理。

6.2 工程支付

合同方式下的工程支付，在支付内容、支付条件和支付方式上均要遵循相应合同的有关规定。

·6.2.1 工程量清单内的支付·

支付项目均包含在合同文件中的工程量清单内，在工程量清单中有明确立项。根据支付方法的差异，常见以下几种项目：

①有具体工程内容、数量、单价的项目，即一般项目。

②工程数量或工程内容或工程单价不够具体的项目，如：暂定金、暂定数量、计日工。

③间接用于工程的项目，如履约保证金、工程保险金等。

1）一般项目

（1）支付原则

a. 工程质量满足技术规范及有关合同文件的要求；

b. 计量方法及计量结果准确，并满足相应的合同管理上的要求；

c. 中间计量单填写正确，有关人员签字齐全；

d. 按工程量清单的单价、中间计量单确定的数量，进行项目的支付。

（2）支付凭证（中间计量单）

中间计量单的填写应以承包人、监理双方共同计量、认可并满足管理程序要求为前提条件。因此，中间计量单实际汇集了质量、数量、管理程序三方面的需求，是支付的重要凭证。

2）工程数量或工程内容或工程单价不够具体的项目

（1）支付原则

a. 严格遵循合同文件与之有关的规定，满足其在使用条件、支付方法、程序管理等的特殊要求；

b. 严格控制项目发生的工程数量；

c. 工程质量合格；

d. 计量方法及计量结果准确，并正确地填写中间计量单。

（2）支付凭证

a. 中间计量单；

b. 有关使用计日工、暂定金的用工、用料、用机械设备的原始记录及有关的证明材料；

c. 承包人要求使用计日工或暂定金的申请单及监理工程师同意使用计日工或暂定金的批复单。

（3）支付方法

①暂定数量。暂定数量即指项目在清单内提供的工程数量是不准确的，且该不准确与一般项目工程数量的不准确明显不同。前者是根据基本资料预测的，而后者是设计者根据图纸和勘测资料计算出来的。虽然后者可能因地理条件、设计者经验，以及其他条件引起些误差，

却是有限的。而预测则有可能与实际相差很多,因此在实际中要特别注意对其数量的控制,进行精心的计量。

【例6.6】 京津塘高速公路项目"开挖不适宜材料"被列为暂定数量项目,在实际施工中是这样处理的:

(1)承包人在土方施工中遇到不适宜材料时,要首先向监理报告。

(2)监理确认遇到不适宜材料时,应与承包人一起对现场进行测量,确定开挖原始点,双方要在原始记录上签字。这对承包人很重要,否则监理工程师可拒绝对承包人开挖的不适宜材料数量的认可。

(3)当承包人完成对不适宜材料开挖后,承包人与监理要对施工现场再一次进行共同测量,双方仍要在记录上签字。开挖前后的两次测量,均要画草图,如果需要,还要画开挖的横断面图。

(4)忠实地填写中间计量单,清楚写明开挖不适宜材料数量计算的公式、过程及结果。测量的草图及横断面图作为中间计量单的重要附件。

(5)监理工程师根据中间计量单确认的数量,按工程量清单相应单价办理支付。

②暂定金。暂定金通常用于投标期间没有足够资料可以准确估计工程数量及价格,但在施工中必然发生的项目。因此这类项目在工程量清单中仅仅开列了项目总估价,工程数量及单价均是待定的。一般合同对暂定金的使用,做以下的规定:

a. 暂定金必须事先经过监理工程师批准才能使用;

b. 由承包人或指定分包人完成该项工程;

c. 承包人应按监理工程师的要求,提交有关暂定金使用开支的证明,其包括:报价单、凭证、发票及收据。

为使暂定金能够合理的被使用,监理工程师既要控制工程数量,又要控制单价,因此当监理工程师确认需要动用暂定金时,应完成以下几项工作:

a. 要求并审批承包人提交的采用暂定金进行的工程项目施工组织计划;

b. 要求并审批承包人提交的对应其施工组织计划所需要的工、料、机的使用费用及计算说明;

c. 与业主和承包人协商具体价格;

d. 审核与暂定金费用有关的凭证。

【例6.7】 京津塘高速公路工程量清单中,有一项称为"钻孔桩的P. D. A试验"的暂定金项目(P. D. A,Pile Driving Analyzer,即美国打桩分析仪。"钻孔桩的P. D. A试验"即对部分钻孔灌注桩进行高应变动载试验,运用美国的打桩分析仪实测现场桩的各种参数,然后,用计算机采用CAPWWAP软件分析,得出单桩承载力和桩身完整性),承包人施工中根据合同要求,向监理工程师提出使用该暂定金项目申请。监理工程师为控制该笔费用做了以下几项工作:

①确定P. D. A试验桩的根数与位置,以确定试验工作数量;

②审查P. D. A试验的实施方案,以控制试验工作的质量;

③审核承包人有关P. D. A试验费用的申请,以确定试验工作的费用。

以上几项工作的结果,监理工程师均以书面形式通知承包人。

监理工程师最终确认下述3种费用构成该暂定金项目发生的费用:

a. 直接费用

该试验承包人委托给一家专门试验机构，考虑到该试验为非常规试验，监理工程师予以批准，并同意以委托合同作为支付有关试验的凭证。

b. 辅助费用

在试验现场，承包人为委托人的试验提供了相应的辅助工作，这部分费用可以考虑，但以驻地监理认可的为准。

c. 管理费用

承包人为该试验项目的实施索要一笔管理费用，监理工程师同意按承包人投标报价时填写的费率给付。

③计日工。计日工与暂定数量有类似之处，即工程量清单中有计日工的种类与单价，使用中需要控制的是工、料、机械设备的类型及数量的配备。一般计日工的单价较高，(通常按小时计)故较适宜在特殊的、较小的工程上使用。一般合同对计日工的使用，做以下的规定：

a. 监理工程师认为必要或适宜，可以指示承包人用计日工形式进行附加工程或变更工程；

b. 承包人应按监理工程师的要求，每天向监理工程师呈报其用工、用料、用机械设备的详细情况报表，包括收据和凭证；

c. 监理工程师每天审核该报表及凭证，并有自己的检验记录。

为能够正确使用计日工，监理工程师要做好以下几项工作：

a. 要求并审批承包人提交的采用计日工进行的工程项目施工组织计划；

b. 要求并审批承包人提交的、对应其施工组织计划所需要的工、料、机械设备使用费用及计算说明；

c. 每天派专人记录承包人工、料、机械设备的使用情况。

对于人工：要记录其工种、级别、实际工作的时间，不到万不得已，不允许承包人加班；

对于材料：要记录其品种、数量，未使用和质量未经监理工程师认可的材料不予计入；

对于机械、设备：要记录其类型、数量、运作时间，发生故障和闲置的机械、设备不予计入；

无论是工、料还是机械和设备的使用，均要与承包人提交的对应施工组织计划的用工、用料、用机械设备计划相匹配。凡未列明的、未经监理工程师同意的工、料、机械设备，均不予认可；

d. 根据确认的计日工数量，用工程量清单中计日工的价格及合同中的有关规定(通常是有关费率)进行费用计算。

3)间接用于工程的项目

(1)支付原则

严格遵循合同文件与之有关的规定，满足其在使用条件、支付方法、程序管理等的特殊要求。

(2)支付凭证

a. 中间计量单；

b. 有关的证明材料，如：监理办公室设施的采购证明(发票)，保险公司的保险单，履约保证的银行保函等。

(3)支付方法

通常计量单位是项，因此监理工程师需要做的工作是：

a. 根据合同的有关规定，确定计量方法；

b. 检查完成的质量及相关凭证；

c. 根据承包人实际完成情况办理支付。

间接用于工程的项目，比较多的集中在工程量清单 100 章，如表 6.1 所示。

表 6.1　100 章清单

清单　第 100 章　总则					
细目号	细目名称	单位	数量	单价	合价
101-1	保险费				
-a	按合同条款规定，提供建筑工程一切险	总额			
-b	按合同条款规定，提供第三方责任险	总额			
102-1	竣工文件	总额			
102-2	施工环保费	总额			
103-1	临时道路修建、养护与拆除（包括原道路的养护费）	总额			
103-2	临时工程用地	m^2			
103-3	临时供电设施	m^2			
-a	设施架设、拆除	总额			
-b	设施维修	月			
103-4	电讯设施的提供、维修与拆除	总额			
103-5	供水与排污设施	总额			
104-1	承包人驻地建设	总额			
清单　第 100 章合计　人民币________					

①一次性支付项目。如表 6.1 中所列的 101、102 项（还有一些项目，如履约保证金，提供技术规范等）。

在支付方法上，均属于只要承包人按合同履行其义务，并提交有关凭证，达到监理工程师满意，即可一次性得到该项目的费用。

Ⅰ.保险

通常是业主支付给承包人办理有关保险时所需的费用。

监理工程师应从以下方面审查承包人提交的银行保险单：

a. 保险的种类是否齐全并满足合同的有关规定；

b. 保险的数额是否与实际价值相符；

c. 保险的有效期是否不少于合同工期；

d. 保险单及保险费收据是否真实可靠，并在合同规定的时间内提交给业主。

当承包人未在合同规定时间内，按合同规定的内容向业主提交合格的保险单时，监理工程师应相应采取以下措施：

a. 督促承包人尽快根据合同有关规定，补办或补充办理保险；

b.如果承包人依旧不办,通知业主并建议业主来补办或补充办理保险;

c.如果保险最终是由业主补办或补充办理的,监理工程师应帮助业主从承包人应得款项中,扣除与业主补办或补充办理保险所花费用等值的金额;

d.如果业主也未补办,监理工程师应通知承包人和业主,阐明因此可能发生和造成的一切影响。

Ⅱ.交工图纸

监理工程师需要完成以下工作:

a.根据合同要求检查交工图质量,有以下几方面:

- 图纸涉及的工程内容、范围;
- 图纸的正确性与准确性;
- 图纸的清晰程度。

b.根据合同要求检查图纸的规格,有以下几方面:

- 外形尺寸;
- 比例及字体;
- 份数。

Ⅲ.履约保证金

通常合同规定承包人承担履行履约保证义务所需的费用。否则,工程量清单应列明该项费用,作为业主支付给承包人办理履约保函时所需的费用。

监理工程师需要做的工作是:

a.确认承包人在合同规定的时间内提供履约保函副本给业主;

b.审查履约保函满足以下要求:

- 提供承保的单位资信可靠;
- 承保数额符合合同规定;
- 承保在整个施工合同期均保持有效。

②在合同期内平均支付的项目。表6.1中的103项。这些项目的执行贯穿于合同的自始至终,因此支付方法与合同工期有关,通常采用在合同工期内对项目费用进行平均支付的办法。即当承包人按合同履行其义务,达到工程师满意后,在每个工程月均可获得该项目的一定费用。

③按比例支付。表6.1中的104项。这些项目的工程内容均由两部分组成,即提供与维护,因此费用也由两部分所组成。

提供与维护在费用上所占的比例,可依据实际支出测算,也可大致划分。通常是70∶30或80∶20或90∶10,视具体情况而定。

因此,在实际支付中,这类项目中提供所占工作比例的部分,属于一次性支付,而维护工作所占比例的部分属于按进度平均支付,是①、②两种方法的混合。

·6.2.2 工程量清单以外的支付·

一些项目没有包含在工程量清单内,但在合同中明确规定,一旦承包人根据合同条款履行其义务或者未履行其义务之后,监理工程师要按承包人实际完成情况和合同条款规定的原则,向承包人办理支付或者扣除支付的事宜。

常见的工程量清单以外的支付项目有:价格调整、费用索赔、材料设备预付款及扣回、工程变更、违约罚金、迟付款利息、保留金、动员预付款及扣回、合同中止支付,以及地方政府支付等。

1)动员预付款

动员预付款是业主为了促使承包人尽快开工,帮助其解决在工程施工开始时资金比较紧张、周转困难,而预先支付给承包人的一笔费用。随着工程施工的进行,再从应支付给承包人的款项中,逐步扣回该笔费用。

(1)支付条件

通常合同条款规定:如果承包人

a. 已与业主签订了合同协议书;

b. 提供了履约保证金或业主认可的银行提供的保函;

c. 提供了业主认可银行提供的动员预付款保函。

则可获得动员预付款的支付,因此监理工程师应在审查上述文件准确无误后,办理有关支付。

业主应在该支付证书收到后 14 天内核批,并支付开工预付款的 70% 的价款;在投标文件载明的主要设备进场后,再支付预付款 30%。承包人不得将该预付款用于与本工程无关的支出,监理工程师有权监督承包人对该项费用的使用。如经查实承包人滥用开工预付款,业主有权立即向银行发出通知收回开工预付款保函将该款收回。

(2)预付款的扣回

开工预付款在期中支付证书的累计金额未达到合同价格的 30% 之前不予扣回,在达到合同价格 30% 之后,开始按工程进度以固定比例(即每完成合同价格的 1%,扣回开工预付款的 2%)分期从各月的期中支付证书中扣回,全部金额在期中支付证书的累计金额达到合同价格的 80% 时扣完。

2)材料设备预付款

材料预付款是业主为了减少承包人因购买材料、设备而造成的资金周转困难,预付给承包人的一笔费用。

(1)支付条件

通常合同作如下规定:

①承包人可以从业主那里得到一笔无息的用于购进施工所需的材料、设备预付款。

②预付款的比例按合同规定的购货发票面值的某个百分比(一般为 75%)付给。

③得到预付款的材料、设备,必须用于永久性工程,且已运抵工地现场或监理工程师认可的承包人的生产场地,材料、设备的质量和存放均使监理工程师满意。

④承包人要编制永久性工程材料到达现场计量表,并向监理工程师出示或提交材料的订货单和收据。

⑤已得到预付款支付的材料与设备,所有权归业主。

⑥一旦材料与设备被用于永久性工程,监理工程师要通过中期支付证书将材料、设备的预付款予以扣回。

⑦在预计竣工前 3 个月,将不再支付材料、设备预付款。

(2)支付与扣回

常用的方法是:用当期中期支付证书中的材料、设备预付款金额减去上期中期支付证书中的材料、设备预付款金额,相减结果是支付依据。结果若为正数,说明材料、设备到达施工现场,则承包人可得到预付款;若为负数,则说明材料、设备已被用于永久性工程中,应扣除承包人已得到的预付款。

显然当期中期支付证书的材料、设备预付款是关键环节,它是由监理工程师依据月末对存在工地及生产场地的材料、设备数量进行盘查的结果乘以相应价格而得到的。

(3)应注意的问题

材料、设备预付款是承包人从业主那里得到的一笔无息的、用于购进永久性工程所需的材料、设备的预付款。虽然以后仍要从承包人应得款项中扣除,但因为是无息的,且能减少承包人从采购材料、设备开始,到施工质量验收合格这个时间段承包人的资金周转压力。因此,承包人总是试图较早、较多地得到材料、设备预付款,有时采取多报,甚至虚报来达到目的。

事实上一个工程的材料、设备款占整个工程费用的比例是相当可观的。如果不加以控制,必定会出现问题。因此,监理工程师在签发材料、设备预付款证明时,要注意:

①待扣回的材料、设备预付款的金额不应超过合同剩余工作量。

【例6.8】 某月底,待扣回的预付款为1 300万,则承包人按合同价至少还应有1 300万的工程款未得到支付。

显而易见,如果待扣回的材料、设备预付款金额超过合同剩余工作量,则部分预付款就有可能扣不回来,至少是不能够从应支付给承包人的款项中直接扣除,从而给监理的支付工作带来困难,也影响业主的利益(尤其是工程进入后期,更要加以注意)。监理工程师一定要在签认材料、设备预付款的同时,经常与合同剩余工作量进行比较。

②累计支付材料、设备预付款的数量,不应超过工程所需的实际总数量。

【例6.9】 该项目对水泥和沥青的总需求量是2 500 t和210 t(需求量可由承包人的投标书中获得),实际支付预付款是分数次完成的。

盘点	水泥/t	实际支付(扣回)/t	沥青/t	实际支付(扣回)/t
第一次	1 500	1 500	0	0
第二次	1 730	230	0	0
第三次	1 240	(490)	150	150
第四次	1 650	410	200	50
第五次	970	(680)	130	(70)
第六次	200	(770)	80	(50)
第七次	870	670	20	(60)
第八次	420	(450)	40	20
第九次	200	(220)	20	(20)
第十次	250	50	25	5

每次签认材料、设备预付款,实际上只涉及当月盘查的数量及上月盘查的数量,所以容易忽略整体签认数量的合理性。以上述为例,由每次签认的情况看,该支付该扣的均没有问题。但从整体上看,第七次与第八次均有些问题。因为截至到第七次,累计水泥已支付1 500 t + 230 t + 410 t + 670 t = 2 810 t > 2 500 t,截至到第八次,累计沥青已支付150 t + 50 t + 20 t = 220 t > 210 t,均已达到并略超出合同所需水泥、沥青的总量。因此在以后的签认过程中,应只

出现扣除额，而不应再出现支付额。如果仍出现支付额情况，即仍出现需要支付的水泥、沥青数量，监理工程师要认真分析。出现的原因一般有以下几方面：

(1)工程发生变更，引起材料需求的改变；

(2)对材料需求数量估计不准。承包人在投标时，对工程所需的材料、设备数量估计不准或测算有误。当然为了证明这点，承包人需要出示凭证。

(3)承包人有意识多备材料。承包人有意识多备材料，即可较多地获得预付款，减少资金周转压力，而材料可用于其他工程项目。

对于第(1)和(2)条原因引起的材料、设备数量增大，监理工程师在确认承包人提供的有关凭证能够充分说明需求总量的变化之后，可以签认予以支付的证明，否则监理工程师仍可按原需求量进行控制。最后一条原因是不合理的，合同明确规定，给予材料、设备预付款的那些材料、设备，必须用于该永久性工程，否则不能得到相应的预付款。

总之，虽然材料、设备预付款随着工程的进行，最终都要予以扣回，但是监理工程师仍要在总需求量上进行控制，以确保其合理性。

③获得预付款的材料、设备，其品种应与工程计划进度相符合。

例如：当工程修筑大量结构物(桥梁、通道、箱涵)时，在预付款材料清单中，将出现大量的水泥、沙子、石子、钢筋。当结构物趋于完工，工程进入路面施工时，预付款材料清单中，出现沥青或其他路面材料，这种情况是合理的。但如果继续有新的钢筋混凝土原材料到场，就需要仔细分析。即使累计支付预付款数量，没有超出合同总需求，一旦项目完成，也不应再支付预付款。

因此，监理工程师在控制材料、设备总需求的同时，一定还要注意预付款材料、设备的品种与工程计划进度相匹配，以使所签认的材料、设备预付款更合理。

3)保留金

保留金应按投标书附录中规定的百分率乘以本月完成的(应结算的)工程价款(或本月应结算的计日工价款，或本月应支付的暂定金额价款、或根据合同规定本月应结算的其他款项和费用和法规的变更发生的款额)从每期应支付给承包人的工程结算款额中扣留，直至保留金的金额达到投标书附录中规定的限额为止。

4)价格调整

除非合同专用条款另有规定，凡是合同预期工期在24个月以上者，在合同执行期间，由于人工和材料的价格涨落因素应对合同价格进行调整。调价时，应按下述公式计算，每年进行一次调整：

$$TJE = ZFE \cdot ZH = ZFE\left(X + a\frac{RG}{RG_0} + b\frac{GC}{GC_0} + c\frac{SN}{SN_0} + d\frac{LQ}{LQ_0} + e\frac{JX}{JX_0} + f\frac{YL}{YL_0} + \cdots - 1\right)$$

式中 TJE——对年累计支付额的调价额；

ZFE——年累计支付额；

ZH——综合调价系数；

X——支付中不进行调价部分所占的权重系数，$X = 1-(a+b+c+d+e+f+\cdots)$；

$a,b,c,d,e,f\cdots$——分别为人工费、钢材、水泥、沥青、机械使用费、燃油料费用等其他材料费用在合同价格中所占的权重系数；

RG_0——人工费基期价格指数；
RG——人工费当期价格指数；
GC_0——钢材基期价格指数；
GC——钢材当期价格指数；
SN_0——水泥基期价格指数；
SN——水泥当期价格指数；
LQ_0——沥青的基期价格指数；
LQ——沥青的当期价格指数；
JX_0——机械使用费基期价格指数；
JX——机械使用费当期价格指数；
YL_0——燃油料费用基期价格指数；
YL——燃油料费用当期价格指数。

在采用价格调整公式进行调价时，还应遵守以下规定：

①合同价格在投标所在年份不做调整，此后每年调整1次。

②公式中基期价格指数，指投标年份（即送交投标书截止期前28天的所在年份）的价格指数，计算时采用100。

③公式中当期价格指数，采用本合同工程所在省（自治区、直辖市）统计部门正式公布的该计算年份的《建筑业产值价格指数》统计资料中各项相关的价格环比指数。

④权重系数由业主根据标底资料测算确定范围，在招标文件发出前填写；承包人应在投标时在此范围内填写各因素的权重关系，合同实施期间将按此权重系数进行调价，除非由于工程的实施或工程的变更或其他原因，监理工程师认为某一因素的权重系数不合理或不适用，则权重系数应予以调整。

5）后继法规的变更

除非本合同专用条款另有规定，如果在送交投标文件截止期前28天之后，国家或省（自治区、直辖市）颁布的法律、法规出现修改或变更，因采用上述法律、法规使承包人在履行合同中的费用发生合同条款规定的价格调整以外的增加或减少，则此项增加或减少的费用应由监理工程师在与承包人协商并报经业主批准后确定，增加到合同价格上或从合同价格中扣除的内容，监理工程师应通知承包人，并抄送业主。

6）保留金的退还

在整个工程缺陷责任期满并发给缺陷责任终止证书后14天内，监理工程师签发保留金支付证书，将保留金退还给承包人。

·6.2.3 月结账单与月支付·

1）月结账单

承包人应在每月末向监理工程师提交由其项目经理签署的按监理工程师批准格式填写的月结账单一式6份，该结账单包括以下栏目，承包人应逐项填写清楚：

①自开工截至本月末止已完成的工程价款。

②自开工截至上月末已完成的（已实际结算的）工程价款。

③本月完成的(应结算的)工程价款,即① - ②。

④本月完成的(应结算的)计日工价款。

⑤本月应支付的暂定金额价款。

⑥本月应支付的已进场将用于或安装在永久工程中的材料、设备预付款。

⑦根据合同规定,本月应结算的其他款项。

⑧费用和法规的变更发生的款额。

⑨本月应扣留的保留金和扣回的材料、设备预付款及开工预付款。

⑩根据合同规定,本月应扣除的其他款项。

2)月支付

监理工程师在收到上述月结账单后21天内或专用条款数据表中另有规定的天数内应签发期中支付证书,签发时应写明其认为应该到期结算的价款及需要扣留和扣回的款额并报业主审批。如果该月应结算的价款经扣留和扣回后的款额少于投标书附录中列明的期中支付证书的最低金额,则该月监理工程师可不核证支付,上述款额将按月结转,直至累计应支付的款额达到投标书附录中列明的期中支付证书的最低金额为止。

监理工程师可用签发期中支付证书的方式对他过去签发的任何证书做更正或修改。如果监理工程师认为任何正在进行的工程不符合合同要求,监理工程师有权在任何一次期中支付证书中扣除或折减该工程的价款。

监理工程师根据本条或合同的其他条款发出的任何中期支付证书项下应付给承包人的款额,业主应该在收到该中期支付证书后21天内或在投标书附录中另有规定并以此为准的天数内支付给承包人。如果业主在上述期限内未能付款,则业主应按投标书附录中规定的利率向承包人支付全部未付款额的利息,付息时间从应付而未付该款额之日算起(不计复利)。

·6.2.4 交工结账单·

在合同工程交工证书签发后42天之内,承包人应以监理工程师批准的格式向监理工程师提交一份交工结账单,并附上用详细资料说明的证实文件,表明:

①直到交工证书中写明的交工日期为止按合同完成的全部工程的最终价值。

②承包人认为应付给他的其他款项。

③承包人认为本合同项下(整个合同期)到期应付给他的各项款额的估算值。

上述③款各项款额估算值应在完工结账单内单独填报。监理工程师应根据合同条款规定核证此支付,并报业主审批。

·6.2.5 最后结账单、清账书与最后支付证书·

1)最后结账单

在根据合同条款规定发出缺陷责任终止证书后的28天之内,承包人应以监理工程师批准的格式向监理工程师提交一份最后结账单草案,并附上详细的证实文件,供监理工程师考虑,表明:

①根据合同规定已经完成的全部工程的价值。

②承包人根据合同规定认为应该付给他的任何其他的款项。

如果监理工程师不同意或者不核证最后结账单草案的任一部分，承包人应按监理工程师的合理要求，提交进一步的资料，并对最后结账单草案做出他们之间协商同意的修改，然后由承包人编制，并向监理工程师提交双方同意的最后结账单。

如果监理工程师与承包人讨论和商定之后，对修改后的账单草案仍存在分歧纠纷，则监理工程师应对最后结账单草案中不存在纠纷的部分（如果有），向业主提交期中支付证书，然后再按照合同条款解决纠纷。

2）清账书

在提交最后结账单时，承包人应给业主一份书面清账书，并抄送监理工程师，确认最后结账单中的总金额是否代表了根据合同规定应付给承包人的全部款项的最后结算。但是该清账书仅在发出的最后支付证书项下的应付款已经支付和保留金已经退还给承包人之后才生效。

3）最后支付证书

在最后结账单和清账书收到14天之后，监理工程师应签发一份最后支付证书报业主审批，并抄给承包人，说明：

①监理工程师认为根据合同规定的最后应付的款额。

②在对业主以前所付的全部款额和业主根据合同规定应得的全部款项予以确认后，业主欠承包人或承包人欠业主（视具体情况）的差额。

·6.2.6　支付台帐管理·

监理工程师在每月收到承包人上报的月支付报表时，对照工程台帐进行复核，审核无误后再按计量的有关规定审核报表。计量支付台帐需准确反映本期完成、上期末完成及自开工累计完成工程量情况。工程竣工结算时，计量台帐、工程台帐、竣工数量、竣工图应“四统一”。

复习思考题

1. 简述工程计量的重要性。
2. 简述工程计量的程序，试说明监理工程师在工程计量中如何使用合适的方法。
3. 简述工程计量的原则、依据、范围。
4. 简述工程支付的重要性。
5. 试说明监理工程师在工程支付中如何使用合适的方法。

7 工程安全监理

7.1 安全监理概述

·7.1.1 安全监理·

(1)安全监理是社会化、专业化的工程监理单位受建设单位(或业主)的委托和授权,依据法律、法规、已批准的工程项目建设文件、监理合同及其他建设工程合同对工程建设实施阶段安全生产的监督管理。

安全监理包括对工程建设中的人、机、物、环境及施工全过程的安全生产进行监督管理,并采取组织、技术、经济和合同措施,保证建设行为符合国家安全生产、劳动保护法律法规和有关政策,有效地控制建设工程安全风险在允许的范围内,以确保施工安全性。安全监理属于委托性的安全服务。

(2)安全监理是工程建设监理的重要组成部分,也是建设工程安全生产管理的重要保障。安全监理是提高施工现场安全管理水平的有效方法,也是建设工程项目管理体制改革中加强安全管理、控制重大伤亡事故的一种新模式。

·7.1.2 建设工程安全与质量、进度、投资的关系·

(1)安全与质量的关系

安全是质量的基础。只有在良好的安全措施保证之下,施工人员才能较好地发挥技术水平,保证工程施工的质量。同样,工程施工质量越好,其产生的安全效应就越高;质量是"本",安全是"标",两者密不可分;只有标本兼治,才能使建设项目达到设计标准。

从广义上看,质量包含安全工作质量,安全概念也包含质量,交互作用,互为因果。安全第一、质量第一这两种说法并不矛盾。安全第一是从保护生产要素的角度出发,而质量第一则是从关心产品成果的角度出发。安全为质量服务,质量需要安全保证。

(2)安全与进度的关系

安全是进度的前提。建设项目的最大特点是施工工期较长,建设单位总是希望其投入资金能尽快产生效益,对工期提出不合理的要求。长时间的加班加点,造成的结果往往是人员和设备的疲劳及施工安全条件无法保证,最终导致安全事故发生。工期过短是产生安全隐患的原因之一。国家规范标准中的工期是可以适当压缩的,但提出一个有利于安全的合理工期,即约定工期应当在施工合同中明确规定。

安全与进度互保。进度应以安全作保障，安全就是进度；在项目实施过程中，应追求安全加进度，尽量避免安全减进度；当进度与安全发生矛盾时，应暂时减缓进度，保证安全。

(3)安全与投资的关系

由于个别建设单位安全资金不到位或随意压价等原因，承包单位不可能将过多资金投入安全设施中，部分分包单位缺乏岗位培训，人员素质较低，安全意识低，一旦出现因安全问题，产生工伤事故，不但会给承包单位带来巨大的经济损失，而且会给建设单位带来经济损失，会延长投入资金产生的效益。

安全与效益兼顾。安全技术措施的实施，会改善作业条件，带来经济效益。所以安全与效益是完全一致的，安全促进效益的增长。当然在安全管理中，投入应适当，即要保证安全，又要经济合理。

·7.1.3 工程监理单位及监理工程师的安全责任·

(1)《建筑法》及其他法规对监理单位的规定

《建设工程质量管理条例》第十二条规定："实行监理的建设工程，建设单位应当委托具有相应资质等级的工程监理单位进行监理，也可委托具有工程监理相应资质等级并与被监理工程的施工承包单位没有隶属关系或者其他利害关系的该工程的设计单位进行监理。"

《建设工程监理规范》6.1.2 规定："在发生下列情况之一时，总监理工程师可签发工程暂停令：……施工出现了安全隐患，总监理工程师认为有必要停工以消除隐患；……"

《刑法》第一百三十七条规定："建设单位、设计单位、施工单位、工程监理单位违反国家规定，降低工程质量标准，造成重大安全事故的，对直接责任人员，处五年以下有期徒刑或者拘役，并处罚金；后果特别严重的，处五年以上十年以下有期徒刑，并处罚金。"

根据上述规定，工程监理单位受建设单位的委托，根据国家批准的工程项目建设文件，依照法律、法规和建设工程监理规范的规定，对工程建设实施监督管理。工程监理单位受建设单位的委托，作为公正的第三方承担监理责任，不仅要对建设单位负责，也要承担国家法律、法规和建设工程监理规范所要求的责任。工程监理单位承担建设工程安全生产责任，有利于控制和减少生产安全事故，是建设工程安全生产管理的重要保障。

(2)《建设工程安全生产管理条例》明确规定了监理单位的安全责任

工程监理单位应当审查施工组织设计中的安全技术措施或者专项施工方案是否符合工程建设强制性标准。

工程监理单位在实施监理过程中，发现存在安全事故隐患的，应当要求施工单位整改；情况严重的，应当要求施工单位暂时停止施工，并及时报告建设单位；施工单位拒不整改或者不停止施工的，工程监理单位应当及时向有关主管部门报告。

工程监理单位和监理工程师应当按照法律、法规和工程建设强制性标准实施监理行为，并对建设工程安全生产承担监理责任。

《建设工程安全生产管理条例》规定了监理单位应建立五项安全管理制度：一是安全技术措施审查制度；二是专项施工方案审查制度；三是安全隐患处理制度；四是严重安全隐患报告制度；五是执法法律法规与标准监理制度。

·7.1.4 工程监理单位及监理工程师的法律责任·

(1)违法行为

①工程监理单位未对施工组织设计中的安全技术措施或者专项施工方案进行审查。

②工程监理单位发现安全事故隐患未及时要求施工单位整改或者暂时停止施工。

③施工单位拒不整改或者不停止施工,工程监理单位未及时向有关主管部门报告。

④工程监理单位未依照法律、法规和工程建设强制性标准实施监理。

(2)法律责任

①行政责任:对于监理单位的上述违法行为,责令限期改正;逾期未改正的,责令停止整顿,并处10万元以上30万元以下的罚款;情节严重的,降低资质等级,直至吊销资质证书。

②刑事责任:《刑法》第一百三十七条规定:"建设单位、设计单位、施工单位、工程监理单位违反国家规定,降低工程质量标准,造成重大安全事故的,对直接责任人员,处五年以下有期徒刑或者拘役,并处罚金;后果特别严重的,处五年以上十年以下有期徒刑,并处罚金"。这里的刑事责任针对的是监理单位的直接责任人员,承担刑事责任的前提是造成重大的安全事故。

③民事责任:工程监理单位的违法行为往往也是违约行为,如果给建设单位造成损失,监理单位应当对建设单位承担赔偿责任。承担民事责任的前提是建设单位有损失,而不是工程监理单位的违法行为,只有当这种违法行为造成了建设单位的损失时,工程监理单位才承担民事责任。

7.2 安全监理的任务和依据

·7.2.1 安全监理的任务·

建设工程监理工作是受建设单位(或业主)的委托或授权,按照合同规定的要求,完成委托或授权范围内的工作,同样建设工程安全监理也是受委托完成任务。只要建设单位委托了施工安全管理工作,监理单位就要认真地研究合同所包括的范围,并依据相关的建设工程施工安全生产的法律法规和标准规范进行监督管理。

安全监理的任务主要是贯彻落实国家、地方安全生产法律法规、方针政策和建设工程安全生产管理法规、规章、标准,督促施工单位按照建设工程安全生产管理法规和标准组织施工,落实各项安全技术措施,消除施工中的冒险性、盲目性和随意性,有效地杜绝各类安全隐患,控制和减少各类伤亡事故,实现安全生产。

安全监理的具体工作主要是:

①贯彻执行"安全第一,预防为主"的方针,国家、地方安全生产、劳动保护、环保、消防等法律法规和行业标准。

②督促施工单位落实安全生产组织保证体系,建立健全安全生产管理体系和安全生产责任制。

③督促施工单位对工人进行安全生产教育及分部分项工程的安全技术交底。

④审查施工组织设计的安全技术措施、专项施工方案。

⑤检查并督促施工单位落实分部分项工程或各工序关键部位的安全防护措施。
⑥监督检查施工现场的消防安全工作。
⑦监督检查施工现场文明施工。
⑧组织安全综合检查、评价,提出处理意见并限期整改。
⑨发现违章冒险作业的,责令其停止作业;发现严重安全事故隐患的,责令其停工整改。
⑩施工单位拒不整改或不停止施工,应及时报有关管理部门。

· 7.2.2 安全监理的依据与范围 ·

1)安全监理的依据

①安全监理委托合同。
②《中华人民共和国建筑法》。
③《建设工程安全生产管理条例》。
④《中华人民共和国公路法》。
⑤国家安全生产法律、法规、政策。
⑥劳动保护、环境保护、消防等的法律法规与标准。
⑦公路行业安全生产规章、规范性文件、安全技术规范等。
⑧设计的施工说明书。
⑨经过审核、审批的施工组织设计、专项施工方案的安全技术措施。

2)安全监理的范围

①国家强制安全监理的项目:
a.国家重点建设工程;
b.大中型公用事业工程;
c.成片开发建设的住宅小区工程;
d.利用外国政府或者国际组织贷款、援助资金的工程;
e.国家规定必须实行监理的其他工程。
②地方政府规定必须实行安全监理的建设工程。
③建设单位委托安全监理的建设工程。

7.3 安全监理的程序

1)招标阶段的安全监理

①审查施工单位的资质和安全生产许可证。
②协助建设单位拟定安全生产责任书。

2)施工阶段的安全监理

(1)施工准备阶段的安全监理
①监理单位的工作准备。
②审查专业分包和劳务分包单位资质。

③审查电工、焊工、起重机械工、塔吊司机及指挥人员、爆破工等特种作业人员资格，督促施工企业雇佣具备安全生产基础知识的一线操作人员。

④督促施工总承包单位建立健全施工现场安全生产管理体系。

⑤督促施工总承包单位检查各分包单位的安全生产制度。

⑥审查施工单位安全生产责任制度。

⑦审查施工承包单位编制的施工组织设计、专项施工方案中安全技术措施、高危作业安全施工及应急救援预案。

⑧督促施工总承包单位做好逐级安全技术交底工作。

⑨施工单位开工时所必需的施工机械、材料和主要人员已达现场，并处于安全状态，施工现场的安全设施已经到位。

⑩审查承包单位自检系统。

⑪对承包单位的安全设施和设备在进入现场前的检验。

⑫审批承包单位的工程进度计划。

⑬签发开工通知书等。

(2)施工阶段的安全监理

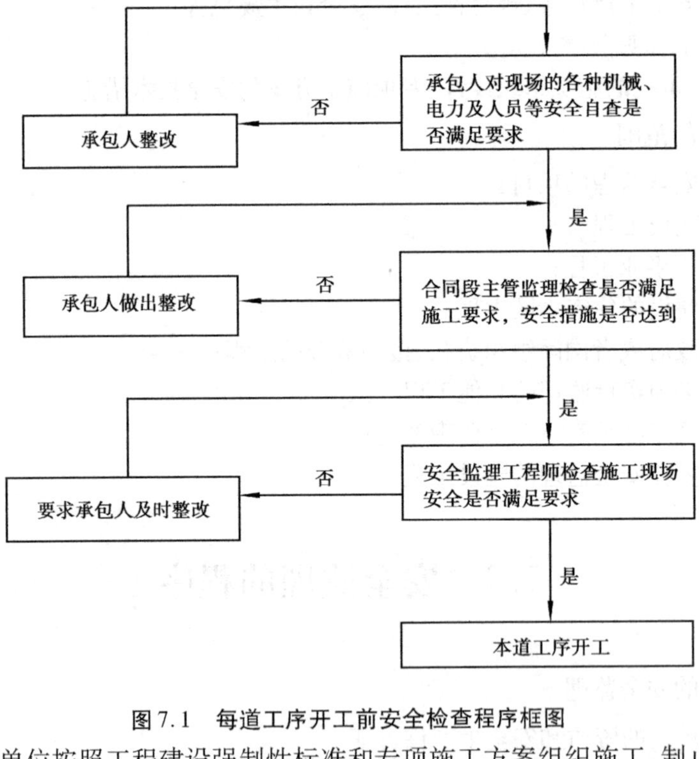

图 7.1　每道工序开工前安全检查程序框图

①监督施工单位按照工程建设强制性标准和专项施工方案组织施工，制止违规施工作业。

②对施工过程中的高危作业等进行巡视检查，每天不少于 1 次；发现严重违规施工和存在安全事故隐患的，应当要求施工单位整改，并检查整改结果，签署复查意见；情况严重的，由总监下达工程暂停施工令并报告建设单位；施工单位拒不整改或不停止施工的，应及时向建设行政主管部门报告。

③督促施工单位进行安全自查工作。

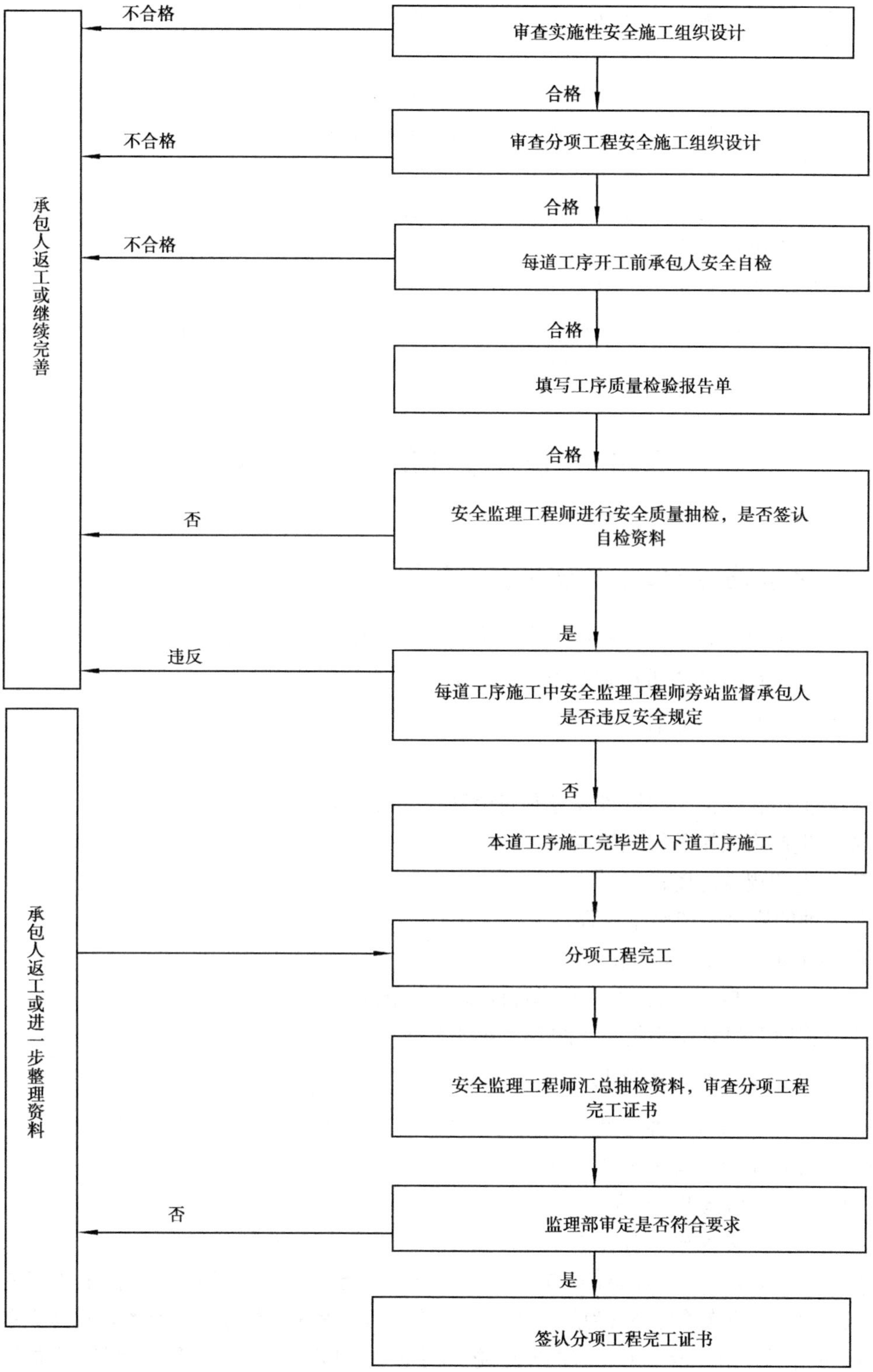

图 7.2　安全管理工作程序

④参加施工现场的安全生产检查。

⑤复核施工单位施工机械、安全设施的验收手续，并签署意见；未经安全监理人员签署认可的不得投入使用。

⑥应对高危作业的关键工序实施现场跟班监督检查。

⑦督促施工单位对工人进行安全生产教育及分部分项工程的安全技术交底。

⑧监督检查施工现场的消防安全工作。

⑨发现冒险作业的责令其停止作业，情况严重的，责令其停工整改。

⑩监督施工单位使用合格的安全防护用品等。

(3)竣工验收阶段的安全监理

本阶段主要是在工程竣工或分项竣工签发交接书后，安全监理的内容是对未完成的工程和对工程缺陷的修补、修复及重建过程进行的安全监督管理。

7.4 安全监理的主要内容

·7.4.1 招标阶段的安全监理的主要内容·

工程监理单位受建设单位委托实施安全监理，应协助建设单位做好以下工作：

1)审查施工单位的资质和安全生产许可证

a. 建筑业企业资质证书；

b. 安全生产许可证；

c. 安全生产管理机构的设置及专职安全管理人员的配备等；

d. 安全生产责任制及管理体系；

e. 安全生产规章制度；

f. 各工种的安全生产操作规程；

g. 特种作业人员的上岗证；

h. 主要的施工机械、设备等的技术性能及安全条件；

i. 建设管理部门对建筑业企业的安全业绩考评情况。

2)协助拟定安全生产协议书

安全生产协议书有两种类型，一是建设单位和施工单位之间的安全生产协议；另一个是总承包单位和分包单位的安全生产协议。

(1)建设单位和施工单位的安全协议

在招标阶段就要明确双方在施工过程中各自的安全生产责任。

《建设工程安全生产管理条例》规定建设单位有义务为施工单位施工过程中所需要的安全措施及管理提供足够的资金；为施工单位提供有关建设资料；不得明示或者暗示施工单位购买、租赁、使用不符合安全施工要求的安全防护用具、机械设备、施工机具及配件、消防设施和器材。

施工单位的安全生产责任：

①建立和落实安全生产责任制及各项安全管理制度（考核任职制、特种人员持证上岗制、安全生产费用保障制、安全技术措施制、安全生产管理机构和专职安全管理人员制等），做到预防为主，杜绝和减少伤亡事故。

②结合工程项目特点，编制安全技术措施，遇有危险性较大的分部分项工程，如基坑支护工程、土方开挖工程、模板工程、起重吊装工程、脚手架工程等，应编制专项施工方案，附具安全验算结果，对深基坑、地下暗挖工程、高大模板工程施工单位还应组织专家进行论证审查。

③有责任对职工进行入场前及施工中的安全教育，并进行分部分项工程的安全技术交底。

④施工中必须使用合格的又具有各类安全保险装置的机械、设备和设施等。

⑤严格执行建设工程安全技术规范和标准，实行科学管理和标准化管理，提高安全防护水平，消除不安全隐患。

⑥做好施工现场安全警示标志的使用、作业和生活环境的管理。

⑦对于发生的伤亡事故要及时报告，按“四不放过”原则认真查处。

（2）总、分包单位的安全生产协议

总包单位要统一管理分包单位的安全生产工作，对分包单位的安全生产工作进行监督检查，为分包单位提供符合安全和环境卫生要求的机械、设备和设施，制止违章指挥和违章作业。

分包单位要服从总包单位的领导和管理，遵守总包单位的规章制度和安全操作规程，分包单位的负责人要对本单位职工的安全、健康负责。

·7.4.2 施工阶段的安全监理主要内容·

1）施工准备阶段的安全监理主要内容

（1）安全监理的工作准备

①熟悉安全监理合同文件与施工合同。总监理工程师或安全监理工程师应组织安全监理人员在安全监理工作实施之前对安全监理合同文件和施工合同文件进行全面地熟悉，发挥合同管理作用。

②设计图纸的检查、复核、补充。在施工前的准备阶段，安全监理工程师应进行设计图纸的检查、复核、补充、更正。安全监理工程师应尽可能先到现场调查，预防、减少安全事故或损害的发生与扩大。

③调查现场用地环境。安全监理工程师在工程建设施工前应全面掌握施工现场用地及周边情况，并根据计划内开工顺序及时要求建设单位给予提供。针对地下管线、高压输电设备、交通等环境安全方面的问题需要特殊处理时，安全监理工程师应及时按照建设单位所能提供的现场用地及通道情况征询承包单位意见，预先采取必要的安全措施，并调整施工单位开工的安排布局。

④制定安全监理工作程序。安全监理工程师在对工程施工安全进行严格控制时，要严格按照工程施工工艺流程制定一套相应的科学的安全监理工作程序，对不同结构的施工工序制定出相应的检测、验收方法。在监理过程中，安全监理人员对监理项目应做详尽的记录和填写表格。

⑤调查可能导致意外伤害事故的其他原因。在施工开始之前了解现场的环境、人为障碍等不利因素，以便掌握不利因素的有关资料，及早提出防范措施。不利因素包括图纸未表示出的地下结构，如暗管电缆及其他构筑物，建设单位需解决的用地范围内地表以上的电信、电杆、

房屋及其他影响安全施工的构筑物。掌握了不利因素后，安全监理工程师就可以详细制定合理的安全监理方案和安全监理实施细则。

⑥掌握新技术、新材料的工艺和标准。施工中采用的新技术、新材料，应有相应的技术标准和使用规范。安全监理工程师根据工作需要与可能，对新材料、新技术的应用做必要的走访与调查，以便及时发现施工中存在的安全隐患，并发出正确的指令。

(2)审查承包单位自检系统和安全保证体系

安全监理是对施工全过程进行安全监督和管理，但不可能对每一分部或分项工程的每一部分进行全面的监控，只是在怀疑和认为需要时才进行部分抽检。因此工程开工前应尽早督促施工单位进行安全教育，建立施工单位的安全自检系统和安全保证体系，要求施工单位按安全监理工程师规定的程序对施工的每一道工序提供自检报告和报表。

安全监理人员必须在工程施工过程中随时对施工单位自检人员的工作进行抽检，掌握安全情况，检查自检人员的工作质量。

(3)对施工单位的安全设施和设备在进入现场前的检验

在安全设施未到前，安全监理工程师应详细了解施工单位的安全设施供应情况，避免不符合要求的安全设施进入施工现场，造成工伤事故。安全监理工程师可按下列步骤进行监督：

a. 审查施工单位应提供的当地或外购安全设施的产品合格证或生产(制造)许可证；

b. 根据需要对这些厂家的生产工艺设备等进行调查了解；

c. 必要时可要求施工单位对安全设施取样试验，提供安全设施的有关图纸与设计计算书等资料，提供成品的技术性能等技术参数，以便审查后确定该安全设施是否采用。

(4)审查安全技术措施

安全监理工程师应审查施工单位编制的施工组织设计的安全技术措施、专项施工方案，施工单位应按经审查的安全技术措施组织实施。当需修改安全技术措施计划时，施工单位应修改后再报安全监理工程师审查，经审查同意后，才能实施。

(5)审批施工单位的工程进度计划

为防止工程进度失控、加班加点和超负荷运转而引发人身伤害事故，施工单位应在合同条文规定的时间内向总监理工程师提交一份符合总监理工程师规定的工程进度计划，以取得总监理工程师的同意。当总监理工程师提出要求时，施工单位还应提交一份有关施工单位为完成工程而采用的施工安排和施工方法的总说明，以备查阅。

总监理工程师或安全监理工程师审批施工单位工程进度计划应调查分析施工单位实现总进度计划的能力和不利因素对实现工程进度计划的影响。不利因素包括：建设单位提供现场的时间、施工现场的其他施工单位的能力等。

经评价后，总监理工程师确认施工单位为完成工程而提供的工程进度计划是合理的且切实可行，则应在规定的时间内同意其进度计划。如果施工单位的工程进度计划无法实现或可能性很小，总监理工程师应要求施工单位重新修改并拟订一份工程进度计划并取得总监理工程师的同意。

(6)召开第一次工地会议

开工前应及时召开第一次工地会议，为安全监理工程师和施工单位人员建立良好的合作关系，使施工单位了解安全监理工程师监督和管理方面的程序和内容，同时能了解在施工过程中安全监理工程师要履行的职责、权限范围等。

(7)签发开工通知书

开工通知书是指施工现场开工所需的各方面的准备工作已完成,符合开工条件,安全措施到位,由总监理工程师发出允许施工单位开始施工的通知。

2)施工阶段的安全监理主要内容

(1)监督施工单位按施工组织设计或专项施工方案组织施工,并制止违规施工作业

施工单位应按监理单位已审查的有安全技术措施予以保证的施工组织设计或专项施工方案组织施工。在施工过程中,安全监理工程师应监督施工单位的执行情况,并对违规作业应及时制止。对需要修改的安全技术措施计划,施工单位修改后再报工程监理单位审定后,方能组织施工。

(2)监督施工单位按工程建设强制性标准组织施工

工程建设强制性标准是工程参与各方主体必须遵守和执行的,监理工程师无权使施工单位降低工程建设强制性标准。工程监理单位的安全责任规定了监理工程师必须履行其安全管理职责,即监督施工单位按工程建设强制性标准组织施工。

(3)加强现场巡视检查,发现安全事故隐患,及时进行处理

加强现场巡视检查,对施工安全生产情况进行安全检查,验证施工人员是否按安全技术防范措施和规程规定进行操作。现场巡视检查,每天不少于一次,对每道工序检查后,作好记录并予确认。

安全监理人员发现严重违规施工或者安全事故隐患的,应当责令施工单位整改,下达整改通知书,应及时向建设单位报告。

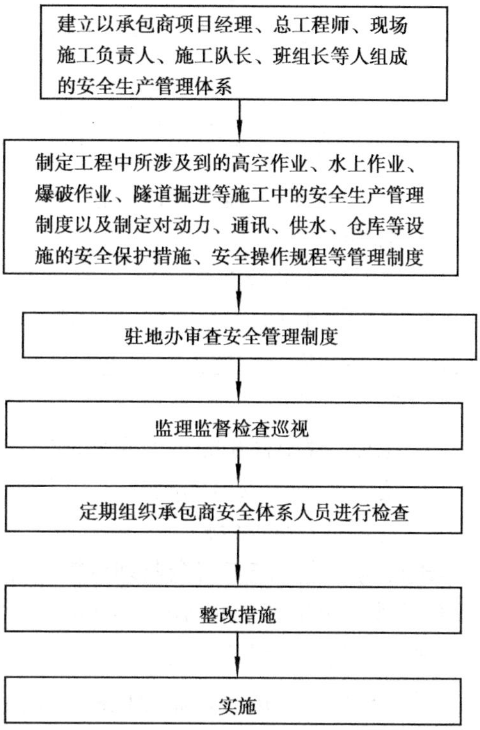

图7.3 施工安全监理工作流程图

(4)发现严重冒险作业和严重安全事故隐患的,应责令其暂时停工并进行整改

对施工人员严重冒险作业或者安全事故隐患情况严重的,安全监理人员应立即责令其暂行停工并进行整改,并报总监理工程师由总监理工程师下达工程暂停令,并报建设单位。施工单位拒不整改或不停止施工的,监理单位应及时向建设行政主管部门报告。

(5)对高危作业或涉及施工安全的重要部位、环节的关键工序进行现场跟班监督检查

高危作业或涉及施工安全的重要部位、环节是安全事故发生的高发带,监理人员应进行现场跟班监督检查。施工前,安全监理人员应督促施工单位作好安全技术交底;在施工过程中,安全监理人员做好监控,发现违规行为立即制止。

(6)复核施工单位安全防护用具、施工机械、安全设施的验收手续,并签署意见

施工过程中的安全防护用具、施工机械、施工机具、安全设施等的质量直接关系到施工安全,历史上发生的建设工程施工安全事故暴露出劣质产品的极大危害,同时,市场上大量存在

的劣质产品给建设工程施工生产带来安全隐患。

监理工程师应对施工单位的安全防护用具、施工机械、施工机具、安全设施等的生产(制造)许可证、产品合格证的查验情况进行复核,并签署意见。凡未经安全监理工程师签署认可的,施工单位不得投入使用。

(7)监督检查施工现场的消防安全工作

安全监理工程师监督检查施工单位施工现场的消防安全责任制度、消防安全责任人、消防安全管理制度和操作规程、消防通道、消防水源、消防设施和灭火器材等,以及消防安全教育等。

(8)组织与参与施工现场的安全检查工作

安全监理工程师应定期组织施工单位进行现场安全检查,对存在安全隐患的,责令其整改或消除。此外,安全监理工程师可参与施工单位组织的安全检查,对存在安全隐患的,应责令施工单位整改消除。

(9)督促施工单位进行分部分项工程安全技术交底和安全验收

做好安全技术交底和安全验收,是保证施工安全的重要措施之一,施工单位和作业人员应严格执行。安全监理工程师应督促施工单位做好安全技术交底和安全验收制度,杜绝或减少一般安全事故的发生。

(10)定期召开工地例会

总监理工程师定期主持召开工地例会,安全监理工程师应参加并分析工程项目施工安全状况,针对存在的安全问题提出改进意见。

(11)安全专题会议

针对施工过程中存在的重大问题,总监理工程师或安全监理工程师应及时组织安全专题会议,并对存在的施工安全问题及时予以解决。

(12)建立安全监理台帐

监理机构应建立施工安全监理台帐,并由专人负责。监理人员应将每次巡视、检查、旁站中,发现的涉及施工安全的情况、存在的问题、监理的指令及施工单位处理的措施和结果及时记入台帐。总监理工程师和驻地监理工程师应定期检查施工安全监理台帐记录情况。

3)监理单位对现场项目监理机构工作检查内容

(1)安全监理责任

安全监理责任包括项目监理机构安全监理责任履行;工程项目安全监理方案和实施细则;项目监理机构安全责任制;实施合同中安全、文明施工条款。

(2)人员配置持证

安全监理工程师应按规定配置人数,安全监理工程师按规定进行培训,应持证上岗。

(3)学习记录

总监理工程师应有安全监理培训记录;项目监理机构应有各类安全专题会议记录;项目监理机构应有安全学习记录和考勤记录。

(4)月报日记

项目监理机构应有单独的安全监理月报;安全监理工程师应有完善的安全监理日记。

(5)方案审核验收复核

各类安全专项方案有审核意见、手续齐全;各类安全设施验收复核资料齐全。

(6)安全检查

项目监理机构应按规定开展定期安全检查活动;安全监理人员应有巡查记录;对安全事故隐患和文明施工存在的问题有整改、停工消除措施。

(7)旁站计划记录

项目监理机构应有现场危险源监控计划;对危险源有旁站措施和记录及意见。

(8)隐患处理和反馈

对上级主管部门来工地检查项目监理机构应有记录;对上级主管部门来工地检查出的隐患项目监理机构应组织监督施工单位按期整改消除,并及时反馈。

(9)按"四不放过"原则处理事故

对施工现场所发生的安全事故应做到"四不放过"原则;安全事故处理应有档案记录。

(10)安全控制情况

施工现场安全受控。

4)实施建设工程安全监理有关问题

(1)安全监理业务委托

监理单位取得安全监理业务的方式,主要包括:国家规定必须实行安全监理的建设工程;地方政府规定实施安全监理的建设工程;建设单位直接委托的建设工程。

(2)安全监理取费

安全监理取费标准国家还未正式规定。上海市建设工程安全监理服务取费是按照《工程建设监理费上海市行业指导价标准》服务内容取费的原则办理。一般建设工程项目,安全监理费暂按1996年上海市市政工程管理局颁布的《上海市市政工程安全监理暂行办法》中的安全监理费用规定计取,即以现行工程建设监理费上海市行业指导价标准的10%作为安全监理费;安全生产风险大,安全监理工作难度高,情况特殊的建设工程项目,其安全监理取费可由委托双方参照上述标准适当上浮,协商约定。

全国各地经济发展水平不同,借鉴上海模式,结合本地区实际,制定本地区安全监理取费标准。

(3)监理工程师安全监督职责

监理单位有权对施工单位加强安全监理,还应对建设、勘察、设计、拆装单位等工程参与各方履行其安全责任的行为进行监督,对违反有关条文规定或拒不履行其相应职责而可能严重影响施工安全的行为,上报政府有关管理部门,以确保工程施工安全。

【例7.1】 2004年发生的42起三级施工事故的分析

2004年,全国共发生建筑施工一次死亡3人以上重大事故(以下简称三级事故)42起、死亡175人。所发生的42起三级事故主要是施工坍塌、高处坠落、中毒、触电和机具伤害。

(1)施工坍塌事故

2004年共发生施工坍塌事故20起,占三级事故总数的47.62%;死亡76人,占三级事故死亡总人数的43.42%。这些事故包括4个部分:

①现浇混凝土梁、板的模板支撑失稳倒塌事故共9起,占坍塌事故起数的45%;死亡37人,占坍塌事故死亡人数的48.68%。

②拆除工程中的坍塌事故5起,占坍塌事故起数的25%;死亡19人,占坍塌事故死亡人数的25%。

③边坡失稳引起土石方坍塌事故共4起，占坍塌事故起数的20%；死亡13人、占坍塌事故死亡人数的17.1%。

④施工现场的围墙及在建工程屋面板坍落事故2起，占坍塌事故起数的10%；死亡7人，占坍塌事故死亡人数的9.22%。

(2)高处坠落事故

高处坠落事故共发生13起，占三级事故起数的30.95%；死亡66人，占三级事故死亡总人数的37.71%。这些事故包括4个部分：

①从脚手架上坠落共6起，占高坠事故起数的46.15%；死亡23人，占高坠事故死亡人数的34.85%。其中有4起事故都是在吊篮脚手架上作业时，吊篮损坏造成的。

②在拆除井字架时坠落共2起，占高坠事故起数的15.39%；死亡24人，占高坠死亡人数的36.36%。

③在临边和平台等作业场所坠落的共3起，占高坠事故起数的23.07%；死亡11人，占高坠死亡人数的16.66%。

④拆除塔吊时坠落共2起，占高坠事故起数的15.39%；死亡8人，占高坠事故死亡人数的12.13%。

(3)中毒窒息事故

中毒窒息事故共5起，占三级事故总数11.9%；死亡20人，占三级事故死亡总数的11.43%。其中有2起是清理污水管时中毒、1起在人工挖孔桩中窒息、1起在顶管施工中中毒、1起在室内取暖一氧化碳中毒。

(4)触电事故共2起、死亡7人；机具伤害事故共2起、死亡6人

2004年发生的42起三级施工事故虽然原因错综复杂，但根本的原因还是安全生产责任不落实，安全技术规范不落实所致。具体有以下几个方面：

①责任不落实，监管不到位。按照现行的法律和法规的要求，建设主管部门都制定了安全生产责任制，但由于专职监管人员少、监督覆盖面小、监管力度不够、责任不落实。一是与有关部门沟通不力，事故处理不当，造成了很多同类事故，在同一个地区经常发生，发生后又不能及时结案并对有关人员进行处罚和教育；二是部分建设主管部门虽然建立了安全生产责任制，但还未能落实在行动上；三是对开发区、高教园区的工程，村镇建设工程以及房屋拆除工程管理体制不顺，存在监管盲区。

②安全技术规范在施工中得不到落实。2004年发生的42起三级以上事故中，有15起事故(占事故总数的36.58%)是因为没能按照安全技术规范的要求组织施工，如9起现浇砼楼板的模板支撑失稳事故，这些楼板的高度都超过了10米，都未能按照《扣件式钢管脚手架安全技术规范》的要求组织实施；有的虽能按照规范的要求，对模板支撑体系进行了设计计算，但在具体施工时，却把设计时的中心受压的立杆变成了承受由扣件传过来载荷的偏心受压杆件，改变了传力系统，使立杆极易失稳；还有的虽然编制了模板工程专项施工方案，但过于简单、不具备可操作性；另有5起是脚手架工程的事故，其中4起是由于在使用吊篮时，违规在吊篮两端设置保险绳，这就无法控制当动力钢丝绳断裂时吊篮的坠落。

③有章不循，冒险蛮干。有些工程项目对分项工程既不编写施工方案，也不做技术交底，有章不循，冒险蛮干。如：5月12日，发生在河南安阳的井字架拆除时倒塌事故，就是没有编制拆除方案，没有考虑有关规定的要求，盲目采用人工拆除，又不设置任何防止架体倾倒的设

施,冒险作业,使架体倒塌,造成了21人死亡的事故。

④以包代管,安全管理薄弱。很多工程项目都是低价中标,中标企业为了取得利润将工程转包给低资质的企业,有的中标企业虽然成立了项目班子,但只管协调、收费和整理资料以便交工使用,施工由分包单位自行组织。分包单位为了抢工期,为了节约资金一切从简,工程项目即使有施工组织设计也只是为投标而编制的,不是用于指导施工的。至于其他的安全管理制度,如三级教育、安全交底、班前活动、安全检查、防护用品、安全措施等能免则免,不能免的也只是走走形式。劳务工的班组长就是带领施工的施工员不再另配施工员。还有的企业为了谋取利润搞挂靠卖牌子。

⑤一线操作人员安全意识和技能较差。当前,很多工程项目不论具有多高资质等级的施工企业中标,基本是由在劳务市场上招聘来的民工施工。这些民工没有经过系统的安全培训,就连入场的三级教育也往往是走形式,特别是对那些刚从农村出来的农民工,他们不熟悉施工现场的作业环境,不了解施工过程中的不安全因素,缺乏安全知识、安全意识、自我保护能力,不能辨别危害和危险,有的农民工第一天来上班,第二天甚至是当天就发生了死亡事故。还有些工程项目对分包单位实行"以包代管",使得建筑施工中安全生产有关的法规、标准只停留在项目管理班子这一层,落实不到施工队伍手上,操作人员不了解或者不熟悉安全规范和操作规程;又因缺乏管理,违章作业现象不能得到及时的纠正和制止,事故隐患未能及时发现和整改,是造成事故的重要原因。

【例7.2】 **某隧道工程特别重大瓦斯爆炸事故**

2005年12月22日14日40分,某隧道工程发生特别重大瓦斯爆炸事故,造成44人死亡,11人受伤,直接经济损失2 035万元。

1)事故原因

(1)事故的直接原因:由于掌子面处塌方,瓦斯异常涌出,致使模板台车附近瓦斯浓度达到爆炸界限,模板台车配电箱附近悬挂的三芯插头短路产生火花引起瓦斯爆炸。

(2)事故的主要原因:

一是施工企业,违规将劳务分包给无资质的作业队。施工中安全管理混乱;通风管理不善,右洞掌子面拱顶瓦斯浓度经常超限;部分瓦检员无证上岗,检查质量、次数不符合规定等。

二是监理单位未正确履行职责,关键岗位人员无证上岗。

三是项目法人对施工单位违规分包、现场管理混乱等问题未能加以纠正,对施工中出现的瓦斯隐患未采取有效措施。

四是设计单位,对涉及施工安全的瓦斯异常涌出认识不足,防范措施不到位。

(3)经调查认定这是一起责任事故。

2)对事故责任人员的处理

6名事故直接责任人移交司法机关处理;其他17名责任人给予了相应的党纪、政纪处分。

复习思考题

1. 简述安全同进度、质量、费用的关系。
2. 简述监理工程师的安全责任。
3. 简述施工准备阶段监理工程师安全控制的措施。
4. 简述施工阶段监理工程师安全控制的措施。
5. 简述监理单位对现场项目监理机构工作检查内容。

8 环境保护及水土保持监理

8.1 工程环境监理的基本概念

我国的工程环境监理发展刚刚起步，在许多方面都是空白，法律法规尚不健全且有很多不够成熟。所谓工程环境监理，是指具有相应资质的监理企业，受建设单位的委托，承担建设项目的环境管理工作，并代表建设单位对承建单位的建设行为对环境的影响情况进行检查，对污染防治和生态保护的情况进行检查，确保各项环境措施落到实处的专业化活动，对未按有关环境保护要求施工的，应责令建设单位限期改正；造成生态破坏的，应采取补救措施或予以恢复。

环境监理工作主要针对工程施工所影响的环境敏感地区、环境敏感点及自然保护区。

1）环境敏感地区

环境敏感地区的定义：所谓环境敏感地区是针对下列情况而言的。从环境功能要求来说，是指城镇集中生活的居住区，水源保护区，名胜古迹区，风景游览区，温泉、疗养区和自然保护区；从环境质量状况来说，是指环境污染负荷大、环境质量现状已接近或超过质量标准的地区；从环境的稀释、扩散和自净能力来说，是指水文条件复杂（包括水量少、水质差、水体交换缓慢、各水期水量相差悬殊等）或气象条件不利（包括风速小、静风频率大、逆温持续时间长不利于烟气扩散）以及处于地形复杂的山谷、湖海陆风交换频率大的沿海、海口、河口等地区。除以上地区以外的具有一般环境条件的地区，属于非环境敏感地区。

2）环境敏感点

环境敏感点就工程建设项目而言，指在工程范围内的环境敏感地区中的具体点位，分为生态环境敏感点；水环境敏感点，如主要养殖水域、海滨度假区、海水游乐场所等；声气环境敏感点，如学校教室、医院住院病房、居民集中居住点、宾馆、疗养院；其他环境敏感点，如自然、人文遗迹的核心区、风景名胜区等。

3）自然保护区

在我国相关标准中所称的自然保护区，是指国家为了保护自然环境和自然资源，促进国民经济的持续发展，将一定面积的陆地和水体划分出来，并经各级人民政府批准而进行特殊保护和管理的区域。

4）工程环境监理的依据

工程环境监理的主要依据是：与建设项目环境相关的法律、法规、技术规范和标准、工程及环境质量标准、环境影响报告书（表）、设计文件、工程监理合同和建设工程承包合同等。工程环境监理合同、工程环境监理过程各种文件报告以及工程环境监理总结报告是工程环保验收的重要依据。

5)工程环境监理遵循的原则

从事建设项目工程环境监理活动,应当遵循守法、诚信、公正、科学的准则,协调好工程建设与环境保护、业主与承包人之间的关系,为工程的环境管理服务。工程的环境管理应当和业主的环境管理、政府部门的环境监督执法严格区分开来,确立工程环境监理是“第三方”的原则。

8.2 公路工程环境监理基本知识

·8.2.1 环境监理的目标·

公路环境保护施工监理,是在施工过程中通过监理工程师进行的环境保护公路工作,与整个施工组织管理紧密结合。它包括两部分内容:第一,监理公路主体工程的各项施工行为应符合环保要求,如噪声、废气、污水等排放均应达标,称为“环保达标监理”;第二,对保护营运和施工期的环境而建设的各环境保护单项工程进行监理,称为“环保(单项)工程监理”。

“环保(单项)工程监理”所指的环保工程,广义地讲,包括环保设施(如污水处理、声屏障)、边坡防护、排水、绿化等;通常环保监理的对象界定为声屏障、污水处理、生态绿化和取弃土场地生态防护与恢复等项目。一般将其分为两类,一是土木的环保工程如声屏障、污水处理等,二是生态环境保护主要为绿化工程、取弃土场地生态防治与恢复等。土木的环保工程监理与主体工程内容相同,不再多述;生态的环保工程监理具有较强的特殊性。

实施环境保护工程监理的意义:一方面从保护国家财产和人民安全的角度出发,使建设满足“坚固、适用、美观”的要求;另一方面,由于工程建设投资大、构造复杂,一旦建设成就不能轻易改变,应及时发现、避免和减轻工程施工中存在的问题,把好环保关和质量关。

·8.2.2 环境监理的特点·

1)环保监理工作的主要环节

(1)环境保护达标分析报告

它是监理工作计划的重要部分,要求监理工程师编制此项达标分析报告。监理工程师应依据国家和地方有关环境保护法规、环境影响报告或环境行动计划提出的环保措施,以及合同文件等,针对具体施工活动,分析施工过程中可能的环境影响和施工区周围的环境敏感地区,如临时便道是否会影响生态脆弱的自然保护区等,提前制定环境保护监理的重点和一般要求。

(2)环境保护措施实施计划报告

此报告要求承包人编制,随总体施工组织设计、各单项工程开工申请同时呈报。要求承包人依据国家、地方环境保护法规,环境影响报告书或环境行动计划,以及合同文件等,针对具体施工活动,提交施工的环保承诺,报告表由监理工程师审核,随总体施工组织设计或单项工程开工报告一同上报批准后实施。

(3)环保措施实施情况的核查

定期、不定期地对施工现场进行核查。核查承包人在环保措施报告表中承诺的各项环保措施是否得到落实和执行。该检查结果要有文字记录备案,以作为工程竣工验收的考核内容。

(4)施工现场环境监测

对施工现场进行定期和不定期相结合的环境监测,并及时将监测结果通报承包人和驻地监理工程师,以便双方能够掌握环境质量动态,及时调整环保监控力度,这也是对施工现场执行环保措施的客观评价。

监测方法按国家环保局颁布的《环境监测分析方法》执行。主要的监测仪器和监测项目包括:噪声测量仪器,为声级计;常规气象观测仪,观测项目:风速、风向、气温、湿度、气压等;气体监测仪,包括大气 TPS(总悬浮微粒)监测仪,根据隧道施工等需要,可测定 CO(瓦斯)、NO_2、SO_2等;水质监测仪,监测项目有:水温、COD(化学耗氧量)、BOD(生物耗氧量)、DO(溶解氧)、pH(酸碱度)、电导率、体积质量等。

2)环保工程质量监理的特点和基本要求

对工程质量的控制与管理应全方位展开,这是监理工作的核心。质量管理主要包括技术标准执行、材料检验、施工质量检查与隐蔽工程验收及缺陷修复。

质量监理工作的阶段可分为准备、施工、竣工验收、缺陷责任期和工程交工等。各阶段分别把住质量关,其控制程序与主体工程一致。

(1)质量监理特点

环保工程具有与主体工程同样的要求,是全过程、全方位、全天候的监理,但它也更强调事先监理和主动监理。监理人员的权利是法律和业主合同授予的,并将质量监理与工程支付挂钩,既保证了公正性,也直接加强了对业主和承包人双方的约束。

(2)质量监理基本要求

①严格控制技术标准,逐项验收,按部就班。

a. 技术标准和规范是控制质量的主要依据;

b. 工程施工首先要把好材料与设备的第一关,重视材料的检查和验收,杜绝不合格的材料用在工程上。所有材料必须满足合同要求,监理工程师有权随时发出下述指示:在规定的时间内,将不符合合同规定的材料从现场运走;

c. 施工质量检查与隐蔽工程的验收。工程的施工质量检查是控制质量的第一线工作。通过检查,可以起到监督作用,减少事故苗头;可以当场发现问题,纠正错误,避免事故扩大;可以及时提出补救要求,消除隐患。并注意:只要监理工程师认为是为正确履行合同规定的承包人的义务时,承包人就应在工程施工中提供必要的自身质量监督;未经监理工程师批准,工程的任何部分不能封盖或覆盖,以保证监理工程师有充分的机会对即将掩盖起来的工程进行检查、检验。监理工程师有权检查和拒收,并对已经覆盖的隐蔽工程揭露。

②抓住重点,控制一般。

理论上应该加密监理检查点,全面控制质量,但实际上监理不可能跟踪施工的全过程。这就要求通过分析质量控制的关键因素,进而找出重点工序。在噪声的控制工程中,根据路基和保护对象的位置核对设计的声屏障位置,是重点工序;在绿化施工中,重点工序必须到现场验收,如挖坑规格(底肥)、材料(苗木)到场、大树种植等,而作为一般控制的起苗、装运、散苗、支撑等工序,可以通过力所能及地加密检查点的办法控制质量。

③及时召开有效率的工地会议。

工地会议要形成纪要，统一认识，各方签字。认可的，落实办法及后果的责任划分就有据可查；容易产生争议的，给各方发言的机会，即使不被某一方接受，也可以留底备案。只有注意了会议过程，以后需要监理对业主或承包人的要求、责任分析等公正表态时，才有依据。同时工地会议还给大家一个互相发表意见的机会，使监理和承包人在业务上取长补短，避免质量或时间上的损失。

④安全管理要符合管理行业对安全措施的规定，监理工程师应督促承包人执行。

8.3 公路工程建设的环境影响

·8.3.1 施工期的大气环境影响·

1）施工期扬尘影响分析

公路建设项目施工期，平整土地，打桩、铺浇路面、材料运输、装卸和搅拌等环节都有扬尘发生，其中最主要的是运输车辆道路扬尘和施工作业扬尘（混凝土搅拌、水泥装卸和加料等）。

（1）运输车辆道路扬尘

施工区内车辆运输引起的道路扬尘约占场地扬尘总量的50%以上，特别是灰土运输车引起的道路扬尘对道路两侧的影响更为明显。对某公路施工道路的监测结果表明，在道路边下风向50 m处，TSP体积质量10 mg/m^3；距离路边150 m处TSP体积质量大于5 mg/m^3。

（2）道路作业扬尘

各种施工扬尘以灰土拌和所产生的扬尘最为严重，灰土拌和有路拌和厂拌两种方式。根据对某公路灰土拌和场扬尘监测结果，灰土拌和站施工地下风向100 m之内扬尘影响较严重，至下风向150 m处TSP体积质量在0.5 mg/m^{3}左右。

2）施工期沥青烟气影响分析

公路路面施工阶段，沥青烟气主要出现在沥青裂变熬炼、搅拌和路面铺设过程中，其中以沥青熬炼过程中沥青烟气排放量最大。目前，公路建设均采用设有除尘设备的封闭式厂拌工艺，用无热源或高温容器将沥青运至工地，因此沥青烟气的排放浓度较低，可以满足《大气污染物综合排放标准》（GB 16297—1996）中沥青烟气最高允许排放浓度，对周围环境影响较小。

·8.3.2 施工期的生态环境影响·

公路工程建设可能对生态环境产生的影响主要表现在：工程永久性占地、取弃土场、沙石料场、施工便道、临时生活营地的设置等施工活动可能对沿线生态环境造成的破坏。工程可能对生态环境产生的影响因素如下：

①取土场，通过地表取土，破坏地表植被和土壤结构，改变地形地貌及自然景观，使区域植被覆盖率和生物多样性下降，自然景观破碎化。取土场在一定程度上加剧水土流失及风沙活动等生态问题。

②沙石料场，通过采挖沙石，可改变地形地貌、自然景观及地表植被。受沙石材料条件的

限制,其场地选择多在河谷滩地或石质山地。

③施工便道,通过运输机械碾压,破坏地表植被和土壤物理结构,可影响植物生长发育,直至植物枯死,导致生态系统结构破坏和功能下降,并使生态景观受到影响。加剧水土流失及风沙活动等生态过程。

④桥涵施工,通过桥涵施工,可改变河道地形地貌、水文过程和地表植被,影响生态系统结构和功能,并在一定程度上加剧水土流失。

⑤生活营地,通过场地占用、机械碾压和人员活动等破坏地表植被和土壤物理结构,降低生态系统功能。

·8.3.3 施工期的水环境影响·

施工期产生的水环境影响包括:桥梁施工对水环境的影响、施工营地生活污水及施工机械维修产生的污水对水环境的污染。

由于施工队伍的流动性和施工人员的分散性、临时性,对施工人员的生活污水做到集中处理有很大难度,所以一般采取有关管理的办法禁止向河流排放施工生活污水。可以考虑在施工营地附近设临时蒸发池来处理生活污水,施工结束后将蒸发池覆土掩埋。

施工过程中,施工机械的维修将产生少量油污,如不妥善处理,随意洒落或用水冲洗,都将造成项目影响区域内水环境质量的恶化。对此要加强管理,要求用简便的吸油材料吸收油污,再经收集统一处理。严禁将含油污水排入水体。

·8.3.4 施工期的声环境影响·

公路施工建设期间,影响周围环境的噪声主要来自施工设备作业时所产生的机械噪声。

1)施工机械及噪声源

公路施工分清理路线、修筑路基及铺设路面和安装辅助设施等几个阶段,各阶段使用不同的施工机械。在《公路建设项目环境评价规范》所推荐的公路工程施工机械中,对环境影响较大的施工设备包括挖掘机、推土机、自卸卡车、混凝土搅拌机、压路机等。

2)减缓噪声影响的措施

施工营地、料场等施工场地应远离环境保护目标,距居民点、学校、医院等敏感点距离应大于100米。合理安排施工活动,减少施工噪声影响时间。避免高噪声施工机械在同一区域内使用。在路线近距内有居民区的路段,高噪声施工机械运行尽量避开居民休息时间。施工中注意选用效率高、噪声低的机械设备,并注意维修养护和正确使用,使之保持最佳的工作状态。

·8.3.5 公路建设对水土保持的影响·

1)施工期水土流失分析

(1)水土流失因素分析

施工中产生水土流失的主要原因有两个,即自然因素和工程因素。工程因素是指公路因降水而引起水土流失的人为因素。公路建设除不能改变区域内的降雨状况外,对工程范围内的植被、土壤和地形等均有不同程度的影响。公路施工前的场地清理工作,会将道路用地,取土场范围内的植被进行清理。工程初期,工程征地范围内的植被就会遭到破坏,从而使该地区的土壤失去保护，增大水土流失的可能性。公路施工特别是土石方工程必然出现大量挖土、弃土和填土，使裸露坡面的土壤结构发生较大改变，加之有机质含量小，抵抗侵蚀的能力大为减弱。据测定，工程土壤中有机质含量小于0.5%，未被压实的土壤容量一般小于1.4，土壤组成中以沙粒和粉尘为主，粘粒含量小，土粒之间结构松散，易被冲刷。公路对宏观地形地貌影响不大，但在工程局部区域内，工程填挖形成的人工微地形均有一定的坡度，为水土流失提供了潜在的势能。

(2)施工期水土流失的类型

公路建设有路基、桥梁、涵洞等工程，其施工均需进行大量的取土、填方、深挖和弃土等，如处理不当，将造成严重的水土流失。公路各项可能引起的水土流失方式如下：

①路基。公路路基土石方工程量最大，引起的水土流失也最严重、最广泛。填方路堤施工要采取开挖排水沟，分层填土，存放压实，修整边坡等措施，在此期间一旦发生降雨，就造成水土流失。由于路面坡度平缓，经压实后，土壤抗侵蚀能力可提高80%以上；即使未经压实的填料，也只以面蚀或雨滴溅蚀为主，流失量较小。而边坡坡度较大，路面径流顺坡而下，会使边坡坡面受到更大的水力侵蚀，而且坡面土壤松散，结持力弱，虽然渗水能力强，但水分一旦饱和后，侵蚀量便成倍增加。所以坡面侵蚀除了面蚀以外，在降雨量大，降雨时间长时，均会发生严重的沟蚀，并且土壤侵蚀强度会随路堤高度的增加而增加。挖方路段，路基也要在征地范围内开挖天沟，然后分层挖土，开挖至路槽底面时，底面平整和压实。因此，路堑施工中的水土流失主要发生在土方开挖的坡面上；石方开挖的水土流失较小。土方坡面开挖坡度较陡时也会出现沟蚀，但程度较路堤为小。

②桥涵。桥涵是公路的重要组成部分，桥涵特别是涵洞对减少和疏通雨季施工的径流具有积极作用，从而减少整个流域内工程引起的水土流失量。桥涵的施工均需填筑或深挖，且桥涵工点水流集中，因而涵洞的出口处及桥梁两端的桥台均会受到水流的严重冲刷，此外桥梁施工中的出水含泥量大，直接排出会对环境造成一定的影响。桥涵的水下施工也会使河底泥沙重新悬浮，增加河水的含沙量。

③取土(石)场。公路建设需要有大量的土石方，取土(石)场要在施工期内不断地供应填方路基所需的填料。在取土(石)场大面积的破坏植被和土体，并且施工期坡度较陡，雨季的土壤侵蚀十分严重，土壤侵蚀的类型以面蚀和沟蚀为主。在雨季，松散的土壤被水分饱和后，会沿山坡下冲，局部含沙量较大，对山体下游的水土环境会产生较严重的影响。

④弃土场。当挖方不能全部用于填方，土石方不能平衡时，就会出现弃方，弃土(石)堆多设在路边山坡一侧。由于弃土松散，抗蚀力弱，雨季的水土流失甚至会比取土区更为严重，侵蚀类型以沟蚀和片蚀为主。

2)监理控制措施

①检查承包人的环保组织机构和保证体系是否健全和完善。

②检查承包人在施工中是否按有关环保规定和要求组织施工。

③定期或不定期的检查监督，分段落实环保任务和责任，对违反环保规定操作和随意破坏自然环境的单位和个人进行违约处理。

④检查因施工造成土石淤塞河道的清理情况，确保雨季前清理通畅，安全渡汛。

⑤检查弃土场的堆放是否符合设计要求、是否规范合理。

⑥检查拦沙坝是否按设计要求施工、质量是否符合规定、是否能安全有效地防止水土

流失。

⑦检查因施工造成的下边坡植被破坏是否采取了恢复措施。

⑧检查各类水毁和滑坍造成的环境污染和破坏。

⑨检查路基、边坡、涵洞、桥梁等排水防洪工程对环境保护的影响。

⑩检查因施工挖断或阻塞农田水利灌溉沟渠,确保农作物栽种前恢复或疏通。

⑪检查施工现场内外环境,避免或减少由于施工操作引起的粉尘、有害气体、噪音等对大气和环境的污染。

⑫严禁乱砍滥伐树木、乱倒废方,尽量减少污染河道、水库等水资源。

8.4 公路工程环境监理

·8.4.1 环保工程施工准备阶段质量监理·

1)熟悉合同文件,明确模糊问题

绿化工程监理。苗木质量的标准很多,最好能在合同中详细地规定出来。监理工程师在开工前,可参加设计单位的设计交底,并在审批承包人计划中与承包人商讨补充明确的细节要求;声屏障工程监理,核实保护对象,确定建设位置,复核建设规模;污水处理工程监理,监理工程师首先要核实排放标准,核实受纳水体状况等。

2)制定监理程序,完善监理技术方案

①委派高级驻地监理工程师,组建监理组织。

②收集有关资料,熟悉工程情况,掌握开展监理工作的依据。

③制定工程项目监理规划。

④制定相关专业监理工作计划或实施细则。

⑤根据制定的监理工作计划和运行制度,规范化开展监理工作。

3)其他准备工作

①合同签订后,监理和承包人应尽快认真熟悉现场。

②监理工程师审查承包人的技术资质,主要是分包人的资质。

③对工程所需原材料、构配件的质量进行检查与控制。

以绿化工程为例,合同签订后,承包人应妥善安排苗木定购工作,避免季节变化产生的不确定因素,也可更好地控制成本;监理工程师核实苗源,把握质量,主要采取查看订单,询问等方式,必要时可与承包人协商,考察苗圃;监理工程师应以合同为统一标准,控制质量,达到合同要求的质量标准。

④督促承包人完善各项规章制度,并予以指导和审批。

⑤审查承包人的施工方案。

⑥组织设计交底和图纸会审,对有的工程应下达质量标准。

⑦合理发布开工令。

⑧监理其他与保证准时开工有关的施工准备工作。

·8.4.2　环保工程施工阶段质量监理·

1)施工阶段质量控制的内容和依据

施工阶段的质量控制,包括施工过程质量控制和建设成品质量控制。控制的重点是对材料、设备、半成品和构配件的工序质量控制。控制的依据有各类合同文件、设计图纸以及专门的技术性法规或其他规定。

2)施工阶段质量控制方法

主要有:审核和签发有关技术文件和报告;直接进行现场检查和必要的试验等。

(1)审核签署有关技术文件、报告和报表

按施工顺序、进度和监理计划、及时审核和签署有关质量文件报告和报表,是对工程质量进行全面控制的重要手段。审核的具体内容有:

①进入施工现场各分包单位的技术资质证明文件。

②承包人的正式开工报告,并经现场核实后,下达开工指令。

③承包人的施工方案和施工组织设计,确保工程质量有可靠的技术措施。

④承包人提交的有关材料、半成品的质量检验报告。

⑤承包人提交的反映工序质量动态的统计资料或管理图表。

⑥设计变更、修改图纸和技术核定书。

⑦有关工程质量事故处理报告。

⑧有关应用新工艺、新技术、新材料和新结构的技术鉴定书。

⑨承包人提交的关于工序交接检查和分项、分部工程质量检查报告。

⑩审核并签署现场有关质量技术签证和文件等。

(2)现场质量监督与检查

监理工程师常驻施工现场,进行质量监督和检查,及时发现问题并就地解决,是对施工质量控制的有效方法。

①开工前的检查:检查是否具备开工条件,开工后能否保证工程质量,能否连续进行正常施工。

②工序交接检查:对于重要的工序或对工程质量有重大影响的工序,在自检、互检的基础上,还要经监理人员进行工序交接检查。

③隐蔽工程检查:凡是隐蔽工程需要经监理工程师检查认可后方能掩盖。

④停工后复工前的检查:当承包人严重违反质量程序,监理人员可行使质量否决权,令其停工,或工程因某种原因停工后需复工时,均应经检查认可后方可下达复工令。

⑤分部、分项工程完工后,经监理人员认可后,方可签署验收记录。

⑥检查方法包括观察检查、量测检查、试验检查。

(3)声屏障和污水处理工程质量监理的具体工作

①质量监理工程师的具体工作:

a. 协助承包人完善工序控制:把影响工序质量的因素都纳入管理范畴,建立质量管理点,及时检查和审核承包人提交的质量统计分析资料和质量控制图表。

b. 严格工序间交接检查:主要工序作业(包括隐蔽作业)需按有关验收规定经现场监理人

员检查、签署验收。如基础工程中,对开挖的基坑,未经鉴定(工程地质鉴定)和量测标高、尺寸,不得浇筑垫层混凝土;钢筋混凝土工程中,安装模板后,未经检查验收,不得架立钢筋;钢筋架立后,未经检查验收,不得浇筑混凝土等。

c. 对重要的工程部位或专业工程,监理工程师要亲自进行试验或技术复核。如:亲自在工作面测定混凝土的温度或坍落度;亲自试作混凝土试件;亲自取样等。对于重要材料、半成品可自行组织材料试验工作。

d. 对完成的分项、分部工程,按相应的质量评定标准和办法检查、验收。

e. 审查设计变更和图纸修改,进行职权范围内的批准或向业主提出意见。

f. 按合同行使质量监督权,在下述情况下,监理工程师有权下达停工令:施工中出现质量异常情况,经提出后承包人仍不采取改进措施;或者采取改进措施不力,未使质量状况发生好转;隐蔽作业未经现场监理人员查验自行封闭、掩盖者;对已发生的质量事故未进行处理和提出有效的改进措施就继续作业者;擅自变更设计图纸进行施工者;使用没有技术合格证的工程材料,或者擅自替换、变更工程材料者;未经技术资质审查的人员进入现场施工者。

g. 组织定期或不定期的现场会议,及时分析、通报工程质量状况,并协调有关单位间的业务活动等。

②声屏障质量监理工程师的具体工作。声屏障工程一般分为两阶段进行施工,一是声屏障基础施工;二是声屏障上部结构安装,包括声屏障支架和板材安装、屏障体安装等。

(4)绿化工程施工质量监理的其他特点

绿化工程的质量监理,与前述步骤和控制基本相同,但也有其本身的一些特点。绿化工程施工阶段包括“种植施工”和“初期养护”。根据工程的特点,其合理的工序如下所述,但在实际施工中,是否必须包括那些步骤,要看合同是否要求,看具体工序是否有所增减。监理人员应强调过程监理,从中发现问题,防患于未然;对已出现的问题,及时责令承包人处理改正。

①种植工程。场地废渣过多时需要清渣、换土。种植用土应选用原地表层熟土或含有有机营养的腐植土。种植应选择当地各类植物的最佳季节种植;承包人可以考虑比设计数量多种一些,这样可以保证成活率,减少批量返工时调运、种植的麻烦;乔、灌木种植工程的基本工序为:号苗、整型(疏枝、截干等)、起苗、包装、装运、到场验收、清理场地、挖坑、施底肥、散苗、种植、浇定根水、支撑等。草地种植工程的主要工序为:细致整地(换土、筛土)、播种(移植)、覆盖、浇水、保墒、除去覆盖物等。这些工序中,乔灌木种植前半部分的监理关键时“到场验收”环节,要重点注意苗木健壮、无病害、无硬伤、以保证成活率。后半部分旁站监理应发挥关键作用,尽量增加种植、浇水等环节的检查点。

②初期养护工程。种植工作结束,应进行有效的管理,使植物保持良好的生长条件。初期管理工作主要工序一般包括:浇水或洒水;包裹或缠绕树干;去叶或修剪;清除杂草、杂物、垃圾;防治病虫害;树干涂白灰(秋冬季节);以及保护种植地带的整洁和美观等。冬季或初春种植后,适当补充肥料;草地补肥尤其重要。在管理期内,对有严重病害、损伤或不符合设计条件的植物应立即清除,在季节条件许可时,及时补种同样种类的植物。

·8.4.3 环保工程交工验收阶段质量监理·

1)绿化工程质量评定与交工验收

(1)各工序的中间交工质量认可

承包人完成的阶段工程或最终工程,必须符合技术规范,具备质量和进度监理工程师对各工序的中间交工质量认可。例如,苗木到场合格证书、定点定位合格证书,以及种植、浇定根水、支撑等工序的合格证书或口头承认的纪录等,它们是质量的保证和付款的依据。

土木工程各工序全部是最终质量的保证,绿化工程则不尽然。绿化工程即使省略若干工序,可能对最终质量也没显著的影响。如果不对承包人的工序进行检查,阶段计量的工程不一定是合格工程,因为其中可能包括了当时没有发现的问题。而且,如果监理没有对承包人中间工序进行签证,也就说明承包人可能没有支出那部分工序的成本。

(2)交工质量验收

苗木和草地种植工程质量应符合各项要求的品种、规格、覆盖度和位置;地形、灌溉等附属工程应符合设计和有关技术规范;质量评定按事先确定的有关标准进行,往往与业主对承包人的奖惩挂钩。

2)声屏障和污水处理工程质量评定与交工验收

对承包人完成施工形成的产品,监理工程师进行交工验收阶段质量控制。按规定的质量评定标准和办法,检查验收完成的分项、分部工程和单位工程。环保工程要达到控制标准;污水排放要达标,受纳水体合理,声屏障隔声效果达标。

污水处理工程施工质量的评定和工程项目的交工验收是工程施工阶段质量控制的重要工作,也是最终保证工程质量的重要手段。监理工程师必须根据合同和设计图纸的要求,严格执行国家颁发的有关工程项目质量检验评定标准和验收标准,及时组织有关人员进行质量评定和办理交工验收交接手续,签发交工验收文件。在施工期间,对隐蔽工程组织交工验收,并作相应的文字记录;对已交工的单位工程或分项工程,也可组织交工验收或交接验收。在完成工程局部验收后,可进行单机调试、单位工程的准备使用等工作,然后逐步进行系统的运转调试,组织联动试车和试生产。

需要说明的是,公路通车之初的交通量和客流量较小,受其所限,污水处理装置的效果以及声屏障的隔声效果往往不能采取实测方法检验。则验收分别对待,各有侧重。污水处理对各处理单元施工质量及各附属设施所应达到的质量标准,以及系统清水试车情况的检验。而装置的达标排放检验应在营运后缺陷责任期内进行。声屏障的隔声或吸声效果可在附近设置可比噪声源进行类比监测。

根据环境保护的有关规定,有时业主需要报请环保行政管理部门,由其参与或进行环保工程的验收。

【例8.1】 某高速公路环保与水土保持管理措施

(1)路基土石方开挖

①在沿河段和水库边开挖路基土石方故意向河床和库区弃废方,而且下方无工作平台和防范措施的施工单位,每发现一次往河道、库区弃方处以违约金20万元。

②在山岭区开挖路基土石方,不按设计图纸的要求进行弃土、随挖随倒,每发现一次处以

违约金 1 万元,重复发生的加倍处理。

③对于工作平台在山脚的施工单位,必须严格控制开口,不能多处开口,避免多坡面植被遭破坏,如果施工单位不按要求施工,发现一次处以违约金 1 万元。

④采用爆破开挖石方时,要严格控制药量,尽量避免放大、中炮,产生土石方滚入河道,造成河道阻塞且不及时清理者,每发现一次处以违约金 2 万元。

(2)对植被的保护

施工单位在施工中如果人为故意破坏用地界外的植被和树木,经检查发现除令其赔偿外并按破坏的植被面积计算违约金,每平方米按 20 元计算,每损坏一棵树处以违约金 100 至 1 000元。

(3)水土保持

施工单位要堆弃废方时,必须按设计图纸或变更后的弃土场位置弃土,且在弃土前必须先做拦沙坝,如果在雨季施工未做拦沙坝就开始弃土,经检查每发现一次处以 2 万元违约金。如在非指定的弃土场弃土,每发现乱弃土一车处以 500 元的违约金。弃土不规范,造成弃土场的弃土溢出拦沙坝形成泥石流的每次处以 2 万元违约金,并负责赔偿相应经济损失。

(4)农田坝区施工

①农田坝区段施工的单位,在开挖基坑时产生的废方,必须运走统一堆弃,严禁随挖随倒,超占公路用地界外的农田耕地,经检查发现一次处以违约金 1 万元,并负责赔偿超占引起的经济损失且负责恢复农田耕地。

②在有农田沟渠段施工的单位,必须严格控制弃土保证不阻塞沟渠,以免影响农田灌溉用水,如不按要求施工,经检查每发现一次处以违约金 1 万元,并责成恢复沟渠畅通并负担恢复费用。因施工确实不能避免的,应向指挥部专题报告,指挥部会同施工单位向地方政府、村社协商处理。

复习思考题

1. 简述环境监理的概念与特点。
2. 简述公路工程施工过程中影响环境的因素。

9 合同管理

公路工程项目从招标、投标、施工到竣工交付使用,涉及业主单位、设计单位、材料设备供应商、材料生产厂家、施工单位、工程监理单位等。为了使工程项目各有关单位之间建立起有机的联系,并使其相互协调,默契配合,共同实现进度、质量、费用三大目标,一个重要的措施就是利用合同手段,通过经济与法律相结合的方法,将工程项目所涉及的各单位在平等互利的原则上建立起多方的权利义务关系,以保证工程项目目标的顺利实现。

改革开放以来,尤其是我国十多年的工程监理实践证明,为促使公路工程项目进度、质量、费用三大目标的实现,最为关键的一点,就是业主、承包人、监理单位三方必须树立强烈的合同意识。本章将在介绍合同基本概念及作用的基础上,重点介绍符合国际惯例的 FIDIC 管理模式下合同管理的主要内容。

9.1 合同的基本概念和作用

·9.1.1 合同的基本概念·

1)合同的概念

合同,又称契约,它是当事人双方或数方设立、变更和终止相互权利和义务关系的协议,协议应在平等互利的原则下签订。合同作为一种法律手段,是法律规范在具体问题中的应用,签订合同属于一种法律行为,因此,依法成立的合同具有法律约束力。

经济合同是法人与法人之间为实现一定的经济目的,明确相互间权利义务关系的协议。这种协议以法律的形式确认和调整合同当事人之间的权利和义务。

工程合同属于经济合同范畴,是指业主就工程项目的设计、施工、监理等环节中的问题,与各经济法人(承包人)为实现工程目标而以书面协议形式缔结的具有法律效力的契约。

从以上概念可知,凡签订经济合同,合同双方必须是法人。法人是个法律上的概念,是指按法定程序组成,有一定的组织机构和财产,能以法人名义参与经济(或民事)法律关系,取得经济(或民事)权利,承担经济(或民事)义务,并能在法院起诉或应诉的社会单位实体或组织。经济合同必须由具有法人资格的法人代表或法人代表的代理人签订。

2)工程合同的特性

(1)经济法律关系的多元性

工程合同是合同双方或多方的法律行为,是合同双方或多方意向一致的表示。经济法律关系的多元性主要表现在合同签订和实施过程中会涉及业主、监理工程师、承包人、分包人、材料供应、设备供应、银行、保险公司等有关单位，因而产生纵横交错的复杂关系，这些关系都要用合同予以联结和约束。

(2)合同条款的复杂性

由于经济法律关系的多元性，以及工程项目的一次性特点所决定的每一工程项目的特殊性，工程项目在实施过程中受到各方面、诸条件的制约和影响，而这些制约和影响均应以合同条款的形式反映到工程合同文件中去。

(3)合同双方的平等性

工程合同双方当事人在合同范围内处于平等地位，任何一方均不得超越合同规定，强迫他人意志。即使有行政隶属关系的上级和下级，在合同关系上也应是完全平等的，一切工程问题只能在合同的范围内解决。

(4)工程合同的风险性

由于工程合同的经济法律关系的多元性、复杂性，加之工程项目的投资大、竞争激烈及人们预测能力的局限性等因素影响，工程合同必然具有一定的风险性。因此，合同双方需慎重分析可能产生的各种风险因素，制定平等严格的风险条款，以避免各种风险因素对工程项目造成不利影响。

·9.1.2 工程合同的作用·

社会主义市场经济体制为工程建设市场的建立和完善提供了有利条件，工程合同的普遍实行，将更加有利于工程建设市场的规范与发展，有利于加速推进公路工程施工监理制度。工程合同的科学性、公平性和法律效力使合同各方有章可循，并自觉遵守。其具体作用可从如下几个方面反映：

1)工程合同可以有效管理工程进度

为了保障施工顺利进行，工程合同对各种可能影响工程进度的情况均做了相应的规定，承包人和监理工程师都将按合同规定的分项工程和整个工程的工期要求，合理地组织施工和实施监理。如果工程进度计划受到影响，监理工程师将按合同规定，要求承包人修改计划，采取各种措施，确保在合同工期内完成工程施工任务。

2)工程合同可以保证工程质量

根据合同规定，承包人必须严格按照工程施工技术规范进行施工。技术规范详细地规定了各项工程和各种材料的质量标准，监理工程师可按合同要求对承包人的施工方案、工艺、材料、施工机械设备、试验路段等质量进行全面控制管理。质量不符合要求的，监理工程师不予计量，承包人则得不到相应的工程款项。因此，工程合同是保证工程质量的有力措施之一。

3)工程合同可以公正地维护合同双方利益

工程合同详细规定了合同双方的职责、权利和义务，既保证了业主的投资利益，同时也保护了承包人的合法权益。如：合同中有关违约管理的条款、索赔条款等，使合同双方的矛盾可以合理地得到解决。

4)工程合同有利于工程建设的科学管理

工程建设活动投资大，涉及面广，要求有一套科学的管理体系，工程合同充分体现了这种管理的科学性,工程合同规定:工程施工过程中合同各方办事要有根据,验收要有数据,变更要有指令,支付要有凭证,即业主、承包人、监理工程师必须扎扎实实地工作,以科学的态度,按客观规律,搞好工程项目的建设。

9.2　合同管理的概念与分类

监理工程师受业主委托对承包人的行为和工程建设的过程进行监理,其主要依据之一是建设工程合同。承包人与工程建设有关的施工活动,应符合建设工程合同的约定。与此同时,业主或发包人亦应承担合同约定的责任并履行各自义务,即当事人双方均应按合同办事。因此,就广义来说,监理工程师在施工阶段的全部监理工作,都属于合同管理的范畴。

虽然建设工程合同是发包人与承包人为完成某项工程建设任务而订立的规定当事人双方权利和义务的协议,似乎合同的订立与履行只是当事人双方的事情,但事实上,在合同的订立、履行和管理过程中,还要涉及到其他几个方面,尤其是合同管理机关。因此,一般意义上的合同管理是指两个层次的管理:一个是管理合同的政府有关部门对合同的管理,如工商行政管理部门和其他有关行政主管部门的合同管理;另一个是履行合同的当事人双方对合同的管理,如发包人的合同管理和承包人的合同管理。

我们所述及的合同管理是属于第二个层次的管理,主要是指发包人的合同管理。而监理工程师受业主(发包人)委托,代行业主部分或全部的合同管理职责,显然是属于发包人合同管理范畴。故本章除另有所指外,所讲到的合同管理均指监理工程师受业主委托,根据委托监理合同所赋予的权限,代表业主对工程承包合同所进行的管理。

所谓监理工程师的合同管理就是指监理工程师受业主委托,根据委托监理合同的要求和所赋予的权限,为实现监理目标,运用管理职能和管理方法,对工程承包合同的订立和履行的行为及过程所进行的全部管理活动,如规划、组织、协调、检查、监督及问题处理等。这里所要指出的是监理工程师在进行合同管理时,对当事人双方的所有合同行为都要进行管理,而不只是对承包人的管理。履行合同是当事人双方的义务。

监理工程师的合同管理既不同于政府有关部门的监督管理,也不同于合同当事人的管理,其性质有:

①合同管理属于合同内部的、横向的管理,而政府有关部门的管理是外部的、纵向的管理。

②合同管理具有微观性,是针对合同履行过程中的具体问题进行的管理,例如工程延期问题、工程质量问题、工程分包问题、工程变更问题、计量支付问题、中间验收和竣工验收问题以及索赔问题等。

③合同管理具有监理行业特性,即:第一、具有委托性,其合同管理需要业主的委托和授权,应在委托范围内从事合同管理并行使权力;第二、具有服务性,合同管理是在监理工程师为业主提供技术和管理服务中进行的,寓合同管理于技术服务之中;第三、具有公正性,监理工程师在合同管理过程中要坚持“双维护”原则,即既要维护业主的合法利益,同时又要维护承包人的合法权益,应站在公正的立场上,当好公正的第三方;第四、具有相对独立性,即监理工程师在合同管理中应站在第三方的立场上,独立行使业主所赋予的合同管理权限,依据合同和事实,提出自己的意见,自主地进行合同管理;第五、具有科学性,监理工程师在进行合同管理时,

是以科学的监理手段、监理方法、监理程序对工程活动进行监理的，要以事实为依据，坚持以数据说话，用文字档案作凭证，分清责任，从而更能有效的进行合同管理，减少合同纠纷。

④合同管理具有目的性，监理工程师的合同管理是为了实现业主的工期、质量和投资目标而采取的手段，该工作具有明确的目的性。

此外，在FIDIC合同条件下，监理工程师的合同管理还具有权威性，表现为：a.监理工程师下达的指令是承包人施工的依据之一；b.在对合同条款有歧义时，应以监理工程师的解释为准。

合同可分为宏观的合同管理和微观的合同管理。宏观合同管理是指国家和政府机关为建立和健全合同制度所开展的管理工作，包括立法工作、行政执法工作、行政监督工作等等；微观的合同管理是指企业对合同的管理工作。就公路工程承包合同而言，微观合同管理按主体的不同可分为业主的合同管理、承包商的合同管理以及监理单位的合同管理。同时，微观的合同管理又可分为广义的合同管理和狭义的合同管理，广义的合同管理是指以合同为依据所开展的所有合同管理工作，甚至包括招标投标工作。狭义的合同管理主要是指在合同变更过程中所开展的有关管理工作，包括处理工程变更、工程延期、费用索赔、审批工程分包等事宜。本节所述的合同管理主要是指监理工程师依据合同所组织的各项管理工作，重点是在合同变更过程中的合同管理工作。

9.3　工程承包合同的类型

工程合同可按不同的方法划分不同类型，常见的分类方法如下：

1)按工程合同内容划分

可分为：勘察设计合同、施工承包合同、监理咨询合同以及其他与工程相关的借款合同、机械设备租赁合同、供用电合同、买卖合同、劳务合同等。

2)按选择承包者的方法划分

(1)任意合同

任意合同是不通过竞争的方式签订的合同。在建设工程中有时出现以下情况：

①合同的性质或目的不允许竞争。如合同的标的物需要特殊的技术品或特殊材料、构件、或合同的标的物建成后仅限交给特定人员使用。

②情况紧急来不及竞争。如发生或预测将要发生灾害等紧急事态，而来不及履行竞争手续，如水毁工程的抢修等。

③合同额定价格小或无人投标等。

在以上情况下，业主往往通过和某个特定的对象协商来签订合同，这样的合同即属任意合同。

(2)竞争合同

竞争合同是通过竞争的方式选择合同对方当事人而签订的合同。竞争合同可分为一般竞争方式和指定竞争方式两种类型。

3)按工程规模内容划分

(1)BOT 项目承包合同

BOT 项目承包合同是指:建设(Build)—经营(Operate)—转让(Transfer)全过程项目承包的合同形式,是国际上近十几年新兴的工程项目建设模式。其含义为:政府通过授权,把本属于政府支配、拥有或控制的资源,委托给资本拥有者进行投资建设并经营获益,在特许经营期届满时移交政府继续经营。

(2)总承包合同

总承包合同是承包单位与业主之间直接签订的关于某一工程项目全部工作的协议。又分为设计施工总承包合同与施工总承包合同。设计施工总承包合同,是由设计方和施工方组成设计施工联合体,对工程就设计和施工进行联合投标, 业主从中选择一家设计方案优秀、有实力且工程造价低的联合体作为中标方,然后签订承包合同。由于工程造价主要是设计方案决定,因此这种方式对业主降低工程造价、节省工程投资有显著优点,且工程实施中联合体可以将设计和施工统一安排,使设计施工交叉进行,从而提高工作效率,加快工程进度,缩短工期。

(3)分包合同

分包合同是总包单位在与建设单位签订总承包合同后,又与分包单位就工程的某一部分工程或某一单位工程,分包给分包商完成而签订的合同。

4)按施工承包合同计价的方式划分

一般分为总价合同、单价合同及成本补偿合同 3 大类,而每类之中又可细分为许多形式。

(1)总价合同(Lump Sum Contract)

总价合同也称总价固定合同或总价不变合同,这种合同要求投标者按照招标文件的要求报一个总价。业主根据设计图纸和说明书上规定的所有项目,不管承包商获得多少利润,均按合同规定的总价分批付款,所以有时也简称包干制(Lump Sum)。采取这种方式,必须满足以下 3 个条件:

①在招标时,能详细而全面地准备好设计图纸和说明书,以便投标者能准确地计算工程量。

②工程风险不大。

③在合同条件允许范围内给承包商以各种方便。

总价合同一般有以下 4 种形式:

①固定总价合同(Firm Lump Sum)。承包商的报价以准确的设计图纸及计算为基础,并考虑到一些费用的上升因素,如图纸不变则总价固定。但当施工中图纸有变更,则总价也要变更。

②调值总价合同(Escalation Lump Sum)。在报价及订合同时,依据设计图纸、工程量及当时价格签订总价合同。但在合同条款中双方商定:如果在执行合同中由于通货膨胀引起工料成本增加时,合同总价做相应调整。一般工期较长的工程,适合采用这种形式。

③固定工程量总合同(Lump Sum on Firm Bill of Quantities)。即业主要求投标者在投标时按单价合同方法分别填报分项工程单价,从而计算出工程总价,据此签订合同。

④管理费总价合同(Management Fee Lump Sum)。业主雇用某一公司的管理专家对发包合同的工程项目进行施工管理和协调,由业主支付一笔总的管理费用。

(2)单价合同(Unit Price Contract, Schedule of Rate Contract)

当准备发包的工程项目的内容和设计指标一时不能确定,或工程量可能出入较大时,则以采用单价合同形式为宜。单价合同分以下两种不同形式:

①估计工程量单价合同(Bill of Approximate Quantities Contract)。以工程量表为基础,以工程量表中填入的单价为依据来计算合同价格,作为报价之用。但在结账时以实际完成的工程量为准,按月结账,最后按实际竣工工程量结算工程总价格。

②纯单价合同。招标文件只提供投标者各分项工程的工作项目一览表、工程范围及必要的说明,而不提供工程量,承包商只需给出各项目的单价,将来施工时按实际工程量计算。

(3)单价与总价混合制合同

以单价合同为基础,但对其中某些不易计算工程量的分项工程,则采用包干方式。即对能用某种单位计算工程量的,均要求报单价,按实际完成工程量及合同上的单价结账;对不易算出工程量的,按项目完成大致程度结账,项目全部完成,此项目的包干款额全部付给。

(4)成本补偿合同(Cost Reimbursement Contract, Cost Plus Fee Contract)

成本补偿合同也称成本加酬金合同,即业主向承包商支付实际工程成本、管理费以及利润的一种合同方式。成本补偿合同有多种形式,一般有成本加固定费用合同、承包加定比费用合同、成本加奖金合同、工时及材料补偿合同等。

9.4 合同管理的主要内容

我国实行公路工程施工监理制度以来,国际惯例的 FIDIC 土木工程施工合同条件得到了广泛的应用,尤其在引入外资项目上更是如此。十几年来的工程施工监理的实践证明:公路工程施工监理的关键是熟悉合同、掌握合同,利用合同对工程施工过程的进度、质量、费用实施管理。

合同管理的主要内容包括:工程变更、工程延期、工程费用索赔、违约与争端的解决、工程转让与分包、工程风险与保险等方面。理解和熟悉合同的主要内容,对业主、监理工程师、承包人都十分重要。下面结合我国公路工程施工监理实践,对合同管理的主要内容做概括性介绍。

·9.4.1 工程变更·

土木工程承包合同在实施的过程中,由于工程项目自身的性质和特点,或设计图纸的深度不够,或出现不可预见的自然因素与环境情况的变化,或合同双方当事人或第三方的干预和要求,都会引起工程的变更。

1)工程变更的概念与规定

①变更是指对承包人在投标时所依据的合同文件与图纸所作的变动。

②当业主和监理工程师决定进行某项设计变更、工程变更时,监理工程师有权指示承包人进行工程变更,并发布变更指令。承包人有权在工程变更时,得到应收的工程变更款项。

③承包人根据工程施工情况,提出合理的变更请求,报请监理工程师批准后下达变更令。没有监理工程师的指令,承包人不能进行任何工程变更。

④在意外情况下,变更也可能缘起于承包人的失误而不得不发生,此时,新发生的费用应

由承包人自己承担。

⑤在投标时所预计的实际工程量，经重新计量后，证明不同于工程量清单所列数量时，则不属工程变更之列，不需要发变更指示。

⑥工程变更只能是在原合同规定的工程范围内的变动，不能在工程性质方面有很大的变动，否则就应重新订立合同。因为，若工程性质发生大的变更，承包人在投标时并未准备这些工程施工装备，如承包人原中标的工程项目是桥梁工程，而现在要变更成隧道工程，则承包人需另外的工程施工设备，原来运至工地的施工机械可能已不再需要，还得另行运出工地。这时则有理由将其作为一项新合同，而不能作为对原合同的变更。

2）引起工程变更的因素

引起工程变更的因素是多方面的，见表9.1。

表9.1 引起工程变更的因素表

起　因	可能的情况
不可预见的因素	工程中出现不可预见的情况。如不可预见的自然因素：地质状况与原勘探钻孔点差别很大；桥梁基础下面出现裂隙、溶洞；出现百年不遇的山洪暴发；突发地震；其他特殊风险等
外部环境引起	工程外部环境发生变化。如供电、供水能源方面供应紧张；或发生严重的通货膨胀，引起某种材料大幅涨价；或原材料短缺等
业主或第三方提出变更	由业主方或其他第三方提出变更设计。如高速公路施工中，当地的工人或农民提出改通道为立交桥；或业主提出改高填方路为高架桥等（如三原至铜川一级公路，在粗县附近原设计为一个下穿板式通道，后因当地政府及耐火材料厂提出要求改通道为上跨天桥，该工厂同意支付修建天桥引道的额外工程费用）
承包人提出变更	由承包人提出工程变更，改变施工方法和工艺。如为降低成本，桥梁浇注混凝土由满堂支架施工改为悬臂法施工。承包人提出工程变更的另一种情况是，工程遇到了不能预见的地质条件或地下障碍，如原设计的斜拉桥基础为钻孔灌注桩，承包人根据开工后钻探的地质条件和施工经验，认为改成沉井基础较好
监理工程师协调进度	监理工程师出于工程协调和进度的考虑，指示变更承包人的施工工段顺序等
工程缺陷引起	由于承包人违约或无意间造成工程缺陷，监理工程师不得不发出指令变更工程等

3）工程变更的范围

按FIDIC条件第51.1款，工程师如认为有必要时，可以对本工程或其任何部分的形式、质量或数量做出任何变更，并据此或据他认为适当的任何其他理由，向承包人下达指令，而承包人则应根据工程师的指令进行下表所述任何工作。工程变更的范围见表9.2。

表9.2 工程变更的范围

内　容	变更范围
工程量增、减	合同所列出的工程项目中，任何工程量的增加或减少。如监理工程师可以指示将原定的35 mm厚沥青路面上面层改为40 mm厚

续表

内　容	变更范围
取消	取消合同中任何部分的工程细目的工作,若被取消的工作是由业主或其他承包人实施的除外。如监理工程师可以指示取消桥梁钢管扶手的建造工作
性质与种类的改变	改变合同中任何工程的性质、质量及种类。如监理工程师可以根据业主的要求。将原定的水泥混凝土路面改为沥青混凝土路面。又如,为了美观而修改结构物的表面装修——形式上的变动;为了提高靠近鱼池的路堤的水稳性而用沙砾材料替代原设计的土回填—质量上的变动;为了方便沿线农民的生产与生活而增设人行通道—数量上的变动
几何尺寸的改变	改变工程任何部分的标高、线形、位置和尺寸。如在路基工程中,监理工程师可以根据实际的地质、土壤情况,指示将原设计的边坡坡度,改建成比较平缓的边坡
附加工作	完成本工程所必需的任何种类的附加工作。如监理工程师可以指示把原定由业主安装的路标纳入本工程项目
时间次序的改变	改变本工程任何部分的任何规定的施工时间安排。若某一工段因业主的责任如征地拆迁延误,使承包人无法开工,监理工程师应和业主及承包人协商,变更施工顺序,使承包人不致中断施工,以免对工程进度造成不利影响

4)变更处理程序

(1)监理工程师审批权限

依据 FIDIC 合同条件的规定,有关工程变更问题,无论是由合同的任何一方提出,都应交由监理工程师来最终处理,并报业主批准、备案。业主可要求监理工程师在对承包人发出指示以前取得他的专门批准。但对监理工程师审批工程变更权力的任何具体限制,都应在合同专用条件第 2.1 款中明确加以规定。

(2)变更作价的限制

国内新范本规定:如果合同的工程量清单中某一个支付项(即工程细目)所列的“金额”或“合价”未超过合同价格的 2%,而且该支付项变更后的工程实际数量不超出或不少于工程量清单中所列数量的 25%,则该支付项的单价或总额价不予调整。

(3)变更作价的暂时措施

为了避免耽误工作,监理工程师在和承包人就变更价格达成一致意见之前,可以发布没有规定价格和费率的变更指示,指示承包人继续工作;在通过进一步的协商之后,发布补充的变更指示,确定适用的费率和价格。

(4)在紧急情况下的必要变更指示

监理工程师认为在工程现场出现了危及生命、工程或相邻第三方财产安全的紧急事件时,在不解除合同规定的承包人的任何义务和职责的情况下,可以指示承包人实施他认为为解除或减少这种危险而必须进行的任何预防工作或补救措施。尽管没有业主的批准,承包人也应立即遵从监理工程师的任何此类变更指示。监理工程师应根据 FIDIC 合同条件第 52 条,给合同价格确定一个与该指示相适应的增加额,并通知承包人,同时将一份复制件呈交业主。

(5)口头指示及其确认

当监理工程师发出口头指令要求工程变更时,例如增加桥梁桩基的配筋及数量,对这种口头指示在事后一定要补发一份书面的工程变更指示。如果监理工程师口头指示后忘了补书面指示,承包人须在7天内以书面形式请求证实此项指示,交与监理工程师签字。监理工程师若在14天之内没有提出反对意见,即认为是认可。

(6)只涉及工程量清单中工程数量的简单增减时,可不用书面变更令

【例9.1】 某项目工程量清单中已列明:第302分部项目——基础回填土方原定为600 m^3,在实际工程中,工程数量明显增加至950 m^3。这是因原工程量清单中低估了数量,此时可在每月结算时按实际数量计量。

(7)变更作价时间限制

国内新范本规定,对根据第51条规定指令变更的工程,应在监理工程师指令发出后最短时间内,并最迟不超过7天内并在变更的工程(取消了的工程除外)开始实施之前,发出下列通知:

a.由承包人将其要求增加付款或变更单价或总额价的意向通知监理工程师;

b.由监理工程师将其变更单价或总额价的意向通知承包人。

若无上述a或b所述的通知,不考虑按第52.1款或本款的规定对单价或总额价予以作价或重新定价。

5)变更处理原则与依据的条款

(1)单价的确定

根据合同条款第52条,变更工程的单价按表9.3所述原则确定。

表9.3 变更工程的单价确定方法

方式	方法	说明
按工程量清单的单价	如果工程量清单中有适宜的单价或价格,可直接用于变更工程项目的估价	常用方法
协商价	如果工程量清单中没有适合于变更工程的单价或价格,则由业主和承包人一起协商,意见不一致时,由监理工程师最终确定	常用方法
调整单价	当工程变更规模超过合同规定的某个范围时,则单价或合同价格应予以调整	在实际使用中要慎重,因为合同条款中未就超出范围后如何调整价格规定模式,一不注意就可能使工程造价失控
计日工作价	如果监理工程师认为有必要和可取,对变更工程也可以采取计日工的方法作价	应该尽量避免使用或不使用。因为种类单一的计日工,是难以适用于种类繁杂而难易程度不定的变更工程的

(2)采用工程量清单的单价和价格

工程量清单由承包人投标报价，用于变更工程，易被业主、承包人及监理工程师所接受，在合同意义上讲也是比较公平的。

采用工程量清单的单价或价格有几种情况：

①直接套用：即从工程量清单中，选取与新增工程相同或相近的项目价格，直接拿来使用。

②间接套用：即依据工程量清单中，与新增工程类似项目的价格，考虑到工程的差异，通过适当换算后采用。

③部分套用：即依据工程量清单，取其价格中与新增工程中相同或相近的某一部分使用。

【例9.2】 京津塘高速公路某合同的修建切断了沿线乡村道路，而现有设计中的人行通道间距较大，沿线村民抱怨会带来生活的不便。根据地方政府的要求，业主决定在适当地方增设几条人行通道。在处理这个工程变更时，考虑到承包人工程量清单中有几十条类似的通道，监理工程师综合分析通道长度、断面尺寸、地理位置以及施工条件之后，在清单的几十条通道价格中，选择了最接近新增工程情况的通道价格，作为确定此项变更工程的价格依据。

【例9.3】 在某合同新增加的附属工程项目中，需要浇筑25号钢筋混凝土。在工程量清单中，尽管可以找到施工25号钢筋混凝土的价格，但它们均是针对某个构造物的某个部位的，几何尺寸、地理位置及施工条件不尽相同，因而价格也不一样，其中没有一个明显可与新增的附属工程情况靠近的单价。监理工程师在处理这个变更的定价问题时，根据对实际情况的分析，以工程量清单中所有的25号钢筋混凝土价格的平均值，作为新增25号钢筋混凝土的价格。

(3)协商单价和价格

协商单价和价格，是在工程量清单中没有或者有但不合适的情况下，采用的一种确定变更工程价格的方法。协商单价又称“议价”，是处理工程变更时很敏感的问题，承包人与监理工程师往往就是否议价或如何议价发生争执。

【例9.4】 某合同清单内有1 km的连续钢筋混凝土路面，承包人报价时，考虑施工技术的难度较大，需进口专门设备才能达到规范要求，故承包人报价高，是通常情况的2~3倍。开工后，为了提高人行通道的防水性能，决定增做通道内及接线的钢筋混凝土路面。两种路面之间对施工和技术的要求均相差甚远，使用同一价格明显不合理，而该合同工程量清单内没有其他类似的价格可以参考，故应当对新增路面工程重新协商单价。

【例9.5】 某合同路堤土方工程完成后，发现原设计在排水方面考虑不周，为此业主同意在适当位置增设排水管涵。在工程量清单中有100多道类似的管涵，但承包人认为变更设计提出时间较晚，土方已经完成并准备开始路面施工，新增工程不但打乱了其进度计划，而且二次开挖土方难度较大，特别是重新开挖用石灰土处理过的路堤，与开挖天然地表土不能等同。监理工程师认为承包人的意见可以接受，不宜直接套用清单中的管涵价格。经与承包人协商，决定采用工程量清单中在几何尺寸、地理位置等条件与此相近的管涵价格，作为新增工程的基本单价。但对其中的“土方开挖”一项在原报价基础上，按某个系数予以适当提高，提高的费用叠加在基本单价上，构成新增工作的价格。

(4)当工程变更规模超过合同规定范围时的定价

FIDIC合同条款第52条规定：当工程完成时，扣除临时金额及价格调整的影响，如果减少或超出原合同价15%，则合同价需进行调整。合同专用条款第52条还规定：如果单项工程实际完成的工程量超过或者低于原报价单数量的25%时，则该项目超出增减范围的工程数量的单价或价格可予以变更。

①合同专用条款第 52 条是针对具体单项工程而言的,即当单项工程工程量变更范围在 ±25%之内,维持原单价;当变更范围超过 ±25%时,则超出部分的单价可予以变更。举例来说,如某桥原设计为 100 根钻孔桩,变更设计增加 30 根桩,那么,其中的 25 根桩应采用原单价,而超过 100 根桩的 25%的另 5 根桩可使用新的单价。

FIDIC 合同第四版推荐对合同专用条款第 52 条做如下补充:"合同内所含任何项目的费率或价格不应考虑变动,除非该项目涉及的款额超过合同价格的 2%,以及在该项目下实施的实际工程量超出或少于工程量表中规定之工程量的 25%以上。"即对单项工程变更范围,由原来的单控(工程量超过或低于单项的 25%),变成了双控(工程量超过或低于单项的 25%,同时费用超过合同价的 2%)。从已实施的公路项目来看,这条补充是十分必要的。因为在实际中,单个工程项目数量的变更会因其本身造价低(或报价低)而轻易突破 25%,这突破的部分(有时可能仅为几元或几十元)需花费大量的时间和人力进行费用调整计算。如果采用两项指标进行控制,就可以简化监理工程师的工作。

②合同总价(有效合同价)变化超过 15%。FIDIC 规定,如果在签发整个工程的交接证书时,发现合同总价的增加或减少超过"有效合同价格"的 15%,("有效合同价格"是指除去暂定金额和计日工费用后的合同价格),其价格的增减是由以下情况造成的:

a. 根据第 52.1 和 52.2 款规定估价的全部变更后工程;

b. 根据工程量清单中的估算工程量的实际计量所做的调整,但不包括暂定金额,计日工费用和第 70 条项下的价格调整。

此时,在工程师与业主和承包人适当协商后,可按协商结果,在合同价格中加上或扣除一笔调整金额;如果协商不成,则由工程师在考虑了承包人用于本合同的现场管理费和上级管理费后,确定调整金额。这笔调整金额仅应基于上述增减超过有效合同价格 15%的那一部分数额。

6)工程变更程序

(1)意向通知

监理工程师决定根据有关规定变更工程时,向承包人发出变更意向通知,其内容主要包括:变更的工程项目、部位或合同某文件内容;变更的原因、依据及有关的文件、图纸、资料;要求承包人据此安排变更工程的施工或合同文件修订的事宜;要求承包人向监理工程师提交此项变更给其费用带来影响的估价报告。

(2)资料收集

监理工程师宜指定专人受理变更,重大的工程变更请业主和设计单位参加。变更意向通知发出的同时,着手收集与该变更有关的一切资料,包括:变更前后的图纸(或合同、文件);技术变更洽商记录;技术研讨会记录;来自业主、承包人、监理工程师方面的文件与会谈记录;行业部门涉及变更方面的规定与文件;上级主管部门的指令性文件等。

(3)费用评估

监理工程师根据掌握的文件和实际情况,按照合同的有关条款,考虑综合影响,完成上述工作之后对变更费用做出评估。评估的主要工作在于审核变更工程数量及确定变更工程的单价及费率。

(4)协商价格

监理工程师应与承包人和业主就其工程变更费用评估的结果进行磋商，在意见难以统一时，监理工程师应确定最终的价格。

(5)签发“工程变更令”

变更资料齐全，变更费用确定之后，监理工程师应根据合同规定，签发“工程变更令”。“工程变更令”主要包括以下文件：文件目录、工程变更令、工程变更说明、工程费用估计表及有关附件。

工程变更的指令必须是书面的，如果因某种特殊的原因，监理工程师有权口头下达变更命令。承包人应在合同规定的时间内要求监理工程师书面确认。监理工程师在决定批准工程变更时，要确认此工程变更属于合同范围，是本合同中的工程或服务等，此变更必须对工程质量有保证，必须符合规范。

【例 9.6】 在某条路原来一跨沟预制空心板梁和石拱桥，经过设计代表及有关人员现场考察，在施工到了后期提出了变更方案，变为两座刚构桥和一座由原浆砌石拱桥变为预制块的拱桥。结果的改变引起了施工方案的改变，再加上有些支付项目在原合同没有单价，引起施工单位一系列的变更要求。

【例 9.7】 某条路在路基施工中，1 kg 多出现纵横交叉的暗渠，有的暗渠起着排灌地下水上升和引渠作用。调查中，当地村民反映，1958 年大跃进时，河床是改移留下的，所以要探明暗渠的布局，针对现状，做出施工方案。经过大量的开挖探测，对所掌握的资料分析后，提出了施工方案，一增加盲沟，二破坏原河床的排水系统，与现路基排水形成系统，彻底根治这部分隐患，保证地基承载力和排水的畅通。因此，导致了许多费用上的变化。

·9.4.2 工程延期·

1)工程延期的概念

在 FIDIC 合同条件中，工期的概念是：原合同所规定的竣工期加上工程师批准的工程延期。这里所指的工程延期与延误，在概念上是不相同的。

(1)延期(Extension of Time for Completion)

FIDIC 合同条件对工程延期的定义是：按合同有关规定，由于并非承包人自身原因所造成的经工程师书面批准的合同竣工期限的延长。它不包括由于承包人自身原因造成的工期延误。工程延期的原因列于表 9.4。

(2)拖误工期(Delay)

拖误工期指由于承包人自身协调、管理或技术上的原因，拖延了工程进度，延误了合同规定的工期，并向业主交纳拖期损失偿金(Liquidated Damages for Delay)。

通常可以把延误分为可原谅延误和不可原谅延误；可补偿延误和不可补偿延误；共同延误和非共同延误；关键延误和非关键延误。

2)工程延期确认

监理工程师必须在确认下述问题后才受理工程延期：

①由于非承包人的责任，工程不能按原定工期完工。

②延期情况发生后，承包人在合同规定期限内向监理工程师提交工程延期意向。

表9.4 工程延期的原因

原 因	条款号	备 注
图纸或指示的迟发	第6条	指按进度计划应提供的图纸或按合同规定期限应给出的指示
未能取得施工用地	第42条	指按施工进度计划所需用地
遇到不利的实物障碍或自然条件	第12条	指有经验的承包人无法预测的
工程暂停	第40条	
追加了额外的工程量	第51条	指重大的变更
工程受到损害或延误	第20,65条	由于业主的风险与特殊风险
异常恶劣的气候条件	专用44条	
由业主造成的任何延误、干扰或阻碍	第69条	例如业主自行采购的材料设备未能按要求提交承包人,或是业主自行分包的工程延误影响承包人的工作
除去承包人的失误或由他负责的违约以外,其他可能发生的特殊情况		

③承包人承诺继续按合同规定向监理工程师提交有关延期的详细资料,并根据监理工程师需求随时提供有关证明。

④延期时间终止后,承包人在合同规定的期限内,向监理工程师提交正式的延期申请报告。

3)工程延期受理程序

工程延期管理是监理工程师实施合同管理的重要工作之一,一般的受理程序如下:

(1)收集资料,做好记录

监理工程师应在承包人延期意向后,做好工地实际情况的调查和记录,收集各种相关的文件资料及信息。

(2)审查承包人的延期申请

监理工程师收到承包人正式的延期申请后,应主要从以下几个方面进行审查:

①延期申请的格式满足监理工程师的要求。

②延期申请应列明延期的细目及编号,阐明延期发生、发展的原因及申请所依据的合同条款,附有延期测算方法和延期涉及的有关证明、文件、资料、图纸等。

审查通过后,可开始下一步的评估。

(3)延期评估

评估应主要从以下几个方面进行评定:

a.承包人提交的申请资料必须真实、齐全,满足评审需要;

b.申请延期的合同依据必须准确;

c.申请延期的理由必须正确与充分;

d. 延期天数的计算原则与方法应恰当。

(4)审查报告，确定延期

①监理工程师应根据现场记录和有关资料，经调查、讨论、协商，在确认延期测算方法及由此确认的延期天数的基础上做出审查报告，并在确认其结论之后，确定延期，签发有关报表。

②监理工程师在收到承包人的延期申请和详细补充情况及证据后，应在合理时间内进行审查、核实与详细计算。不应无故拖延时间，以免出现承包人因此被迫加快工程进度，而要求支付加班费用。

③在延期审批过程中，驻地监理工程师的原始记录如“监理日志”、“天气记录”等，是很关键的证明材料。当延误发生时，驻地监理工程师对承包人延误的事实、时间、人力、机械设备的闲置，以及能否重新调整计划等，均应有详细的记录，否则，将会给承包人延期申请的审批带来困难。

④监理工程师审查和批准延期，并无统一规定的时间和程序，一般应以有利于工程进展和调动承包人的积极性为前提，合理、及时地予以审批。较长时间延期的批准，一般应由业主批准，但这取决于监理工程师在这方面的授权范围。

⑤承包人延期申请能够成立并获得监理工程师批准的依据如下：

a. 工程延期事件是否属实，强调实事求是主要依据驻地监理工程师的工地日记及其他一些原始记录或基础文件来判断、调查所谓的延误事件是否发生。

【例 9.8】 某合同承包人声称，业主的征地拆迁问题没有解决，致使其不能进入某段工地开工而要求工程延期。经监理工程师调查，虽然业主尚未解决此段的征地拆迁问题，但是在承包人上报的工程计划中，此段工地的开工时间还没有到，延误事件没有发生，故不能批准其工程延期。

b. 是否符合本工程合同规定及 FIDIC 合同条件第 44 条的规定。

【例 9.9】 某合同承包人在工程延期申请中声称，由于监理工程师下达停工令而导致其工程延误，要求工程延期。经监理工程师查核，下达停工令的原因是由于承包人未按规范要求进行施工，且工程质量不符合规范要求。故根据合同条款第 44 条规定，延误是承包商自身原因所造成，不能批准其工程延期。

c. 延期事件是否发生在工期网络计划图的关键线路上，即延期是否有效合理关于延期事件是否发生在关键线路上，常用的确定方法有 2 种：

利用网络计划来确定关键线路，这是最直观的方法。但编制和使用网络计划在公路项目中有一定的局限性，尤其在频繁调整各种影响因素时，用好网络计划需要有一定的专业知识。

根据批准的进度计划(传统的条形图法)，用项目工期的长短来决定关键线路，即工期长、并且会影响下一道工序和整个项目的完工期的项目在关键线路上，反之则不在。

d. 延期天数的计算是否正确，证据资料是否充足。

上述 4 条中，只有同时满足前 3 条，延期申请才能成立。至于时间的计算，监理工程师可以根据自己的记录，做出公正合理的计算。

上述前 3 条中，最关键的是第 3 条，即：延期事件是否发生在工期网络计划图的关键线路上。因为在承包人所报的延期申请中，有些虽然满足前两个条件，但并不一定是有效和合理的，只有有效和合理的延期申请才能给予批准。也就是说，所发生的延误工程部分项目必须是会影响到整个工程项目工期的工程。如果发生延误的工程部分项目并不影响整个工程完工期,那么,批准延期就没有必要了。

4)暂时批准延期和最终批准延期时间的决定

使得承包人有权获准延期的事件可能是持续性的。在这种情况下,此事件具体细节的整理和提出(比如异乎寻常的连绵雨天造成的延误使多少施工机械闲置),可能要比第44.2款规定的28天长得多,所以第44.3款提出可以以一定的时间间隔提交暂时的细节资料。这就是说,当最后确定延期时,所需的当时记录应已汇集整理齐全。实际工作中,监理工程师必须在合理的时间内做出延期决定,否则承包人可以由于延期迟迟未获准而被迫加快工程进度为由,提出费用索赔。为了避免这种情况发生,又使监理工程师有比较充裕的时间评审延期,对于某些较为复杂或持续时间较长的延期申请,监理工程师可以根据初步评审,给予一个暂定的延期时间,然后再进行详细的研究评审,并以书面形式给出批准的有效延期时间。合同条款规定,暂时批准的延期时间,不能长于最后书面批准的延期时间。

5)工程延期计算方法

国际工程承包实践中,对延期天数的计算有如表9.5中所列几种方法。

表9.5　工程延期计算方法

方　法	内　容
工期分析法	即依据合同工期的网络进度计划图,考察承包人按监理工程师的指示,完成各种原因增加的工程量所需用的工时,以及工序改变的影响,算出损失进度以确定延期的天数
实测法	承包人按监理工程师的书面工程变更指令,完成变更工程所用的实际工时
类推法	按照合同文件中规定的同类工作进度计算工期延长
工时分析法	某一工种的分项工程项目延误事件发生后,按实际施工的程序统计出所用的工时总量,然后按延误期间承担该分项工程工种的全部人员投入施工来计算要延长的工期
造价比较法	若施工中出现了很多大小不等的工期索赔事由,较难准确地单独计算,可经双方协商,采用造价比较误期间承担该分项工程工种的全部人员投入施工来计算要延长的工期
折合法	当计算出某一分部分项工程的工期延长后,还要把局部工期转变成整体工期。这可以用局部工程的工作量占整个工程工作量的比重来折算

【例9.10】　由于工程变更所引起的工期延长

1)变更原因

北京合同段:京津塘高速公路K0+600-K1+450段为下穿式铁路顶进桥引道,地下水位较高,原设计该路段为连续式钢筋混凝土路面及扶壁式挡墙,业主提出变更为钢筋混凝土U形槽,由于变更设计图纸迟迟未能发出,影响了承包人的工期。

承包人根据合同条件第6.4款(业主方迟交图纸),申请延期:523天。

2)监理工程师的评估意见

(1)合同条件

承包人根据合同专用条款第6.4条提出因延期交图而导致工期延长,但延期交图完全是由于工程变更引起的,故应根据合同专用条未第44.2(b)、(c)子款,提出工程延期才更适用、更合理。根据合同专用条款第44.2(b)、(c)子款,此项延期发生在关键线路上,该项延期申请可以接受。

(2)开工时间

承包人提出该段工程恢复施工起始日期为1989年10月6日,其中U形槽施工起始日期为1989年10月29日,而不是监理工程师确定的1989年9月12日。理由为9月12日是交图日期,之后还需要加上熟悉图纸、制定施工组织计划的时间。

事实上,最后提供的平面总体施工图为1989年9月12日。但其他图纸均从1989年6月1日起陆续提供,并没有影响独立单位工程的开工。根据驻地监理工程师批准的开工报告及实际工程进展的资料,以1989年9月12日作为该段正式恢复施工的起始日期是合理的。承包人提出的复工日理由不充分,不能接受。

(3)工程延期的测定

①工期的测算方法:承包人采用中华人民共和国建设部颁发的《全国市政工程工期定额》作为工期测算的依据进行替代计算,该测算方法可以接受。

②承包人制定的该段工程网络计划中,U形槽及部分路面为关键线路,经监理工程师审核,认为是合理的。按测算方法,只须计算关键线路上工程的工期即可。即:

a. 基本工期:349天(按上述定额换算)

b. 附加工期:136天(考虑施工排水工期和调整系数)

c. 补偿工期:75天(考虑经过两个冬季和一个雨季)

共需工期:

349天+136天+75天=560天

d. 关键线路共需工期:根据承包人的网络计划,在关键线路上的部分道路工程工期需30天,则该段工程关键线路上的项目最终总工期为:560天 + 30天 = 590天。

(4)延期确定

原合同竣工期是1990年6月23日,该段工程开工期是1989年9月12日,应扣除此段时间共285天,故此项延期为:590天-285天=305天。

最后批准延期305天。

·9.4.3 工程费用索赔·

在由业主和承包商分担不确定性风险的合同条件下,承包商依据法律及合同规定,对并非由自己的过错或疏忽,并且属于应由业主承担责任的情况所造成的实际损失或额外费用提出给予补偿的要求,称为承包商向业主的索赔,反之,若承包商给业主造成了经济损失,业主也有权向承包商要求补偿经济损失,通常把业主向承包商的要求补偿叫反索赔。

严格地讲,费用索赔不管是业主或承包商均可提出。但业主对承包商的索赔条款在合同中规定的比较具体,也较易处理。所以通常费用索赔主要是指承包商向业主提出额外费用的支付要求。

费用索赔的一般程序为:

a. 承包商提了索赔意向通知;

b. 承包商提交索赔证据资料和帐单,主要包括工程进度计划、施工日志、工程所在国的政治经济的基本资料、来往文件和信函等、会议纪要和备忘录、投标报价时的基础资料、技术规范和图纸、工程报告及工程照片、工程财务报告；

c. 承包商编写索赔报告；

d. 监理工程师查证索赔原因，在收到承包人的正式索赔申请时，监理工程师首先应看所要求的索赔是否有合同依据，然后将承包人所附的原始记录、帐目等与驻地监理工程师的记录核对，以弄清承包人所声称的损失是否由于自身工作效率低或管理不善所致；

e. 核实索赔费用，如果经监理工程师查证，承包人所提索赔理由成立，则应核实承包人的计算是否正确。在允许索赔事件中，承包人常有意或无意地在计算上出差错，监理工程必须严格审核计算过程，特别是承包人计算中所采用合同条款依据、价格、费率标准和数量等方面。

一般来讲，监理工程师是代表业主的利益来进行工程项目管理。但在处理索赔时，监理工程师必须以完全独立的裁判人身份，对索赔做出公正的裁决，即使索赔对业主不利，也不能偏袒徇私。如果监理工程师的裁决不公正，承包人可将此类裁决诉诸于仲裁，仲裁人可以推翻监理工程师的裁决，监理工程师的信誉将受到损害。

1）合同文件矛盾或缺陷引起的索赔

索赔依据：5.1 款主导语言和法律，5.2 款合同文件的优先次序。

【例 9.11】 索赔内容：中文版招标文件中规定二灰基层强度为 0.8 MPa，英文版招标文件中规定为 0.6 MPa，施工图要求为 0.8 MPa，施工过程中工程师指示要求按施工图 0.8 MPa 施工。承包商根据 5.1 款主导语言为英语、5.2 款合同文件中技术规范优先于施工图的原则，按 0.6 MPa 计算投标价，施工中要求增加到 0.8 MPa，应补偿费用。

证明文件：中、英文版招标文件、施工图、工程师指令、材料采购合同。

索赔费用计算：在原二灰基层报价的基础上考虑增加 7% 的骨料含量与减少 7% 的二灰含量间的差价，计算补偿费用（表中为 150 m^3 混合料）。

材料名称	单　价	招标数量 5 : 20 : 75	价格/元	施工数量 4 : 14 : 82	价格/元	价差/元	备注
石灰	114.80 元/t	15.129	1 736.81	12.103	1 389.43	−347.38	
粉煤灰	19.72 元/m^3	80.680	1 591.01	56.476	1 113.71	−477.30	容重为 0.93 t/m^3
碎石	57.80 元/m^3	154.987	8 958.25	188.430	10 891.25	+1 933.00	
合计						+1 108.32	

取费费率：按 1992 年编办查综合费率为 36.36%，扣除 300 章投标降价 10.696% 后为 25.664%，基层总量145 539 m^3，故增补费用（1 + 25.664%）×1 108.32 元 ×145 539/150 = 1 351 339元。

2）图纸迟交引起的索赔

索赔依据：6.4 款图纸延误和误期的费用。

【例 9.12】 索赔内容：某跨铁路大桥 T 梁施工中，承包商接到工程师通知，板式橡胶伸缩缝变更为 QMF 型钢伸缩缝，梁端预埋钢筋需作调整，承包商立即通知工程师，要求在 8 月 20 日前提供伸缩预埋件变更图，但直到 9 月 20 日才收到。期间承包商 T 梁预制计划打乱，尤其在 8 月 20 日至 9 月 1 日间预制场工作基本停滞，为此，承包商提出费用索赔，但未提出延期要求。

证明文件：工程师及承包商发出的有关通知、现场人员机械使用记录。

索赔费用计算：

人工闲置费	9 816 元
机械、设备闲置费	19 868 元
按原图加工预埋钢构件作废	8 651 元
已预制 T 梁端部返工费	5 323 元
合计索赔金额	43 658 元

3）不利的自然条件及地下实物障碍索赔

索赔依据：12.2 款不利的外界障碍或条件。

【例 9.13】 索赔内容：某桥梁钻孔桩设计提供地质资料为亚粘土、粘土和亚沙土层，但在施工钻孔桩过程中均发现不同深度的软石层，增加了施工难度，且这种情况是一个有经验的承包商无法预见的，承包商要求补偿钻孔费用。

证明文件：钻孔灌注桩钻孔记录，地质勘察报告。

索赔费用计算：钻孔费用增加应与投标报价水平基本一致，软石层每延米钻孔增加费用计算公式为：

软石层每延米增加费用 = 钻孔桩综合报价 × 粘土层钻孔工料机费/（粘土层钻孔工料机费 + 灌注桩砼工料机）×（软石层钻孔基价/粘土层钻孔基价 − 1）。

该项目共有 24 根桩钻孔中发现有软石层，合计索赔金额 457 896 元。

4）业主的风险引起的索赔

索赔依据：20.3 款因工程设计不当而造成的损失，承包商予以修复，但工程师应确定给予承包商的补偿费用。

【例 9.14】 索赔内容：某桥梁设计时桥下通航净空考虑欠调，78 片板梁吊装后发现净空低 0.3 m，且桥梁两端引道基层已施工完毕，工程师要求起吊全部板梁，盖梁加高 30 cm，引坡前后 100 m 调整纵坡，增加一层二灰基层与原二灰基层接顺，承包商要求增补返工费用并延期一个月。

证明文件：原施工图、桥梁标高验收表、工程师关于调坡的指示。

索赔费用计算：

空心板梁起吊及重新安装费用按定额计算	19 812 元
增加基层费用按工程量清单单价计算	209 513 元
盖梁加高费用	12 312 元
施工管理费 5%	12 082 元
合计索赔金额	253 179 元

5）额外试验的索赔

索赔依据：36.4 款未规定的检验费用。

【例 9.15】 索赔内容：合同技术规范、施工图均未提出基层、底基层弯沉试验的要求，但工程师指示必须对基层、底基层弯沉值进行检验，由此，检验合格后承包商应得到该笔试验费用。

证明文件：工程师指令、弯沉试验报告单。

索赔费用计算：弯沉试验需人工6名，黄河汽车一台，弯沉仪一套（按50%购置价格）。根据工程师指示的频率计算出测点数，每台班可完成测量数根据实际情况定，人工、汽车台班单价按定额计算，由此计算费用为265 422元，另外，考虑5%管理费，最后确定索赔金额为278 693元。

6）工程变更索赔

索赔依据：52.1款变更的估计。

【例9.16】 索赔内容：K16+473位置原设计为ϕ1.5 m圆管涵，工程师下达变更通知要求改为6×4.15钢筋砼箱涵，长38.5 m。工程量清单中6×4.15箱涵报价为11 249.54元/m，但承包商认为，K16+473处路基填高4.5 m加上涵底位置在地面以下4.15 m，二次开挖累计开挖深度达8.7 m，施工难度较大，原投标价已明显不适用，要求重新拟定单价。

索赔费用计算：新增箱涵报价组成分两种情况：a.箱涵主体结构砼、钢筋按工程量清单箱型通道砼、钢筋单价估价；b.辅助工程费用如围堰、排水、路基开挖、施工便道、箱涵回填，按定额计算，各项管理费率按实际施工条件选用。最后计算得箱涵总体造价为1 017 735元，单价26 434.68元/m，较原报价433 107元增加584 628元。用单价变更方式避免了原单价偏低造成的损失。

【例9.17】 索赔内容：某大桥主跨下部结构已按四车道设计图施工完毕，业主为减少今后加宽成六车道主跨施工难度，要求主跨下部结构加宽成六车道。承包商要求获得二次进场费用及墩台加宽拼接砼施工费用。

证明文件：变更通知、下部结构加宽施工组织设计。

索赔费用计算：加宽后墩台完成。实物工程量按清单单价直接计量，索赔费用由以下几部分组成：

设备二次转运费	11 186元
泥浆池重建费	2 197元
场地重新平整及施工便道维修	24 510元
新旧墩台拼接凿除砼费	4 560元
现场管理费15%	6 368元
合计索赔金额为	48 821元

7）工程量增加或减少索赔

索赔依据：52.2款工程师确实费率的权力，52.3款变更超过15%（以下实例以52.2款为依据）。

【例9.18】 索赔内容：如某一项目涉及款额超过合同价格的2%，且在该项目下实施的实际工程量超出或小于工程量清单中工程量的25%以上，则可考虑该项目单价的调整。承包商沙砾排水垫层单价为66.93元/m^3，清单工程量为111 660 m^3，占合同价的2.05%，实际工程量为208 584 m^3，占该细目清单工程量的186.8%，符合单价调整的条件。该项目承包商报价远低于合理价80元/ m^3，承包商提出业主应免除承包商因工程量大大增加而导致的亏损，且工程量增加后未延长工期，承包商还要求补偿赶工的额外费用。

索赔费用计算：经业主、工程师、承包商三方协商，采用邻近承包商合理报价84.68

元/m^3,对超出工程量清单数量的沙砾排水垫予以补偿,计算式:(84.68 - 66.93)×(208 584 - 111 660)元 = 1 720 401 元。

8)保险索赔

索赔依据:21.3 款任何未保险的或未能从承保人那里收回的金额,应由业主或承包商根据第 20 条规定的责任分担。

【例 9.19】 索赔内容:1996、1997 年工程施工时分别遭受洪水和台风影响,损失费用 907 666元,但保险公司仅赔偿 310 000 元。由于两次洪水、台风(气象部门出示证明称"历年所罕见")是一个有经验的承包商通常无法预测和防范的自然力,剩余 597 666 元损失应由业主、承包商按责任分担。

索赔费用计算:业主认为,两次洪水、台风虽是一个有经验的承包商通常无法预测和防范的自然力,但承包商接到气象预报后仍有一定时间做好防范措施。最后经业主、工程师、承包商共同协商对未能从保险公司获得赔偿的损失,由业主补偿承包商 60% 即 358 600 元。

9)未能提供现场占有权引起的索赔

索赔依据:42.2 款如果由于业主未能按 42.1 款规定给出现场占有权而导致承包商付出的费用,承包商有权从业主处获得补偿。

【例 9.20】 索赔内容:某大桥 4 台钻孔灌注桩按计划由南向北顺序推进施工,但横跨该桥的厂房因多种原因未按业主承诺的期限拆迁,使 4 台钻机施工计划打乱,承包商在停机等待 7 日后厂房仍未拆迁,不得不另修便道,绕道至北侧施工,由此引起的移机费及人机闲置费应由业主补偿。

证明文件:人机闲置记录、现场照片、承包商施工计划、厂房拆迁期限备忘录。索赔费用计算:

增加 500 m 便道借地及修筑费用	55 782 元
人机闲置费(7 天)	16 723 元
绕道移机费(800 m)	10 000 元
施工管理费 5%	4 125 元
合计索赔费用	86 630 元

【例 9.21】 索赔内容:某跨铁路大桥主孔梁板架设,铁路部门根据铁道部有关文件要求收取 12 万元施工安全管理费,承包商认为,业主未提供"现场占有权及其通道",即跨铁路架设空心板梁所需的施工作业"空间",并且该施工安全费并非由于承包商过失(如方案欠妥,未预先采取足够安全措施等)所致,承包商不应承担该笔费用,根据 42.2 款,业主未能给出占有权而导致承包商付出的费用应由业主承担。

证明文件:铁道部关于跨越铁路上空施工收取安全费的通知,铁路部门出具的收据。

索赔费用计算:业主根据铁道部门出具的施工安全费收据所示款额支付承包商全部费用。

10)由于物价变动引起的工程成本的增减引起的索赔

FIDIC 合同条件已给出调价公式,承包商根据省统计局每季提供的物价指数计算调价系数,到工程结束,承包商共获得 36 053 030 元价格调整补偿费用。

·9.4.4　违约管理·

1)业主的违约

业主有下列事实时,监理工程师应确认为业主违约:

①宣告破产或作为一个公司宣告停业清理,但清理不是为了改组或合并。

②由于不可预见的理由,而不可能继续履行其合同义务。

③没有在合同规定的时间内根据监理工程师的支付证书向承包人付款或干涉、阻挠、拒绝支付证书的签发。

当监理工程师收到承包人因业主违约而提出的部分或全部中止合同的通知后,应尽快深入调查,收集掌握有关情况,澄清事实。在调查、了解的基础上,根据合同文件要求,同业主、承包人协商后,办理部分或全部中止合同的支付。

按照合同规定,因业主未能按时向承包人支付承包人应得款项而违约时,承包人有权按合同有关规定暂停工程或延缓工程进度,由此发生的费用增加和工期延长,经监理工程师与业主、承包人协商后,将有关费用加到合同价中,并应给予承包人适宜的工期延长。如果业主收到承包人暂停工程或延缓工程进度的通知后,在合同规定时间内恢复了向承包人应付款的支付以及支付了延期付款利息,承包人应尽快恢复正常施工。

2)承包人的违约

承包人违约视情节可分为一般违约和严重违约两种,监理工程师在处理时应分别对待。

(1)一般违约

根据《公路工程施工监理规范》(JTJ 077—95)规定,承包人有下列事实,监理工程师应确认承包人一般违约:

①给公共利益带来伤害、妨碍和不良影响。

②未严格遵守和执行国家及有关部门的政策与法规。

③由于承包人的责任,使业主的利益受到损害。

④不严格执行监理工程师的指示。

⑤未按合同照管好工程。

承包人发生一般违约时,监理工程师应书面通知承包人在尽可能短的时间内,予以弥补与纠正,并提醒承包人一般违约有可能导致严重违约。对于因承包人违约对业主造成的费用增加,监理工程师应办理扣除承包人相应费用的证明。

(2)严重违约

承包人有下列事实时,监理工程师应确认承包人严重违约:

①无力偿还债务或陷入破产,或主要财产被接管,或主要资产被抵押,或停业整顿等,因而放弃合同。

②无正当理由不开工或拖延工期。

③无视监理工程师的警告,一贯公然忽视履行合同规定的责任与义务。

④未经监理工程师同意,随意分包工程,或将整个工程分包出去。

监理工程师确认承包人严重违约,业主已部分或全部中止合同后,应采取如下措施:

a. 指示承包人将其为履行合同而签订的任何协议的利益(如材料和货物的供应服务的提

供等)转让给业主。

b. 认真调查并充分考虑业主因此受到的直接和间接的费用影响后,办理并签发部分或全部中止合同的支付证明。

在终止对承包人的雇佣即驱逐承包人之后,按照合同规定,业主有权处理和使用承包人的设备、材料和临时工程。

·9.4.5 争端的解决·

在公路工程施工过程中以及合同终止前后,业主和承包人对合同以及工程施工中的很多问题将可能发生各种争端事宜,包括由于监理工程师对某一问题的决定使双方意见不一致的争端事宜。FIDIC 合同条件对争端事宜的解决做了明确的程序规定。

1)工程师的裁定

按照合同要求,无论是承包人还是业主,应以书面形式向监理工程师提出争端事宜,并呈一副本给对方。监理工程师应在收到争议通知后,按合同规定的期限,完成对争议事件的全面调查与取证,做出决定,并将决定书面通知业主和承包人。如果监理工程师发出通知后,业主或承包人未在合同规定的期限内要求仲裁,其决定则为最终决定,争端事宜处理完毕。只要合同未被放弃或终止,监理工程师应要求承包人继续精心施工。

2)友好解决

FIDIC 合同条件规定解决争端的第二个步骤采用友好解决的方法,使合同双方有了可以放弃法律手段去解决争端的权利。友好协商解决矛盾争端对双方都是有益的,有利于以后的合作。友好解决,还可以通过一个双方都可接受的调解人,协助双方达成必要的妥协。如果争执双方协商不下,仲裁可在将此争端提交仲裁的意向通知发出后第 56 天或在此后开始。

3)仲裁

当合同一方提出仲裁要求时,监理工程师应在合同规定的期限内,对争议设法进行友好调解,同时督促业主和承包人继续遵守合同,执行监理工程师的决定。在合同规定的仲裁机构进行仲裁调查时,监理工程师应以公正的态度提供证据和作证,监理工程师应在仲裁后执行裁决。按国际惯例,仲裁人的裁决是最终裁决,对双方具有法律约束力,任何一方都不能再诉诸于法院或其他权力机构来改变此裁决。

·9.4.6 工程的转让和分包·

依据 FIDIC 合同条件,转让包括合同的转让和分包商义务的转让两部分。合同转让强调无业主同意,承包商不得将合同及合同名下的利益随意转让他人。

工程分包是指承包人征得业主同意和监理工程师批准后,将所承包工程一部分委托其他承包人承建或为实施合同中以暂定金额支付的工程施工和机械设备、材料的供应等工程任务而由业主、监理工程师指定另外的承包人承担。

工程分包有两种形式,即一般分包和指定分包。

1)一般分包的管理

一般分包是指由承包人自己选择分包人,但监理工程师应禁止承包人把大部分工程分包出去或层层分包。承包人必须经监理工程师批准,并按规定办理分包工程手续后,才能将部分工程分包出去。所分包的工程不能超过全部工程的一定百分比,该百分比应在合同中予以明确,承包人未经业主同意,不得转让合同或合同的任何部分。这主要表明业主希望工程承包合同由中标的承包商来执行。

在一般分包中,承包人不能因为分包而对所分包出去的工程不承担合同所规定的义务。即承包人应对分包人的任何行为、违约、疏忽和工程质量、进度等负责。监理工程师应通过承包人对分包工程进行管理,监理工程师也可以直接到分包工程去检查,发现涉及分包工程的各类问题,应要求承包人负责处理,监理工程师应通过“中期支付证书”,由承包人对分包工程进行支付。

监理工程师在获得承包人推荐的分包人和分包的工程内容及有关的资料后，应对分包人进行审查。主要审查分包人的资格情况及证明;分包工程项目及内容；分包工程数量及金额;分包工程项目所使用的技术规范与验收标准;分包工程的工期;承包人与分包人的合同责任;分包协议。监理工程师完成上述审查工作后，若无问题,签发“分包申请报告单”,批准分包人。

2)指定分包管理

指定分包是指业主或监理工程师根据工程需要而指定的分包。分包合同一经签发,指定分包人应接受承包人的管理,向承包人负责,承担合同文件中承包人应向业主承担的一切相应责任和义务,并向总承包人交纳部分管理费。监理工程师应要求分包人保护和保障承包人由于指定分包人的疏忽、违约造成的一切损失。

若承包人未按合同规定向指定分包人支付应得款项,根据监理工程师的证明,业主有权直接向指定分包商付款,并在承包人应得款项中扣除。

为保证工程的顺利进行,在指定分包合同招标前,指定分包人最好被业主或监理工程师和承包人共同认可。若承包人有合理的理由,可以拒绝业主或监理工程师指定的分包人。

当指定分包人未能按要求实施分包任务时,业主或监理工程师应采取如下措施:

①业主或监理工程师应重新指定分包人。

②业主支付承包人所受损失的任何附加费。

③应给承包人一个适当的工期延长。

·9.4.7　工程风险与保险·

FIDIC 合同条件中,对工程实施过程中的风险进行了分类并予以责任划分。

1)业主承担的风险责任

FIDIC 合同条件第 20.4 款和 65 条中已明确规定了业主的风险和特殊风险。若该类风险发生并引起工程损害,风险过后监理工程师提出要求时,承包商有义务进行工程修复,所花费的费用由业主承担。包括以下几种:

①特殊风险,包括战争、革命、工程项目所在国的内战、罢工、核爆炸与辐射、音速或超音速产生的压力波等。

②工程还未办理正常移交手续,业主提前使用造成工程的损害或损坏。

③对于工程变动风险、合同缺陷风险、不可预见的恶劣自然 条件或地下障碍风险、本国政策及法律变更带来的政治和经济风险等,一般应由业主承担。

④对于经济方面的风险,如前述通货膨胀,汇率、汇兑限制等,依据 FIDIC 合同条件第 70 条、71 条和 72 条,应由业主承担实际工程中发生的费用。

2)承包商应承担的风险责任

①对于承包商提供的材料和工程的缺陷、施工技术和方法不完备、临时工程倒塌等造成的工程损害,应由承包商自费负责修复。承包商对整个工程的照管的责任承担,应从工程开工生效,直到移交证书签发后移交给业主照管为止。

②对于单价的报价风险、材料及设备的采购风险、施工工艺和技术风险、工程进度与质量风险、因管理不善造成内部工人罢工等风险,则应由承包商承担。对于工程设计不当造成的工程损害,若属于非承包商设计部分,已对工程造成损害,则应由业主或设计方承担其经济及其他责任。

③对于自然界的不可抗力和人身安全等意外事故,业主和承包商双方可共同或分别进行保险,若遇到风险后可向保险公司索赔以转移和减轻风险所造成的损失。

以上这些风险责任的分担与工程的顺利实施、工程三大控制目标的实现以及索赔等都有着直接的关系。因此,必须妥善处理,预防和减少风险的发生。

3)工程保险

土木工程实施阶段的保险,是指通过专门机构——保险公司以收取保险费的方式建立保险基金,一旦发生自然灾害或意外事故,造成参加保险者的财产损失或人员伤亡时,即用保险金给以补偿的一种制度。它的好处是参加者付出一定的小量保险费,换得遭受大量损失时得到补偿的保障,从而增强抵御风险的能力。国际承包中常见保险种类有:a. 工程一切险(又称工程和承包商装备的保险);b. 第三方责任险;c. 人身意外险;d. 货物运输险;e. 其他保险。

4)监理工程师督促承包人保险

(1)检查保险

监理工程师应根据合同有关规定,从以下几个方面对承包人的保险进行检查:

①保险的种类。一般分为工程和装备的保险;人员伤亡或伤残事故的保险;第三方保险。

②保险的数额。应与实际价值相符。

③保险的有效期。应不少于合同工期或修订的合同工期。

④保险单及保险费收据。确认承包人已在合同规定的时间内提交给业主,并保留复印件备查。

(2)落实保险

当监理工程师确认承包人未在合同规定的时间内,按合同规定的内容,向业主提交合格的保险单时,应采取如下措施:

①指示承包人尽快补充办理保险。

②承包人拒绝办理时,通知建议业主补充办理保险。

③保险最终由业主补充办理的,监理工程师应签发扣除承包人相应费用的证明。

④如果业主也未补办,监理工程师应书面通知承包人和业主由此带来的危害。根据合同有关规定,未来发生与此有关的一切责任和费用将由责任方承担和赔偿,并督促其尽快办理保险。

9.5 施工监理与合同管理的关系

根据交通部颁发的《公路工程施工监理办法》和《公路工程施工监理规范》(JTJ 077—95),施工监理是指监理单位参加监理投标,中标后与业主签订监理合同并依据合同要求在施工准备阶段、施工阶段及缺陷责任期阶段对工程质量、费用、进度和合同事宜进行全面的监督和管理。从施工监理的概念可知,施工监理的依据是合同,监理工程师所进行的监理工作实际上是合同管理工作,无论是进行质量监理,还是进行进度控制或计量支付,监理工程师都应按合同办事。监理工程师的职责和权限一旦在监理合同和施工承包合同中予以明确,就变成了业主和承包商应遵守和执行的承包合同条款,一方面监理工程师应尽职尽责,不能越权;另一方面业主和承包商应服从监理工作,配合监理工作。

总之,监理工程师在合同管理中,监理工程师既不属于合同关系的甲方,也不属于合同关系的乙方,既能处理日常的合同事务,对承包合同双方又能起到监督和约束作用。监理工程师的独立地位和公正要求,决定了他在合同管理中,能督促合同双方全面地履行合同,公正地解决工程变更、延期、索赔等合同管理事宜,协调双方的合同关系,及时避免或减少合同履行中产生的争议或纠纷,维护业主、承包商的合法权益,保证合同的正常执行。

【例 9.22】 **京津塘高速公路延期**

京津塘高速公路一号合同北京段由于气候异常提出的延期,具体情况如下:

北京合同段:1988 年 7、8 月份,北京地区连降大雨,降雨量超过本地区 20 年平均水平。由于大雨的影响,迫使正在施工的路基土方工程停工。为此,承包人根据 FIDIC 合同条件第 44 条的规定,提出延期申请。

1)承包商申请延期证据

承包商随工程延期申请附上了 1988 年 7、8 月份的降雨量、降雨天数和前 20 年平均降雨量、降雨天数的对照表以及工地施工记录。前 20 年平均降雨天数和降雨量为向当地气象局索取的统计资料,1988 年的为施工现场实测资料。这些资料见下面所列表 1、表 2 和表 3。

上表表示,在施工现场,7、8 月份的降雨量分别为常年降雨量的 1.6 倍和 2.3 倍,是两个月份的 1.9 倍。

表 1 北京地区过去 20 年气候数据(1968—1987)

月 份	项 目	朝阳区	通 县	大兴县	平均值
7 月	降雨量/mm	186.9	161.6	176.4	175.0
	降雨天数/天	13.6	15.4	13.3	14.1
8 月	降雨量/mm	187.2	175.2	181.3	181.2
	降雨天数/天	12.9	13.6	11.9	12.8

表2 北京地区1998年气候数据表

月 份	项 目	朝阳区	通 县	平均值	施工现场
7月	降雨量/mm	260.6	220	243.0	286.6
	降雨天数/天	17.0	16.0	16.7	10.0
8月	降雨量/mm	255.8	264.4	254.5	407.5
	降雨天数/天	14.0	15.0	15.0	12.0

注:朝阳、通县、大兴县均是施工现场附近的几个区县。

表3 降雨量比较表

月 份	现测值/mm		施工现场/mm	超过率/%
	1968—1987年	1988年		
7月份	175	243	286.6	1.64
8月份	181.2	254.5	407.5	2.25
合 计	356.2	497.5	694.1	1.949

承包商又申述:在7、8月份的62天中,实际只有6天进行了土方工程施工。其原因是由于全线大部分土是粉质粘土,这种土遇水含水量易增高,且施工现场地下水位只有1.5 m,而路基高度平均只有1.6 m,所以土方吸收了大量的雨水不易晒干,在这种情况下不能进行施工操作。

计算方法:预计工作日与实际工作日的差值为其所需延期天数。

预计工作日计算方法:

日历天数-(20年平均降雨天数×影响系数)=预计工作日

计算结果见下表:

月 份	预计工作日/天	实际工作日/天	差值/天
7月份	31-14.1×0.7* =21.1	6	15.1
8月份	31-12.8×0.7* =22.0	0	22.0
合 计	43.1	6	37.1

*其中0.7的系数是承包商根据高速公路施工经验所得。

申请延期天数:37天。

2)监理工程师评估意见

(1)承包商的延期申请符合合同通用条款第44条和专用条款第44.2(a)子款,且发生的延误在关键线路上。根据合同专用条款第44.2(a)规定,延期申请可以接受。

(2)包商延期申请报告中,采用0.7的系数来预计工作日的方法,因缺乏可靠依据,所以不能接受。应采用通常将一个下雨日等于1.5个的影响系数,则由于降雨天数引起的差额工作日为:

(3)采用承包商提供的最近20年的降雨平均记录及今年的降雨记录,并采用1.5的影响系数,由于降雨天数引起的差额工作日为

7月份:(14.1-16.7)×1.5 = -3.9,取-4天。

8月份:(12.6-15)×1.5 = -3.3,取-3.3天。

即降雨天数差额而需弥补的工作天数为7天。

(4)由表4可以明显看出,1988年7~8月份雨量远大于按20年统计的7~8月份平均降雨量,分别超出38.9%和40.1%。施工现场雨量更大,分别超出63.8%和124.9%,而采用1.5系数的计算方法,仅仅体现了常规雨量及下雨天数的影响,没有真正反映特殊雨量和特别异常恶劣气候的影响。因此,以此计算出的天数显然不尽合理。承包商在报告中提出7~8月份实际工作仅6天,经驻地监理工程师核实,基本可以接受。考虑雨天对工作的综合影响及实际工作情况,由于异常降雨引起的差额工作日为:

7月份:31-(14.1×1.5)-6=3.85,取3.85天。

8月份:31-(12.6×1.5)-0=11.8,取11.8天。

即综合考虑各方面由于异常雨天的影响,对承包商所提7—8月份由于异常降雨所引起的工程延期的申请报告,批准为16天。

表4 监理工程师用降雨量比较

月 份	项 目	20年平均值	1988年平均值	差 额
7月	降雨量/mm	175	243.0	超38.9%
	降雨天数/天	14.1	16.7	多2.6
8月	降雨量/mm	181.2	254.5	超40.5%
	降雨天数/天	12.8	15.0	多2.2

【例9.23】 应用FIDIC第12条对建造公路路基的索赔

合同详情:世界银行在某国的工程项目,中标的承包商修建59 km长的公路项目,原合同建造时间为24个月,后延期至36个月。

路基体积:投标时:1 178 000 m^3;

实际工程:1 672 000 m^3;

增加了:494 000 m^3;

工程造价:投标时:13.1百万美元;

实际花费:14.5百万美元;

增加:21.4百万美元(10.6%)。

(1)索赔背景及情况

在10 km长的沼泽地上,沉陷量较预期大;

主路堤的体积超出了工程量清单的42%;

增加的数量据工程量清单的价款已付给承包商;

由于路堤的体积增加,承包商将延期去完成整个工程(无须支付拖期违约损失偿金);

承包商声称不习惯在亏损情形下的作业;

承包商提出19个索赔项目来弥补损失；

当所有索赔提出时，施工延期快要结束。

(2)承包商所提出的索赔

涉及路堤施工及根据FIDIC第12条：承包商所面对的恶劣地质情况在投标中是不可预料的；

路堤体积的增加；

材料运距的增长；

工程工期延长。

(3)承包商分4步计算索赔

步骤一：承包商在投标报价时，路堤填方的价格原是取决于以下材料的来源，道路挖掘，从借土区所用的普通土，沙滩的沙；但因路堤体积增加造成以上的资源不平衡，所以必须采用更多的高价材料，要求索赔206 000美元。

步骤二：因土和材料调查报告失误而使承包商可以采用借土区的土来填筑路堤，后来发现若要将太湿的泥土压实至要求的密实度时，平均需要20个工作日。因此，承包商申诉是被迫采用粒状的石料来建造路堤。需爆破和粉碎成粒状的石子比较昂贵。很多借土区中采的土中，粉状石料并不足够。要求索赔金额为：1 374 000美元。

步骤三：由于更换材料的运输路途增加而使运费增加，由1.8 km(投标书)变为2.3 km(实际)，索赔607 000美元。

步骤四：施工延期会使机具和劳力费用价格增加，又因通货膨胀的影响，与原计划的进度比较，原来需22.7个月完成的土方工程现需要32个月，因此工效降低至：

$$22.7/32 \times 100\% = 71\%$$

工效降低的原因是：大量的沉陷和土崩，需挖开更多的取土口，粒状的石子需爆破和粉碎，土地征用的延误(延误227天)要求索赔款为：2 320 000美元。

以上4步累计索赔的直接总款项为4 507 000美元。再加上33.3%的经营管理费用和盈利为：1 502 333美元，总共索赔金额为6 009 333美元。

这一索赔款项的总数是总工程费用的43%。

(4)监理工程师审理后的答复

路堤增加的体积是据改变了承包商投标书中假设的借土来源地而计算的。这是具有争论性的，这是能被有经验的承包商事先发觉的。因为：招标时已讲明有10 km长的路会穿过沼泽地；土壤和材料报告早已提及到沉陷在沼泽地发生的可能性，但沉陷量是不易从沉积层的性质中测定的。即使是沉陷可以作为恶劣的地质条件不能预料(如FIDC第12条)，但承包商的作业也不会为此而变得困难或价钱增高。因为在任何时间，在这10 km长的沼泽地附近是有足够的可供利用的借土区，这些材料的数量很多，同时也极易提取；事实上，路堤的沉陷不会使建造更为昂贵，整个路堤的修建是一层接一层至完工为止。所以，步骤一不容许有额外的付款。

普通土到粒状石料的转换，依据是所谓一般泥土不适于路堤建造。实际上：泥土和材料报告中已清楚地写在招标文件中，指出这些需要压实的一般土壤非常潮湿；工程规范也说明在未执行土压时，太湿的泥土需干燥；承包商没有遵从工程师的劝告将路面上的泥土弄松来加快泥

土变干;

一般的土不能用作路堤建造的结论是错误的,因为:在整个东南亚,修筑路堤都是用同样的泥土;由于承包商在投标中没有遭遇到任何不可预料的变故,在这时用 FIDIC 第 12 条不是适合的;承包商发现采用由同一借土区的粒状石料作为填土更为方便;承包商可以自由选择用怎样的材料来填筑路堤,但这一选择不能达到他享有额外的付款的目的。

综上所述,步骤二不容许有额外付款。

运输距离从 1.8 km 变为 2.3 km,是不正确的;从工程师详细计算中可知:在承包商投标中所列出的平均运距是 2.39 km,在实际建造时的平均运距是 1.64 km,因此并不需要将筑路堤的泥土运送一段长距离。

承包商自己所开采出使用的借土区比计划多了两倍。

因此,对步骤三不容许有额外付款。

延期所增加的费用是根据通货膨胀及降低效益计算的。承包商以前已得到过赔偿,因为合同内的物价指数公式与物价上涨指数不符,也显示出每月物价的变动,如:水泥、钢筋、柴油、沥青、劳工等。

工程师不同意承包商所提出的以下原因而引致工作效率下跌至 71%,沉陷和土崩,需更多的借土区,开采粒状的借土区需爆破和粉碎,土地延迟等。

由承包商算出的 71% 是据实际的土工作业和计划进度作比较,而工程师认为:工效的降低的几乎完全是因承包商本身的管理不善而致,应自负其责。这主要有以下几点因素:承包人调动迟缓,通往工地的临时便桥延迟修建,在沼泽区的土工作业从开始至完工并没有遵守规范的要求,压实试验证明:因经常不能达到设计要求的标准而返工。

恶劣的天气是一个问题,但 FIDIC 第 12 条并不适用。从以上各点来看,工程师能够指出土工作业正如承包商所述可以在 22.7 个月内完成,可使上述承包商本身导致的延迟不会发生。

所以,对步骤四不容许有额外付款。

从以上四步总的来看,承包商未能成功地指出,他遭遇到如 FIDIC 第 12 条所述的未能预料的恶劣情况和地质条件所引起的额外费用。因此工程师不批准所需的额外费用。

复习思考题

1. 简述合同的概念、性质、作用。
2. 简述工程合同的特性。
3. 简述工程变更的成因,试说明监理工程师如何进行工程变更管理。
4. 简述工程延期的受理程序,试说明监理工程师如何对工程延期进行审批。
5. 简述工程费用索赔的受理程序,试说明监理工程师如何控制费用索赔。
6. 简述监理工程师如何对分包进行管理。

10 信息管理与组织协调

10.1 信息管理

道路工程信息管理，是指以工程项目作为目标系统和管理信息系统，通过对工程项目建设监理过程中信息的采集、加工和处理，即通过统计分析、对比分析、趋势预测等处理过程，为监理工程师的决策提供依据，对工程的费用、进度和质量进行控制，同时也为确定索赔内容、索赔金额及反索赔提供确凿的事实依据。

·10.1.1 数据和信息的基本概念·

1)数据

从信息处理的角度出发，可以给数据如下的定义：数据是客观实体属性的反映，是一组表示数量、行为和目标、可以记录下来加以鉴别的符号。

数据是客观实体属性的反映，客观实体通过各属性的描述，反映其与其他实体的区别。例如：在反映某个桥梁工程质量时，我们把设计、施工单位资质、人员、施工设备、使用的材料、构配件、施工方法、工程地质、天气、水文等各个角度的数据搜集汇总起来，就能很好地反映该工程的总体质量。各个角度的数据即为该工程实体的各属性的反映。

这里提到的数据是广义的数据概念，包括文字、数值、语言、图表、图形、颜色等多种形态。施工图纸、管理人员发出的指令、施工进度的网络图、管理的直方图、月报表等都是数据。计算机对此类数据都能加以处理。

2)信息

数据和信息是不可分的。信息来源于数据，又高于数据。信息是数据的灵魂，数据是信息的载体。

从辩证唯物主义的角度出发，可以给信息如下的定义：信息是对数据的解释，反映了事物（事件）的客观规律，为使用者提供决策和管理依据。

通常人们往往在实际使用中把数据称为信息，原因是信息的载体是数据，甚至有些数据就是信息。

3)信息的时态

信息有3个时态：信息的过去时是知识，现在时是数据，将来时是情报。

①信息的过去时是知识。知识是前人经验的总结，是人类对自然界规律的认识和掌握，是

一种系统化的信息。

②信息的现在时是数据。数据是人类生产实践中不断产生的信息的载体,要用动态的眼光来看数据,把握数据的动态节奏。数据是信息的主体,比知识更难掌握,也是信息系统的主要组成部分。

③信息的将来时是情报。情报代表信息的趋势和前沿,情报往往要用特定的手段获得,有特定的使用范围、特定目的、特定时间、特定传递方式,带有机密性。

4)信息的特点

(1)真实性

事实是信息的基本特点,也是信息的价值所在。要千方百计找到事物的真实的一面,为决策和管理服务。不符合事实的信息不仅无用而且有害,真实、准确地把握好信息是处理数据的最终目的。

(2)系统性

在工程实际中,不能片面地处理数据,片面地产生、使用信息。信息本身就需要全面地掌握各方面的数据后才能得到。信息是系统中的组成部分之一,要求从系统的角度来对待各种信息,才能避免工作的片面性。监理工作中要求全面掌握投资、进度、质量、合同各式各样个角度的信息,才能做好工作。

(3)时效性

由于在工程实际中是动态、不断变化、不断产生的,要求我们及时处理数据,及时得到信息,才能做好决策和工程管理工作,避免事故的发生,真正做到事前管理,信息本身有极强的时效性。

(4)不完全性

使用数据的人对客观事物的认识是局限的、不完全的。我们应该认识到这一点,提高对客观规律的认识,避免不完全性。

(5)层次性

不同的决策、管理需要不同的信息,因此针对不同的信息需求必须分类提供相应的信息。一般把信息分成决策级、管理级、作业级三个层次,不同的层次人信息在内容、来源、精度、使用时间、使用频度上是不同的。决策级需要更多的外部信息和深度加工的内部信息。例如:对设计方案、新技术、新材料、新设备、新工艺的采用,工程完工后的市场前景;管理级需要较多的内部数据和信息,例如:在编制监理月报时汇总的材料、进度、投资、合同的执行的信息;作业级需要掌握工程各个分部分项、每时每刻实际产生的数据和信息,该部分数据加工量大、精度高、时效性强。例如:土方开挖、混凝土浇筑、材料供应保证等具体事务的数据。

5)信息系统、监理信息系统的基本概念

信息是一切工作的基础,信息只有组织起来才能发挥作用。信息的组织由信息系统完成,信息系统是收集、组织数据产生信息的系统。可以给信息系统下如下定义:信息系统是由人和计算机等组成,以系统思想为依据,以计算机为手段,进行数据收集、传递、处理、存储、分发,加工产生信息,为决策、预测和管理提供依据的系统。信息系统的目的是通过对数据进行综合处理,得到信息。它能够再分多个子系统,与其他子系统有相关性,同时与环境也有联系。它的对象是数据和信息,通过对数据的加工得到信息,而信息是为决策、预测、管理服务的,是他们的工作依据。

监理信息系统是建设工程信息系统的一个组成部分,建设工程信息系统由建设方、勘察设计方、建设行政管理方、建筑材料供应方、施工方和监理各自的信息系统组成。监理信息系统是建设工程信息系统的一个子系统,也是监理单位整个管理系统的一个子系统。作为前者,它必须从建设信息系统中得到所必需的政府、建设、施工、设计等各个方面提供的数据和信息,也必须送出相关单位需要的相关的数据和信息;作为后者,它也从监理单位得到必要的指令、帮助和所需要的数据与信息,向监理单位汇报建设工程项目的信息。这种错综复杂的关系,提出了信息系统的集成化的要求。

6)信息系统的集成化

信息系统的集成化是信息社会的必然趋势,也为信息社会提供了集成化的可能性。信息系统集成化是建立在系统化和工程化的基础上。信息系统集成化通过系统开发工具 CASE(计算机辅助系统工程)实现,CASE 对全面搜集信息提供了有效手段,对系统完整、统一提供了必要的保证。集成化也让参加建设工程各主方在信息使用的过程中做到一体化、规范化、标准化、通用化、系统化、系列化。建设领域信息系统集成化,要求提供的工程管理软件必须标准化,这是监理单位采用工程管理软件时必须考虑的。

·10.1.2　项目管理中信息·

1)信息的构成

主要信息形态有下列形式:

(1)文字图形信息

包括勘察、测绘、设计图纸及说明书、计算书、合同、工作条例及规定、施工组织设计、情况报告、原始记录、统计图表、报表、信函等信息。

(2)语言信息

包括口头分配任务、作批示、汇报、工作检查、介绍情况、谈判交涉、建议、批评、工作讨论和研究、会议等信息。

(3)新技术信息

包括通过网络、电话、电报、电传、计算机、电视、录音、广播等现代化手段收集及处理的一部分信息。

监理工程师应当捕捉各种信息并加工处理和运用。

2)信息的分类原则和方法

信息分类是指:在一个信息管理系统中,将各种信息按一定的原则和方法进行区分和归类,并建立起一定的分类系统和排列顺序,以便管理和使用信息。

(1)信息的分类原则

①稳定性:信息分类应选择分类对象最稳定的本质属性或特征作为信息分类的基础和标准。信息分类体系应建立在对基本概念和划分对象的透彻理解基础上。

②兼容性:项目信息分类体系必须考虑到项目各参与方所应用的编码体系的情况,项目信息分类体系应满足不同的项目参与方高效信息交换的需要。同时与有关国际、国内标准的一致性也是兼容性应考虑的内容。

③可扩展性:项目信息分类体系应具有较强的灵活性,可以在使用过程中进行方便的扩展。在分类中通常应设置收容类目(或称为“其他”),以保证增加新的信息类型时,不至于打乱已建立的分类体系,同时一个通用的信息分类体系还应为具体环境中信息分类体系的拓展和细化创造条件。

④逻辑性:项目信息分类体系中信息类目的设置有着极强的逻辑性,如要求同一层面上各个子类互相排斥。

⑤综合实用:信息分类从系统工程的角度出发,放在具体的应用环境中进行整体考虑。这体现在信息分类的标准与方法和选择上,应综合考虑项目的实放环境和信息技术工具。确定具体应用环境中项目信息分类体系,应避免对通用分类体系的生搬硬套。

(2)信息分类体系基本方法

①线分类法:又名层级分类法或树状结构分类法,它是将分类对象按所选定的若干属性或特征(作为分类的划分基础)逐次地分成相应的若干个层级目录,并排列成一个有层次的、逐级展开的树状信息分类体系。在这一分类体系中同一层面的同位类目间存在并列关系,同位类目间不重复、不交叉。线分类法有良好的逻辑性,是最为常见的信息分类方法。

②面分类法:面分类法是将所选定的分类对象的若干个属性或者特征视为若干个“面”,每个“面”中又可以分成许多彼此独立的若干个类目。在使用时,或根据需要将这些“面”中的类目组合在一起,形成一个复杂的类目。面分类法具有良好的适应性,而且十分利于计算机处理信息。

在工程实践中,由于工程项目信息的复杂性,单独使用一种信息分类方法往往不能满足使用者的需要。在实际应用中往往是根据应用环境组合使用,以某一种分类方法为主,辅以另一种方法,同时进行一些人为的特殊规定以满足信息使用者的要求。

3)项目信息的分类

(1)按照工程的目标划分

①投资控制信息:是指与投资控制直接有关的信息。如各种估算指标、类似工程造价、物价指数;设计概算、施工图预算、预算定额;工程项目投资估算;合同价组成;投资目标体系;计划工程量,已完工程量,单位时间付款报表,工程量变化表,人工、材料调差表;索赔费用表;投资偏差、已完工程结算;竣工决算、施工阶段的支付账单;原材料价格、机械设备台班费、人工费、运杂费等。

②质量控制信息:是指与质量有关信息。如国家有关质量法规、政策及质量标准、项目建设标准;质量目标体系的质量目标的分解;质量控制工作流程、质量控制的工作制度、质量控制的方法;质量控制的风险分析;质量抽样检查的数据;各个环节工作的质量(工程项目决策的质量、设计质量、施工质量);质量事故记录和处理报告。

③进度控制信息:是指与进度有关的信息。如施工定额;项目总进度计划、项目目标分解、项目年度计划、工程总网络计划和子网络计划、计划进度与实际进度偏差;网络计划的优化、网络计划的调整情况;进度控制的工作流程、进度控制的工作制度、进度控制的风险分析等。

④合同管理信息:指与工程相关的各种合同信息。如工程招投标文件;工程建设施工承包合同,物资设备供应合同,咨询、监理合同;合同的指标分解体系;合同签订、变更、执行情况;合同的索赔等。

(2)按照工程项目信息来源划分

①项目内部信息:指工程项目各个阶段、各个环节、各有关单位发生的信息总体。内部信息取自于项目本身,如工程概况、设计文件、施工方案、合同结构、合同管理制度,信息资料的编码系统、信息目录表、会议制度、监理班子的组织,项目的投资目标、项目的质量目标、项目的进度目标等。

②项目外部信息:指来自外部环境的信息。如国家有关的政策及法规;国内及国际市场的原材料及设备价格、市场变化;物价指数;类似工程造价、进度;投标单位的实力、投标单位的信誉、毗邻单位情况;新技术、新材料、新工艺、新方法;国际环境的变化;资金市场变化等。

(3)按照信息的稳定程度划分

①固定信息:指在一定时间内相对稳定不变的信息,包括标准信息、计划信息和查询信息。标准信息主要指各种定额和标准,如施工定额、原材料消耗定额、生产作业计划标准、设备和工具的耗损程度等;计划信息是指在计划期内已定任务的各种指标情况;查询信息主要指国家和行业颁发的技术标准、不变价格、监理工作制度、监理工程师的人事卡片等。

②流动信息:是指在不断变化的动态信息。如项目实施阶段的质量、投资及进度的统计信息;反映在某一时刻,项目建设的实际进程及计划完成情况;项目实施阶段的原材料实际消耗量、机械台班数、人工工日数等。

(4)按照信息的层次划分

①战略性信息:指该项目建设过程中战略决策所需的信息。如项目概况、投资总额、建设总工期、承包商的选定、合同价的确定等信息。

②管理型信息:指项目年度进度计划、财务计划、材料计划;施工总体方案;三大目标控制计划等。

③业务性信息:指各业务部门的日常信息。如分部(项)工程作业计划、施工方案、成本控制措施、质量控制措施、质量检测数据、材料消耗计划、材料实际消耗等。

(5)按照信息的性质划分

①组织类信息:编码、单位组织、项目组织、项目管理组织等信息。

②管理类信息:进度控制、合同管理、质量控制、投资控制、风险管理、安全管理等信息。

③经济类信息:工程量、工程造价等信息。

④技术类信息:前期技术、设计技术、施工技术、材料设备、竣工验收等信息。

(6)按其他标准划分

①按信息范围的不同,可以分为精细的信息和摘要的信息。

②按监理阶段的不同,可以分为计划的、作业的、核算的、报告的信息。在监理开始时,要有计划的信息;在监理过程中,要有作业的和核算的信息;在某一项目的监理工期结束时,要有报告的信息。

③按对信息的期待性不同,可以分为预知的和突发的信息。预知的信息是监理工程师可以估计到的,产生在正常情况下;突发的信息是监理工程难以预计的,发生在特殊的情况下。

·10.1.3 项目信息管理·

1)信息管理的概念

信息管理是指对信息的收集、加工整理、储存、传递与应用等一系列工作的总称。信息管理的目的是通过有组织的信息流通,使决策者能及时地、准确地获得相应的信息。为了达到信

息管理的目的,要把握好信息管理的各个环节,并做到:

①了解和掌握信息来源,对信息进行分类。

②掌握和正确运用信息管理的手段。

③掌握信息流程的不同环节,建立信息管理系统。

2)项目信息管理的基本任务

①组织项目基本情况信息的收集并系统化,编制项目手册。项目管理的任务之一是,按照项目的任务、按照项目的实施要求、设计项目实施和项目管理中信息和信息流,确定它们的基本要求和特征,并保证在实施过程中信息顺利流通。

②项目报告及各种资料的规定,如资料的格式、内容和数据结构要求。

③按照项目实施、项目组织、项目管理工作过程建立项目管理信息系统流程,在实际工作中保证这个系统正常运行,并控制信息流。

④文件档案管理工作

有效的项目管理需要更多地依靠信息系统的结构和维护。信息管理影响组织和整个项目管理系统的运行效率,是人们沟通的桥梁,监理工程师应对它有足够的重视。

3)信息管理工作的原则

对于大型项目,产生的信息数量巨大,种类繁多。为便于信息的搜集、处理、储存、传递和利用,监理工程师在进行信息管理实践中逐步形成了以下基本原则:

(1)标准化原则

要求在项目的实施过程中对有关信息的分类进行统一,对信息流程进行规范,产生控制报表。力求做到格式化和标准化,通过建立和健全的信息管理制度,从组织上保证信息生产过程的效率。

(2)有效性原则

监理工程师提供的信息针对不同层次管理者的要求进行适当加工,针对不同管理层提供不同要求的信息。例如:对于项目高层管理者而言,提供的决策信息应力求精练、直观,尽量采用形象图表来表达,以满足其战略决策的信息需要。这一原则是保证信息产品对于决策支持的有效性。

(3)定量化原则

信息不应是项目实施过程中产生数据的简单记录,应该是经过信息处理人员的比较与分析。

(4)时效性原则

考虑工程项目决策过程中的时效性,信息管理工作也应具有相应的时效性。信息都有一定的生产周期,如月报表、季报表、年报表等,这都是为了保证信息产品能够及时服务于决策。

(5)高效处理原则

通过采用高性能的信息处理工具,尽量缩短信息在处理过程中的延迟,监理工程师的主要精力应放在对处理结果和控制措施的制订上。

(6)可预见原则

信息作为项目实施的历史数据,可以用于预测未来的情况,监理工程师应通过采用先进的方法和工具为决策者制订未来目标和行动规划提供必要信息。如通过对以往投资执行情况的分析，对未来可能发生的投资进行预测，作为事先控制的依据，这在工程项目管理中也是十分重要的。

· 10.1.4 监理工作中的信息流程 ·

监理单位的信息系统更偏重于公司内部管理和对所监理的工程项目监理部的宏观管理，对具体的某个工程项目监理部，也要组织必要的信息流程，加强项目数据和信息的微观管理，相应流程如图 10.1、图 10.2 所示。

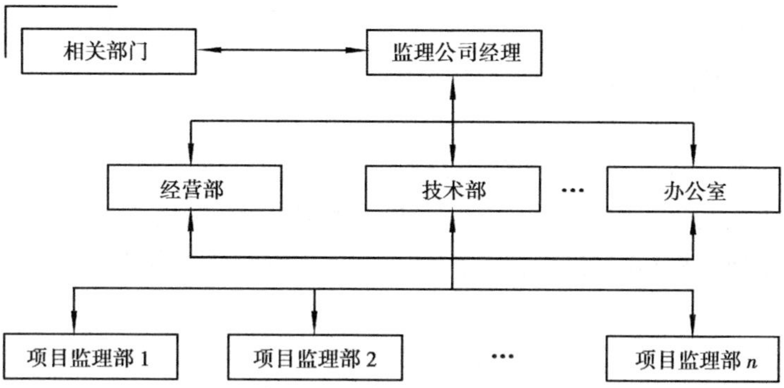

图 10.1 监理单位信息流程图

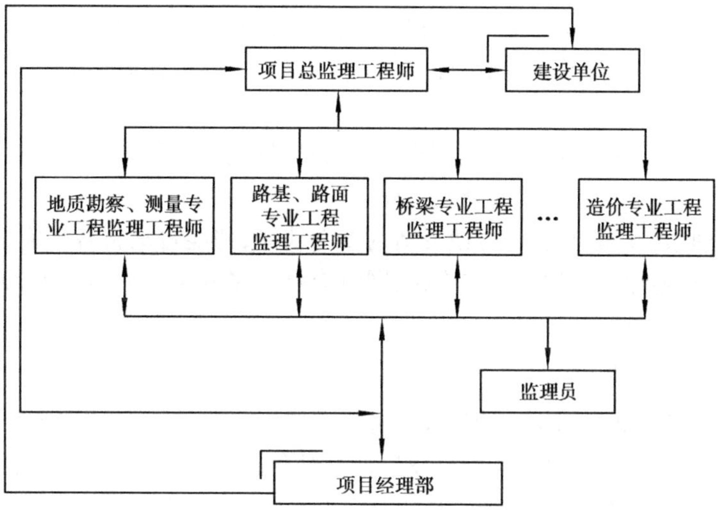

图 10.2 项目监理部信息流程图

图 10.1、图 10.2 的图标为：

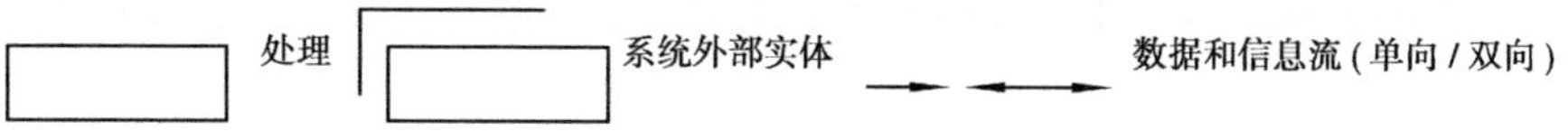

· 10.1.5 信息管理方法 ·

信息管理的基本方法是建立信息的编码系统，明确信息流程，制定相应的信息采集制度利用高效的信息处理手段处理信息，为监理工程师的决定提供有力依据。

1)信息处理

公路工程监理的信息处理一般采用人工决策结合计算机辅助管理方法,其主要工作包括有:

①确定计算机辅助管理系统的流程模式与信息管理内容相对应,其主要内容包括工程施工的进度管理、质量管理、合同管理及行政管理,它们分别拥有各自的子系统。各系统包含各业务系统和根据工程需要进一步详细的细目管理。

②原始信息的校核。驻地监理组对收集的原始数据进行校核,由计算机辅助管理部门输入计算机数据库。数据的输入采用自动校验方式,例如:项目编号输错计算机会对用户发出警告,提示用户重新核对输入。数据输入完毕,计算机自动排序、汇总,建立各种子程序及表格所对应的数据库。

③计算机中央处理系统对信息的分析处理。质量控制子程序推行全员质量管理,提供各主要分项工程和施工工序的质量控制子程序,包括路基工程、路面工程、桥涵工程等。各子程序通过对各专业监理工程师的材料、检测数据及工程质量检测的分析、最终判断各主要分项工程施工质量是否合格。

进度控制子程序系统提供工程进度计划网络图的绘制系统,包括对时间参数的计算,进度计划的调整,进度计划变化趋势的预测分析等,供监理工程师决策。

费用控制子程序系统可按工程合同段或分项工程两种情况进行分块,以实现工程计量与具体支付的计算机管理。程序包括价格的调整、费用索赔和工程最终结算的业务子程序。可对人工、材料价格调整进行计算,变更设计及额外工程对合同价格调整的计算,并打印相应的结论表格。

合同管理子程序系统既可编制整个合同项目的计量支付款报表,也可以用于承包人编制各分项单位的支付申请表,还可以对全线工程量进行分割计算。

整个中央处理系统应具有各种方便灵活的查询功能,并能自动将各项完成的工程量与合同清单数量相比较,避免错误的计算与支付,同时应具备多种图形显示功能,为监理工程师的决策及时提供准确的依据。

2)信息的发布与存储

施工监理的信息存储采用文档管理和计算机存储管理两种方式。文档管理信息有效保证了原始资料的可靠性,而计算机存储则可发挥计算机存储量大、信息处理快的特征。信息发布按照一定的工作程序进行。一般,经过计算机辅助管理和监理工程师决策处理的各种信息结论,由驻地监理组织下达给承包人和专业监理工程师,上报总监办,反馈给业主及相关部门,并保证及时性和准确性。

施工过程中的各种工地会议及各种形式的监理通讯均是监理信息发布的主要途径。

10.2 组织协调

社会监理是独立于业主和承包人的第三方,又处于工程建设过程中实施监督与管理的核心地位,因而具有组织协调工程建设各方的能力,这也是监理工程师必须完成的任务。为此监理工程师必须强化自身的组织管理、提高管理水平，以保证工程项目监理工作的质量和水平。监理单位加强自身组织管理的关键是建立高效的监理组织，并建立健全管理制度使之得以正常运行，这是实现监理目标的前提条件。

监理组织的建立，首先应合理配置参与建设的工作人员，确定部门，明确职责，以及各部门间关系的协调和配合，使各项关系的协调逐步走上规范化、程序化。同时做到责、权统一。权大于责就很容易产生瞎指挥、滥用权力的官僚主义，责大于权就会影响管理人员的积极性、主动性、创造性，使组织缺乏活力，离开了责、权、力、效、利相匹配的组织保证系统是不可想象的。

一般情况下，监理单位在承接项目监理任务、参与项目监理的投标、拟订监理方案（大纲），以及与业主商签监理委托合同时，即应选派称职的人员主持该项工作。在监理任务确定并签订监理委托合同后，该主持人即可作为项目总监理工程师。这样，项目的总监理工程师在承接任务阶段即提早介入，从而更能了解业主的建设意图和对监理工作的要求，保证与后续工作能更好地衔接。

·10.2.1 概念·

公路工程监理工作中的协调就是联结、联合、调和所有参与工程实施的个人和单位间的活动及力量。协调的目的是力求得到八方支援与配合，促使各方齐心协力，以实现监理工作的预定目标。

组织协调或称协调管理在国外称“界面管理”，即指：a.“人员/人员界面”；b.“子系统/子系统界面”；c.“系统/环境界面”。

项目实施组织可看作是一个系统，由各类人员和机构（子系统）组成。由于每个人的性格、能力、工作岗位和任务的不同，即使只有两个人工作在一起，也有潜在的人员矛盾或危机，这种人和人之间的隔阂，就是所谓的“人员/人员界面”；项目组织系统是由若干个子项目（子系统）组成的完整体系，由于子系统的功能不同，目标不同，容易产生各自为政的趋势和互相推诿的现象，这种子系统之间的隔阂，就是所谓的“系统/系统界面”；项目组织系统是一个典型的开放系统，它具有环境适应性，应主动地向外部取得各种必要的资源和信息，在获取的过程中，不可能没有障碍和阻力，这种系统与环境之间的隔阂，就是所谓的“系统/环境界面”。

在公路工程监理中，组织协调工作最为重要也最为困难，同时也是监理工作能否成功的关键。一个成功的监理工程师，应该是一个具有远见卓识的善于做好各方面协调工作的管理者。

·10.2.2 协调工作的范围及内容·

协调的目的最终是为了实现质量高、投资省、工期短的三大目标。仅按工程合同做好协调工作，只是为三大目标的实现创造了很好的条件，但这还不充分，还需要通过更大范围的协调，建立良好的人际、组织关系以及与政府相关部门和社团组织的良好关系，创造多方面的内外条件。

1）监理组织内部人际关系的协调

工程项目组织是由各类人员组成的工作体系，工作效率如何，很大程度上取决于人际关系的协调程度。然而，人员之间的矛盾是难免的，一旦出现矛盾就应及时调解，且调解要恰到好处，既要站在公正立场上又要注意方式方法。对上下级之间的矛盾要区别对待，是上级的问题，应多作自我批评并把问题向上一级汇报清楚；是下级的问题应启发引导并说明利害关系；

对无原则的纷争，应当劝解和批评制止。这样才能使人们始终处于团结、和谐、热情的气氛之中。

2）监理组织内部子系统间的协调

每个子系统都有自己的任务和目标，难免出现矛盾和不协调之处，做好此种协调工作要首先倾听各方面的意见，站在公正的立场上，做出合情合理的处理。为使整个组织系统处于有序的良好的运行状态，监理工程师应做好以下两件事：

①要事先约定各子系统在工作中的相互关系。其中主办（牵头）和协作（配合）之分，要事先约定，防止出现误事、脱节等贻误工作的现象。

②要建立信息沟通制度。如采用工作例会、业务碰头会、发会议纪要、采用工作流程图或信息传递卡等方式来沟通信息。这样可使局部了解全局，服从并适应全局安排。

3）工程项目参与单位之间关系的协调

（1）协调业主与承包单位之间关系

业主与承包单位对工程承包合同负有共同履约的责任，工作往来频繁，对一些具体问题产生某些意见分歧是常有的事，监理工程师应处于公正的第三方，本着充分协商的原则，耐心细致地处理各种矛盾。

在不同工程阶段，协调的内容和方法也不尽相同，应随阶段的变化而变化。

①招标阶段的协调：参与业主与承包单位的合同洽谈和签订是协调的主要内容。首先，要对双方的法人资格和履约能力进行复核。其次，合同中要明确双方的权利和义务，例如业主要保证资金、设备、设计图纸的供给，建设场地的提供等；承包单位要按合同工期、质量评定标准、标书单价或总价、施工图预算的材料和按工程项目整体要求配套竣工等。

②施工准备阶段的协调：做好施工准备是顺利组织施工的先决条件。业主和承包单位双方对施工准备工作内容应有明确的约定和分工，共同努力，为开工和顺利施工创造条件。

③施工阶段的协调：这个阶段的协调工作是大量的、繁琐的，包括解决施工进度、质量、中间计量与支付的签证、合同纠纷等一系列协调工作。对于合同纠纷，首先应协商解决，协商不成时才向合同管理机关申请调解或仲裁。

④竣工验收阶段的协调：业主在竣工验收中可能提出各种各样的问题，承包单位应根据技术文件、工程合同、中间验收签证及验收规范做出详细解释，对不满足要求的工程问题应采取补救措施，使其达到设计、合同和规范的要求。

（2）协调与设计单位之间的关系

监理单位应做好与设计单位的协调工作，以加快工程进度，确保质量，降低消耗。

真诚尊重设计单位的意见，主动请设计单位向施工单位进行技术交底，约请他们参加专项工程验收和竣工验收等。经常主动向设计单位介绍工程进展情况，以便促使他们按合同规定时间或提前出图。施工中发现设计问题，应及时向设计单位提出，以免造成重大损失。若监理单位掌握比原设计更先进的技术、材料或设备时，可主动向设计单位推荐，支持设计单位技术革新。

（3）协调与政府和社会团体组织的关系

项目组织与政府部门、金融机构、社会团体、服务单位、新闻媒介等，一般是非合同关系，但它们有时对工程项目实施起着决定性的作用，这层关系协调不好，项目的实施可能严重受阻。

与这些单位协调的方法主要是请示、报告、汇报、送审、取证、宣传、说明等，做到信息沟通顺畅。

①协调与政府有关部门的关系：工程合同直接送公证机关公证，并报政府建设主管部门备案；征地、拆迁等要争取地方政府有关部门支持，必要时争取由政府部门出面组织此类问题乃至资金筹措等问题的协调；施工现场消防设施的配置，宜请当地公安部门检查认可；涉及交通运输问题，应经交通部门批准；重大质量、安全事故，应敦促施工单位及时向政府有关部门报告，并接受检查和处理；爆破作业要提前办理有关手续，在征得当地公安部门现场察看并同意后才能实施等等。

②协调与社团组织的关系：工程项目建设资金的收支离不开开户银行，工程竣工后也需通过银行进行结算，因此，合同副本应报送开户银行备案，并作为拨付工程价款的依据。若业主拖欠工程款，监理工程师应站在公正的立场上，按合同规定维护承包单位的利益，可商请开户银行协助解决拨款问题。

公路工程项目建成后，不仅会给业主带来好处，还会给该地区的经济发展带来好处，同时也给当地人民生活带来方便，因此，项目建设必然会引起社会各界关注，监理单位应把握这个气候，争取社会各界对工程建设的关心和支持，创造良好的社会环境。

复习思考题

1. 项目管理中的信息有哪些？
2. 项目管理中如何进行有效地信息管理？
3. 协调工作的主要内容有哪些？

11 监理工程师(单位)的选择

招标投标是市场经济条件下进行货物采购、工程建设项目发包及服务项目的采购与提供时,所采用的一种交易方式。

所谓招标投标,是指采购人事先提出对货物或服务采购的条件和要求,邀请众多投标人参加投标并按照规定程序从中选择交易对象的一种市场行为。

招标投标交易的方式,是市场经济的产物,采用这种交易方式。须具备两个基本条件:一是具有能够开展公平竞争的经济运行机制;另一个是存在招标项目的买方市场,出现卖价多家竞争的局面,买方有条件以招标方式从多家竞争中择优选择中标者。从招标投标采购的交易过程来看,招标投标活动包含了招标和投标两个最基本的环节。

招标是指招标人将拟采购的货物的内容和要求,如货物名称、规格、标准、质量、价格等,通过公告或邀请信的形式招引或邀请符合条件的投标人前来报价,最后由招标人从中择优选定的一种交易行为。

投标是指在拟定的招标文件的前提下,对招标货物提出自己的报价和相应的条件,通过竞争为招标人选定的一种交易行为。

11.1 施工监理招标

· *11.1.1 招标方式* ·

《中华人民共和国招标投标法》规定,招标方式分为公开招标和邀请招标两类。

1)公开招标

公开招标,又称无限竞争招标,招标人通过报刊、信息网络或其他媒介,向社会公开发布招标公告。凡具备相应资质,符合招标条件的法人或组织不受地域或行业限制,均可参加投标。

公开招标的优点:公开招标对招标者而言,有较大的选择范围,可在众多的投标人之间选择报价合理、交货期短、服务周到及信誉良好的供应商;采用该方式,有助于开展竞争,打破垄断,能促使承包人提高工作质量,降低成本。

缺点:大型项目审查投标者资格及其投标文件的工作量较大,招标费用支出也大,参加竞争者越多,招标人的工作量就越大,费用就越高;另一方面,对投标者而言,自获悉招标信息后,须做大量的工作,参加的竞争者越多,中标的几率就越小,对投标费用的风险考虑就越大,标价就越高。

2)邀请招标

邀请招标,又称有限竞争招标或选择性招标,是由招标人根据供应商或施工单位的资信和业绩,选择一定数目的法人或其他组织(不能少于3家),向其发出投标邀请书,邀请他们参加投标竞争。被邀请的施工单位同意参加投标后,从招标人处获取招标文件,按规定要求进行投标报价。

邀请招标的优点是:邀请招标对招标者而言,简化了对投标者的资格预审及投标文件评审的工作量,提高了工作效率,节约招标费用和时间;对投标者而言,提高了中标的机率,减小了投标的风险性;由于对投标人以往的业绩和履约能力比较了解,减小了合同履行过程中的承包方违约的风险。

缺点:邀请招标的方式限制了投标竞争的范围,邀请范围小,选择面窄,公开程度低,竞争的激烈程度相对较差,有可能排斥一些具有优势的投标竞争者,因此,这种方式被认为不完全符合参与机会均等的原则。

一些国家通常规定了邀请招标的条件,主要包括:

①项目技术复杂或有特殊要求,只有少量几家潜在投标人可供选择的。

②受自然地域环境限制的。

③涉及国家安全、国家秘密或者抢险救灾,适宜招标但不宜公开招标的。

④拟公开招标的费用与项目的价值相比,不值得的。

⑤法律、法规规定不宜公开招标的。

⑥公开招标的结果未能产生中标者。

3)确定招标形式时应注意的问题

①招标人可根据招标项目的具体情况,本着有利于保证竞争的广泛性,有利于节省时间和费用,保证招标质量的原则,对两种招标方式自行选择。

②我国招标投标法对国家发展计划部门确定的国家重点项目和省、自治区、直辖市人民政府确定的地方重点项目的招标形式做了规定,要求这些重点建设项目尽可能采用公开招标以求最充分的竞争,以最大限度地保证项目质量,提高国有资金的使用效益。规定指出:国家发展计划部门确定的国家重点项目和省、自治区、直辖市人民政府确定的地方重点项目,不宜公开招标的,经国务院发展计划部门或省、自治区、直辖市人民政府批准,可以进行邀请招标。

4)工程建设项目招标范围和规模标准

《中华人民共和国招标投标法》第三条规定:在中华人民共和国境内的下列工程建设项目的勘察、设计、施工、监理以及与工程建设有关的重要设备、材料等的采购必须进行招标:

①大型基础设施、公用事业等关系社会公共利益、公众安全的项目。

②全部或者部分使用国有资金投资或者国家融资的项目。

③使用国际组织或者外国政府贷款、援助资金的项目。

《工程建设项目招标范围和规模标准规定》中规定:

项目的勘察、设计、施工、监理以及与工程建设有关的重要设备、材料等的采购,达到下列标准之一的,必须进行招标:

①施工单项合同估算价在200万元人民币以上的。

②重要设备、材料等货物的采购,单项合同估算价在100万元人民币以上的。

③勘察、设计、监理等服务的采购,单项合同估算价在50万元人民币以上的。

④单项合同估算价低于第①、②、③项规定的标准。但项目总投资额在3 000万元人民币以上的。

·11.1.2 监理招标的特点·

监理招标的标的是提供监理服务,与工程建设项目建设中其他各类招标的最大区别表现为监理单位不承担物质生产任务,只是受招标人委托对工程建设过程提供监督、管理、协调、咨询等服务。鉴于标的具有特殊性,招标人选择中标单位的基本原则是"基于能力的选择",并有以下特点。

1)招标目的是选择监理单位的能力

监理服务是监理单位的高智能投入,服务工作完成的好坏不仅依赖于开展监理业务是否遵循规范化的管理程序和方法,更多地取决于参与监理的工作人员的专业技能、经验、判断能力及风险意识。因此招标选择监理单位,是能力的竞争而不是价格的高低。

2)报价的选择居于次要地位

工程建设项目的施工、物资供应选择中标人的原则是在技术上达到要求标准的前提下,主要考虑价格的高低,而监理招标则把能力放在第一位。因为当监理报价过低时,监理单位很难把招标人的利益放在第一位,而监理服务质量的高低直接影响到招标人的实际利益,过多的考虑报价会得不偿失。所以,招标人应在监理能力相当的前提下再比较价格的高低。

·11.1.3 监理招标文件·

监理招标实际上是征询投标人实施监理工作的方案建议。招标文件是招标人根据实际工程情况对监理单位提出要求,并说明监理的内容、规模、范围及能提供的资料条件,来指导投标人正确地编制投标书。

1)招标公告

《中华人民共和国招标投标法》第十六条规定:

招标人采用公开招标方式的,应当发布招标公告。依法必须实行招标的项目的招标公告,应当通过国家指定的报刊、信息网络或者其他媒介发布。

招标公告应当载明招标人的名称和地址、招标项目的性质、数量、实施地点和时间以及获取招标文件的办法等事项。

招标公告或者投标邀请书应当至少载明下列内容:

①招标人的名称和地址。

②招标项目的内容、规模、资金来源。

③招标项目的实施地点和工期。

④获取招标文件或者资格预审文件的地点和时间。

⑤对招标文件或者资格预审文件收取的费用。

⑥对投标人的资质等级的要求。

招标人可以根据招标项目本身的要求,在招标公告或者投标邀请书中,要求潜在投标人提供有关资质证明文件和业绩情况,并对潜在投标人进行资格审查。招标人不得以不合理的条件限制或者排斥潜在投标人,不得对潜在投标人实行歧视待遇。

2)公路工程施工监理招标资格预审申请书

(1)资格审查

资格审查分为资格预审和资格后审。资格预审,是指在投标前对潜在投标人进行的资格审查。资格后审,是指在开标后对投标人进行的资格审查。进行资格预审的,一般不再进行资格后审,但招标文件另有规定的除外。

(2)资格预审申请书的内容

①投标者的组织机构、信誉、业绩等资料。

②拟投入到本项目的主要监理人员组成,试验检测能力、技术水平等资料。

(3)资格预审评审的内容

①拟投标单位及其联合体成员的合法性,即独立法人地位和专业资质。

②拟投标单位在公路监理工作中的业绩、信誉;单位的技术能力、设备及仪器,财务状况,现正承担的工程情况。

③监理单位拟投入本工程的主要人员、主要仪器和设备等。

就以上内容,资格评审委员会对拟投标单位担负该项目监理能力进行审查,做出评估。

资格审查时,招标人不得以不合理的条件限制、排斥潜在投标人或者投标人,不得对潜在投标人或者投标人实行歧视待遇。任何单位和个人不得以行政手段或者其他不合理方式限制投标人的数量。

3)监理招标文件

招标文件应当包括以下主要内容:

a. 投标邀请书;

b. 投标须知(包括工程概况和必要的工程设计图纸,提交投标文件的起止时间、地点和方式,开标的时间和地点等);

c. 资格审查要求及资格审查文件格式(适用于采用资格后审方式的);

d. 公路工程施工监理合同条款;

e. 招标项目适用的标准、规范、规程;

f. 对投标监理企业的业务能力、资质等级及交通和办公设施的要求;

g. 根据招标对象是总监理机构还是驻地监理机构,提出对投标人投入现场的监理人员、监理设备的最低要求;

h. 是否接受联合体投标;

i. 各级监理机构的职责分工;

j. 投标文件格式,包括商务文件格式、技术建议书格式、财务建议书格式等;

k. 评标标准和办法。评标标准应当考虑投标人的业绩或者处罚记录等诚信因素,评标办法应当注重人员素质和技术方案。

4)招标文件编制要求

《中华人民共和国招标投标法》第十九条规定:

招标人应当根据标项目的特点和需要编制招标文件。招标文件应当包括招标项目的技术要求、对投标人资格审查的标准、投标报价要求和评标标准等所有实质性要求和条件以及拟签订合同的主要条款。

国家对招标项目的技术、标准有规定的，招标人应当按照其规定在招标文件中提出相应要求。

招标项目需要划分标段、确定工期的，招标人应当合理划分标段、确定工期，并在招标文件中载明。

5）招标文件的修改或补充

在送交投标文件截止期之前的任何时候，招标人可能会因任何原因，或按某个预期投标人提出的某项询问或要求（包括在标前会议期间提出的问题），以发出补遗书的形式对招标文件进行修改或补充。

补遗书以书面形式传真给所有已购买招标文件的投标人，补遗书作为招标文件的组成部分，对所有投标人都有约束力，预期投标人在收到补遗书后，应在24小时内（以发出时间为准）以传真等书面形式告知招标人，确认已收悉。

招标人如因特殊情况需对招标文件做重大修改时，至少应在原定投标截止期5天前将此决定通知所有的投标人，并且相应顺延送交投标文件的截止期。

·11.1.4　公路工程施工监理招标的管理权限·

公路工程施工监理招标投标工作统一领导、分级管理。国务院交通主管部门主管全国公路工程监理招标投标工作，县级以上地方人民政府交通主管部门主管本行政区内公路工程监理招标投标工作：

①国道主干线和国家、交通部确定的重点公路工程建设项目的施工监理招标投标工作，由省级交通主管理部门管理。招标文件、资格预审报告应报国务院交通主管部门审核，评标报告及评标结果报国务院交通主管部门备案。

②其他公路工程建设项目的施工监理招标投标工作，由省级及市、县级交通主管部门管理。

·11.1.5　公路工程施工监理招标程序·

1）委托招标

项目法人可以自行组织施工监理招标，也可委托具备下列条件的机构代理：

①具有法人资格。

②具有与招标工作相适应的工程管理、概预算管理、财务管理能力。

③有组织编制招标文件和标底的能力。

④有对投标者进行资格审查和组织评标的能力。

2）招标程序

公路工程施工监理招标工作由项目法人主持，按下列程序进行：

①组织编制招标文件，按分级管理原则报上级交通主管部门核准。

②发布招标公告。

③对招投标者进行资格预审，并按分级管理原则将资格预审报告及预审结果报上级交通主管部门审批。

④向资格预审合格者发出投标邀请函。

⑤出售或发放招标文件。

⑥组织投标者勘察现场,解答其提出的问题。

⑦接受投标者的标书。

⑧审查投标书。

⑨组织成立评标委员会或评标小组进行评标,确定中标者。

⑩按分级管理原则,将评标报告及评标结果报上级交通主管部门备案。

⑪项目法人与中标者签订公路工程施工监理合同。

11.2 施工监理投标

·11.2.1 投标决策·

投标人在获悉招标公告或投标邀请函后,应对公告或邀请函进行细致分析,如不清楚可及时向招标人进行征询或调查。在弄清事实后根据自身的实力、招标人的经济状况、监理的内容进行可行性研究,判断中标率的大小、风险或损失、中标后的经济利益、社会效益,最后做出投标或应标的决策,做到有的放矢,减少不必要的损失。

1)研究招标文件

招标文件是投标人获取招标信息的最重要途径,是投标人报价的基础。认真研究招标文件,弄清招标书中的问题,是做好投标报价的首要条件。对招标文件中认识模糊的问题要及时以书面形式向招标机构澄清,切不可凭投标者的经验而主观臆断。

(1)研究招标文件的目的

①通过研究招标文件,弄清投标人的责任和报价范围。

②通过研究招标文件,找出商务文件中那些对投标人明显不合理或会给投标人带来重大风险的条款,并在投标报价时埋下伏笔,争取中标后作某些修改,以改善自己的合同地位,减少风险。

③通过研究招标文件,找出商务文件中那些对承包商今后执行合同有利的条款,以使中标履行合同过程中,能够依据合同条款索赔,避免不应有的损失,取得较好的经济效益。

④通过研究招标文件,发现技术文件中模糊不清,容易产生歧义和误解的问题,并以书面形式向招标人澄清。

2)研究招标文件注意的问题

招标文件包括商务文件和技术规范,内容极为繁杂详细,投标人在计算标价前,必须充分理解和吃透招标文件的内容,并要特别注意可能会对标价的计算产生影响的因素,如:

(1)合同文件方面

①服务期。

②保函的要求,包括投标保函、履约保函、保函的金额、开保函银行的限制及保函的有效期。

③付款条件:是否有预付款,每次付款的时间规定,延期付款的利息支付等。

④对监理工程师资质、履历的要求。

⑤人力不可抗力造成经济损失的补偿办法及规定。

⑥争议、仲裁和诉诸法律的规定。

(2)技术文件方面

①技术规范、技术标准。

②工程计量规则。

③所给出的技术文件和图纸的深度。

④工程质量检测的要求。

3)组织投标机构

由于投标具有时间限定,又是一种需各种专业共同合作的综合性工作,需要投标人的商务、技术、法律和财务部门的相互合作,共同商定。对一些标的较大的标,最好组织一个投标小组,把所有有关人员包括进去,分工合作。这样有利于提高工作效率,提高报价质量,减少报价过程中的失误和漏项。

·11.2.2　投标程序·

当投标人决定投标后,就要在招标文件规定的时限内按规定程序进行投标准备工作,主要有:

①向招标人申报资格审查,提供有关资料。

②购买招标文件和有关资料。

③组织投标班子或委托投标代理人。

④参加踏勘现场和投标预备会。

⑤编制、递送投标书,缴纳投标保证金。

⑥接受评标组织就投标文件中不清楚问题进行的询问,举行澄清会谈。

⑦接受中标通知书,签订合同,提供履约担保,分送合同副本。

·11.2.3　监理投标书的内容·

工程建设监理投标文件反映了监理公司的综合实力和完成监理任务的能力,是招标单位选择监理单位的主要依据,也是与中标监理单位谈判监理合同的基础。投标单位应按招标文件中的要求编制投标书(也称建议书),并按规定封装、递送。投标文件编制质量的高低直接关系到中标可能性的大小。因此,如何编制好建设监理投标文件是监理单位的首要任务。

编制高质量的投标文件,一方面应按招标文件的要求填写招标文件中的格式文件,如投标书、投标保证金、各类附表等;另一方面要认真编制好监理大纲(建议书)。

为了使投标的价格因素对选择中标单位不致产生较大的影响,通常将投标书分为技术建议书和财务建议书两部分分别封装,并予以注明。

1)技术建议书

①工程概述:主要对拟投监理合同段的工程总体概况进行简单描述。

②监理工作范围:对拟投监理合同段的监理工作安排、主要监理人员的岗位职责进行必要

的阐述。

③现场监理机构设置与人员安排:明确拟投监理合同段的组织机构设置,并对拟投入本项目的主要监理人员的资质和相关经历给予简单描述。

④自备监理仪器和设备:在招标文件确定的监理投入的基础上根据监理单位自身的实力和拟投监理合同段的现场工作需要,对拟投入本项目的仪器与设备做简要介绍。

⑤监理工作程序:结合监理工作的阶段划分,对工程质量监理、工程进度监理、工程费用监理、安全监理、环保与水土保持监理、合同管理、信息管理、工作协调等的方法与流程进行详尽阐述。

⑥本工程监理工作的重点与难点分析:根据招标文件及现场考察,对本项目监理工作需要特别给予重视的问题逐一论述并给出解决难点的对策与方法。

⑦其他建议:为更好地完成监理工作,监理单位可根据以往的经验,对本项目监理工作提出建议。

2)财务建议书的主要内容

①人员酬金报价表。

②自备设备、仪器等报价表。

③总报价表。

④要求招标人提供的设备及设施清单。

⑤附加费率。

3)监理投标书的核心

因监理单位向建设单位提供的是技术服务,所以监理单位的核心问题主要是反映提供的技术服务水平高低的监理大纲,尤其是本工程监理工作的重点与难点分析。这也是建设单位评标时,评定投标书优劣的重要内容,而不是监理费用的高低。作为监理单位,更不应以降低监理费为主要竞争手段去承揽监理业务。

一般情况下,监理大纲中的主要监理对策是指:根据监理招标文件的要求,针对建设单位委托监理工程建设项目的特点,初步拟订该工程建设项目监理工作的指导思想,主要的管理措施、技术措施以及拟投入的监理力量;同时还有为搞好该项目向建设单位提出的原则性建议;详细阐述通过监理工程师采取必要的方法、技术措施,在保证质量的前提下,缩短工期,降低造价,提高效益。

·11.2.4 投标文件的送交、更改与撤回·

1)投标文件的送交

投标文件的正本与副本应分别包装,包装必须使用内外两层封套,并在内外层封套上都要加贴密封条,上有“正本”、“副本”标记。未密封的投标文件不予签收。

投标人必须按招标文件写明的地址,在投标邀请书中所规定的送交投标文件截止期前,将投标文件专人送达招标人签收。

如果投标人未将投标文件专人送达招标人签收,或其他原因造成投标文件迟到或遗失,或因密封不严、标记不明而造成过早启封、失密等情况,招标人概不负责。

2)投标文件的更改与撤回

在送交投标文件截止期以前,投标人可以更改或撤回投标文件,但必须以书面形式提出,并经法定代表人或其授权代理人签署。在时间紧迫的情况下,投标文件撤回的要求可先以电报、电传或传真通知招标人,随即补发一份正式的书面函件予以确认。确认书必须在送交投标文件截止期以前专人送达招标人签收。

送交投标文件截止期以后,投标文件不得更改。

如果在投标文件有效期内撤回投标文件,将没收其投标担保。

·11.2.5 投标文件编制需注意的问题·

①投标文件正本应用不褪色的墨水书写或打印,由投标人的法定代表人或其授权的代理人签署后在所有需要盖章处盖上投标人的公章,并将(投标)授权书附在其内。投标文件正本中的任何一页的右下角都要有法定代表人或其授权代理人签署姓名。副本可以是正本复印后签名,也可以是正本签名后的复印件。

②投标文件的任何一页都不应涂改、行间插字或删除,如果出现上述情况,不论何种原因造成,均由法定代表人或其授权代理人在改动处签字。

③投标文件"签字"一般包括:

a. 法人和被授权人在授权书、投标书上的签字;

b. 法人或被授权人逐页在投标文件正本上的签字或小签(只签姓);

c. 法人和被授权人在投标文件内容改动处的小签;

d. 投标担保、履约担保上银行的签字;

e. 公证文件上的签字。

投标文件的签字不得使用签名章。(《公路工程国内招标文件范本 2003 年版》投标人须知第 15.2 条)

不符合上述要求的,认为签字不齐全,属重大偏差,该投标作废标处理。(《公路工程国内招标文件范本 2003 年版》投标人须知第 22.1 条)

·11.2.6 监理单位投标注意事项·

①严格遵守国家的法律、法规及有关规定,遵守监理行业职业道德。

②严格遵照批准的经营范围承接监理业务,特殊情况下,承接经营范围以外的监理业务时需向资质管理部门申请批准。

③承揽业务的总量要视本单位的力量而定,不得与建设单位签订合同后,把监理业务转包给其他监理单位。

④对于监理风险较大的监理项目或建设工期较长的项目,监理单位除向保险公司投保外,还可以与几家监理单位组成联合体共同承担监理风险。

11.3 开标、评标、定标

监理评标是监理单位选择的重要环节之一,评标办法的科学性、合理性将直接影响选择的监理单位质量。评标办法受经济体制、经济政策以及建筑业习惯行业特性影响,因此,本节主要介绍我国公路工程评标办法和世界银行所提倡的评标办法。

·11.3.1 开标·

开标应在招标文件确定的提交投标文件截止时间的同一时间公开进行;开标地点应为招标文件中预先确定的地点。

开标由招标人主持,邀请所有投标人参加。

开标时,由投标人或者其推选的代表检查投标文件的密封情况,也可以由招标人委托的公证机构检查并公证;经确认无误后,由工作人员当众拆封,宣读投标人名称、投标价格和投标文件的其他主要内容。

招标人在招标文件要求提交投标文件的截止时间前收到的所有投标文件,开标时都应当当众予以拆封、宣读。若招标人宣读的结果与投标文件不符时,投标人有权在开标现场提出异议,经公证机关当场核查确认之后,可重新宣读其投标文件。若投标人现场未提出异议,则认为投标人已确认招标人宣读的结果,并由投标单位的法定代表人或其授权代理人签字确认。

开标过程应记录,并存档备查。

·11.3.2 评标·

(1)评标工作程序

评标就是对所有投标书进行审查评比,评标过程中应严格执行《公路工程施工监理招标投标办法》,评标工作必须遵循公平、公正、客观、准确的原则。评标工作程序:

a. 组建清标工作组;

b. 组建评标委员会;

c. 符合性审查;

d. 强制性审查;

e. 算术性修正;

f. 商务技术评审;

g. 澄清;

h. 综合评分;

i. 编写评标报告。

(2)评标委员会

①评标委员会组建。评标委员会由招标人负责组建。

a. 评标委员会成员名单应于开标前确定。评标委员会成员名单在中标结果确定前应当保密。

b. 评标委员会由招标人或其委托的招标代理机构熟悉相关业务的代表,及有关技术、经济等方面的专家组成,成员人数为5人以上单数,其中技术、经济等方面的专家不得少于成员总数的2/3。

c. 评标委员会设负责人的,评标委员会负责人由评标委员会成员推举产生或者由招标人确定。评标委员会负责人与评标委员会的其他成员有同等的表决权。

d. 评标委员会的专家成员应当从省级以上人民政府有关部门提供的专家名册或者招标

代理机构的专家库内的相关专家名单中确定。

e. 确定评标专家,可以采取随机抽取或者直接确定的方式。一般项目,可以采取随机抽取的方式;技术特别复杂、专业性要求特别高或者国家有特殊要求的招标项目,采取随机抽取方式确定的专家难以胜任的,可以由招标人直接确定。

②评标委员会权利和义务。

a. 评标委员会可以要求投标人对投标文件中含义不明确的内容做必要的澄清或者说明,但不得超出投标文件的范围或者改变投标文件的实质性内容。

b. 评标委员会应当按照招标文件确定的评标标准和方法,对投标文件进行评审和比较;设有标底的,应当参考标底。评标委员会完成评标后,应当向招标人提出书面评标报告,并推荐合格的中标候选人。

招标人根据评标委员会提出的书面评标报告和推荐的中标候选人确定中标人。招标人也可以授权评标委员会直接确定中标人。

c. 评标委员会经评审,认为所有投标都不符合招标文件要求的,可以否决所有投标。

d. 评标委员会成员应当客观、公正地履行职务,遵守职业道德,对所提出的评审意见承担个人责任。评标委员会成员不得私下接触投标人,不得收受投标人的财物或者其他好处。

评标委员会成员和参与评标的有关工作人员不得透露对投标文件的评审和比较、中标候选人的推荐情况以及与评标有关的其他情况。

e. 对招标文件中规定的评标标准和方法,评标委员会认为不符合国家有关法律、法规,或其中含有限制、排斥投标人进行有效竞争的,评标委员会有权按规定对其进行修改,并在评标报告中说明修改的内容和修改的原因。

(3)符合性的审查

通过符合性检查的主要条件:

①投标文件按照招标文件规定格式、内容填写,字迹清晰可辨,资料完整。

②投标文件内法定代表人或其授权代理人的签字(必须是亲笔签署姓名)齐全、真实。

③投标文件内标明的投标人与通过资格预审的投标申请人未发生实质性改变。

④按照招标文件的规定提供了投标担保。

⑤按照招标文件的规定提供了法定代表人证明或经公证的法定代表人授权书。

⑥按照招标文件要求填报了报价表,且报价只有一个。

⑦投标文件不可附有招标人不能接受的其他条件。

如果发现投标人所投合同段与资格预审通过的不符,或发现投标文件与招标文件中的规定有重大偏差,其投标文件按废标处理,不予评审。

开标后对于不符合招标文件要求的投标文件,不允许投标人更正或撤回其不符合的部分。

(4)强制性审查

对通过符合性审查的投标人应进行下列强制性审查:

①拟投入本工程的监理人员资历要求人员及附件。

②监理人员最低配置要求。

上述任何一项强制性审查未通过的投标人不能进入评标。

(5)算术性复核

对于实质上符合招标文件要求的投标文件,招标人对其报价进行修正。修正的原则如下:

①当以数字表示的金额与文字表示的金额有差异时，以文字表示的金额为准。

②当单价与数量相乘不等于合价时，以单价计算为准，如果单价有明显的小数点位置差错，应以标出的合价为准，同时修正单价。

③当各细目的合价累计不等于总价时，应以各细目合价累计数为准，修正总价。

按以上原则对算术性差错进行修正后的结果即为最终报价，投标人应予接受。如果投标人拒绝，则其投标文件将不予评审，并没收其投标担保。

(6)商务技术评审

①依据招标文件的规定，对符合性审查通过的投标文件的商务技术条款进行评审。

②通过商务技术评审的主要条件：

a. 未提出与招标文件中的合同条款相悖的要求。如重新划分风险、计量办法和纠纷事故处理办法，或对合同条款存在重要保留等；

b. 组织机构和专业技术力量满足施工监理要求；

c. 工程质量监理体系完整可靠；

d. 施工监理组织设计合理可行；

e. 监理大纲的编制合理可行。

(7)评标方法

评标可以使用固定标价评分法、技术评分合理标价法、综合评标法以及法律、法规允许的其他评标方法。

固定标价评分法，是指由招标人按照价格管理规定确定监理招标标段的公开标价，对投标人的商务文件和技术建议书进行评分，并按照得分由高至低排序，确定得分最高者为中标候选人的方法。

技术评分合理标价法，是指对投标人的商务文件和技术建议书进行评分，并按照得分由高至低排序，确定得分前二名中的投标价较低者为中标候选人的方法。

综合评标法，是指对投标人的商务文件和技术建议书、财务建议书进行评分、排序，确定得分最高者为中标候选人的方法。其中财务建议书的评分权值应当不超过10%。

(8)投标文件的评价和比较

招标人只对实质上符合招标文件规定的投标文件进行评价和比较，对经招标人核实的(含算术性修正)最终报价(即评标价)与复合标底算得的最优标价进行评比。

招标人将采用综合评价法，即对标价评分和监理人员、监理方案、业绩和信誉赋予不同的权重，以打分方式评出最佳的投标。

根据投标书分技术建议书和费用建议书两部分，评标相应分为技术评标和财务评标。评标一般采用打分制，实行“百分制”评标标准，一般技术性评标占80分，财务性评标占20分，即以技术评标为主。对两项评定得分之和按得分多少排列出最终名次。

①技术建议书评分

技术性评标由招标单位根据各监理单位的技术建议书进行，评价监理单位拟用于项目的监理工程师水平和能力、监理单位制订的监理程序及措施的适用性、监理单位已往的业绩及信誉三个方面。三个方面中，以监理工程师所占权重最大，监理程序及措施次之，以往业绩及信誉最小。监理工程师分高级驻地(或总)监理工程师和专业监理工程师两部分，以他们的技术职称、取得监理证书、监理经历和工作业绩来评价其工作能力和适应情况。监理工程师的水平、能力和责任心将直接影响监理工作和工程建设的质量,因此是技术性评标的主要方面。

监理程序及措施是监理工作的规划、指导性文件,对监理工作质量有直接影响,反映了监理单位对项目建设意图的理解能力,也反映了监理单位的整体水平。因此监理程序及措施和监理单位已往业绩及单位信誉是技术性评标中的另一部分的主要内容,通过对它们的评价直接反映出监理单位的能力和项目适应程度。

技术建议书评分的满分为80分,其中各因素的满分分值如下:

a. 高级驻地监理工程师或总监理工程师　20分

b. 专业监理工程师　30分

c. 监理程序及措施　20分

d. 以往业绩及单位信誉　10分

综合评分就是对技术建议书的量化或非量化的标准进行评审打分。

量化标准又称为"硬标准",内容有拟派驻现场监理机构人员的综合实力,监理单位以往业绩和信誉以及试验检测设施三个方面,每个评标委员会成员打出的分都应完全相同,人员的综合实力是指总监理工程师、驻地高监、专业监理工程师、监理员的资质条件、业务素质和工作经验,应按《评标细则》中规定的量化分值进行打分;业绩和信誉、试验检测设施也应按《评标细则》规定的量化分值进行打分。

非量化标准的内容有监理程序、"三控一管理"措施以及监理重点、难点的分析等。该部分内容打分,由于评标委员会专家的水平各异,打出的分不可能完全相同,这是正常现象。具体操作时可采取两种方法:一是评标委员会专家分别打分,取其平均值;二是经评标委员会专家集体讨论后打分。

对于监理程序、质量、进度、费用控制和合同管理措施,投标人在编制投标文件时,一般都是参照《公路工程施工监理规范》编写的,内容大同小异。关键是看对监理重点、难点的分析,比如在青藏高原上修路,重点和难点是公路通过海拔5 000多米的冻土带地区,应采取的特殊措施;在隧道工程中,重点和难点是开挖不良地质路段和软弱围岩应采取的措施;在路基工程中,重点和难点是高填、深挖、不良地质路段和杜绝质量通病采取的措施等。

②财务建议书评分

招标人将依据复合标底对投标人财务建议书中承诺的报价组成及具体内容的合理性进行评价。修正后的投标价与标底的比值在80%～120%(含80%和120%)的进入复合标底的计算范围。

a. 复合标底的计算公式为:

$$P_c = \frac{P_e + P_a}{2}$$

式中　P_e——招标人的标底值;

P_a——修正后的投标人的投标价与招标人标底的比值在80%～120%(含80%和120%)者的平均值;

P_c——复合标底值。

b. 评分公式为:

$$\text{投标人报价得分} = 20 - \frac{|P_b - P_c|}{P_c} \times 100 \times k$$

式中 P_b——修正后的投标人的投标价；

k——偏差扣分系数；$P_b > P_c$时，$k = 2n$；$P_b < P_c$时，$k = n$；

n——偏差扣分标准。

我国幅员广大，各省(市)情况各异，特别是部分招标人在编写招标文件时未按《范本》的规定和要求编写，有的对技术建议书和财务建议书的分值做了调整(遇到最多的比例是技术评分占70%，报价评分占30%)，有的还规定了财务报价评分的各种操作方法。综合各地的经验，以下几种方法是可行的：

第一，招标人未编制标底，以投标人财务报价的平均数作为标底，并规定投标人的报价与计算出的标底的比值在80% ~110%的报价为有效报价，评标委员会只对有效报价进行评分，无效报价得零分。报价评分的计算公式为：财务报价得分 = 有效报价范围内的最低报价/该投标人的有效报价 ×20 分。

第二，招标人按交通部《公路基本建设工程概算预算编制办法》规定的监理取费费率计算出的监理费，再下浮几个百分点(一般为5%左右)作为标底(或最优标)的满分，每高于或低于标底1%，按招标文件或《评标细则》中的规定分值扣分。

第三，招标人不编标底，以所有投标人的报价的平均数作为复合标底(得满分)，每高于或低于复合标底1%，按招标文件或《评标细则》中规定的分值扣分。

(9)推荐中标人

对通过符合性审查、算术性修正、商务技术评审的投标人进行综合评分，得分最高者为推荐中标人，得分次高者为备选中标人，得分第三高的为第三备选中标人。

(10)评标报告

评标结果决定后，由评标委员会编制评标报告，按照项目分级管理的原则，报上级交通主管部门核准后，由招标单位向中标人发出“中标通知书”，向落标人发出“落标通知书”。评标报告的内容如下：

a. 工程概况；

b. 招标过程回顾；

c. 评标工作组织及评标程序；

d. 评标结果；

e. 附件。

【例 11.1】 **某高速公路评标细则**

(一)技术性评标

技术性评标采取打分形式，满分为 80 分，一般可采用如下打分方法和标准：

1. 技术性评标各因素满分值

(1)高级驻地(或总)监理工程师	20 分
(2)专业监理工程师	30 分
(3)监理程序及措施	20 分
(4)已往业绩及单位信誉	10 分

小计 80 分

2. 记分标准

(1)高级驻地(或总)监理工程师：6 ~20 分，其中：

①技术职称3~2分(高级职称3分,中级职称2分);
②监理证书1~0分(持监理证1分,无证0分);
③监理经历6~1分(监理满5年6分,2~5年4分,不足2年1分);
④工作业绩10~3分(好10分,较好7分,一般3分);
(2)专业监理工程师(包括副高级、合同、路基、路面、桥梁和试验六个岗位),按6个人计,每人5分共计30分,其中:
①技术职称1~0分(中级职称1分、初级职称0分、高级职称加0.5分);
②监理证书1~0分(持监理证1分,培训证0.5分,无证0分);
③监理经历1~0分(监理满2年1分,不足2年0分);
④工作业绩2~0分(较高2分,一般1分);
(3)监理程序及措施为20分(具体详见表11.1)。

表11.1 监理程序及措施分值表

控制内容	控制质量	控制工期	控制投资	合 计
程序严谨措施得力	8	6	6	20
程序可行措施较好	6	4	4	14
程序和措施均一般	5	3	3	11

(4)已往业绩及单位信誉共10分,其中:
①已往业绩5~2分(良好5分,较好4分,一般2分);
②单位信誉5~2分(良好5分,较好4分,一般2分);
3.技术评标中的单项评价否决
(1)高级驻地(或总)监理工程师无监理证者;
(2)高级驻地(或总)监理工程师得分低于15分者(不包括15分);
(3)已往业绩和单位信誉得分低于8分者(不包括8分)。
(二)财务性评标
1.国内投资项目财务性评标标准(见表11.2)

表11.2 国内投资项目财务性评标分值表

监理费与工程费之比/%	分 值	备 注
<1.40	0	1.交通部规定的监理费为定额建筑安装工程费的1.6% 2.若两个投标书的监理费在同一个区间时,监理费较低者按表列分值增加1分,但不超过20分
1.40~1.45	18	
1.45~1.50	20	
1.50~1.55	18	
1.55~1.60	14	
>1.60	10	

2.国际投资项目财务性评标标准(见表11.3)

表 11.3 国际投资项目财务性评标分值表

<table>
<tr><th>监理费与工程费之比/%</th><th>分 值</th><th>备 注</th></tr>
<tr><td><3.30</td><td>0</td><td rowspan="6">1. 交通部规定的监理费为定额建筑安装工程费的 3.5%
2. 若两个投标书的监理费在同一个区间时，监理费较低者按表列分值增加 1 分，但不超过 20 分</td></tr>
<tr><td>3.30 ~ 3.35</td><td>18</td></tr>
<tr><td>3.35 ~ 3.40</td><td>20</td></tr>
<tr><td>3.40 ~ 3.45</td><td>18</td></tr>
<tr><td>3.45 ~ 3.50</td><td>14</td></tr>
<tr><td>>3.50</td><td>10</td></tr>
</table>

(三)评标结果与评标报告

技术性评标和财务性评标结束后，两项得分之和最高者为中标单位。

当所有投标文件均未通过符合性审查或财务和技术评审；或所有报价均低于最低限价或均高于最高限价时，请示招标管理机构可重新招标。

如重新招标，应研究招标无效的原因，考虑对招标文件进行修改，以便出现有效的竞争局面，修改后的招标文件，报原审批部门重新审批。

评标报告应包括以下内容：

(1)工程概况；

(2)中标过程回顾；

(3)评标工作组织及评标程序；

(4)评标意见汇总；

(5)附件。

利用国际组织或外国政府贷款，或采用合资、合作、独资方式融资的公路基本建设项目，评标有特殊规定的遵从其规定。

· 11.3.3 定标 ·

招标人根据评标委员会提出的书面评标报告和推荐的中标候选人确定中标人。招标人也可以授权评标委员会直接确定中标人。

使用国有资金投资或者国家融资的项目，招标人应当确定排名第一的中标候选人为中标人。排名第一的中标候选人放弃中标、因不可抗力提出不能履行合同，或者招标文件规定应当提交履约保证金而在规定的期限内未能提交的，招标人可以确定排名第二的中标候选人为中标人。排名第二的中标候选人因前款规定的同样原因不能签订合同的，招标人可以确定排名第三的中标候选人为中标人。

招标人和中标人应当自中标通知书发出之日起 30 日内，按招标文件和中标人的投标文件订立书面合同。招标人和中标人不得再行订立背离合同实质性内容的其他协议。

· 11.3.4 世界银行评标方法 ·

当世界银行贷款项目在使用咨询公司进行咨询、人员培训和监理服务等工作时，《世界银行借款人以及世界银行作为执行机构使用咨询人指南》是选择咨询公司时应遵循的文件，该文件中规定了国际上广泛采用的监理评标办法。

国际上业主在选择监理单位时,有两种基本类型:一种是仅进行技术评价,另一种是既考虑技术方面的评价,也考虑费用方面的评价。

1)技术评价

对监理单位提出的技术建议书通常依据下列三方面内容进行评价:

①在工程监理任务所涉及的领域中,监理工程师(单位)的一般经验。

②提出的监理技术方案是否适宜,监理技术方案中提出的工程监理方法、措施是否满足建设单位对监理工程师(单位)的要求。

③被提名承担该工程监理任务的人员资格和能力。

上述3类内容都以数字1至100评分,国外咨询公司从事的业务范围很广,一般包括投资前期工作,如预可行性研究、工程可行性研究、工程设计、编制招标文件、招标评标、施工监理、人员培训等。因而,这三类评价内容的相对重要性,将因咨询任务、种类不同而各不相同。就投资前期工作而言,监理工程师(单位)的一般经验占10%~20%,监理技术方案占25%~40%,主要工作人员占40%~60%。对详细的工程设计而言,监理工程师(单位)的经验应占更大的比重,工作人员所占比重可以小一些,如施工监理可采取以下比例:一般经验占10%、技术方案占20%、监理人员占70%,人员培训则可分别采用10%、10%、80%。不同比例反映了不同的重要性,三类内容的分数据此评定并相加,60分为及格标准。通常各监理工程师(单位)所得的总分都在60~90分,按总分将被邀请的监理工程师(单位)进行排队。

对所提的人选的资格和资历进行评价时,应审阅主要工作人员的履历。如果某一人物在一项工程监理任务中起举足轻重的作用,则最好与该人员交谈,并按下列三项内容对其进行评价:

①一般资格,包括所受教育程度、训练、资历、现任职务以及在监理单位的工作时间等。

②是否适合担任该工程项目的监理工作,是否称职。

③在工程所在地区的经历和语言掌握情况。

表11.4和表11.5为监理评标时采用的两个表,表11.4为评定结果登记表,表11.5为人员评定登记表。表11.4中评定项目中人员的评定得分由表11.5得来。在表11.5中评定结构负责人时,主要评定首席路基、路面监理工程师和首席桥梁监理工程师,根据工程的具体情况,他们在计算全组得分时所占的权重不同。如表11.5,首席路基、路面监理工程师占70%,而首席桥梁监理工程师占30%。

2)参考费用的综合评价

有时,除进行技术分析外,还应将建设单位所支付的监理费用考虑在内。

工程监理任务的下述3个特点,即工程监理任务的复杂性、工程监理对工程最终质量的影响及被邀请监理投标的监理工程师(单位)所提出的监理方案的可比性,会在选择监理工程师(单位)时,不同程度地影响到对监理费用的考虑。

(1)工程监理任务的复杂性

监理人员的监理服务包括类型广泛的任务,从技术上极端复杂到简单的日常工作都有。如果把所有这些工作根据技术的复杂性分等级,则一部分(10%~15%)工作被列入复杂的技术工作,稍多一部分(20%~30%)为简单的技术工作,而大部分工作(40%~70%)居于两者

表 11.4 监理公司技术方案——评定结果登记表

方案收到日期:

评定日期:

评定人:

项目:××高速公路施工监理

监理公司		甲		乙		丙		丁		戊	
项 目	比重/%	得分	比重×得分	得分	比重×得分	得分	比重×得分	得分	比重×得分	得分	比重×得分
1. 监理公司对于项目所属领域的一般经验。	10	75	7.5	90	9.0	60	6.0				
2. 方案中的工作计划是否适宜,方法是否得当。	35	80	28	70	24.5	90	31.5				
3. 人员:											
(1)总监	20	75	15	65	13	55	11				
(2)合同	13	77	10	67	8.7	82	10.7				
(3)结构	13	82	10.7	75	9.8	85	11.1				
(4)材料	9	71	6.4	72	6.5	78	7				
(5)											
(6)											
总计	100		77.6		71.5		77.3				
人/月:工地现场		110		125		130					
本部办事处		7		9		10					
总计		117		134		140					
评语		名列第一		名列第三		名列第二					

表 11.5 监理公司技术方案——人员评定结果登记表

项目:××高速公路施工监理

监理公司:(名称) 甲 日期:

组别	职 称	姓名	年龄	一般资历		担任此工作的适应程度		对该地区语言的了解和经验		人员得分(E)+(G)+(I)	全组得分(K)
				得分	(E)×30%	得分	(G)×50%	得分	(I)×20%		
A	B	C	D	E	F	G	H	I	J	K	
结构	总监理工程师	×××	42	70	21.0	76	38	80	16	75	(70%)
	首席路基路面监理工程师	×××	38	75	22.5	90	45	85	17	84.5	59.2
	桥梁监理工程师	×××	33	80	24.0	72	36	80	16	76	(30%)
合同	×××	×××	×	×	×	×	×	×	×	77	22.8
材料	×××	×××	×	×	×	×	×	×	×	71	82.0

之间。技术复杂的工作任务，如特殊地区（软土、冻土）高等级公路的修建，关系到城市规划、电力、通讯、水利、文物多部门协调合作的道路修建；在强风、强地震地区大桥梁的修建以及其他要求有发明创造的工作。有些项目虽然技术上简单，但需要动员广大群众参加，需要培训，以及改变已往的观念和做法，以适应新的社会环境，这些项目也应被认为是复杂的。有些直截了当的技术性工作，如简单的道路工程，套用标准图纸设计的小桥涵等，可被列入最低一级的技术复杂工作。大多数的工程任务，其复杂性有很大的区别，而正是这一类工作，在选择工程中如何考虑费用变得难以确定。对技术复杂的工程监理任务来说，选择监理工程师（单位）应根据技术方案考虑决定；直截了当的技术性工作除应达到下面将要提到的两条标准外，费用在选择工程中可以起一定作用。

(2)工程监理对工程最终质量的影响

在多数情况下评价监理工作对工程最终质量所产生的影响有很大的主观性。监理工作可以根据潜在的不利后果划分等级。因此，选择监理工程师（单位）时应十分重视判断监理工作所能产生的影响。考虑问题时，技术方案的重要性应居前列，而适当的费用增加则应居次要地位。

(3)可比性

应邀提出的监理技术方案，如果在质量方面十分相似，就宜在费用上进行竞争。对有明确的职责范围、可以详细列举预期应提出的监理建议所产生的成果、而不容自由更改的监理任务来说，更可以进行比较。直截了当的技术性任务如目前交通部门执行的施工监理多属这一类。

可以进行比较的监理方案以具有明确的技术性的工程为主。因此，在选择监理工程师（单位）时应在什么限度内考虑费用这一因素，取决于监理任务在技术上的复杂性及其对工程最终质量的影响和监理方案的可比性。工程任务越复杂，工程越重要，监理方案越难比较，费用对选择的影响也就越小。对于那些不容易精确叙述清楚的工程任务，或者该工程任务的复杂性属最高等级，或该工程关系重大，质量稍有降低就可能带来无法接受的影响，这些工程在选择监理工程师（单位）时都不应将费用作为选择考虑的因素。

是否考虑费用问题，应在邀请提出监理方案以前决定。如果属于将费用考虑在内的选择，对任何具体情况都应判断费用与技术方案的质量之间是否保持了恰当关系。评价费用和技术的尺度不同，不易相互比较，技术质量上10%的差别是否值得降低费用20%，完全取决于工程监理任务的性质和建设单位的判断。因此在不同的情况下，费用和技术因素各占比重如何，都应认真考虑。

若某次监理招标有5家外国公司参加，评标后的监理技术方案得分和各公司的费用报价如表11.6。可采用下述3种方法进行综合评价。

表11.6　各监理公司技术分及费用汇总表

公司	技术分	报价/万美元	公司	技术分	报价/万美元
A	92	100	D	78	70
B	90	80	E	67	110
C	85	73			

①对比某一技术分以上的费用报价。

如果决定技术分数在80分以上的报价具备对比条件，则对比的范围将限于A、B、C 3家公司。业主通常选用这 3 个公司中的 C 公司,但也有可能选用 A 或者 B 公司。

②综合法对比。

根据咨询工作的复杂程度,将技术素质和报价分别规定出不同的权值,经过计算、分析、综合之后,排列出先后次序。如复杂技术工作,技术素质权重定为 90,报价权重定为 10。较为简单的技术工作,技术素质的权重为 70,报价权重为 30。现分别计算如下(见表 11.7、表 11.8、表 11.9):

表 11.7 综合法对比分析表(1)

公司	技术分	乘 90%	报价/百万美元	最低报价/$x\times100$(分数)	乘 10%	综合分数
A	92	82.80	1.00	70.00	7.0	89.80
B	90	81.00	0.80	87.50	8.75	89.75
C	85	76.50	0.76	95.89	9.59	86.09
D	78	70.20	0.70	100.00	10.00	80.20
E	67	60.30	1.10	63.64	6.36	66.66

表 11.8 综合法对比分析表(2)

公司	技术分	乘 70%	报价/百万美元	最低报价/$x\times100$(分数)	乘 30%	综合分数
A	92	64.40	1.00	70.00	21.00	85.40
B	90	63.00	0.80	87.50	26.25	89.25
C	85	59.50	0.76	95.89	28.77	88.27
D	78	54.60	0.70	100.00	30.00	84.60
E	67	46.90	1.10	63.64	19.09	65.99

表 11.9 报价/技术分比值分析表

公司	技术分	报价/万美元	报价/技术分	排列次序
A	92	100	1.086 9	4
B	90	80	0.888 9	2
C	85	73	0.858 8	1
D	78	70	0.897 4	3
E	67	110	1.641 8	5

技术∶报价 = 90∶10(用各个公司的报价去除最低报价,将得出的商数乘以 100,求出报价的分数)

可以看出:A、B 2 公司综合分数非常接近。

技术：报价 = 70：30

前3名的公司排列的次序为B、C、A公司。

③用报价/技术分之比值进行对比。

这种方法非常接近于报价竞争，一般不推荐使用。

在考虑费用的情况下，技术方案的评价应该独立进行，而不受费用建议影响。因此，应采取两个步骤的程序，将监理技术方案和监理费用方案分别密封提出或将监理费用方案随后再提出来。无论采取哪一种方法，监理技术方案应在审议费用方案之前完成。

世界银行强调监理技术方案和费用方案评价的两个步骤的完整和不可分割，并要求采用适当的程序，将费用方案继续封存在政府的有关部门等单位，以确保在技术评价完毕之前无法了解到有关费用的情报。世界银行要对建设借款单位提出的监理工程师的选择程序进行审查，在把费用作为考虑因素的情况下，世界银行还将对是否采用了令人满意的两步骤程序做出判断。

至于一般为人所知的"双信封制度"是根据只要求提出费用而不进行比较的原则确定的，采用这样程序只要求提出费用方案而不加以比较，并无益处，相反可能会有一些弊端，世界银行不推荐这种程序。如果地方性的要求和熟悉这种方式而采用了"双信封制度"，世界银行要求确保作为上述的完整而不可分割的两步骤程序的一部分，将不同的费用进行比较。

11.4 监理服务合同

市场经济是法制经济，一切经济活动都必须依法有序地进行。除了国家有关法律、法规、政策以外，经济活动最直接的依据就是行为各方所签订的经济合同，合同的内容将直接影响经济活动的质量。

·11.4.1 建设工程委托监理合同的概述·

1）建设工程委托监理合同

"合同"是一个总的协议，是纲领性的法律文件。对委托人和监理人有约束力的合同，除双方签署的"合同"协议外，还包括以下文件：

①监理委托函或中标函。

②建设工程委托监理合同标准条件。

③建设工程委托监理合同专用条件。

④在实施过程中双方共同签署的补充与修正文件。

2）建设工程委托监理合同标准条件

建设工程委托监理合同标准条件，其内容涵盖了合同中所用词语定义、适用范围和法规、签约双方的责任、权利和义务、合同生效变更与终止、监理报酬、争议解决及其他情况，是委托监理合同的通用文件，适用于各类建设工程项目监理。委托人、监理人各方都应遵守。

3）建设工程委托监理合同的专用条件

签订具体工程项目监理合同时，结合地域特点、专业特点和委托监理项目的工程特点，对标准条件中的某些条款进行补充、修正。

补充是指标准条件中的条款明确规定,在该条款确定的原则下,在专用条件的条款中进一步明确具体内容,使两个条件中相同序号的条款共同组成一条内容完备的条款。

修改是指标准条件中规定的程序方面的内容,如果双方认为不合适,可以协议修改。

4)施工监理合同的特点

(1)施工监理法规逐步完善

自我国交通部1985年颁布了《公路工程质量监理暂行办法》开始在公路建设中推行监理制度。以后随着我国公路项目引进外资、利用世界银行贷款,工程监理制度在我国公路建设中很快得到普及。1989年4月24日交通部工程管理司又颁发了《公路工程施工监理暂行办法》,使我国公路施工监理上升到新的高度,随后交通部又颁发了《公路工程施工监理规范》和《公路工程施工监理办法》,使施工及监理方面的法规逐步完善起来,并且制订了《公路工程施工监理招标投标办法》,以规范工程监理市场。

(2)监理合同的双方应具备的资格

监理合同中的业主方应具备建设工程的法人资格,监理方必须具有法人资格和营业执照,并且必须具备交通基本建设工程监理单位监理资质证书或临时资质证书。监理方不得与被监理方及材料、设备供应方有隶属关系或发生经营性业务关系,不得营私舞弊,损害业主或施工方的利益。监理工程师应持有国务院或省级交通行政主管部门颁发的监理工程师证书上岗。

·11.4.2 监理合同的订立与履行·

1)监理合同的履行期限、地点和方式

监理合同约定的履行期限、地点和方式是指合同中规定的当事人履行自己的义务,完成工作的时间、地点以及结算酬金。在签订《监理合同》时双方必须商定监理期限,标明何时开始,何时完成。合同中注明的监理工作开始实施和完成日期是根据工程情况估算的时间,合同约定的监理酬金是根据这个时间估算的。如果委托人根据实际需要增加委托工作范围或内容,延长合同期限,双方可以通过协商,另行签订补充协议。

监理酬金支付方式也必须明确:首期支付多少,是每月等额支付还是根据工程形象进度支付,支付货币的币种等。

2)双方的权利

(1)委托人权利

①监理合同专用条件除需明确委托的监理任务外,还应规定监理人的权限。监理合同授予监理人的权限,在执行过程中可随时通过书面附加协议予以扩大或减小。

②对其他合同承包人的选定权。

委托人是建设资金的持有者和建筑产品的所有人,因此对设计合同、施工合同、加工制造合同等的承包单位有选定权和订立合同的签字权。监理人在选定其他合同承包人的过程中仅有建议权而无决定权。

③委托监理工程重大事项的决定权。

委托人有对工程规模、规划设计、生产工艺设计、设计标准和使用功能等要求的认定权;工程设计变更审批权。

④对监理人履行合同的监督控制权。

委托人对监理人履行合同的监督权利体现在以下3个方面：

a. 对监理合同转让和分包的监督。除了支付款的转让外，未经委托人的书面同意，监理人不得将所涉及到的利益或规定义务转让给第三方。

b. 对监理人员的控制监督。合同专用条款或监理人的投标书内，应明确总监理工程师人选，监理机构派驻人员计划。当监理人调换总监理工程师时，须经委托人同意。

c. 对合同履行的监督权。监理人有义务按期提交月、季、年度的监理报告，委托人也可以随时要求其对重大问题提交专项报告，这些内容在专用条款中明确约定。

(2)监理人权利

监理合同中涉及到监理人权利的条款可分为两大类：一类是监理人在委托合同中应享有的权利，另一类是监理人履行委托人与第三方签订的承包合同的监理任务时可行使的权利。

①委托监理合同中赋予监理人的权利包括：

a. 完成监理任务后获得酬金的权利。监理人不仅可获得完成合同内规定的正常监理任务酬金，如果合同履行过程中因主、客观条件的变化，完成附加工作和额外工作后，还有权按照专用条件中约定的计算方法得到额外工作的酬金。

b. 终止合同的权利。如果由于委托人违约严重拖欠应付监理人的酬金，或由于非监理人责任而使监理暂停的期限超过半年以上，监理人可按照终止合同规定程序，单方面提出终止合同，以保护自己的合法权益。

②监理人执行监理业务可以行使的权利：

a. 工程建设有关事项和工程设计的建议权。工程建设有关事项包括工程规模、设计标准、规划设计、生产工艺设计和使用功能要求。

b. 对实施项目的质量、工期和费用的监督控制权。主要表现为：对承包商报的工程施工组织设计和技术方案，按照保质量、保工期和低成本要求，自主进行审批和向承包商提出建议；征得委托人同意，发布开工令、停工令、复工令；对工程上使用的材料和施工质量进行检验；对施工进度进行检查、监督；未经监理工程师签字，建筑材料、建筑构配件和设备不得在工地上使用，施工单位不得进行下一道工序的施工；工程实施竣工日期提前或延误期限的鉴定；在工程承包合同规定的工程范围内，工程款支付的审核和签认权，以及结算工程款的复核确认与否定权；未经监理人签字确认，委托人不支付工程款，不进行竣工验收。

c. 工程建设有关协作单位组织协调的主持权。

d. 在业务紧急情况下，为了工程和人身安全，即使变更指令已超越了委托人授权而又不能事先得到批准时，也有权发布变更指令，但应尽快通知委托人。

e. 审核承包商索赔的权利。

3)双方的义务

(1)委托人义务

①委托人应负责建设工程的所有外部关系的协调工作，提供满足开展监理工作所需的外部条件。

②与监理人做好协调工作。委托人授权一位熟悉建设工程情况、能迅速做出决定的常驻代表，负责与监理人联系。更换代表要提前通知监理人。

③为了不耽搁服务，委托人应在合理的时间内就监理人以书面形式提交并要求做出决定

的一切事宜做出书面决定。

④为监理人顺利履行合同义务,做好协助工作。协助工作包括以下几方面内容:

a. 将授予监理人的监理权利,以及监理机构主要成员的职能分工、监理权限及时书面通知已选定的第三方,并在第三方签订的合同中予以明确。

b. 在双方议定的时间内,免费向监理人提供与工程有关的监理服务所需要的工程资料。

c. 为监理人驻工地监理机构开展正常工作提供协助服务。服务内容包括信息服务、物质服务和人员服务 3 个方面。

(2)监理人义务

①监理人在履行合同的义务期间,应运用合理的技能、认真地工作,公正地维护有关方面的合法权益。当委托人发现监理人员不按监理合同履行监理职责,或与承包人串通给委托人或工程造成损失时,委托人有权要求监理人更换监理人员,直到终止合同并要求监理人承担相应的赔偿责任或连带赔偿责任。

②合同履行期间应按合同约定派驻足够的人员从事监理工作。开始执行监理业务前向委托人报送派往工程项目的总监理工程师及项目监理机构的人员情况。合同履行过程中如果需要调换总监理工程师,必须经委托人同意,并派出具有相应资质和能力的人员。

③在合同期内或合同终止后,未征得有关方同意,不得泄露与本工程、合同业务有关的保密资料。

④任何由委托人提供的供监理人使用的设施和物品都属于委托人的财产,监理工作完成或中止时,应将设施和剩余物品归还委托人。

⑤非经委托人书面同意,监理人及其职员不应接受委托监理合同约定以外的与监理工程有关的报酬,以保证监理行为的公正性。

⑥监理人不得参与可能与合同规定的与委托人利益相冲突的任何活动。

⑦在监理过程中,不得泄露委托人申明的秘密,亦不得泄露设计、承包等单位申明的秘密。

⑧负责合同的协调管理工作。

4)违约责任

(1)违约赔偿

①在合同责任期内,如果监理人未按合同中要求的职责勤恳认真地服务,或委托人违背了他对监理人的责任时,均应向对方承担赔偿责任。

②任何一方对另一方负有责任时的赔偿原则是:

a. 委托人违约应承担违约责任,赔偿监理人的经济损失;

b. 因监理人过失造成经济损失,应向委托人进行赔偿,累计赔偿额不应超出监理酬金总额(除去税金);

c. 当一方向另一方的索赔要求不成立时,提出索赔的一方应补偿对方由此所导致的各种费用支出。

(2)监理人的责任限度

监理人在责任期内,因过失造成经济损失的,要负监理失职的责任;监理人不对责任期以外发生的事情所引起的损失或损害负责,也不对第三方违反合同规定的质量要求和完工(交图、交货)时限承担责任。

5)监理合同的价款与酬金

(1)正常监理工作的酬金

正常监理酬金的构成,是监理单位在工程项目监理中所需的全部成本,再加上合理的利润和税金。具体应包括:直接成本、间接成本。

(2)附加监理工作的酬金

①增加监理工作时间的补偿酬金

报酬=附加工作天数×合同约定的报酬/合同中约定的监理服务天数

②增加监理工作内容的补偿酬金

增加监理工作的范围或内容属于监理合同的变更,双方应另行签订补充协议,并具体商定报酬额或报酬的计算方法。

(3)额外监理工作的酬金

额外监理工作酬金按实际增加工作的天数计算补偿金额,可参照上式计算。

(4)奖金

监理人在监理过程中提出的合理化建议使委托人得到了经济效益,有权按专用条款的约定获得经济奖励。奖金的计算办法是:奖励金额=工程费用节省额×报酬比率。

(5)支付

①在监理合同实施中,监理酬金支付方式可以根据工程的具体情况双方协商确定。一般采取首期支付部分酬金,以后每月(季)等额支付,工程竣工验收后结算尾款。

②支付过程中,如果委托人对监理人提交的支付通知书中酬金或部分酬金项目提出异议,应在收到支付通知书24小时内向监理人发出表示异议的通知,但不得拖延其他无异议酬金项目支付。

③当委托人在议定的支付期限内未予支付的,自规定之日起向监理人补偿应支付酬金的利息。

·11.4.3 《公路工程施工监理合同范本》的内容及相关规定·

为促进公路工程施工监理工作的制度化、规范化和科学化,提高监理服务委托合同签订的质量,更好规范监理服务合同当事人的行为,交通部于1997年颁发了《公路工程施工监理合同范本》(以下简称《合同范本》)。

《合同范本》与《业主咨询工程师标准服务协议书》一样是标准合同格式。标准合同通用性很强,有利于合同各方的讨论、交流和统一认识,能够简化合同的准备和商谈过程。更重要的是标准合同是由法律方面的专家参加制定,由权威部门颁布,能够准确地在法律概念内反映出各方的责任、权利和义务,具有很强的公正性和权威性。同时标准合同制定后,能够有效防止合同签订中的欺诈行为。故标准合同在各类经济活动中使用越来越广泛。

1)《合同范本》的组成

《合同范本》由以下文件所组成:

①公路工程施工监理合同协议书;

②公路工程施工监理合同通用条件;

③公路工程施工监理合同专用条件;

④附件,其中:

附件 A　监理服务的形式、范围与内容

附件 B　业主提供的监理工作条件

附件 C　监理服务的费用与支付

合同协议书是监理合同的纲领性文件,对监理合同的组成、合同成立条件、合同双方等进行了规定和说明,也是一份标准文件,合同双方在协议书空白处填名盖章后整个合同即生效。

合同条件(包括通用条件和专用条件)是监理合同的主要内容。合同条件特别是通用条件规定了合同双方的义务、责任、权力,是双方履行合同和处理合同纠纷及违约责任的依据。其中通用条件是面向全国各类公路工程监理制定的,是普遍性、一般性的规定。所谓标准合同,主要是在这部分采用了一套标准的合同条件;专用条件是就某一具体工程针对标准条件的不具体、不够完善或与当地法规、习惯有冲突而专门编制的,其编制工作由招标机构进行。因通用条件是普遍性、一般性的规定,而专用条件是有目的并针对具体工程制定的,因此当二者出现矛盾和冲突时,应以专用条件为准。

附件是监理合同的重要组成部分。3 个附件中:附件 A 规定了业主要求监理提供服务的形式、监理服务的工程范围、监理服务的内容;附件 B 规定了业主免费向监理提供的工作和生活的设施、设备及物品以及业主为监理工作方便而提供的有关人员;附件 C 则是监理费的计算方法与支付方式。

2)《合同范本》的内容

(1)公路工程施工监理合同协议书

本协议书由__________________(以下简称"业主")为一方,与__________________(以下简称"监理单位")为另一方共同订立。

鉴于业主已委托监理单位为______________工程提供监理服务并已接受了监理单位就此提出的项目建议书,为明确双方在合同期间的义务、责任、权力和利益,兹就以下事项达成协议:

1)本协议书中的词句和用语与"公路工程施工监理合同"中通用条件所规定的定义相同。

2)下列文件是本协议书的组成部分,应作为协议书的有效内容予以遵守和执行。

(1)公路工程施工监理中标函或委托函;

(2)公路工程施工监理合同通用条件;

(3)公路工程施工监理合同专用条件;

(4)《公路工程施工监理规范》(JTJ 077—95);

(5)公路工程施工监理招、投标文件;

(6)双方签认的补充或修正文件;

(7)其他文件;

(8)附件:

附件 A　监理服务的形式、范围与内容;

附件 B　业主提供的监理工作条件;

附件 C　监理服务的费用与支付;

其他附件。

3)业主在此同意按照本监理合同规定的期限和方式,向监理单位支付根据监理合同规定应支付的费用和提供监理工作条件。

4)监理单位基于业主的上述保证,在此向业主承诺按照本监理合同的规定履行监理服务。

5)本协议书经双方签字盖章后,自_____年_____月____日生效,至_________年_______月_______日终止,在按照监理合同的规定结清监理服务费用后自然失效。

6)本协议书正本一式两份,双方各执一份,具有同等法律效力。协议书副本__________份,双方各执_________份。

业主:　　　　(盖章)	监理单位:　　(盖章)
法定代表人:　(签字)	法定代表人:(签字)
单位地址:	单位地址:
邮编:	邮编:
电话:	电话:
传真:	传真:
开户银行:	开户银行:
账号:	账号:

(2)公路工程施工监理合同通用条件

其主要内容如下:

1. 定义与解释

1.1　定义

1.2　解释

2. 监理单位的义务

2.1　监理服务的形式、范围与内容

2.2　正常的附加的服务

2.3　职责

2.4　监理人员

2.5　业主财产

2.6　保密

3. 业主的义务

3.1　监理工作条件

3.2　资料

3.3　决定

3.4　代表

3.5　授权通知

3.6　设施和物品

3.7　辅助工作人员

4. 责任和保障

4.1　监理单位的赔偿责任

4.2　业主的赔偿责任

4.3　赔偿责任的期限

4.4 赔偿的限额
4.5 保障
4.6 保险
5. 监理合同的生效、终止、变更、暂停与中止
5.1 监理合同的生效
5.2 监理服务的时间和期限
5.3 监理合同的终止
5.4 监理合同的变更
5.5 监理合同暂停与中止
5.6 转让和分包
6. 监理服务的费用与支付
6.1 监理服务费用
6.2 支付
6.3 货币
7. 其他
7.1 合同双方的关系
7.2 语言和法律
7.3 奖励
7.4 利益矛盾
7.5 版权
7.6 通知
8. 争端的解决

(3)公路工程施工监理合同专用条件
a. 参阅通用条件
b. 修正、补充式删除通用条件的条款

·11.4.4 业主和监理工程师(单位)的合理分工·

根据国际惯例和我国的现实情况,业主把工程项目委托给监理单位监理之后,主要精力应放在积极创造实施工程项目基本条件和外部环境方面,如督促建设投资到位,申请办理征地拆迁,联系水电供应和对外交通,历史古迹和文物的妥善保护和处理,决定工程建设的重大变更,协调地方关系等工作。在这些工作中,如果遇到技术方面的问题,如对外交通线路上的桥梁加固问题、地下管线、电力电缆、通讯电缆的交叉问题,订购材料设备规格与性能问题等,可以由被委托的监理单位提供咨询或协助,业主不应再调集众多的筹建人员组建大的工程指挥部,可配备少数工作人员组建一个精干的工作部门。

咨询监理单位的主要精力应放在搞好项目管理上,如协助业主选择承包单位,签订工程承包合同,督促业主、承包商履行合同,审核施工图纸、设计变更和施工技术方案,审批分包组织,审核施工组织与协调工程建设的实施,检查验收工程质量,控制工程进度与造价,进行工程计量和掌握工程款项支付,调解各方争议,处理工程索赔和延期等。

为了充分发挥监理的作用,业主应该授予监理单位必要的权力,如技术上的核定权,组织

协调的主持权,材料设备与工程质量的确认权与否决权,进度上的确认权与否决权,特别应将工程款支付与结算上的确认权与否决权授予监理。

总之,业主和监理单位合理分工,理顺业主与监理单位的工作关系,无疑将会提高工程建设的效率和水平。

复习思考题

1. 施工监理招标的方式有哪些?各有哪些优缺点?
2. 简述公路工程施工监理招标程序。
3. 简述施工监理招标文件编制的要求。
4. 如何编制施工监理投标文件?
5. 简述评标工作程序及要求。
6. 简述如何采用综合评价法对施工监理投标文件评审。
7. 监理合同如何订立与履行?
8. 简述业主和监理工程师(单位)的合理分工。

12　监理文档、资料管理与监理会议

12.1　工程建设监理文档管理

工程建设监理文件档案的管理，是工程建设信息管理的一项重要工作，它是监理工程师实施工程建设监理，进行目标控制的基础性工作。工程建设监理组织中必须配备专门的人员负责监理文件资料的管理和保存工作。

·*12.1.1　工程建设监理文档管理概述*·

1）工程建设监理文档管理的意义

所谓工程建设监理文档管理，是指监理工程师受业主的委托，在进行工程建设监理的工作期间，对工程建设实施过程中形成的文件资料进行收集积累、加工整理、立卷归档和检索利用等一系列工作。工程建设监理文档管理的对象是监理文件资料，它们是工程建设监理信息的载体。配备专门人员对监理文件资料进行系统、科学的管理，对于工程建设监理工作具有重要意义。

①对监理文件资料进行科学管理，可以为工程建设监理工作的顺利开展创造良好的前提条件。

工程建设监理的主要任务是进行工程项目的目标控制，而控制的基础是信息。如果没有信息，监理工程师就无法实施控制。在工程建设实施过程中产生的各种信息，经过收集，加工和传递，以监理文件资料的形式进行管理和保存，就会成为有价值的监理信息资源，它是监理工程师进行工程建设目标控制的客观依据。

②对监理文件资料进行科学管理，可以极大地提高工程建设监理工作的效率。

监理文件资料经过系统、科学的整理归类，形成监理文件档案库，当监理工程师需要时，就能及时有针对性地提供完整的资料，从而迅速地解决监理工作中的问题。反之，如果文件资料分散处理，就会导致混乱，甚至散失，最终影响监理工程师的正确决策。

③对监理文件资料进行科学管理，可以为工程建设监理档案的建立提供可靠保证。

监理文件资料的管理，是把工程建设监理的各项工作中形成的全部文字、声像、图纸及报表等文件资料进行统一管理和保存，从而确保文档资料的完整性。一方面，在项目建成竣工以后，监理工程师可将完整的监理文档资料移交业主，作为建设项目的档案资料；另一方面，完整的监理文档资料是建设监理单位具有重要价值的资料，监理工程师可以从中获得宝贵的监理经验,有利于不断提高工程建设监理工作水平。

2)工程建设监理文档管理的主要内容

工程建设监理文档管理的主要内容包括监理文件资料传递流程的确定,监理文件资料的登录与分类存放,以及监理文件资料的立卷归档等。

(1)工程建设监理文件资料的传递流程

工程建设监理组织中的信息管理部门是专门负责工程建设信息管理工作的,其中包括监理文件资料的管理。因此,在工程建设全过程中形成的所有文件资料,都应统一传递到信息管理部门,进行集中收发和管理。如图 12.1 所示,信息管理部门是监理文件资料传递渠道的中枢。

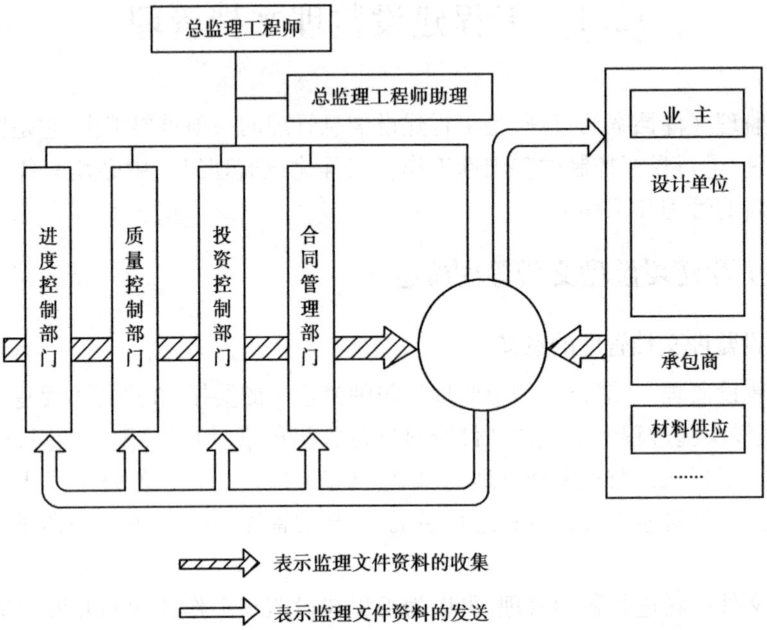

图 12.1　监理文件资料传递流程图

图 12.1 明确了工程建设监理文件资料的传递流程。首先,在监理组织内部,所有文件资料都必须先送交信息管理部门,进行统一整理分类,归档保存,然后由信息管理部门根据总监理工程师的指令和监理工作的需要,分别将文件资料传递给有关的监理工程师。当然,任何监理人员都可以随时自行查阅经整理分类后的文件资料。其次,在监理组织外部,发送或接收业主、设计单位、承包商、材料供应单位及其他单位的文件资料时,也应由信息管理部门负责,这样使所有的文件资料只有一个进出口通道,从而在组织上保证了监理文件资料的有效管理。

工程建设监理文件资料的管理和保存,主要由信息管理部门中的资料管理人员负责。作为文件资料管理的监理人员,必须熟悉各项监理业务,通过分析研究监理文件资料的特点和规律,对其进行系统、科学的管理,使其在工程建设监理工作中得到充分利用。除此之外,监理资料管理人员还应全面了解和掌握工程建设进展和监理工作开展的实际情况,结合对文件资料的整理分析,编写有关专题材料,对重要文件资料进行摘要综述,包括编写监理工作月报,工程建设周报等。

(2)工程建设监理文件资料的登录与分类存放

工程建设监理信息管理部门在获得各种文件资料之后,首先要对这些资料进行登记,建立监理文件资料的完整记录。登录一般应包括文件资料的编号、名称和内容、收发单位、收发日期等内容。对文件资料进行登录,就是将其列为建设监理单位的正式财产。这样做不仅有据可查,而且便于分类、加工和整理。此外,监理资料管理人员还可以通过登录掌握文档资料及其变化情况,有利于文件资料的清点和补缺等。

随着工程建设的进展,所积累的文件资料会越来越多,如果随意存放,不仅查找困难,而且极易丢失。因此,为了能在工程建设监理过程中有效地利用和传递这些文件资料,必须按照科学的方法将它们分类存放。工程建设监理文件资料可以分为以下几类:

①监理日常工作文件,包括监理工作计划、监理工作月报、工程施工周报及工程信函等。

②监理工程师函件,包括监理工程师主送业主、设计单位、承包商等有关单位的函件。

③会议纪要,包括监理工作会议、工程协调会议、设计工作会议、施工工作会议及工程施工例会等会议的纪要。

④勘察、设计文件,包括勘察、方案设计、初步设计、施工图设计及设计变更等文件资料。

⑤工程收函,包括业主、勘察设计单位、承包商等单位送交的函文。

⑥合同文件,包括监理委托合同、勘察设计合同、施工总包合同和分包合同、设备供应合同及材料供应合同等文件。

⑦工程施工文件资料,包括施工方案、施工组织设计、签证和核定单、联系备忘录、隐蔽工程验收记录及技术管理和施工管理文件资料等。

⑧主管部门函文,包括省、市计委、建委、公用市政及有关部门的函文。

⑨政府文件,包括有关监理文件、勘察设计和施工管理办法、定额取费标准及文明、安全等方面的规定。

⑩技术参考资料,包括监理、工程管理、勘察设计、工程施工及设备、材料等方面的技术参考资料。

上述文件资料应集中保管,对零散的文件资料应分门别类存放于文件夹中,每个文件夹的标签上要标明资料的类别和内容。为了便于文件资料的分类存放,并利用计算机进行管理。应按上述分类方法建立监理文件资料的编码系统。这样,所有文件资料都可按编码结构排列在书架上,不仅易于查找,也为监理文件资料的立卷归档提供了方便。

3)工程建设监理文件资料的立卷归档

为了做好工程建设档案资料的管理工作,充分发挥档案资料在工程建设及建成后维护中的作用,应将工程建设监理文件资料整理归档,即工程建设监理文件资料的编目、整理及移交等工作。

(1)编制案卷类目

案卷类目是为了便于立卷而事先拟定的分类提纲。案卷类目也叫"立卷类目"或"归卷类目"。工程建设监理文件资料可以按照工程建设的实施阶段以及工程内容的不同进行分类。

根据监理文件资料的数量及存档要求,每一卷文档还可再分为若干分册,文档的分册可以按照工程建设内容以及围绕工程建设进度控制、质量控制、投资控制和合同管理等内容进行划分。

(2)案卷的整理

案卷的整理一般包括:清理、拟题、编排、登录、书封、装订、编目等工作。

①清理。即对所有监理文件资料进行彻底的整理。它包括收集所有的文件资料,并根据工程技术档案的有关规定,剔除不归档的文件资料。同时,要对归档范围内的文件资料再进行一次全面的分类整理,通过修正、补充,乃至重新组合,使立卷的文件资料符合实际需要。

②拟题。文件归入案卷后,应在案卷封面上写上卷名,以备检索。

③编排。即编排文件的页码。卷内文件的排列要符合事物的发展过程,保持文件的相互关系。

④登录。每个案卷都应该有自己的目录,简介文件的概况,以便于查找。目录的项目一般包括顺序号、发文字号、发文机关、发文日期、文件内容、页号等。

⑤书封。即按照案卷封皮上印好的项目填写,一般包括机关名称、立卷单位名称、标题(卷名)、类目条款号、起止日期、文件总页数、保管期限,以及由档案室写的全宗号、目录号、案卷号。

⑥装订。立成的案卷应当装订,装订要用棉线,每卷的厚度一般不得超过 2 cm。卷内金属物均应清除,以免锈污。

⑦编目。案卷装订成册后,就要进行案卷目录的编制,以便统计、查考和移交。目录项目一般包括案卷顺序号、案卷类目号、案卷标题、卷内文件起止日期、卷内页数、保管期限、备注等。

(3)案卷的移交

案卷目录编成,立卷工作即宣告结束,然后按照有关规定准备案卷的移交。建设项目监理文档案卷应一式两份,一份移交业主,一份由监理单位归档保存。

· 12.1.2 计算机辅助监理文档管理 ·

为了对工程建设监理文件资料进行有效的管理,应充分利用电子计算机存储潜力大和信息处理速度快等特点,建立计算机辅助监理文档管理系统。

计算机辅助监理文档管理系统是一个相对独立的系统,它既可以作为工程建设监理信息系统中的一个子系统而存在,也可以单独存在,因为它与工程建设监理信息系统中其他子系统之间没有数据传递关系,更没有功能调用关系。

计算机辅助监理文档管理系统的主要功能是对工程建设实施过程中与监理工程师有关的各种往来文件、图纸、资料以及各种重要会议和重大事件等信息进行管理,该系统的逻辑结构如图 12.2 所示。

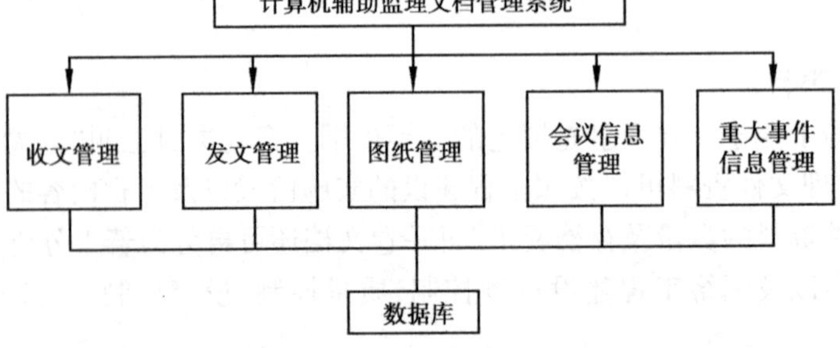

图 12.2 计算机辅助监理文档管理系统逻辑结构图

12.2 工程建设监理资料的管理

·12.2.1 概述·

工程建设监理资料，是建设监理单位对工程项目实施监理过程中直接形成的，是工程建设过程真实、全面的反映，工程建设监理资料的管理水平反映了工程建设监理单位的管理水平、人员的素质，工程项目监理的质量和水平。因此，加强对工程建设监理资料的管理是十分重要的。

①加强对工程建设监理资料的管理，有利于工程建设监理单位工程项目监理工作的规范化。

②加强对工程建设监理资料的管理，有利于工程项目监理的质量和水平的提高。

③加强对工程建设监理资料的管理，有利于保证工程建设监理机构能顺利的按监理合同的要求完成项目监理任务。

④加强对工程建设监理资料的管理，有利于工程建设监理单位积累经验和总结教训，提高市场竞争力。

因此，许多部门、地方政府主管部门都非常重视工程建设监理资料的管理，做出了明确的规定和要求，多数监理单位也都制订了工程建设监理资料的管理规定和办法。

【例 12.1】 **建设部颁发的《建设工程监理规范》(GB 50319—2000)中明确监理资料的管理与归档要求**

1. 建设项目监理工作资料，是监理单位对项目实施监理过程中直接形成的，具有保存价值的各种形式的原始记录。

2. 施工阶段的监理资料应包括下列内容：

(1)施工合同文件及委托监理合同；

(2)勘察设计文件；

(3)监理规划；

(4)监理实施细则；

(5)分包单位资格报审表；

(6)设计交底与图纸会审会议纪要；

(7)施工组织设计(方案)报审表；

(8)工程开工/复工报审表及工程暂停令；

(9)测量核验资料；

(10)工程进度计划；

(11)工程材料、构配件、设备的质量证明文件；

(12)检查试验资料；

(13)工程变更资料；

(14)隐蔽工程验收资料；

(15)工程计量单和工程款支付证书；

(16)监理工程师通知单;
(17)监理工作联系单;
(18)报验申请表;
(19)会议纪要;
(20)来往函件;
(21)监理日记;
(22)监理月报;
(23)质量缺陷与事故的处理文件;
(24)分部工程、单位工程等验收资料;
(25)索赔文件资料;
(26)竣工结算审核意见书;
(27)工程项目施工阶段质量评估报告等专题报告;
(28)监理工作总结。

3. 各监理企业应加强监理资料、档案的管理和领导工作,建立档案室,配置管理人员,健全工作制度。

监理单位的档案资料管理工作实行总工程师负责制,各项目驻地监理班子应设专人负责信息、资料的管理工作。

4. 监理档案应按单位工程和施工的时间先后顺序整理,分类立卷装订,每页要有编号,每卷要有目录。

5. 每个单位工程的监理档案封面应注明工程名称、合同号、建设单位、总承包单位、建设日期、完成日期和总监理工程师审核签字。

6. 在工程(合同)完成后3个月内由资料管理人员整理装订后,移交单位档案室并应办理交接手续。

7. 一般工程监理档案在工程保修期满后应保存一年,重要的工程监理档案保存可延长至三年。保存期间需要查阅时,应办理借阅和归还手续。

8. 对超过保存期限的监理档案,应清点核对,登记造册,经监理单位总工程师批准后销毁。

9. 监理档案,应真实可靠,字迹要清楚,签字要齐全,不得弄虚造假、擅自涂改原始记录,违者按有关规定查处。

·12.2.2 监理文件分类及管理制度·

1)监理文件分类

根据项目合同条款和技术规范的一般要求,监理工程师的批示或指令必须是书面的,监理文件分为3类:指示性文件、证据性文件和辅助性文件,这3类文件之间有严格的界限。

(1)指示性文件

这类文件是指监理工程师依据合同和规范下达的各类文件,包括签发的各类证书、报表、对合同和技术管理事宜的各类批准、批复以及与此有关的各类书面指示或指令。指示性文件的最终签发者是总监理工程师或总监代表。在发出或签认这些文件之前,驻地监理工程师有责任对事件进行审查,并签署意见。驻地监理工程师在工地向承包商签发的有关书面指令,都将作为上级监理签发指示性文件的依据。

指示性文件要有严格的引文、签发、抄送制度,使各类监理指示及时传送到各有关单位,及时得到贯彻和落实。

(2)证据性文件

这类文件覆盖较为广泛,包括监理工程师处理后证据的监理文件,比如:工地会议记录、计划统计报表、各类检验单据、试验记录、中间计量和中间交工证书、专题工地会议纪要、驻地监理的有关往来函件等。证据性文件的主要来源是驻地监理工程师办公室和监理试验室。这类文件的显著特点是要求及时、准确地反映工地的实际情况,以此作为监理工程师决策的依据。

由于这类文件数量很大,每天都要发生往来,因此要指定专人对有关文件进行严格的收集整理和保存。

(3)辅助性文件

为了工程的顺利进行,创造良好的监理环境,采用一些辅助性文件以反映工地和监理过程中的问题,这类文件包括监理简报、工程快报、备忘录、非正式信函等。

辅助性文件中有一部分是讨论研究问题的备忘录和一些非正式的信函,对解决工程中存在的问题往往起到意想不到的效果。

2)监理文件管理

监理工程师在使用监理文件时,应十分慎重。

①不能超越合同授予的权限。监理工程师履行当事人的权限。如果行使合同没有授予工程师权限或超出合同明确的职责,就称监理工程师违约。因此,监理工程师要摆正自己的位置,谨慎、严肃地履行职责。

②监理文件内容的表达要符合合同文件。合同条款的每一条、每一款的概念和指令含义都有定义和标准的解释。监理工程师在依据条款下达指示、指令时,一定要引用准确,对任何问题的批复、答复、意见、建议等均应符合合同文件,而且应概念清晰,一事一条,一事一议。用词明确,不能模棱两可,意见模糊。

③在合同约束的时间内下达指示。监理文件的时间性是考核监理工作的重要方面。合同文件在涉及监理工程师必须做出指示的地方,一般都注明了时间约束条件。如果监理工程师不能按合同规定的时间把文件送给承包商,承包商就可能把监理工程师的某些口头指示或承包商的某些请示、建议、要求当作监理工程师的书面指示来遵守,这是十分危险和有害的。所以监理工程师必须遵守合同约束的时间。

④监理文件要保持前后一致,注意决策的连贯性。合同文件包括技术规范、合同条款、工程量清单、图纸等,覆盖项目实施的各个领域和全过程。文件互相关联、互相依托,牵一发而动全身。因此监理工程师下达某一个具体指令时,一定要照顾到涉及横向其他各方面的规定,处理不当就可能引发合同纠纷;另外,监理工程师在做出任何一项决定时,一定要照顾到以前曾有的类似决定,并注意如今及再遇类似问题是否会带来不良效果。

⑤监理文件要程序化、规范化。监理工程师签发的文件代表了合同法律,其严肃性也说明了对合同的责任。各级授权签发的监理文件在格式上、行文规范上一定要保持良好文风,主送、抄送、抄报都要严格推敲。被授权的总监代表或驻地监理工程师要签字盖章。

·12.2.3 监理报告制度·

1)报告程序

驻地高监办应每月以报告书的形式向总监办报告监理执行情况。总监办汇总各高监办的监理报告向业主提交监理报告,同时报告公司。月报告陈述的问题仅指正存在的或将对工程造价、质量及工期产生实质性影响的事件,报告能使业主对工程质量现状有一个比较清晰的了解。监理报告对承包商工程进度比原定计划落后的工程项目,应说明延迟的原因以及挽回这种局面已采取或将要采取的措施,月报告还应报告承包人主要职员和监理工程师的变动情况及已完成的主要分项工程和细目等。

2)工程监理月报告应包含的主要内容

(1)工程描述

工程监理月报的正文前应附有一张工程位置图,图中应清晰地标明工程的具体位置。工程描述通常是简述合同的内容,第一份监理月报的工程描述应提供以下资料,后期的月报可视情况适当进行增减:

a.地理位置;

b.计划全长;

c.标准横断面数据;

d.路线及结构物的所在位置的地质情况;

e.对主要结构物的类型及数量的描述;

f.对较小结构物及道路设施的描述;

g.线形及重要设计指标;

h.合同的签订日期;

i.项目名称及合同号;

j.承包商或联合承包商的名称及牵头人;

k.合同总价;

l.开工通知书发出的日期及开工日期;

m.合同规定的工期;

n.修订的完工期,从开工到现在已过去的时间。

(2)工程进度与工程质量

应提供工程整体进度及每一个主要分项的实际进度和计划进度,主要分项工程包括路基土石方、路面、大中小桥、隧道、涵洞通道,排水、防护工程及道路设施等,应按上述顺序详细说明本月份的施工情况。

简要说明设备配置、材料进场情况、劳动力安排、工程质量检测试验评价及其他如质量事故、安全状况等。

(3)支付

应说明本月的支付金额和累计支付金额,计日工使用及意外费用支付情况,调整的现金流动预测,价格调整,索赔处理及工程师同意的其他费用。

(4)监理工作执行情况

本部分简要描述各级监理工程师办公室的服务情况，包括各级监理组织机构的在岗人数，出勤情况，工作计划安排及监理工程师的办公室、住房、设施和车辆等的状况和存在问题，以及对工程产生的或将要产生的影响。

(5)小结

概略评述有关承包商履行合同义务的表现，存在的主要问题，采取或拟采取的措施和今后的工程施工计划安排设想等。

(6)附录

在月报的最后应附有合同执行表，主要进场机械表，主要工程概况表。

3)报告时间

总监办月报告应于业主规定的日期前报送业主，各高监办月报告应在业主规定报送时间的前5天报到总监办。

·12.2.4　监理日记·

监理日记记录了监理活动的全部主要内容。它包括监理人员自身的工作情况；监理工程师与承包人、业主的有关工作。因此是监理人员本身工作的备忘录，是考查业绩的依据，也是分析研究承包人施工管理和业主项目管理的参考资料。监理日记将作为原始资料归入竣工资料备查。

(1)监理日记注意事项

①逐日记录，一日一记，记下当天监理主要活动。

②按发生的实际情况如实记录。一事一条，条理分明，便于考查。

③内容全面、记录简洁、重要事件详细记载。

④以文字记录为主，对结构物的检查则用图形和数据记载。对有关证据则应转录凭证摘要。

⑤监理日记应编页码，扉页后第1、2页逐行填写目录摘要，例：工地会议、某大桥、某段填方等，每行最后一格填以日记目录页码，便于查找。

⑥监理日记应妥善保管，每日送监理组汇总主要事件。

(2)日记主要内容

①日期、星期、天气、巡视重要工点的时间。

②巡视工程的工程名称、里程桩号。

③施工情况：包括工程质量、进度、进场材料规格质量，机械劳力配备，安全施工、拆迁，环保。现场主要工程是否有技术管理人员，承包现场质检人员是否到场。业主在工地的指示，变更设计现场处理结果，下达停工，复工令的工程项目及命令编号。

④会议：包括监理参加的生产会议；业主或承包人召开的有监理工程师参加的会议；监理工程师邀请承包人参加的会议；总监或总监代表召开的监理会议；监理组内部召开的会议；工地会议等。

⑤工程质量检查或验收。包括主持单位、参加单位、检查主要人员、检查项目、检查和验收结论。

(3)工程检查的具体项目

包括合同规定的路基、路面、小桥、涵洞通道、大中桥、防护工程、隧道、绿化和其他与公路有关的工程或由业主另行指定监理的工程。

(4)日记的其他内容

日记是监理人员本身工作的备忘录,因此凡是与监理工作有关的活动均可以在日记中记录下来,以备考查,例如:

①本人会议发言提纲。

②本人短期或长期工作安排。

③本人在工地下达的口头指令及意见回返。

④向业主报告监理情况备忘录。

⑤本人在工地对某变更设计的决定或指令。

⑥其他认为有必要记录的事项。

(5)日记的保管与事项

监理日记作为监理活动的原始记录是监理的档案之一,应妥为保管,不得遗失。监理日记应有保密要求,不得在非本组监理人员中传阅转抄,若有必要向业主出示时,应事先取得组长同意或事后报告。

(6)监理日志的检查和签认

每个参加监理的人员都必须逐日记录监理日志,并实行检查签认制度。专业监理工程师检查监理员的监理日志,并进行签字认可。驻地高监必须每周检查专业监理工程师的监理日志,并签字认可。总监办每月对驻地高监的监理日志进行检查签认,同时对专业监理工程师、监理员的监理日志进行抽查。

12.3 工地会议

工地会议是围绕施工现场问题而召开的一种会议。一般地讲,工地会议可分为3种类型:第一次工地会议;经常性工地会议和专题性工地会议。

·12.3.1 第一次工地会议·

第一次工地会议是建设工程尚未全面展开前,履约各方相互认识、确定联络方式的会议,也是检查开工前各项准备工作是否就绪并明确监理程序的会议。第一次工地会议应在项目总监理工程师下达开工令之前举行,会议由监理工程师和建设单位联合主持召开,总承包单位的授权代表参加,也可邀请分包单位参加,必要时还应邀请有关设计单位人员参加。

1)第一次工地会议的主要内容与议程

①介绍履行合同的业主、承包商及监理工程师。

②澄清履约各方的组织、机构和职责。

③检查承包商的工程准备情况。

④检查业主在施工前应履行的职责。

⑤检查监理工程师在开工前的准备情况。

⑥明确监理程序。

第一次会议的关键,是会前的准备工作。会前,监理工程师应事先发出会议通知和会议议程,明确各方应参加人员,应递交的文件或材料。

2)第一次工地会议召开的时间

在确定具体会议时间上,监理工程师应掌握以下两点:

①充分注意合同条款列出的时间表。

②考虑现场准备工作的进展情况。

·12.3.2 经常性工地会议·

经常性工地会议是按一定的程序召开的以研讨工地出现的包括计划、进度、质量、支付等诸多问题的工地会议。经常性工地会议可定期召开,也可视现场情况由工程师做出决定临时召开。

1)经常性工地会议的参加者

由于会议是讨论现场的履约管理情况,所以参加者必须是现场的主要负责人,包括:

①总监理工程师、总监代表、驻地监理工程师。

②承包商项目负责人,现场的有关高级职员(项目总工)及专业技术和管理负责人及涉及到的有关负责人。

③业主或业主代表。

④其他人员。

2)经常性工地会议的主要内容和议程

①对前一次工地会议各项内容的确认。

②审查当月工程进度,预计下阶段的工程进度。

③对现场质量、技术问题做出评价。

④合同管理的执行情况。

⑤其他。

3)经常性工地会议应注意的几个问题

为了使工地会议保持良好的会风,使会议内容充实,富有成果,对工程管理真正起到推动作用,应注意以下几个问题:

①认真准备会议文件。

②做好工地会议记录工作。会议记录由监理工程师形成纪要,经与会各方认可,然后分发给有关单位。

③保证主要人员出席(例:工地例会项目经理必须参加)。

④注意掌握会议进程。

·12.3.3 专题性工地会议·

专题性会议没有经常性工地会议那样的固定程序,可以由承包商、业主或监理工程师提出,由监理工程师主持召开,也可以由监理工程师决定就某项技术或管理专项召开会议,参加会议的人员取决于专题会议的内容。

12.4 监理工作中的时间期限

交通部《公路工程国内招标文件范本》(2003 年版)对各项工作都有明确的时间规定,详见下表。监理工程师在监理工作中,要注意遵循各项工作的时间规定,避免管理工作的失误。

交通部《公路工程国内招标文件范本》(2003 年版)时间规定

序号	合同条款号	条款主要内容	时间规定
1	2.5	书面指令	如果承包人在监理工程师发出口头指令的 3 天内,未收到监理工程师的上述书面确认,承包人应立即以书面形式要求监理工程师确认上述口头指令。如监理工程师在收到承包人的书面要求后的 3 天之内没有以书面形式驳回上述确认,则该口头指令应认为已被监理工程师书面确认
2	6.1	图纸和技术资料的提供	监理工程师应在发出中标通知书之后 42 天内,向承包人免费提供由业主或其委托的设计单位设计的施工图纸、技术规范和其他技术资料 2 份,并向承包人进行技术交底
3	7.2	承包人提供的施工图纸	监理工程师在收到由承包人绘制的条款规定的工程、工艺图纸、计算书和有关技术资料后 14 天内应予批准或提出修改要求,承包人应按监理工程师提出的要求做出修改重新向监理工程师提交,监理工程师应在 7 天内批准或提出进一步的修改意见
4	10.1	履约担保	承包人在收到中标通知书后 28 天之内并在签订合同协议书之前,应向业主提交履约担保,同时通知监理工程师。担保金额在投标书附录中写明
5	10.2	履约担保的有效期	履约担保中的银行保函应在上述交工证书发出后的 14 天内退还给承包人;其中的银行汇票应在工程完成 50% 后分期返还承包人
6	14.1	工程进度计划的提交	承包人应在签订合同协议书后 28 天之内,向监理工程师提交 2 份其格式和内容符合监理工程师规定的工程进度计划,以及为完成该计划而建议采用的实施性的施工安排和施工方案的说明。监理工程师应在收到该计划后的 14 天内审查同意或提出意见
7	14.2	工程进度计划的修订	承包人应在确保合同工期的前提下每 3 个月对进度计划进行一次修订并应在前一个进度计划的最后 1 个月的 25 日前提交给监理工程师 监理工程师可要求承包人每 1 个月提交 1 次工程进度修订计划,以确保工程在预定工期内竣工。在这种情况下,承包人应在接到监理工程师指令后 14 天内将修订后的进度计划提交给监理工程师

续表

序号	合同条款号	条款主要内容	时间规定
8	14.3	年度施工计划的提交	承包人应在每年11月底前,根据已同意的工程进度计划或其修订的计划,向监理工程师提交2份格式和内容符合监理工程师合理规定的下一年度的施工计划以供审查
9	14.4	合同用款计划的提交	承包人应在签订本合同协议书后28天之内,按投标书附表中规定的格式,向监理工程师提交2份按合同规定承包人有权得到支付的详细的季度合同用款计划,以备监理工程师查阅
10	17.1	施工定线与放样	监理工程师应在发出开工通知书14天之前,向承包人提供原始基准点、基准线和基准高程等书面资料,并负责对承包人的施工定线或放样进行检查验收
11	25.1	保险的凭证	承包人应在办理有关保险后,尽快向业主提供按合同要求所投各种保险的生效证明,并在开工后56天内提交保险单,同时向监理工程师提交副本
12	35.2	事故报告	如果现场发生重大安全、质量事故,承包人必须在2小时内将事故详细情况书面速报监理工程师和业主。如果现场发生一般安全、质量事故,承包人必须在3天内将事故详细情况书面报告监理工程师和业主。如果现场(包括临时道路)发生重大交通事故,承包人尽快报告监理工程师
13	37.2	检查和检验的日期	对于合同规定的材料或设备的正规检查或检验的时间,监理工程师至少应该提前24小时通知承包人其到场时间
14	37.4	独立的检查	监理工程师可以将材料或设备的检查和检验委托给一家独立的检验单位。该独立检验单位的检验结果应视为监理工程师完成的。监理工程师应将这种委托的通知书在不少于7天前交给承包人
15	38.1	工程覆盖前的检查	当一部分工程或基础已经或即将为检查做好准备时,承包人应事先通知监理工程师,并约定检查的时间,监理工程师则应按时派员参加上述工程或基础的检查和量测;如果监理工程师认为没有必要参与检查,应就此通知承包人;如果上述约定时间后的12小时内,监理工程师或其代表未能到场对上述工程或基础进行检查和量测,承包人即可自行检查,并如实做出自检报告后覆盖或掩蔽,监理工程师事后应予认可
16	41.1	工程的开工	承包人应在签订合同协议书后28天内向监理工程师提交开工报告,承包人应在分部工程开工前14天向监理工程师提交分部工程开工报告

续表

序号	合同条款号	条款主要内容	时间规定
17	42.1	永久占地的征用	承包人在按第14条规定提交工程进度计划的同时，应向监理工程师提交一份按施工先后次序所需的永久占地计划。监理工程师应在收到此计划后的14天内审核并转报业主核备
18	44.2	承包人发出通知和提交具体细节	由于条款所列的原因之一而影响施工进度，而且受影响的工程是处在工程施工进度网络计划的关键线路上，承包人有权要求延长本合同工程或单项工程的工期。承包人应在14天内向监理工程师提交承包人要求延期的详细情况与缘由，供监理工程师调查
19	44.3	延长工期的暂时决定	如果导致延期的事件有延续性，承包人应按第44.2款规定的7天之内先报告初步情况，然后每隔7天向监理工程师提交事件进展的详细资料，并在该事件造成的影响终结后的14天之内提交最终详细资料，承包人仍有权得到延长工期
20	44.4	要求和审批延期的拖延	如果承包人未能在第44.2和44.3款规定的时间内发出要求延期的通知和报告情况并提交详细资料，则事后监理工程师可拒绝做出任何延期的决定 监理工程师在收到承包人按44.2款规定的要求延期的通知并提交具体细节，或按44.3款提交了最后详细资料后，应在28天内将审核意见书报经业主批准并将决定通知承包人，或要求承包人进一步补充延期的理由 如果监理工程师在28天内不予答复，则应视为承包人要求的延期已被业主批准
21	46.1	工程进度过慢	如果承包人在接到监理工程师通知后的14天后内，未能采取加快工程进度的措施，致使实际工程进度进一步滞后，或承包人虽采取了一些措施，仍无法按交工期交工时，监理工程师应立即通知业主，并抄送承包人。业主在向承包人发出书面警告通知14天后，业主可按63.1款终止对承包人的雇用，也可将本合同工程中的一部分工作交由其他承包人或特殊分包人完成
22	48.1	交工验收和交工证书	监理工程师在收到该申请后，应在14天内审核并报业主，业主在收到该申请后的21天内应组织交工验收。如果经交工验收主为工程质量合格，业主应在此项验收工作完毕后14天内向承包人签发交工证书
23	49.2	完成未完工作和修复缺陷	在缺陷责任期满后的14天内，按照业主和监理工程师在缺陷责任期满前检查结果而发出的指令，对存在的缺陷、病害或其他不合格之处进行修补、重建及修复
24	53.1	索赔通知	如果承包人根据本合同条款中任何条款提出任何附加支付的索赔时，应在索赔事件首次发生的21天之内将其索赔意向书提交监理工程师并抄送业主

续表

序号	合同条款号	条款主要内容	时间规定
25	53.3	索赔的证明	在根据第53.1款规定发出索赔意向书后的21天内,或监理工程师同意的另一期限内,承包人应送交监理工程师一份拟索赔款额的详细账目,并说明索赔所依据的理由。如索赔的事件具有连续性,上述账目应认为是一笔暂时账目。承包人应在监理工程师要求的间隔时间内,送交继发的暂时账目和索赔理由。并在此索赔事件终止后21天之内送出最后账目
26	56.1	工程的计量	如果承包人对监理工程师计量核实结果不予同意,应在7天之内向监理工程师提出申辩,监理工程师收到此申辩后,应会同承包人复查对记录和图纸的计量审核,或予确认,或予修改
27	57.2	总额支付细目的分目	承包人在签订合同协议后28天之内,并在总额价支付细目支付前应向监理工程师提交其工程量清单每个总额支付细目的分目
28	60.2	月支付	监理工程师在收到上述月结账单后21天或专用条款数据表中另有规定的天数内应签发期中支付证书,签发时应写明他认为该到期结算的价款及需要扣留和扣回的款额并报业主审批
29	60.4	保留金的退还	在整个工程缺陷责任期满并发给缺陷责任终止证书后14天内,监理工程师签发保留金支付证书,将保留金退还给承包人
30	60.5	开工预付款的支付	在承包人提交了履约担保和签订了合同协议书并提交了开工预付款担保14天内,监理工程师应按投标书附录中规定的金额签发开工预付款支付证书,并报业主审批。业主应在该支付证书收到后14天内核批,并支付开工预付款的70%的价款;在投标文件载明的主要设备进场后,再支付预付款的30%
31	60.10	交工结账单	在合同工程交工证书签发后42天之内,承包人应以监理工程师批准的格式向监理工程师提交一份交工结账单
32	60.11	最后结账单	在根据第61.1款规定发出缺陷责任终止证书后的28天之内,承包人应以监理工程师批准的格式向监理工程师提交一份最后结账单草案,并附上详细的证实文件,供监理工程师考虑

复习思考题

1. 简述如何进行监理文档和资料的管理。
2. 工地会议的形式有哪些？各自的目的是什么？
3. 简述编报监理月报的要求。
4. 简述如何填记监理日记,如何对监理日记进行管理。

13 监理规划与监理细则

13.1 工程监理单位工作文件的构成

工程监理单位工作文件是指监理单位投标时编制的监理大纲和监理合同签订以后编制的监理规划和专业监理工程师编制的监理细则。从编制时间来看,首先编制建设工程监理大纲,在监理大纲的基础上编制监理规划,然后再在监理规划的基础上编制监理实施细则。

1)监理大纲

监理大纲又称监理方案,或称监理技术建议书,它是监理单位在业主开始委托监理的过程中,特别是在业主进行监理招标过程中,为承揽到监理业务而编写的监理方案性文件。

监理单位编制监理大纲的作用有:一是使业主认可监理大纲中的监理方案,从而承揽到监理业务;二是为项目监理机构今后开展监理工作制订基本的方案。为使监理大纲的内容和监理实施过程紧密结合,监理大纲的编制人员应当是监理单位经营部门或技术管理部门人员,也应包括拟派出的总监理工程师,总监理工程师参与编制监理大纲有利于监理规划的编制。

2)监理规划

监理规划是监理单位接受业主委托并签订委托监理合同之后,在项目总监理工程师的主持下,根据委托监理合同,在监理大纲的基础上,结合工程的具体情况,广泛收集工程信息和资料的情况下制订、经监理单位技术负责人批准,用来指导项目监理机构全面开展监理工作的指导性文件。

监理大纲与监理规划都是围绕着整个项目监理机构所开展的监理工作来编写的,监理规划应在监理大纲的基础上,结合承包人报批的施工组织设计、施工进度计划编写,具有针对性,突出监理工作的预控性,注意规划的可行性和操作性。监理规划具体内容应根据工程项目的性质、规模、工作内容等具体情况编制。监理规划应当对项目监理的计划、组织、程序、方法等做出表述。

3)监理实施细则

监理实施细则又简称监理细则,是在监理规划基础上,由项目监理机构的专业监理工程师针对公路工程中某一专业或某一方面监理工作编写并经总监理工程师批准实施的操作性文件。监理实施细则的作用是指导本专业或本子项目具体监理业务的开展。

监理实施细则应符合监理规划的基本要求,充分体现工程特点和合同约定的要求,结合工程项目的施工方法和专业特点,因此应具有较强的针对性;监理实施细则要有助于工程总体目标的实现，并明确控制措施和方法，因此应具备可行性和可操作性。

4）监理大纲、监理规划、监理实施细则之间的关系

监理大纲、监理规划、监理实施细则是相互关联的，它们都是构成建设工程监理单位监理工作的系列文件的组成部分，存在着明显的依据性关系：在编写监理规划时，一定要严格根据监理大纲的有关内容来编写；在制订监理实施细则时，一定要在监理规划的指导下进行。

13.2 监理大纲

监理大纲的编写应当根据业主所发布的监理招标文件的要求而制订，一般来说，应该包括如下主要内容：

（1）工程概述

主要对拟投监理项目的工程总体概况进行简单描述。

（2）监理工作范围

对拟投监理项目的监理工作安排、主要监理人员的岗位职责进行必要的阐述，提出拟投监理项目的监理工作方针、监理工作指导思想和监理目标。

（3）现场监理机构设置与人员安排

明确拟投监理项目的组织机构设置，并对拟投入本项目的主要监理人员的资质和相关经历给予简单描述。其中，应该重点介绍拟投监理项目的总监理工程师和主要专业监理工程师的情况，这往往决定承揽监理业务的成败。

（4）自备监理仪器和设备

在招标文件确定的监理投入的基础上，根据监理单位自身的实力和拟投监理项目的现场工作需要，对拟投入本项目的仪器与设备做简要介绍。

（5）监理工作程序

结合监理工作的阶段划分，对工程质量监理、工程进度监理、工程费用监理、工程安全控制、环境保护与水土保持控制、合同管理、信息管理、工作协调等的方法与流程进行详尽阐述。

在监理大纲中，监理单位还应该编制未来工程监理工作中向业主提供的阶段性的监理文件，这将有助于满足业主掌握工程建设过程的需要，有利于监理单位顺利承揽该公路工程的监理业务。

（6）监理工作的重点与难点分析

根据招标文件及现场考察，对拟投监理项目监理工作需要特别给予重视的问题逐一论述并给出解决难点的对策与方法。

（7）其他建议

为更好地完成拟投监理项目的监理工作，监理单位可根据以往的经验，对拟投监理项目监理工作提出建议。

13.3 监理规划

·13.3.1 监理规划的作用·

(1)指导项目监理机构全面开展监理工作

监理规划的基本作用就是指导项目监理机构全面开展监理工作。

公路工程监理的中心目的是协助业主实现项目的总目标。实现项目总目标是一个系统的过程。它需要制订计划,建立组织,配备合适的监理人员,进行有效地领导,实施工程的目标控制。只有系统地做好上述系列工作,才能完成工程监理的任务,实施目标控制。在实施公路工程监理的过程中,监理单位要集中精力做好目标控制工作。但是,如果不事先对监理的计划、组织、人员配备、领导等各项工作做出科学的安排,就无法实现有效控制。因此,监理规划需要对项目监理机构开展的各项监理工作做出全面、系统的组织和安排。它包括确定监理工作目标,制订监理工作程序,确定目标控制、合同管理、信息管理、组织协调等各项措施和各项工作的方法和手段。

为了全面安排和指导项目监理机构有效地开展各项工作,监理规划应当明确地规定项目监理机构在公路工程监理过程中,应当做哪些工作、由谁来做这些工作、在什么时间和什么地点做这些工作、如何做好这些工作、如何评价所做的这些工作,只有为这些问题确定了全面、正确的答案,项目监理机构的各项工作才有依据。

(2)政府交通建设主管机关对监理单位监督管理的依据

政府交通建设主管机关对公路工程监理单位要实施监督、管理和指导,对其人员素质、专业配套和公路工程监理业绩要进行核查和考评以确认它的资质和资质等级,使我国整个公路工程监理行业能够达到应有的水平。要做到这一点,除了一般性的资质管理工作之外,更为重要的是通过监理单位的实际监理工作来认定它的水平。而监理单位的实际水平可从监理规划和它的实施中充分地表现出来。因此,政府交通建设主管机关对公路工程监理单位进行考核时,应当重视对监理规划的检查,它是政府交通建设主管机关监督、管理和指导监理单位开展监理活动的重要依据。

(3)业主确认监理单位履行合同的主要依据

监理单位如何履行监理合同,如何落实业主委托监理单位所承担的各项监理服务工作,作为监理的委托方,业主应当了解和确认监理单位的工作。同时,业主有权监督监理单位全面、认真执行监理合同。而监理规划正是业主了解和确认这些问题的最好资料,是业主确认监理单位是否履行监理合同的主要说明性文件。监理规划应当能够全面而详细地为业主监督监理合同的履行提供依据。

(4)承包商配合项目监理机构的依据

项目监理机构要开展工作离不开承包商的配合,而这种配合都要以监理规划中制订的监理程序、工作制度等为依据的。因此,项目监理机构必须在第一次工地例会上向承包商进行监理规划的交底。

(5)监理单位重要的存档资料

从公路工程监理控制的过程可以知道，监理规划的内容必然随着工程的进展而逐步调整、补充和完善。它在一定程度上真实地反映了一个公路工程监理的全貌，是最好的监理过程记录。因此，它是公路工程监理单位的重要存档资料。

·13.3.2 工程监理规划的编写·

监理规划是针对公路工程监理工作，在项目总监理工程师和项目监理机构充分分析和研究公路工程的目标、技术、管理、环境，以及参与工程建设的各方等方面的情况之后制订的指导公路工程监理工作的实施方案。监理规划要真正能够起到指导项目监理机构进行该项目监理工作的作用，就应当在监理规划中包含具体的、符合项目要求的工作内容、工作方法、监理措施、工作程序和工作制度，并应具有针对性、可操作性。

1）监理规划编写的依据

（1）工程建设方面的法律、法规

①国家颁布的工程建设有关各方面的法律。法律是指由国家立法机关人民代表大会及其常务委员会制定并颁布的规范性文件。其效力仅次于宪法，在全国范围内具有普遍的约束力。如《公路法》、《建筑法》、《招标投标法》、《合同法》、《安全生产法》等。不论在任何地区或任何部门进行建设工程建设，都必须遵守国家颁布的工程建设相关方面的法律。

②国家机关颁布的工程建设有关各方面的行政法规。行政法规是指由国务院以及国务院的建设主管部门和其他部委制定颁布的规范性文件，其效力低于法律，在全国范围内有效。如国务院的《工程建设质量管理条例》、《建设工程安全生产管理条例》、《建设工程勘察设计合同条例》；国家交通部《公路建设市场管理办法》、《公路水运工程监理企业资质管理规定》等。

③地方性法规与规章。地方法规是指由地方人大常委会制定的规范性文件，地方规章是指由地方政府制定颁布的规范性文件。地方性法规与规章的效力低于法律和行政法规，只能在本地区域有效。公路工程建设除了遵守国家法律和行政法规外，还要执行项目所在地区的法规与规章。

④技术法规。技术法规是由国家制定或认可的，在全国范围内有效的技术规范、标准、规程等规定性文件。技术法规有强制性和推荐性两种。工程建设的各方必须遵守国家颁布的强制性规范和标准。

⑤国际公约、国际惯例、国际标准。凡参加国际工程建设，应当遵守我国承认的国际公约以及国际惯例和国际标准。

（2）建设工程外部环境调查研究资料

①自然条件方面的资料。自然条件方面的资料具体包括：建设工程所在地点的地质、水文、气象、地形，以及自然灾害发生情况等方面的资料。

②社会和经济条件方面的资料。社会和经济条件方面的资料具体包括：公路工程所在地政治局势、社会治安、建筑市场状况、相关单位（勘察和设计单位、施工单位、材料和设备供应单位、工程咨询和公路工程监理单位）、基础设施（交通设施、通信设施、公用设施、能源设施）、金融市场情况等方面的资料。

（3）政府批准的工程建设文件

政府批准的工程建设文件包括两个方面：

①政府交通主管部门批准的可行性研究报告、立项批文。

②政府规划部门确定的规划条件、土地使用条件、环境保护要求、市政管理规定。

(4)公路工程监理合同

公路工程监理合同主要包括3个方面的内容:

①工程监理单位和监理工程师的权利和义务。

②工程监理工作范围和内容。

③有关公路工程监理规划方面的要求。

(5)其他工程建设合同

其他工程建设合同主要包括2个方面的内容:

①业主的权利和义务。

②工程承建单位的权利和义务。

(6)业主的合理要求

根据监理单位应竭诚为客户服务的宗旨,在不超出合同职责范围的前提下,监理单位应最大限度地满足业主的合理、正当的要求。

(7)监理大纲

①监理组织计划。

②拟投入的主要监理人员。

③投资、进度、质量、安全、环保控制方案。

④信息管理方案。

⑤合同管理方案。

⑥定期提交给业主的监理工作阶段性成果。

(8)工程实施过程输出的有关工程信息

①方案设计、初步设计、施工图设计文件。

②工程招标投标情况。

③工程实施状况。

④重大工程变更。

⑤外部环境变化等。

2)监理规划编写的要求

(1)基本构成内容应当力求统一

监理规划作为指导项目监理机构全面开展监理工作的指导性文件,在总体内容组成上应力求做到统一。这是监理规范、统一的要求,是监理制度化的要求,是监理科学性的要求。

监理规划基本构成内容的确定,首先应考虑整个公路工程监理制度对公路工程监理的内容要求。公路工程监理的主要内容是控制公路工程的投资、工期、质量和施工安全,进行工程建设合同管理,协调有关单位间的工作关系,这些内容无疑是构成监理规划的基本内容。如前所述,监理规划的基本作用是用来指导项目监理机构全面开展监理工作的。所以,对整个监理工作的组织、控制、方法、措施等将成为监理规划必不可少的内容。至于某一个具体公路工程的监理规划,则要根据监理单位与业主签订的监理合同所确定的监理实际范围和深度来加以取舍。

归纳起来,监理规划基本构成内容应当包括:目标规划、项目组织、监理组织、合同管理、信息管理和目标控制。这样,就可以将监理规划的内容统一起来。

(2)具体内容应具有针对性

监理规划基本构成内容应当统一,各项具体的内容则要有针对性。这是因为,监理规划是指导某一个特定公路工程监理工作的技术组织文件,其具体内容要适应这个建设工程。由于所有建设工程都具有单件性和一次性的特点,而且,每一个监理单位和每一位总监理工程师对某一个具体公路工程在监理思想、监理方法和监理手段等方面都会有自己独到之处,所以,不同的监理单位和不同的监理工程师在编写监理规划的具体内容时,必然根据自身的资源,体现出自己鲜明的特色,也就是说,监理规划具体内容的编制必然是一种"百花齐放"的局面。

不同的监理单位和不同的监理工程师都具有自己的特色,他们所编制的公路工程监理规划也具有不同的特点,或许会有人认为这样难以有效辨别公路工程监理规划编写的质量。实际上,由于公路工程监理的目的就是协助业主实现其投资目的,因此,某一个公路工程监理规划只要能够有效实施工程监理,做好指导工作,能够圆满地完成所承担的公路工程监理业务,就是一个合格的公路工程监理规划。

每一个监理规划都是针对某一个具体公路工程的监理规划,都必然有它自己的投资目标、进度目标,质量目标,项目组织形式,监理组织机构,信息管理制度,合同管理措施,目标控制措施、方法和手段。只有具有针对性,工程监理规划才能真正起到指导具体监理工作的作用。

(3)遵循公路建设工程运行的规律

监理规划是针对一个具体公路工程来编写的,而不同公路工程具有不同的工程特点、工程条件和运行方式。公路建设工程的动态性也决定了公路工程监理规划与工程运行客观规律具有一致性。监理规划不能凭个人意志或主观臆想编制,必须要把握、遵循公路建设工程运行的规律。只有把握公路建设工程运行的客观规律,监理规划的运行才是有效的,才能实施对这项工程有效的监理。

监理规划要把握公路建设工程运行的客观规律,还意味着它要随着公路建设工程展开不断地补充、修改和完善。它由开始的"粗线条"或"近细远粗"逐步地变得完整、完善起来。同时,监理规划随着工程的进行必然要调整。公路建设工程在运行过程中,内外因素和条件不可避免地要发生变化,导致工程运动轨迹不断发生变化。因此,需要对其偏离进行反复的调整,这必然造成监理规划本身在内容上要相应地调整。这种调整的目的是使公路建设工程能够在监理规划的有效控制之下。

监理规划要把握公路建设工程运行的客观规律,就需要不断收集大量的编写信息。如果掌握很少的项目信息,就不可能对项目进行详尽的规划。例如随着设计的不断进展,随着工程招标方案的出台和实施,工程信息量越来越多,规划也就越趋于完整。就一项公路建设工程的全过程监理规划来说,那些想一气呵成的做法是不实际的,也是不科学的,即使编写出来也是一纸空文,没有任何实施的价值。

(4)项目总监理工程师是监理规划编写的主持人

监理规划应当在项目总监理工程师主持下编写制定,这是公路工程监理实施项目总监理工程师负责制的必然要求。当然,编制好建设工程监理规划,还要充分调动整个项目监理机构中监理工程师的积极性,因此,还应广泛征求各专业监理工程师的意见和建议,而且要吸收其中水平比较高的专业监理工程师共同参与编写。

在监理规划编写的过程中,应当充分听取业主的意见,最大限度地满足他们的合理要求,为进一步搞好监理服务奠定基础。

在监理规划编写的过程中,如果有条件,还可听取被监理方的意见。这不仅仅包括承建本工程建设的单位,还应当向富有经验的承建单位广泛地征求意见,这样做会带来一定的好处。

作为监理单位的业务工作,在编写监理规划时还应当按照本单位的要求进行编写。

(5)监理规划一般要分阶段编写

如前所述,监理规划的内容与工程进展密切相关,没有规划信息也就没有规划内容。因此,监理规划的编写需要有一个过程。可以将编写的整个过程划分为若干个阶段,每个编写阶段都可以与工程实施各阶段相对应。这样,项目实施各阶段所输出的工程信息成为相应的规划信息,从而使监理规划编写能够遵循管理规律,变得有的放矢。

监理规划编写阶段可按工程实施的各阶段来划分,例如,可划分为设计阶段、施工招标阶段和施工阶段。设计的前期阶段,即设计准备阶段应完成规划的总框架并将设计阶段的监理工作进行"近细远粗"的规划,使规划内容与已经把握住的工程信息紧密结合,既能有效地指导下一阶段的监理工作,又能为未来的工程实施进行筹划;设计阶段结束,大量的工程信息能够提供出来,所以施工招标阶段监理规划的大部分内容能够落实。随着施工的招标进展,各承包单位逐步确定下来,工程施工合同逐步签订,施工阶段监理规划所需工程信息基本齐备,足以写出完整的施工阶段监理规划。在施工阶段,有关监理规划工作主要是根据工程进展情况调整、修改,使它能够动态地控制整个建设工程的正常进行。

无论监理规划的编写如何进行阶段划分,都必须起到指导监理工作的作用。同时,由于监理规划的编写必然经过一个过程,编写过程中需要进行大量的审查和修改,因此,监理规划的编写还要留出必要的审查和修改的时间。

由于公路工程监理规划的编写需要一个过程,且还需要留有审查和修改的时间,如果不对编写时间事先进行必要的规定,就很可能导致编写时间过长,从而耽误了监理规划对监理工作的指导,使监理工作陷于被动和无序之中,因此,公路工程监理规划编写要事先规定时间。

(6)监理规划的表达方式应当格式化、标准化

现代科学管理应当讲究效率、效能和效益,而讲究效率、效能和效益的一个重要方面,就是使控制活动的表达方式格式化、标准化,从而使控制的规划显得更明确、更简洁、更直观。监理规划内容在表达上,也应当考虑采用哪一种方式、方法才能使监理规划显得更明确、更简洁、更直观,使它便于记忆且一目了然。因此需要选择最有效的方式和方法表示出监理规划的各项内容。比较而言,图、表和简单的文字说明应当是采用的基本方法。规划表达方式的格式化、标准化是科学管理与粗放型管理在具体工作上的明显区别。可以这样说,规范化、标准化是科学管理的标志之一。所以,编写建设工程监理规划各项内容时应当采用什么表格、图示,以及哪些内容需要采用简单的文字说明应当做出统一规定。

(7)监理规划应该经过审核

监理规划在编写完成后需要进行审核并经批准。监理单位的技术主管部门是内部审核单位,其负责人应当签字,同时,还应当按合同约定提交给业主,由业主确认,并监督实施。

从以上监理规划编写情况来看,它的编写既需要主要负责者(项目总监理工程师)的主持,又需要编写班子。同时,项目监理机构的各部门负责人也有相关的任务和责任。监理规划涉及公路工程监理工作的各方面,所以,监理单位应当高度重视它,使监理规划编制得科学、完备,真正发挥全面指导监理工作的作用。

3)监理规划的内容

公路工程监理规划是在工程监理合同签订后制订的指导监理工作开展的纲领性文件。由于它是在明确监理委托关系以及确定项目总监理工程师以后,在更详细掌握了项目的有关资料的基础上编制的,其包括的内容与深度要比公路工程监理大纲(技术标)更为详细和具体。

公路工程监理规划应在项目总监理工程师的主持下,根据工程项目监理合同和建设单位的要求,在充分收集和详细分析研究工程监理项目有关资料的基础上,结合监理单位的具体条件编制。

监理单位在与业主进行工程项目建设监理委托谈判期间,就应确定项目建设监理的总监理工程师人选,并应参与项目建设监理合同的谈判工作。在工程项目建设监理合同签订以后,项目总监理工程师应组织监理机构人员详细研究建设监理合同内容和工程项目建设条件,主持编制项目的监理规划。监理规划应将监理合同中规定的监理单位承担的责任及监理任务具体化,并在此基础上制订实施监理的具体措施。监理规划,是编制监理实施细则的依据,是科学、有序地开展工程项目监理工作的基础。

监理规划的主要内容:

(1)总则

①工程项目基本概况。简述工程项目的名称、性质、等级、建设地点、自然条件与外部环境;工程项目组成及规模、特点;工程项目建设目的。

②工程项目主要目标。工程项目总投资及组成、计划工期(包括项目阶段性目标的计划开工日期和完工日期)、质量目标。

③工程项目组织。工程项目主管部门、发包人、质量监督机构、设计单位、承包人、监理单位、材料设备供货人的简况。

④监理工程范围和内容。发包人委托监理的工程范围和服务内容等。

⑤监理主要依据。列出开展监理工作所依据的法律、法规、规章,国家及部门颁发的有关技术标准,批准的工程建设文件,以及有关合同文件、设计文件等的名称、文号等。

⑥监理组织。现场监理机构的组织形式与部门设置,部门分工与协作,主要监理人员的配置和岗位职责等。

⑦监理工作基本程序。

⑧监理工作主要方法和主要制度。制订技术文件审核与审批、工程质量检验、工程计量与付款签证、会议、施工现场紧急情况处理、工作报告、工程验收等方面的监理工作具体方法和制度。

⑨监理人员守则和奖惩制度。

(2)工程质量控制

①质量控制的原则。

②质量控制的目标。根据有关规定和合同文件,明确合同项目各项工作的质量要求和目标。

③质量控制的内容。根据监理合同,明确监理机构质量控制的主要工作内容和任务。

④质量控制的措施。明确质量控制程序和质量控制方法,并明确质量控制点、质量控制要点与难点。

⑤明确监理机构所应制定的质量控制制度。

(3)工程进度控制

①进度控制的原则。

②进度控制的目标。根据工程基本资料,建立进度控制目标体系,明确合同项目进度的控制性目标。

③进度控制的内容。根据监理合同,明确监理机构在施工中进度控制的主要工作内容。

④进度控制的措施。明确合同项目进度控制程序、控制制度和控制方法。

(4)工程投资控制

①投资控制的原则。

②投资控制的目标。依据施工合同,建立投资控制体系。

③投资控制的内容。依据监理合同,明确投资控制的主要工作内容和任务。

④投资控制的措施。明确工程计量方法、程序和工程支付程序以及分析方法;明确监理机构所需制订的工程支付与合同管理制度。

(5)施工安全控制

①施工安全控制的原则。

②施工安全控制的目标。

③施工安全控制的措施。

(6)环境保护与水土保持控制

①环境保护与水土保持控制的原则。

②环境保护与水土保持控制的目标。

③环境保护与水土保持控制的措施。

(7)合同管理

①变更的处理程序和监理工作方法。

②违约事件的处理程序和监理工作方法。

③索赔的处理程序和监理工作方法。

④担保与保险的审核和查验。

⑤分包管理的监理工作内容与程序。

⑥争议的调解原则、方法与程序。

⑦清场与撤离的监理工作内容。

(8)协调

①明确监理机构协调工作的主要内容。

②明确协调工作的原则与方法。

(9)信息管理

①信息管理程序、制度及人员岗位职责。

②文档清单及编码系统。

③文档管理计算机管理系统。

④文件信息流管理系统。

⑤文件资料归档系统。

⑥现场记录的内容、职责和审核。

⑦现场指令、通知、报告内容和程序。

(10)工程验收与移交

明确监理机构在工程验收与移交中工作的内容。

(11)缺陷责任期监理

①明确工程缺陷责任期的起算、终止和延长的依据和程序。

②明确缺陷责任期监理的主要工作内容。

13.4 监理细则

· 13.4.1 监理细则的作用 ·

项目监理细则是在监理规划的基础上,根据项目实际情况对各项监理工作的操作要求的深化、细化。它是根据工程建设项目特点,由各专业监理工程师编制,由总监理工程师批准的监理作业指导文件。监理细则一般应重点写明专业工程特点、监理工作流程、控制要点及目标值、监理工作的方法和措施等。对于技术资料不全以及应用新技术、新工艺、新材料和新设备的分项工程,应在充分研究的基础上,独立编制监理细则。

1)监理工作实施的技术依据

在项目监理工作实施过程中,不同专业间有不同的施工方案,同时由于工程建设项目的单件性及内外环境的变化,即使在同一项目上的同一施工工序上,也存在影响质量、投资和进度的各种因素变化。因此,专业监理工程师必须依据相关的标准、规范、规程、施工验收规范、设计文件、合同文件和监理规划的要求,在深入研究施工条件和各种风险因素的基础上,针对可能出现的条件变化和目标偏差,预先编制出控制标准和方法,作为各专业监理人员的技术依据,也就是监理细则对每项具体的监理工作"如何做"做出了规定。

2)监理人员的职责与分工规定

一个项目的监理工作不可能由总监理工程师单独完成,一项专业工程的监理工作也不可能由某一个专业监理工程师单独完成,必须由项目监理机构或专业监理组中的所有人员协同工作。而团队成员要相互配合共同完成一项工作,就必须对团队成员的工作进行分工,明确各自的工作职责,这也是监理细则的需要。因此,监理细则也是监理人员分工与职责的具体规定。也就是说,监理细则对每项具体的监理工作"谁去做"做出了规定。

3)监理实施的工作计划

要使项目目标得以实现,项目监理机构不但要在监理细则中规定各项监理工作的标准和方法,而且要详细列出各项监理活动的时间要求和频次要求,即编制出各项监理工作的计划。因此,监理细则也是监理实施的工作计划。也就是说,监理细则还对每项具体的监理工作"何时做"做出了规定。

· 13.4.2 监理细则编制的依据 ·

监理细则编制的依据,与监理规范编制依据基本相同,只是增加了监理规划和施工组织设计两项。监理细则是具体针对每一项建设活动的,因此,必须针对特定的具体活动来规定控制要点和目标值以及控制方法和措施。如果监理人员不知道承包商将如何进行操作，就无法针对这些操作方法制订监理细则。因此，施工组织设计也应该是监理细则编制的依据。

· 13.4.3　监理细则编写要求 ·

1）体现事前控制

主动控制是一种面对未来的控制，它可以解决传统控制过程中存在的时滞影响，尽最大可能改变偏差造成的被动局面，从而使控制更为有效。主动控制是一种前馈式控制。当它根据已掌握的可靠信息分析预测得出系统将要输出偏离计划的目标时，就制定纠正措施并向系统输入，以使系统不发生目标的偏离。主动控制是一种事前控制，它必须在事情发生之前采取控制措施。

虽然，被动控制和主动控制一样，都是监理控制不可缺少的控制方式。但是，由于被动控制是通过不断纠正偏差来实现的，而这种偏差对控制工作来说，则是一种损失。可以说，监理过程中的被动控制总是以某种程度上的损失为代价的。所以，监理控制工作一定要以主动控制为主，监理工作程序的制定也一定要充分体现事前控制和主动控制的特点。因此，监理细则应充分体现主动控制和事前控制的精神。

2）有较强针对性

对每一个项目来说，不但项目与项目的功能、采用的技术、设计有可能不同，而且，往往建设的自然条件、周边环境、经济环境也有较大差别。因此，不顾工程的具体情况乱抄规范，不顾建设条件照搬其他项目的方法、措施都会影响监理细则的针对性，使监理细则失去编制的意义，从而影响监理工作的工作质量，给项目建设带来损失。

同时，随着施工条件的改变或工程的变更，项目监理机构要及时对监理细则进行修改和补充，以确保监理细则的针对性。

3）有较强的可操作性

监理细则是具体指导监理工作的，因此它应该有较强的可操作性，否则就会被束之高阁，丧失它应有的作用。为了保证监理细则的可操作性，在监理细则中应有可行的控制方法和措施、详细和明确的控制目标值和全面的监理工作计划。

4）有全面性

项目监理工作内容包括三控制、两管理、一协调，还要加上安全监理和环境保护与水土保持监控，工作内容庞杂，监理细则编制时一定要保证它的全面性。施工内容要全，控制内容要全，计划内容也要全，只有这样才能保证监理工作的质量。

· 13.4.4　监理细则的审批 ·

我国的建设制度规定，项目监理实行总监理工程师负责制。因此，所有的监理细则都必须经过总监理工程师审批才能生效。反过来，总监理工程师也应该认真审查监理细则，对监理细则的正确性负责。

· 13.4.5　监理细则的内容 ·

根据《公路工程监理规范》规定和监理工作实践经验，监理细则一般应该有以下一些内容。

1)总则

①编制依据。包括施工合同文件、设计文件与图纸、监理规划、经监理机构批准的施工组织设计及技术措施(作业指导书),由生产厂家提供的有关材料、构配件和工程设备的使用技术说明,工程设备的安装、调试、检验等技术资料。

②适用范围。写明该监理实施细则适用的项目或专业。

③负责该项目或专业工程的监理人员及职责分工。

④适用工程范围内使用的全部技术标准、规程、规范的名称、文号。

⑤发包人为该项工程开工和正常进展应提供的必要条件。

2)开工审批内容和程序

①单位工程、分部工程、分项工程开工审批程序和申请内容。

②混凝土浇筑开仓审批程序和申请内容。

3)质量控制的内容、措施和方法

①质量控制标准与方法。根据技术标准、设计要求、合同约定等,具体明确工程质量的质量标准、检验内容以及质量控制措施,明确质量控制点及旁站监理方案等。

②材料、构配件和工程设备质量控制。具体明确材料、构配件和工程设备的运输、储存管理要求,报验、签认程序,检验内容与标准。

③工程质量检测试验。根据工程施工实际需要,明确对承包人检测试验室配置与管理的要求,对检测试验的工作条件、技术条件、试验仪器设备、人员岗位资格与素质、工作程序与制度等方面的要求;明确监理机构检验的抽样方法或控制点的设置、试验方法、结果分析以及试验报告的管理。

④施工过程质量控制。明确施工过程质量控制要点、方法和程序。

⑤工程质量评定程序。根据规程、规范、标准、设计要求等,具体明确质量评定内容与标准,并写明引用文件的名称与章节。

⑥质量缺陷和质量事故处理程序。

4)进度控制的内容、措施和方法

①进度目标控制体系。该项工程的开工、完工时间,阶段目标或里程碑时间,关键节点时间。

②进度计划的表达方法。如横道图、柱状图、网络图(单代号、双代号、时标)、关联图、“S”曲线、“香蕉”图等,应满足合同要求和控制需要。

③施工进度计划的申报。明确进度计划(包括总进度计划、单位工程进度计划、分部工程进度计划、年度计划、月计划等)的申报时间、内容、形式、份数等。

④施工进度计划的审批。明确进度计划审批的职责分工、要点、时间等。

⑤施工进度的过程控制。明确施工进度监督与检查的职责分工;拟定检查内容(包括形象进度、劳动效率、资源、环境因素等);明确进度偏差分析与预测的方法和手段(如采用的图表、计算机软件等);制订进度报告、进度计划修正与赶工措施的审批程序。

⑥停工与复工。明确停工与复工的程序。

⑦工期索赔。明确控制工期索赔的措施和方法。

5)投资控制的内容、措施和方法

①投资目标控制体系。投资控制的措施和方法;各年的投资使用计划。

②计量与支付。计量与支付的依据、范围和方法;计量申请与付款申请的内容及应提供的资料;计量与支付的申报、审批程序。

③实际投资额的统计与分析。

④控制费用索赔的措施和方法。

6)施工安全与环境保护控制的内容、措施和方法

①监理机构内部的施工安全控制体系。

②承包人应建立的施工安全保证体系。

③工程不安全因素分析与预控措施。

④环境保护的内容与措施。

7)合同管理主要内容

①工程变更管理。明确变更处理的监理工作内容与程序。

②索赔管理。明确索赔处理的监理工作内容与程序。

③违约管理。明确合同违约管理的监理工作内容与程序。

④工程担保。明确工程担保管理的监理工作的内容。

⑤工程保险。明确工程保险管理的监理工作内容。

⑥工程分包。明确工程分包管理的监理工作内容与程序。

⑦争议的解决。明确合同双方争议的调解原则、方法与程序。

⑧清场与撤离。明确承包人清场与撤离的监理工作内容。

8)信息管理

①信息管理体系。包括设置管理人员及职责,制订文档资料管理制度。

②编制监理文件格式、目录。制订监理文件分类方法与文件传递程序。

③通知与联络。明确监理机构与发包人、承包人之间通知与联络的方式与程序。

④监理日志。制订监理人员填写监理日志制度,拟定监理日志的格式、内容和管理办法。

⑤监理报告。明确监理月报、监理工作报告和监理专题报告的内容和提交时间、程序。

⑥会议纪要。明确会议纪要记录要点和发放程序。

9)工程验收与移交程序和内容

①明确分项工程验收程序与监理工作内容。

②明确分部工程验收程序与监理工作内容。

③明确单位工程验收程序与监理工作内容。

④明确合同项目完工验收程序与监理工作内容。

⑤明确工程移交程序与监理工作内容。

复习思考题

1. 监理大纲的作用是什么？它应包含哪些内容？
2. 监理规划的作用是什么？它应包含哪些内容？
3. 监理细则的作用是什么？它应包含哪些内容？
4. 监理工作范围指的是什么？
5. 监理工作内容应如何确定？
6. 监理工作的依据有哪些？
7. 监理工作程序应规定哪些内容？
8. 监理规划编制的依据有哪些？
9. 监理规划编写有哪些要求？
10. 监理细则编写有哪些要求？

附 录

示例：某高速公路监理规划

1 工程概况

1.1 位置（略）

1.2 主要技术指标

公路等级：高速公路

计算行车速度：$v=60$ km/h

路基宽度：22.5 m，行车道宽度：2 m×2 m×3.5 m

桥涵及构造物设计荷载：汽车－超20级，挂车－120；桥涵宽度与路基同宽

设计洪水频率：特大桥为1/300；大中桥、小桥、涵洞及小型排水构造物为1/100

平曲线一般最小半径：200 m，平曲线极限最小半径：125 m，最大纵坡5%

停车视距：75 m

抗震设防裂度：按《建筑抗震设计规范》(GB 50011—2001)，抗震设防裂度为Ⅶ度。

1.3 地形、地貌（略）

1.4 气候特征（略）

1.5 水文（略）

1.6 工程项目特点

1. 本工程项目地处四川凉山与云贵高原交接部位，地形地质复杂，大部分段落为峡谷地形，地势险峻，路线集中表现为沿河线和越岭线。路线跨越深沟、峡谷，受地形和高差海拔等控制，桥高孔大，隧道长、连拱隧道多，构造物工程规模大，全线累计单幅桥长101 518.65 m，隧道单洞长27 685 m，桥隧总里程约占路线总长的47.79%，技术复杂程度高，工程集中而艰巨。

2. 路线走廊带狭窄，干扰较多，拆迁安置难度大，人均耕地面积少。

3. 路线所经区域为长江水土保持重点防护区，环保、水保任务艰巨而繁琐。

4. 路线所经区域悬崖峭壁、岩堆、滑坡分布广泛，危岩掉块严重威胁运营安全和工程安全，不仅线内防护难度极大，而且线外危岩掉块的防护也需综合考虑。结合路基防护采用综合的防护体系以保证公路的运营安全为该项目的一大重点。

5. 沿线构造物预制构件场地狭窄，运输条件差，构造物型式、构件预制、运输应综合考虑。

6. 沿线气候条件对正常施工极为不利，阴雨天所占比例较大。保证填方质量及工程进度也是本项目的一大重点。

7. 正线与老路、进场便道交叉干扰较大,保通任务难度大而繁重。

2 第×监理合同段监理范围

2.1 第×监理合同段工作范围

本合同段监理工作为:K126+380.01~K132+900范围内的土建施工监理,包含:路基、桥梁及涵洞、隧道、绿化及环境保护工程以及上述工程可能发生的变更内容和因施工本工程。

公路施工监理工作计划可分为三个阶段,即施工准备阶段的监理,施工阶段的监理,交工及缺陷责任期的监理,自施工准备阶段至缺陷责任期结束,对项目的质量控制、进度控制、费用控制、合同管理、信息管理和工作协调实施全面监督管理。

2.2 工程项目主要工程数量

本合同段主要工程数量

工程项目		单 位	工程数量
线路总长		km	6.356 55
征用土地		亩	217.27
路基土石方		1 000 m^3	271.8
每千米土石方		1 000 m^3	80.275
特殊路基处理		km	0.32
防护工程		m^3	8 647.16
排水工程		m^3	1 885.39
桥梁	特大桥	m/座	9 853/4
	大桥	m/座	1 046/4
互通式立交		处	1/2

2.3 预计工程项目投资总额(略)

2.4 工程项目计划工期

本合同段施工总工期为30个月(特大桥30个月,其余24个月),缺陷责任期24个月。

2.5 工程质量目标

独立地承担监理责任,与业主、承包人相互支持,接受应有的监督,确保合格率达100%,优良率达95%以上。

2.6 设计单位(略)

2.7 承包商的名称、所承包的工程内容及负责人(略)

3 监理工作内容

在××高速公路建设指挥部及总监理工程师领导下,按照《公路工程国内招标文件范本》(2003年版)本项目工程招标文件、施工监理招标文件规定的驻地监理工程师的职权范围,独立地、公正地对合同工程实施项目的目标控制,即项目的进度控制、质量控制和投资控制。驻地监理工程师主要工作内容如下:

3.1 主要工作内容

(1)熟悉合同文件,严格按合同文件对合同段内工程进行全面监理,负责日常监理工作的组织与执行,指出施工承包合同文件中不明确或分歧、错误的地方,必要时报请总监代表处或总监作出解释,同时每天必须详实做好监理日志。协助总监调解业主与承包人的争端:制定、修订监理工作计划,包括建立工程质量、进度、投资控制和合同管理、环保、水保和安全的计划目标体系和计划指标,并按工程项目、时间段进行分解,拟定可供充分选择的用以纠正不同目标不同程度偏离的措施;熟悉施工现场,了解工程用地和临时用地使用权及拆迁进展情况。

(2)根据承包人的投标文件,检查承包人(包括分包人)的主管、关键人员(技术负责人、质检负责人、试验负责人等)的到位情况及资历情况,检查承包人的施工机械到位情况和关键设备的性能及该组合所具有的管理水平和施工能力,并对其进行评估,并将检查情况上报总监代表处。

(3)审查承包人的自检质量保证体系并监督使其能有效运转。审批承包人的工地试验室,审查承包人的标准试验报总监代表处审批。

(4)审查承包人的总体施工组织设计,提出审查报告报总监代表处。审批分项工程进度计划和施工方案;审批工程分期进度计划并监督执行。

(5)根据计划目标,控制和评估工程进度,如有必要,或通知承包人调整计划,或在事先报请总监与业主协商同意后确定工程完工的变更期,或建议总监代表、总监、业主采取能按预期完工的措施。

(6)向承包人提供经总监或总监代表签发的施工所需资料,审批分项工程开工报告。

(7)根据授权范围及时处理工程变更、根据施工合同文件,设计标准,技术规范,以及实际工程条件,对变更工程进行认真审查和评估,测算变更工程量和价格以及对工期的影响。对超出授权范围的工程变更亦应提出审查意见及方案的取舍意见,呈报总监代表处或总监办批准。重大变更方案还必须按报批程序报业主批准。

(8)组织、主持所管辖合同段的工地会议编发会议纪要。审核并签证承包人的工程计量支付报表,证明工程完成或工程部分完成,并且质量应满足有关规定和要求。

(9)根据技术规范和设计图纸,要求承包人按照技术规范、合同条件等施工,通过旁站、巡视、检测、试验和整体验收等手段全面控制工程质量,审查施工工艺是否符合规范、质量规范要求,安排、监督承包人的材料及土木工程测试,建议总监代表处批准或不批准承包人的料场或设备。

(10)检查和参加任何将要覆盖工程和已完工程的测试。

(11)如有必要,指令承包人揭开(开孔)已完工的工程进行破坏性检查,拆除和更换不适合的材料和工程。

(12)督促承包人及时做好工程的前期工作和开工,系统检查和定期检查工程进度。

(13)检查和审查承包人开工前的贯通测量、地面线复测及单项工程的放样测量。检查已完成的合同内工程。

(14)检查承包人的票据、赔偿及其他报表的计算是否错误,并遵照合同要求,如需要时提出建议或更正。

(15)监督承包人在安全事项和看管工作方面的有关事宜。如需要时可要求承包人提供必要的照明、防护装置、栅栏、安全警示标志和安全值班人员。

(16)总监办公室随时以书面委派属于合同条款中规定的某些职责。

(17)记录施工监理日志,并保存一份质量检查记录,以作为每期结算及日后查对时用。

并应该把积累的工程资料,整理工程档案及监理档案。

(18)参加交(竣)工检验和工程交(竣)工验收以及工程移交工作,并负责编写本合同段的监理报告,协助完成颁发交工证书的工作。

(19)审查承包人编制的竣工文件。

(20)在缺陷责任期间,检查工程、监督质量,并督促承包人完成必须的修复或补救,协助完成签发缺陷责任期终止证书的工作。

3.2　工程管理

(1)监督承包人在施工前及整个施工过程中恢复桩志,并建立所有的基准点;检查和核对由承包人提供的桩志和基准点;以确保工程质量符合设计要求。

(2)按照设计并根据平衡数量的需要,结合工程地质、地形等条件对路线平、纵做合理方案比较,以及涵洞的大小和类型做合理改变的建议。

(3)如果承包人的作业中出现缺陷、错误,驻地监理工程师必须通知承包人,必要时要责令其停止施工,直到缺陷、错误被纠正。

3.3　材料监督与控制

(1)监督承包人对所有进场的材料进行规定的试验,驻地监理工程师按规定的抽样频率进行抽查:试验可在承包人提供的现场试验室中进行,在承包人的试验室不能进行的试验,以及认为需进一步核实、确认时,经总监理工程师同意后可委托一家具有相应资质的试验中心进行检测。

(2)不合格的材料不准进场,已进场的不合格材料不准承包人使用,并限期由承包人运出施工现场。

(3)监督承包人建库保管好已进场的合格材料(如水泥等材料),防止材料变质,对变质的材料或已过期的材料不准使用。

3.4　计量和支付

(1)审查承包人开工预付款申请资料并逐级上报。

(2)必须在现场测量本项目各阶段完成的工程量,并且做出记录;隐蔽工程必须在隐蔽前测量记录。

(3)在每个支付期末签署中期支付报表,证明已完成的工程量和工作量,并逐级提交。

(4)已完成工程必须按《公路工程质量检验评定标准》检验评定达到规定要求,才能签署计量单。

(5)必须掌握剩余的工程数量和相应的费用的最新记录。

3.5　索赔和仲裁

(1)根据合同条件的规定负责审查承包人每项费用索赔或时间补偿的申请,并证明费用索赔或时间补偿的理由是否成立。对在施工过程中可能出现的变更做出修改安排。核实或修改承包人的支付要求,对那些可采用其他方式减免索赔或补偿的申请,应与承包人充分协商,尽量避免索赔或补偿的发生。对于根据合同条款应由驻地监理工程师解决和决定的所有请示、说明疑问、争议和差异,驻地监理工程师必须做出明确的决定。在处理和工程有关的所有请示、说明、争议和差异时必须坚持秉公办事的原则。

(2)对于仲裁、诉讼事宜,如在需要时驻地监理工程师必须提供实事求是的证据,并根据业主需要,为处理和工程执行有关的任何事件作证。

(3)实事求是的证据应该包括足够的材料来阐明承包人控告的性质和当时的情况,以及关于该纠纷双方所应承担的义务的实质内容。在监理日志中应该详细记载有关工程在承包人施工过程中的情况,应包括对可能涉及的设备和(或)材料以及工程进展情况。

(4)协助总监与业主处理在施工执行过程中产生的问题,对所有的索赔、帐目和合同中遗留下来的关于善后问题的争论和分歧提出意见。同时也将协助总监与业主处理所有与工程有关的索赔帐目、争议和分歧。

3.6 记录和报告

(1)审查合同段整体施工进度计划,写出审查意见报总监代表处审批:审批合同段单项工程施工进度计划及修改计划。

(2)审批合同段的季度、年度进度修改计划,并分别于本季度的七天前和本年度的十四天前报送总监代表处,审批月度计划。上述计划中应包括各合同段的施工现场的人员、设备的详细情况。

(3)应对承包人在合同计划中偏离或变更的部分进行记录。

(4)保存合同图纸、补充(完善)设计图纸和变更设计图纸等资料,对合同设计图纸有偏离之处做出记录并向承包人提供一套注有标记的标准合同设计图纸,以便有关人员修正原设计,以使图纸和建成的工程实体相一致。编写工程质量事故处理报告。

(5)根据一系列实施事宜,应提供项目实施所需要的所有服务:

①准备季度进度报告及项目最终报告。

②提供总监和业主所需的临时性和最终付款证明。

③提供有关技术和工程的日常事务的咨询服务。

④记录工程和施工各阶段工作根据每月情况准备进展报告。

⑤在工程施工阶段,工程开工之前准备估计合同支付表。

⑥记录所有已批准的付款和报告,如定期的工程月报告。定期的工程月报告应在每一个日历月月底完成,它包括以下3个部分:

a.施工情况介绍(包括照片);b.进度表;c.费用记录。这3个部分,将与原预期工作计划和进度表相对照。该报告将由总监理工程师审签后,送交业主。

⑦主持召开工地例会。撰写会议纪要,报送总监代表处审核后发送。

(6)编写施工监理月报。

(7)其他相关问题参照《公路工程施工监理规范》(JTJ 077—95)第10款的条文执行。

4 监理工作目标

依据交通部现行部颁标准、规范和建设业主的有关要求,我们将采取旁站、巡视、检测、试验等手段和方法,力求使监理工作规范化、程序化、标准化,以实现质量、进度、费用三大控制。在总监理工程师的统一领导下,协调和处理好建设、设计、监理和施工各方的关系,以达到投资省、进度快、质量优的监理目标。

4.1 投资目标

使单位工程按设计要求实施,使支出控制在合同价之内,减少设计变更,处理好索赔,最大限度地节约工程投资,力争所监理合同段投资不突破合同总价。

4.2 工期目标

力争使单位工程按预定的时间竣工,维护国家良好的建设秩序和经济秩序,按合同工期

36 个月完成全部工程。

4.3　质量目标

独立地承担监理责任，与业主、承包人相互支持，接受应有的监督，确保合格率达 100%，优良率达 95% 以上。

4.4　安全生产目标

做到无重大安全事故发生。

5　监理依据

监理工作依据是国家的有关法律、法规、行业标准、规范、工程施工合同、监理服务协议等。

5.1　现行有关规范、规定、标准(略)

5.2　工程项目的设计文件、设计合同、施工合同、投标书、监理合同等(略)

6　项目监理机构的组织形式

根据业主招标文件规定，本项目实行三级监理制，总监理工程师办公室下设总监代表处和高级驻地监理工程师办公室，总监办及总监代表处在总监理工程师的领导下统一管理本项目的施工监理业务工作。高级驻地监理办在总监办及总监代表处的直接领导和监督管理下对其所监理标段的工程项目从质量、投资、进度、合同管理等方面进行监理，根据合同规定履行监理义务和职责，对总监负责。同时驻地监理办还必须接受省交通厅工程质量监督站和项目业主的监督和检查。

7　项目监理机构的人员配备计划

根据招标文件的要求，本监理组土建施工期派驻监理人员 22 人，驾驶员 3 人，炊事员 2 人，文秘兼勤杂 1 人。人员数量、年龄结构、监理资格、技术职称等皆满足招标文件相关规定要求，高监具有交通部颁发的监理证书、各专业监理工程师工程师及其以上职称，具有交通部或交通厅颁发的专业监理工程师证书，派出的监理员都是公路工程专业技术人员，通过监理培训，取得了培训合格证。

7.1　高级驻地监理工程师(略)

7.2　道路专业监理工程师(略)

7.3　隧道专业监理工程师(略)

7.4　结构专业监理工程师(略)

7.5　试验专业监理工程师(略)

7.6　测量专业监理工程师(略)

7.7　合同管理工程师(略)

7.8　投入本合同的监理员情况(略)

8　项目监理机构的人员岗位职责

8.1　高级驻地办的职责与权限(略)

8.2　高级驻地监理工程师的质量监理责任

高级驻地监理工程师的职责和权限由总监理工程师书面授予，其工作重点是全面负责工程质量的管理。主要包括以下工作：

(1)明确质量标准，评定工程质量。

(2)审核图纸、熟悉图纸，了解工程特点、设计意图及工程质量要求。审查内容包括：

①设计图纸与说明是否齐全，有无分期提供图纸的时间表。

②各种平面图、纵面图，施工剖面图的几何尺寸、平面位置、交角、高程是否一致，各施工图之间的关系是否相符，预埋件是否表示清楚。

③工程结构、细部施工的技术要求和施工工艺是否表示清楚，与技术规范有无矛盾。

④工程材料规格质量要求是否明确。

⑤地质资料是否满足要求，地基处理方法是否合理。

⑥设计地震烈度是否符合要求。

⑦施工安全是否有保证。

⑧工程数量是否正确。

(3)提出保证工程质量的措施和手段，组织进行质量抽检和验收。

(4)批准各分项工程开工报告，签发各分项工程开工令。

(5)巡视工地，及时解决处理影响工程质量的问题。

(6)严格执行业主的有关管理办法，向承包人发出控制质量的指示。

(7)建立部门或专业监理人员的日常汇报制度，每月以表格、图解及简报的形式提出质量控制分析报告。

(8)施工中出现异常，影响工程质量和安全情况时，应立即向总监理工程师代表报告。

8.3　专业监理工程师的质量监理责任

各专业监理工程师及现场监理人员的职责和权限由高级驻地监理工程师书面授予，主要责任是：严格执行业主的有关管理办法，监督承包人实施各项质量控制目标并满足标准规范和施工图纸的要求。一般包括以下工作：

(1)熟悉本专业的技术标准、规范、规程、图纸及其变更和特殊要求，并予以落实和实施。

(2)提出各项工作流程及质量控制程序，监督、检查和测验工程质量。

(3)系统记录并分析整理各项质量成果。

(4)向高级驻地监理工程师汇报现场质量状况，每月提出所管专业(或项目)的质量书面报告。

(5)对施工过程、取样、试验进行现场旁站监理，及时处理或向高级驻地监理工程师报告施工中的技术质量问题。

8.4　道路专业监理工程师的职责(略)

8.5　桥梁专业监理工程师的职责(略)

8.6　隧道专业监理工程师的职责(略)

8.7　试验检测专业监理工程师的职责(略)

8.8　测量专业监理工程师的职责(略)

8.9　合同计量专业监理工程师的职责(略)

9　监理工作程序(略)

10　监理工作方法及措施

公路工程监理的主要内容，可分为工程质量监理、工程费用监理、工程进度监理、工程安全控制、环境保护与水土保持控制、合同管理、信息管理和全面的组织协调。控制工程质量、费用、进度、安全和环境保护与水土保持，是其主要目标，合同管理、信息管理和全面的组织协调是实现目标所必须运用的控制手段和措施。从公路工程项目的一次性特征考虑，在项目控制中应以主动控制为主，但由于受项目本身的复杂性和人们预测的局限性，辅以反馈控制也是很有必要的。

10.1　质量控制任务与方法

质量是公路工程监理三大控制目标之一,其特点是影响质量的因素多,与有固定流水线的一般工业品相比,容易产生质量波动及系统因素变异,由于前后工序的交叉覆盖,容易产生第二判断错误,另外,质量检查时不能解体拆卸。根据以上特点,质量控制必须从基本程序入手,明确各分项工程的质量控制监理要点,灵活动用各种质量控制措施。

1)质量监理的任务

工程质量监理的任务是:监理人员根据合同条件、合同图纸、技术规范、质量标准及业主的有关文件、通知和规定的要求,对施工的全过程进行检查、监督和管理,制止影响工程质量的各种不利因素,使承包人提交的工程项目符合合同图纸、技术规范、使用要求和验收标准。

2)工程质量控制方法

第一,建立比较完善的质量监理组织体系

工程质量监理必须建立较为完善的质量监理组织体系,保证对所有施工环节进行有效的控制。必须认真分析本监理合同段工程规模、技术复杂程度、重点、难点工程位置和特点,合理配置监理技术力量,明确高级驻地监理工程师、各专业监理工程师以及监理员的岗位和职责,根据监理范围,划分每个监理人员的责任区域,做到目标明确,责任落实,辅以合理的奖惩制度。建立起一套操作性较强的监理组织管理体系。

同时要求监理人员必须按照“严格监理、热情服务、秉公办事、一丝不苟”的指导思想,做到“四熟”:熟悉合同、熟悉规范、熟悉图纸、熟悉现场;和“三保证”:保证质量、保证安全、保证工期。用好“三权”:工程质量监督权、工序批准权和计量支付权。把好十关:a. 施工单位进现场关,不符合合同文件要求的单位不准进场施工;b. 材料进场关,不经检验或不符合要求的成品、半成品、原材料不准进场;c. 设备关,特别是关键设备不能满足施工要求的不准开工;d. 施工工艺关,任何工艺未经监理工程师批准的不准开工;e. 工序关,每道工序承包人自检合格后必须经监理工程师验收签认,上道工序未经验收合格不准进行下道工序;f. 旁站关,有施工必须有监理人员旁站,不准出现脱岗、缺岗问题;g. 现场管理关,施工现场不规范,交叉作业衔接不好的不准开工;h. 安全生产关,安全生产措施不到位不准施工;i. 计量支付关,质量不合格或没有施工质量卡责任不落实的不准支付;j. 验收关,对质量不合格或资料不齐全的工程不得验收。

认真组织对监理人员培训和考评,对考核不合格的监理人员进行辞退,始终保持驻地监理组织“技术过硬、作风合格、思想觉悟高、质量意识强”的良好素质。

第二,建立质量控制和工序质量检查基本程序

在开工之前,驻地高监办应根据监理规范和建设业主的要求,向承包人提出适用于所有工程项目进行质量控制的程序及说明,以供所有监理人员、承包人的自检人员和施工人员共同遵守,使质量控制工作程序化。

(1)质量控制一般程序

开工报告→工序自检报告→工序检查认可→中间交工报告→中间交工证书→中间计量

质量控制工作流程框图(略)

(2)工序质量检查程序

各专业监理工程师在各分项、分部和单位工程开工之前,制定出相应的工序检查程序,供

旁站人员、承包人的自检人员及施工人员共同遵循，工序检查程序的制定原则为：

a. 应与合同图纸和工程量清单的分项所含内容相一致；

b. 应与技术规范及监理工程师批准采用的施工方法和工艺流程相协调；

c. 应与国家或合同规定的验收标准、检验频率和检验方法相配合；

工序检查程序宜采用框图的形式表示，以便直观，并应与相应的检查记录、报表、证书等相配套。

第三，现场质量控制

现场质量控制是监理工作的重点和关键所在，现场质量控制主要从以下几个方面来实施：

(1)测量监控

在施工前期，测量的主要工作为向承包人提供基准点、基准线和基准高程，监督检查和认可承包人的定线控制测量成果，检查各分项工程施工放样测量成果等。

各分项工程施工中，检查(测)各控制工程位置、高程、尺寸及其线形的准确性。

各分项工程完工后，进行中间交工验收测量检查，核查其准确性。

(2)试验验证

驻地高监办运用业主配备的试验检测仪器、设备对施工过程中的各种材料、配合比、施工工艺进行试验、检测，进行对比检验，以确定施工质量是否达到标准及规范要求。根据试验的内容可分为：

①验证试验

验证试验是对材料或商品构件进行预先鉴定，以决定是否可以用于工程之中。在材料或商品构件订货之前，检查厂家提供的产品合格证及试验报告。材料或商品运进现场后，按规定的批量和频率进行抽样试验，对不合格的材料不准用于工程施工中。在施工过程中，随机对材料或商品构件进行符合性的抽样试验检查。

②标准试验

标准试验是对各项工程的内在品质进行施工前的数据采集，主要包括标准击实试验、集料的级配试验、混合料的配合比试验、结构的强度试验等。由试验监理工程师对承包人提交的标准试验进行审查，试验过程中监理派员对承包人的试验进行全过程的监督检查的同时，监理还应进行复核(对比)试验，以肯定、否定或调整承包人标准试验后的参数或指标。

③工艺试验

工艺试验是依据技术规范的规定，在动工之前对路基、路面及其他需要通过预先试验方能正式施工的分项工程预先进行工艺试验，然后依据试验结果全面指导施工。

④抽样试验

抽样试验是对各项工程实施中的实际内在品质进行符合性的检查，包括材料的物理性能、土方及其他填筑施工的密度、混凝土及沥青混凝土强度等的测定和试验。监理过程中，监理按照20%的抽检频率独立进行抽样试验，当对施工材料和工程质量产生疑问时，可随时进行抽样试验。

(3)现场监理

现场监理是对承包人的各项施工程序、施工方法和施工工艺及材料、机械、配合比等进行全方位的巡视、全过程的旁站、全环节的检查，以达到对施工质量有效的监督和管理。现场监理主要包括以下工作内容：

a. 高级驻地监理工程师应在施工期间定期对施工现场进行巡视,及时发现并处理现场施工质量问题。

b. 各专业监理工程师应每天对各自管辖的施工隐蔽工程、重要工程部位、重要工序及工艺进行巡视和检查,及时消除影响工程质量的不利因素。

c. 现场监理人员应对重点工程和关键工序进行旁站检查,每道工序结束后及时进行检查和认定,现场旁站承包人抽取试样,进行监理抽检工作。

10.2 投资控制的任务与方法

投资控制即为监理工程师对工程费用的支付进行监理,其核心是工程的计量和支付,因此监理工程师对工程计量与支付环节的控制对工程投资控制极其关键。如何做好工程投资控制,是监理工作的又一重要任务。

1. 投资控制的任务

投资控制通常是以工程量清单为控制的主要依据,监理工程师除了加强对合同中工程数量清单所列工程费用的计量与支付的管理外,同时还应做好工程变更、附加工作和索赔等方面的费用管理,尽量减少工程量清单以外的费用支付,达到有效控制工程造价的目的。

2. 投资控制的方法

1)工程量清单

监理工程师进场后,必须熟悉技术规范、工程量清单及工程量清单说明的内容,掌握工程具体的工作范围和内容、计量方式和方法,建立完善的工程台帐。主要工作有:

a. 以合同图纸为依据,建立工程量清单台帐;

b. 按合同规定办理工程变更后,应对工程量清单进行相应的补充和修改;

c. 建立有具体工程单位、以细目为单位、以暂定数量、暂定金额和以时间为单位的清单栏目,便于在计量工作中控制和掌握。

2)工程计量

监理工程师在工程计量前首先必须明确计量的方法、范围、内容、依据和计量的原则等;其次要明确规定计量的方式与程序以及承包人要求计量必须提交的主要文件;第三计量方法主要是依据工程量清单及计量的原则按规定的程序进行。

3)工程支付

工程计量支付可分为:前期支付、中期支付和最终支付3种形式。

(1)前期支付

前期支付主要款项为:动员预付款、履约保函及保险金额的部分金额。

(2)中期支付

中期支付的款项有:工程款、暂定金、计日工、材料设备预付款、工程变更、保留金、索赔、价格调整、迟付款利息、对指定分包人支付、合同终止后支付和工程交工支付等,每项支付都必须按照相应的程序报送相关的资料,根据业主规定的审批权限逐级审核签证后支付。

(3)最终支付

最终支付是工程完工,由业主、监理和承包人三方共同对工程项目及计量支付情况进行清理,由承包人提交一份竣工结帐单,监理在确认承包人已获得全部工程的《工程缺陷责任期终止证书》,签证退还承包人的质保金、保留金等,最后由总监理工程师签发最终支付证书。

10.3 进度控制的任务和方法

1. 进度控制的任务

监理工程师在进度控制中的任务首先是审批优化承包人编制的施工组织设计及其施工进度计划,其次是定期(每月)对已批准的进度计划的实施情况进行监督,并根据总工期,月进度计划和每月实际完成的数量及时要求承包人采取措施调整月进度计划;或请业主及时解决外部干扰因素,控制月进度计划在确保质量的前提下能按月完成任务,确保总工期。

2. 进度控制的方法

首先,要求承包人编制施工进度计划,在编制进度计划时必须考虑下述各因素:

(1)划分工程项目。自单位工程,分部工程,分项工程一直划分到具体的项目或工序。

(2)逐项计算各项目的工程数量。

(3)根据当地的气候条件,雨天等影响施工的因素,大致计算出在总工期内,各不同单位工程直至分项工程或工序,各能获得的施工天数,其中尚需扣除不预见等影响因素。所以,一般还要减少 30 ~ 90 个工作日。也就是说进度计划要比总工期提前 1 ~ 3 个月竣工。

(4)根据各分部工程和分项工程的工程数量和该分项工程可能获得的施工天数(已扣除各种影响因素)求得日进度和月进度。计算到每个工作日和每一月份必须完成的工程数量。

(5)采取平行作业法或流水作业法组织施工,用横道图法,工程进度曲线(S 曲线)和网络进度计划布置月进度计划和年度进度计划,其中网络图的各个环节都有制约性,各部门对自己的责任和任务一目了然,一人滞后,牵动全线,便于控制。

(6)要倒排计划,从总工期提前 1 ~ 3 个月全部竣工之日起,倒排每个月和每年的进度计划。

(7)对于机械化施工的分项工程或工序,要根据交通部部颁定额,(机械台班)或本企业的经验定额,出勤率和每个工作日应完成的工程数量,计算每个工作日应配备的配套机械的台班数量(例如填方工程,配套机械为:挖掘机或推土机和装载机、或推土机和铲运机,运输汽车,平地机,洒水车,压路机等)。如用推进式作业即流水作业法施工时,例如填方工程尚未全部完成就要开始底基层施工,则该月份的配套机械亦需相应增加。

(8)按月进度计划安排所需的劳动力,各有关材料的购置与进场计划,现金流动计划,机械进场计划。进场日期以不影响进度计划为准。

(9)制订影响因素网络图,便于提前或及时排除各种外部干扰等不利因素(如征地、拆迁、电缆、水利设施等)。

(10)为顺利实施进度计划,全线的便道便桥应争取尽早贯通。尤其不得影响整体计划安排。

第二,进度计划的审批。

计划进度分为:总体性计划进度和阶段性的进度计划。监理工程师应组织有关人员对承包人提交的各项进度计划进行审查,在合同规定或满足施工需要的合理时间内审查完毕。审查的主要内容为:a. 工期和时间安排的合理性,施工总工期的安排应符合合同工期,各施工阶段或单位工程的施工顺序、时间安排和材料设备的进场计划相协调;易受气候影响的工程应安排在适宜的时间,并有相应的预防保护措施;对动员、清场、假日及天气影响的时间,应有充分的考虑并留有余地。b. 施工准备的可靠性:所需材料和设备的运送日期有所保证,施工队伍的进场日期已经落实;“三通建设”已经完成或已有解决方案。c. 计划目标与施工能力的适应性。

第三,进度计划的检查。

监理工程师应对承包人进度进行检查记录并报告总监理工程师。根据进度检查的内容可分为:

(1)每日进度检查:各专业监理工程师应要求承包人按单位、分项工程和工点对实际进度进行记录,并予以检查,以作为掌握工程进度和进行决策的依据。每日检查的内容有投入的人力、机械数量、生产效率、完成的工程量及其影响进度的原因等。

(2)每月工程进度报告:高级驻地监理工程师应要求承包人根据现场提供的每日施工进度记录,及时进行统计和标记,通过分析和整理,每月向总监理工程师或其代表和业主提交一份每月工程进度报告。

(3)进度控制图表:监理工程师应编制和建立各种用于记录、统计、标记、反映实际工程进度与计划工程进度差距的进度控制图和进度统计表,以便随时对工程进度进行分析和评价,并作为要求承包人加快工程进度、调整进度计划或采取其他合同措施的依据。

第四,进度计划的调整。

调整进度计划:监理工程师要深入施工现场,逐项检查进度计划的执行情况,例如检查工程现场的组织安排、施工工艺、施工顺序或人力、设备和材料供应与进度计划上的方案有较大差异时,就需及时指令承包人尽快纠正,调整计划,保证满足合同工期的要求,首先是保证月进度计划的实施。

如果实际进度与计划进度基本相符时,监理工程师不应该干预承包人对计划的执行,否则应进行调整。首先应看非关键线路上是否有机动时间,如果有,将其富裕部分的施工力量调整到关键线路上。如果相差甚远,应要求承包人提出和采取加快工程进度的措施或建议业主对关键工程采取指定分包方案。

根据进度计划滞后的主要因素,采取补救措施调整进度计划后,主要是为了尽快地于近日内补足拖欠的未完工程量,使下个月的进度计划得以顺利实施,最迟亦应于本季度内完成季度进度计划。调整计划后不可能一劳永逸,尚需不断发现问题,随时调整。

延期违约罚款一般只发生于工期末尾,这种罚款只能起到惩处作用,而不能挽救工期,为保证工期不被拖延,拖期违约罚金仍可保留,但应另设“完不成月度计划或季度计划的违约罚金”惩罚条例。本惩罚条例从批准施工组织设计,批准其进度计划之日起执行。这将会迫使承包人正视自己编制的、已被批准的进度计划的严肃性,确立保证质量的前提下,努力促进工程进度的决心。

监理工程师要监督控制好第一个季度内各个月份的进度计划执行情况,允许于本季度的最后1个月内(即第3个月)才完成计划。

监理工程师要分析研究完不成任务的原因,预先提示警告承包人及早解决本身存在的一些弱点和错误,尽量避免发生不能实现月进度计划的情况。

10.4 合同管理的工作任务与方法

1.合同管理的工作任务

按交通部发布的JTJ 077—95《公路工程施工监理规范》2.4.6条:监理工程师与业主签订监理合同,二者是被委托与委托的关系,应做到各负其责,独立工作,相互尊重,密切合作。2.4.7条:监理工程师对承包人在工程项目实施全过程中,进行施工监理(监督与管理)。监理工程师和承包人的关系是监理与被监理的关系,承包人应按合同规定,接受监理工程师的监督和管理。因此监理工程师合同管理的工作任务就是根据施工合同文件的规定,通过一定的组织系统,按照规定的程序,运用各种有效的方法和手段对技术经济活动进行监督和管理,以使工程的质量、进度和投资符合合同的要求。利用合同手段,通过经济与法律相结合的方法,将工程项目所涉及的各个单位在平等互利的原则上建立起多方的权利义务关系,以保证工程项目目标的顺利实现。

2. 合同管理的方法

合同管理主要包括工程变更、工程延期、费用索赔、争端与仲裁及违约,分包、转让与指定分包等方面。

第一,工程变更管理

(1)工程变更的批准原则:a. 应考虑工程变更对工程进展是否有利;b. 应考虑工程变更是否可以节约工程成本;c. 应考虑工程变更是否兼顾了业主、承包商或其他第三方的利益,不能损害任何一方的正当利益;d. 对于高速公路,还应综合考虑美观性与经济性的平衡点。

(2)工程变更的审批应严格按照程序进行,采取分级归口"管理互相约束,避免个人权利的膨胀,同时也可保证变更管理的系统化",具体操作按本工程业主的授权范围和有关规定来进行。

(3)工程变更的程序(略)

第二,工程延期管理

(1)工程延期的审批原则:a. 首先应调查工程延期是否属实,强调实事求是;b. 应考虑是否符合合同规定;c. 应考虑延期文件是否发生在工程网络计划图的关键线路上,用时还应注意关键线路并不是固定的,随着工程进展,关键线路也在变化,而且随着工程进度计划的调整,关键线路在动态变化着;d. 延期天数是否正确,证据资料是否充足。

(2)工程延期审批程序(略)

第三,费用索赔管理

(1)费用索赔审查原则:a. 是依据合同文件中的条款及合同实事求是的对待索赔事件;b. 以各项记录、报表、文件、会议纪要等文档资料为依据;c. 核实现场,保证核算数据正确无误。

(2)费用索赔审批程序(略)

第四,工程分包管理

驻地监理工程师应严格控制不符合规范的分包及任何形式的转包,避免"一流队伍招标,二流队伍进场,三流队伍施工"这种现象的出现,并做好分包与劳务的审查区别工作,认真审查分包商的技术力量、管理水平、施工机械的适应程度、业绩及分包合同对整个工程进度和合同的影响情况,提出审查意见报总监办。

第五,违约与争端的解决

监理工程师以中间独立人的角度,维护业主与承包人双方的合法权益。

第六,工程保险管理

监理工程师依据合同文件审查承包人是否承办了规定的保险,所投保险公司的资信情况及保险金额是否符合规定,具体操作待实施过程中按业主的有关要求办理。

10.5 信息管理

按照管理目标,监理信息可分为工程质量控制信息、费用控制信息、进度控制信息和合同管理信息四个方面。监理工作要充分利用和建立信息反馈系统,及时、准确掌握工程进展的全面情况，便于采取必要的措施，灵活地处理工程实施过程中出现的各种问题。为此，我公司拟采用计算机辅助管理及人工决策，建立信息编码体系，收集、传递、处理、存贮、分发各类数据表格及指令，为预测、决策提供准确依据，为工程监理的高效、迅速、准确、标准提供必要的手段，达到有效控制投资、质量和工期。

10.6 组织协调

公路工程建设周期长，涉及范围广，为了维护各方利益，保证多、快、好、省地建成通车，监理工程师应充分发挥其在整个组织协调系统中的作用。第一，组织协调与业主签订合同关系的参与本合同段建设的各单位的配合关系，协助总监办处理有关问题并督促总承包单位协调各分包单位之间的关系。第二，组织进度之间的协调，进度与质量之间的协调，签证的协调与合同争议的协调。第三，协助业主和总监办处理各种与本合同段工程项目有关的纠纷事宜。

监理工程师在组织协调工作中特别要站在公正的立场维护业主的利益，维护合同条件规定的承包人的正当利益，才能取得业主的信任和支持，取得承包人的尊重和理解。组织协调工作才能有效地开展。为做好协调工作，监理工程师要有超前意识，预先制定影响因素网络图，提前向业主反映，必须按时排除各种外部影响因素，才能尽量减少发生经济或工时索赔的可能性。

监理人员上岗初期就应通过组织学习、讨论合同文件，充分理解合同文件的内涵意义后，才能向承包人正确解释合同条款，使承包人能按合同条件规定的标准组织施工。同时要及时转达说明业主下达的指示或文件精神，积极主动地反映承包人的合理意见和建议。但属于监理组处理范围的问题，应就地解决再抄报总监代表处。

11 监理工作制度

11.1 正（副）高级驻地监理工程师工作职责（略）

11.2 高级监理驻地办廉政制度（略）

11.3 驻地办工作制度（略）

11.4 驻地办监理人员纪律（略）

11.5 驻地办业务学习管理办法（略）

11.6 监理工作注意事项（略）

11.7 档案资料管理制度（略）

11.8 车辆管理制度（略）

11.9 驻地办监理工作考核实施细则

内部工作考核办法

(一)考核项目及评分办法

1. 监理日记(100 分)

考核内容	工作要求	满　分	扣分标准
时限	填写及时,在规定时间完成	20	每次扣 2 ~ 6 分
成果	如实反映工程情况,数据或描述确切、真实	30	失实每处扣 4 ~ 10 分
记录	字迹清晰、工整,内容和签认齐全,无漏项、漏页	20	每处扣 2 ~ 4 分
管理	存放、归档及时无遗失、污染、损坏	20	每项扣 2 ~ 4 分
其他	填写符合统一要求的内容与形式	10	每次扣 2 ~ 10 分

2. 工程质量和现场管理(120 分)

考核内容	工作要求	满　分	扣分标准
原材料和半成品	原材料质量检验和存放管理符合规范要求,不合格材料及时清除现场	10	每处、每项扣 2 ~ 5 分
工程现场	料场、预制场、施工现场标志齐全,施工规范、文明	30	不符合的视影响程度每处扣 5 ~ 10 分
质量检查	质量检查程序、频率符合规范要求,工序控制严格	20	每次(处)扣 5 ~ 10 分
质量控制	无因漏检、误检或评价错误原因造成的工程返工	20	每发生返工两万元以上或费时一天以上,每次扣 5 ~ 10 分。留下质量隐患的扣 5 ~ 15 分
记录	记录与实际监测数据相符,字迹清楚、工整,资料齐全、真实,签字齐全	20	记录失实每项扣 2 ~ 5 分,其他每项扣 1 ~ 2 分
评语	正确执行合同条款和技术规范,定性与定量相结合,正确指导施工	10	每项扣 2 ~ 5 分
指令	及时审查和受理设计变更,纠正或解决不符合规范要求的工程质量和施工活动,及时正确的发出指令(必要时发出书面指令)	10	每次扣 2 ~ 5 分

3. 工程试验(120 分)

考核内容	工作要求	满　分	扣分标准
时限	按合同规定或驻地工程师或指挥部要求完成,及时提交成果	25	每项扣 2 ~ 5 分

续表

考核内容	工作要求	满　分	扣分标准
成果	频率符合要求、操作规范、计算正确、项目齐全、数据可靠(并对数据进行分析)	30	数据错误或失实或频率不足扣5~15分,其余,每项扣2~5分
记录	填写清楚、字迹工整、签字齐全、整理及时	30	每项扣1~2分
管理	设备齐全,保养良好,资料及时整理,分类保存。岗位明确,不贻误试验工作。室内外卫生整洁	15	每项扣2~5分
其他	现场试验旁站不脱岗,平行试验亲自操作,未经许可,设备不调整	20	未亲自操作每项扣5~10分。脱岗每项扣2~5分,调整设备的根据情况每项扣5~10分

4. 计划管理与计量支付

考核内容	工作要求	满　分	扣分标准
时限	按规定时间完成施工组织、工程支付申请、索赔、延误、纠纷审查及审定。定期办理费用支付及后、回扣,及时汇报和上报有关资料	20	有延误扣2~5分
计划控制	了解工程进度情况,有效控制工程进度,正确掌握工程滞后原因,及时提出改进措施(或建议),保证年度计划的完成	25	每处扣5分
记录	填写清楚、字迹工整、签字齐全、记录明晰、附件充分,与实际支付相符	15	计算书不符合要求,附件不全,每项扣5分,其余扣2分
管理	资料及时整理,分类保存,随时可取,台帐完整。用挂图挂表清楚表示计划进度与实际支付情况	15	每项扣2分
支付控制	计算正确,项目齐全,依据充分,无超前支付或无理拒绝支付或重大支付失误	25	有重大支付错误和透支严重的扣5~15分,其余扣2~5分

5. 工作纪律(100分)

考核内容	工作要求	满　分	扣分标准
廉洁	不酒后上岗,不参加承包人宴请、吃喝,工地自费就餐,不向承包人指定采购或中介分包,不接受或索要钱物,不摊销和报销消费款	30	每次每项扣5~10分

续表

考核内容	工作要求	满　分	扣分标准
巡视工地	驻地高监每周巡视工地一次(并记录),专业监理工程师每3天至少巡视工地一次(并记录),监理员坚持施工现场巡视或旁站(并记录),监理日志齐全、完整	30	每项扣5分
制度	建立定期考核和应知应会教育制度,严格岗位职责,无责任不明贻误工作和越权现象,内部各专业间协调,无推诿扯皮现象	15	每项扣10分
人员管理	按协议规定资质人员到岗,考勤记录真实,休班有交接	15	缺岗扣2~10分,其余扣2~5分
物业管理	对设备、仪器、车辆等物资建帐登记,专人管理,维修及时	10	每项扣1~3分

(二)考核方式

采取日常考核、施工现场随机抽检、定期考核相结合的方式,并以每季度单项考核得分的平均分相加作为年度考核的最终成绩。

对日常考核、现场随机抽检的成绩、存在的问题和改进的建议,通知有关监理人员。综合评定考核成绩每年(季度)公布一次,并上报监理公司。

(三)考核等级及奖罚

各项分数达到60分,且总分300分为合格,总分380分为良好,总分420分为优秀,否则为不合格。

根据考核成绩,奖优罚劣。考核不合格的监理人员应立即改正,考核不及格超过两次的给予辞退处理。

12　监理设施(略)

13　监理报告(含监理报表)的任务及方法

13.1　监理报告及报表的种类(略)

13.2　监理报告及报表的任务及方法(略)

13.3　驻地监理办向总监办或业主提交的有关报告和报表(略)

14　本合同监理工作的重点和难点

第××监理合同段地处大关河中游河谷地带,地势狭窄,路线总长6.356 55 km,特大桥10 950 m/5座,大桥780 m/3座,桥梁工程所占的比重较大,是本合同监理的重点和难点,在监理过程中必须把桥梁工程的质量控制作为整个监理工作的核心来加以控制,桥梁施工各阶段和各工序监理控制要点及方法如下:

14.1　施工准备阶段监理

(1)核对图纸和水文地质补充调查。

(2)参加施工复测,对基准点、控制桩进行校对、复测。

(3)仔细审批承包人编制的施工方案和实施性施工组织设计。

(4)重点审查预制场地的平面位置布置图、预制场地的平整计划以及对环境保护采用的措施审查与控制等。

(5)审查承包人的质量保证体系,在施工过程中检查督促对工程进行自检,在工程完成后应配合监理工程师检查验收。

(6)施工安全技术措施的检查与控制:

a. 桥梁施工前,应对施工现场、机具设备及安全防护设施等进行全面检查,确认符合安全检查要求后方可施工。

b. 桥梁施工,采用多层、高空等立体施工时,应布设安全网。

c. 高处露天作业、缆索吊装及大型构件起重吊装时,应根据作业高度和现场风力大小、对作业的影响程度,制定适于施工的风力标准。

d. 深水大跨及桥梁高度较大的特大型桥或结构复杂的大型桥梁施工,应对施工安全做专项调查研究,并制定相应的安全技术措施。

e. 单项工程开工前,应根据《公路工程施工安全技术规程》(JTJ 076—95)及工程实际情况制定安全操作细则,并向施工人员进行安全技术交底。

14.2 施工阶段监理(略)

15 保证监理力度和公正、科学地开展监理所采取措施

15.1 严格执行《建设工程廉政合同》(略)

15.2 公司对监理项目管理及廉政方面的有关措施(略)

16 缺陷责任期的监理方法

16.1 分项(或分部)工程的交工验收

施工单位的已完工程确定符合合同规定的交工条件后,由驻地工程师签注意见,报请驻地高监办、总监代表处。总监办成立交工检查小组,由检查小组审查交工申请,进行现场检查与评价,提交交工检查报告。驻地工程师协助签发交工证书。

16.2 缺陷责任期的监理工作

在缺陷责任期,我公司将遵行驻地人员安排计划,确定留驻人员,重点做好以下工作:

(1)检查承包商剩余工程计划。对承包商剩余工程计划的实施定期检查,并根据工程具体情况要求承包商对计划及时调整。

(2)检查已完工程。监理工程师对已完工程定期检查,除每两月一次的全面检查外,在汛期或特殊天气情况下,要加大检查频率。对于工程交接时存在的缺陷及签发交接证书之后发生的工程缺陷情况进行记录,并指示承包商进行修复。

(3)确定缺陷责任及修复费用。监理工程师对工程缺陷发生的原因及责任者进行调查。对非承包商原因造成而由承包商进行修复的工程质量缺陷,应对修复工作做出费用估算,向业主签发为承包商追加费用的证明。

(4)督促承包商按合同规定完成交工资料。对承包商的交工资料认真检查的同时,按照竣工文件的编制办法和统一规定,及时编制整理监理竣工资料。

(5)完成缺陷责任期内其他工作。参加缺陷责任期工作检查小组的工作,为检查小组的中间检查和最终检查评价提供一切所需的资料证明,并协助上级监理部门签发《工程缺陷责任终止证书》,完成缺陷责任期内的所有工作。

17 环境保护监理

监理过程中除了督促承包人遵守国家和地方有关环境保护,控制环境污染的规定,严格按照设计图纸及合同文件规定,做好环境保护工程外,还应着重注意以下几个方面:

17.1 文物保护(略)

17.2 防止水土流失和废方处理(略)

17.3 防止和减轻水、大气污染(略)

17.4 控制扬尘,减少噪音、废气污染(略)

17.5 保护绿色植被及土地资源(略)

17.6 现有公用设施的保护(略)

18 安全、保通的监理

18.1 安全

公路修建实践证明,安全生产是保证工程按质、按量、按进度守铖的一项极为重要的工作,安全为了生产,生产必须安全。监理工程师应在公路建设实施全过程中监督承包人遵守国家和地方有关安全生产、劳动保护的规定,严格按照安全合同履行,采取有效的措施预防安全隐患。

(1)各施工单位要设置安全管理机构。在编制施工组织设计的同时,制定相应的安全技术措施。

(2)对施工人员必须进行安全教育,从事电气、起重、建筑登高架设作业、锅炉、压力容器、焊接、车辆及机械驾驶、爆破、瓦斯等特殊工种人员,应持证上岗。

(3)操作人员上岗制,必须按规定穿戴并正确使用防护用品。不戴安全帽、穿拖鞋、赤足者禁止进入施工现场。

(4)重要的安全设计必须执行与主体工程“三同时”的原则,即同时设计、审批;同时施工;同时使用。

(5)施工所使用的各种机具设备、劳动保护用品,应定期进行检查和必要的检验。不合格的机具设备和劳动保护用品严禁使用。

(6)施工现场要设置必需的消防设备,施工人员应熟知其性能和使用方法。

(7)施工现场选择要有利于生产、生活,符合防洪、防火、防爆、防灾的要求,具备文明生产、文明施工条件。

(8)施工现场临时设施应选在水文、地质良好的地段,各种运输道路,生产、生活房屋,易燃、易爆仓库、材料堆放及动力、通讯线路和其他临时工程,应按照有关安全规定制定出合理的平面布置图。

(9)施工现场应设置安全标志牌,并不得擅自拆除。

(10)生产、生活房屋要按防火要求保持必需的安全距离。

(11)易燃、易爆品仓库、发电机房、变电所,应采取必要的安全防护措施,严禁用易燃材料修建。炸药库设量应符合国家规定。

(12)林区施工,要遵守护林防火规定,严禁烟火。

(13)在高压线附近工作时,必须保持足够的安全距离。

(14)在陡坡及危地段作业应有安全设施,高空作业应按要求采取防范措施。

(15)每项施工作业应严格遵守安全操作规程,进行安全技术交底。

18.2 保通工作

在监理过程中,主要从以下几个方面加强对施工现场的保通:

(1)所有的施工地段要求施工单位设置明显、醒目的施工标志、指示标志、限速标志,保证来往车辆顺利通过。

(2)督促施工单位建立一支专门的保通队伍,明确职责,责任到人,负责指挥交通。

(3)督促施工单位在有可能形成交通堵塞的施工路段配备相应的机械设备,保证随时清理路障;对一时无法清通的施工段落,必须事先通知相关部门,做好宣传疏导工作,同时准备相应设备,及时按规定清通道路。

参考文献

[1] 交通部基本建设质量监督总站. 公路工程施工监理规范(JTG G10—2006). 北京:人民交通出版社,2006

[2] 中国建设监理协会. 建设工程监理规范(GB 50319—2000). 北京:中国建筑工业出版社,2000

[3] 刘健新. 公路工程监理培训教材. 监理概论. 北京:人民交通出版社,2000

[4] 邬晓光. 公路工程监理培训教材. 工程进度监理. 北京:人民交通出版社,2000

[5] 交通部公路司. 公路工程国内招标文件范本(2003). 北京:人民交通出版社,2003

[6] 交通部公路科学研究所. 公路工程质量检验评定标准(JTG F80/1—2004). 北京:人民交通出版社,2004

[7] 交通部公路司. 公路工程施工监理手册. 北京:人民交通出版社,2001

[8] 中国建设监理协会. 工程建设投资控制. 北京:知识产权出版社,2003

[9] 中国建设监理协会. 工程建设合同管理. 北京:知识产权出版社,2003

[10] 中国建设监理协会. 工程建设监理概论. 北京:知识产权出版社,2003

[11] 中国建设监理协会. 工程建设质量控制. 北京:知识产权出版社,2003

[12] 中国建设监理协会. 工程建设进度控制. 北京:知识产权出版社,2003

[13] 范智杰等. 对提高监理工作质量的研讨. 东北公路,2003(1)

[14] 范智杰等. 试论驻地高监的工作质量. 交通科技与经济,2004(4)

[15] 范智杰等. 论搞好项目监理必须抓好的几件工作. 重庆交通学院学报(社科版)增刊,2005,5

[16] 范智杰等. 工程质量监理中的有效控制方法. 重庆交通学院学报(社科版)增刊,2004,4